2 科普卷

叶至善集

叶至善 著　叶小沫　叶永和 编

开明出版社

图书在版编目（CIP）数据

叶至善集．科普卷/叶至善著；叶小沫，叶永和编．—北京：开明出版社，2014.7
ISBN 978－7－5131－1669－5

Ⅰ.①叶…　Ⅱ.①叶…②叶…③叶…　Ⅲ.①叶至善（1918～2006）—选集②故事—作品集—中国—当代Ⅳ.①C52 ②I247.8

中国版本图书馆CIP数据核字（2014）第093162号

叶至善集

叶至善　著　叶小沫　叶永和　编

出 版 人：陈滨滨
责任编辑：支　颖

开明出版社出版发行
地　址：北京西三环北路25号
邮　编：100089
电　话：88817647（总编室）　88817489（发行部）
网　址：www.kaimingpress.com
高教社（天津）印务有限公司印刷
全国新华书店发行
版　次：2014年12月第1版
印　次：2014年12月第1次印刷
开　本：787毫米×1092毫米　1/16
印　张：27
字　数：419千
定　价：75.00元

叶至善（1918—2006）

目　录

科普杂拌儿

纪念“九一八”说起大豆

日本为什么强占咱们的东北?

十四年前九月十八日，日本军队强占我们辽宁的省城——沈阳。

沈阳兵工厂，当时是我国兵工厂中最大的一个，存有步枪八万支，机关枪四千挺，飞机两百架，全被日本军队夺去了。

日本军队夺了这些兵器就满足了吗？不，不，这不过是日本武力侵略的开始。不到四个月，辽宁吉林黑龙江三省相继陷敌，隔了一年，日本又侵吞了热河。

日本为什么要强占咱们的东北？好些歌儿回答了这个问题。

“那儿有森林煤矿，还有那漫山遍野的大豆高粱。”——《流亡之歌》这样唱。

“高粱肥，大豆香，遍地黄金少灾殃。”——《长城谣》这样唱。

日本占领东北，就在夺取这些财富：森林，矿产，大豆，高粱……

数字告诉我们

东北到底有多少财富呢？说到多少，咱们不得不跟枯燥的数字打交道。

数目字告诉咱们：

我国的森林三分之一在东北。

据民国十七年（一九二八年）的旧统计，抚顺煤矿每年产煤七百万吨，鞍山铁矿每年产铁矿石至少八十一万吨。在敌人的压榨下，数字一定逐年膨胀。近来美国空军一再袭击抚顺和鞍山，目的就在炸毁掌握在日本手中的这些庞大的数字。

此外还有贵重的金子。我国的金子大半产在黑龙江。

再说农产品。东北的农产品，最主要的数高粱和大豆。这两种农产品，我国在全世界都占第一位。

东北每年种高粱五万万亩，占全国高粱耕地三分之一强。东北人把高粱作粮食，跟南方人吃米、北方人吃面一个样儿。吃了还有剩余，酿成了高粱酒运到各处去发卖。

东北每年种大豆五亿四千万亩，每年收获五百二十二万吨，产量占全国十分之七；而我国的大豆总产量又占全世界的十分之九。东北人吃不完那么多的大豆，运到全国各处发卖，全国的人还是吃不完，于是运销到国外去。在“九一八”以前的几年中，每年运销到国外去的大豆和豆制品，价值在两万万海关两上下，是我国出口货物中最多的一项，其中三分之一是卖到日本去的。

日本强占了咱们的东北，就不用再花钱买大豆了。

素食的中国

西洋人吃饭的方式和咱们中国人不同。他们吃饭主要是吃菜，每餐要喝牛奶，吃很多的奶油，鸡蛋，鱼，肉，只用两三片薄薄的面包陪衬一下，就算吃过饭了。

咱们中国人吃饭才是真的吃饭，咱们得划三大口饭，才夹一筷菜。

西洋人每餐都要吃荤，咱们中国大多数人终年吃不到肉，能隔十天半个月打一回“牙祭”的也只有少数人。每天大鱼大肉整鸡整鸭地吃的，那是少数中的最少数了。

西洋有许多讲究吃的博士，他们说，人要健康地生活下去，一定要吃足够的脂肪、蛋白质和糖类——糖和面粉等。像米麦等植物性的食物，糖类是尽够了，可是脂肪很少，蛋白质又是劣等的。中国人不吃荤，怎么能过活呢？于是有一位讲究吃的博士到我国各地游历，专门考查咱们中国人吃些什么，结果他恍然大悟，回去写了一篇调查报告，题目叫做《素食的中国》。

在那篇论文里，他说：“中国人虽然吃素，但是食物中并不缺少蛋白质和脂肪。这两种主要成分的来源是大豆和豆制品。大豆含有比牛肉更多的脂肪和优等蛋白质，价钱却十分便宜，只及牛肉的三分之一。”

日本强占咱们东北，掠夺咱们东北的富源，从咱们的饭碗里抢去了又便宜又滋补的食物——大豆。

巴黎的豆腐公司

咱们中国人平均每人每年吃黄豆二十三市斤。新鲜的吃，晒干的也吃，还把它做成了豆腐吃。

“豆腐、麻雀、绍兴人，”这是一句众人皆知的谚语，说绍兴人会做生意，足迹遍及中国，像豆腐和麻雀一样；这句话同时告诉咱们，咱们中国几乎没有一处没有豆腐。

你可能天天都从豆腐店门口经过，可是未必知道豆腐怎么做成的。“视而不见”——越是常见的事，越容易忽略。

豆腐店老板半夜里就起床了，他把头一天晚上泡在水桶里的大豆捞起来，放在石磨的面上。又在一个底上有小孔的水桶里加满了水，挂在石磨上边的屋梁上，让水从桶底涓涓地流下来。老板推动石磨，浸得又肥又胖的大豆和着水，不断地滚下磨孔去，和着豆渣的豆浆从两块磨石之间挤出来了。

把和着豆渣的豆浆在锅里煮沸了，趁热用布过滤，就把豆浆和豆渣分了开来。豆渣是猪的好饲料。豆浆里含有许多脂肪和蛋白质，和牛乳一样滋补，可是价钱只及牛乳的五分之一。

把豆浆放在锅里煮开了，面上结成一层淡黄色的皮，是豆浆中的脂肪和一部分蛋白质结成的。把它揭起来晾干，就是豆腐皮，味道鲜美，是吃素的人的珍馐。

把石膏或盐卤慢慢地加进锅里去，豆浆中的蛋白质便凝固了，泛起一朵朵很小的雪白的豆花。石膏或盐卤不能加得太多，太多了豆花就老了。豆腐店老板对这个最有经验。

把豆花捞起来，用布包了，放在木箱里，压去了水，就成了豆腐。木箱的盖是活动的，盖上压着很重的石块，箱底有一条条的槽，水就从槽里流出来。豆腐做好的时候，天色发白了。

压豆腐的石块越重，压的时间越久，豆腐里的水就越少，吃起来不免嫌得老些。把水几乎全压去了，那就成豆腐干坯。把豆腐干坯用烟熏了，或者用酱油煮了，或者用油炸了，做成各式各样的豆腐干，味道都是挺鲜美的。

谁都爱吃豆腐干，因为它滋养，味美，价廉。清代，有个违抗传统思想的书呆子金圣叹，他犯了罪，临到砍头的时候还对豆腐干恋恋不舍，他告诉儿子说："豆腐干与花生米同吃，有火腿的滋味。"如果从营养的角度看，豆腐干远比火腿容易消化。

豆腐干，豆腐，豆腐皮，豆浆，一爿豆腐店就有这许多种出品。别小觑他小本经营，清末民初的时候，几位留学法国的学生在巴黎开了一家豆腐公司，他们把卖豆腐赚下的钱交学费，付房饭钱，结算下来还有剩余呢。

"漉豉以为汁"

咱们走进菜馆，看到每张桌子上放着两把小瓦壶，红的一把盛醋，白的一把盛酱油。吃客们如果嫌菜的味儿太淡，可以加一点酱油——酱油的味道又咸又鲜。为什么会那样鲜呢？因为酱油是用大豆制成的。

酱油是从酱里榨出来的汁。酱园里制酱，和咱们家里制酱的情形相仿。每逢春夏之交下着梅雨的天气，正是酱园的作坊最忙的时候。老师傅们把大豆用水浸胖了，放在大甑子里蒸熟了，跟等量的面粉拌和，分摊在一个个的匾里。趁没有冷透的时候，他们把那些匾放进一间既不通风，又不见阳光的房间。房间里四壁都是木架子，匾就一个叠一个地放在木架子上。约摸半个月后，大豆跟面粉上长满了五颜六色的霉，才把那些匾取出来。如果长的霉是黄色的，老师傅们认为运气很好，做成的酱味道更香更鲜。

把发霉的大豆和面粉放在露天的大瓦缸里，加上盐水。有太阳的日子，揭开缸盖尽让太阳晒，每隔几天用棒搅和一下。隔了半年一年，甚至两年，大瓦缸里的大豆和面粉成为深褐色的酱了。酱的味道极鲜，常用来做菜。榨出来的汁——酱油，就是最好的调味品。

为什么酱的味道比大豆更鲜呢？原来霉长在大豆上，使大豆的蛋白质分解成了很鲜的氨基酸。这种分解的作用，跟大豆在咱们肚子里消化相同，所以酱和酱油不但味道鲜美，还很滋养。

还有两种利用霉做成的豆制品，豆豉和豆腐乳，也是又可口又滋养的食品。

曹植的《七步诗》说，“煮豆持作羹，漉豉以为汁，”有人说他就是咏的制酱油。孔夫子喜欢吃酱，这是古书上有记载的，如果没有酱，他连饭也吃不下。可见制酱和制酱油都是很古老的方法。大豆是我国真正的土产，不像棉花来自印度，甘蔗来自南洋。大豆的种植方法和用大豆制各种食品的方法，地地道道是我国的“国粹”，跟指南针，造纸，印刷术，火药，同样地值得赞扬。不知道提倡保存国粹的先生们可曾注意到他们天天要吃的大豆。

按说，凡是国粹，单靠保存是不够的，还该求其改进，求其发展。就说酱油吧，到如今已变成日本的国粹了。西洋人只知道酱油是日本人制的。抗战以前，我国有很多留学生去日本学制酱油。

日本人制酱油最早是到我国来学的，他们把老方法改良了。他们用干净、明亮、通风的房间，代替了又黑又闷的房间；他们把房间里的温度湿度调节得很好，可以一年四季不间断地进行制造。他们把黄霉种在大豆和面粉上，只消三天，黄色的霉就长满了。他们把大瓦缸放在温室里，使酱成熟得比让太阳晒快。用句时新的话来说，就是什么都科学化了。这种科学化的酱油厂非常清洁，制造出来的酱油比用老方法制造的更香更鲜。所以在战前，日本酱油行销西洋各国和我国沿海各地。至于原料，他们用的还不都是咱们东北的大豆。

豆油　豆饼

豆乳、豆腐、酱、酱油，所利用的主要是大豆的蛋白质。咱们不要忘记，大豆还含有百分之二十上下的脂肪呢。这就是说，每五斤大豆中就有一斤是脂肪。大豆的脂肪通常叫做豆油。

先把压碎了的大豆放在甑子里蒸熟，再用布包裹了压榨，就榨出油来了。旧式的油坊把一包包大豆放在大木槽里，在槽的一端用木槌打进尖劈形的木楔去，油就从槽的另一端流出来了。新式榨油厂用螺旋压榨机或是水压机。这两种机器在物理课上都要讲到，你一定很熟悉。

我国人常吃的油是豆油、菜油、麻油，而以吃豆油的人为最多。豆油也是出口的大宗，外国人把豆油买了去，用来制造油漆，印刷油墨，油布，雨衣，等等。

布包裹着的大豆榨去了油，就成了豆饼。豆饼像木头一样坚硬，厚约三寸，直径两尺。通常用豆饼来喂猪和肥田，那实在把豆饼糟蹋了。因为在豆饼里，大豆的优良的蛋白质还原封未动，还可以用来做豆腐，制酱油。以前日本人每年从东北买去的豆饼值到一千几百万海关两，“九一八”以后，日本人就不用为买豆饼再花那么多的钱了。

豆芽的奇迹

豆油里含着少量的维生素 D。因此，吃豆油可以帮助咱们的骨骼和牙齿长得坚固。只是含量太少，不及鱼肝油那么见效。

还有咱们缺少不得的维生素 C，在豆芽中含得非常之多。大豆中原来不含维生素 C，但是在发芽的时候，维生素 C 就自然而然地长成了。

维生素 C 通常含在水果和蔬菜中。我国的大部分地方，却半年以上不能栽蔬菜。吃水果，在我国算是件奢侈事儿，大多数人从来没有尝过水果的味儿。

食物中缺少了维生素 C，咱们的血就会败坏，齿龈就会出血。幸亏我国各处的人都吃豆芽，豆芽维持了我国人的健康。

马尔萨斯人口论

十九世纪初，英国有个马尔萨斯写了一本《人口论》，书上有这样一段骇人听闻的话：“人口是随了时间以等比级数增加的，而粮食只以等差级数增加。人口的增加比粮食快，到后来，粮食的供给一定会非常困难。”

他的话成了侵略国家的口实。“我们人口太多，三个小岛容不下了，不得不到大陆上去找吃的，找用的。”日本侵略咱们中国，就用这样的话来作辩护。

有一位生物学家打了一下算盘，他说，“粮食的供应既然越来越紧张，咱们吃动物的肉太不上算了。要猪长一斤肉，得喂它四斤粮食。咱们还不如直接吃粮食，至少可以减少一点儿缺乏粮食的威胁。”

那么哪一种粮食可以代替肉类呢？前面不是说过了吗，第一就推大豆。大豆和肉类一样滋养。并且，栽种大豆不必施肥，又省事，又省钱。

你把大豆连根拔起来看过没有？大豆的根上长着一颗颗细小的瘤子。这些瘤子会制造肥料，不断地供给大豆，使大豆长得很茂盛。所制造的肥料，大豆还用不完，有好些留在土里。大豆收了之后，就在那块地里播种小麦、高粱或玉米，都会得到很好的收成。

从生物共生得到的启示

大豆根上怎么会长小瘤的呢？咱们从小瘤上切下薄薄的一片，放在显微镜下观察，就可以看到小瘤中有无数个“丫”字形的细菌。土壤中这种细菌很多，它最爱生长在豆类的根上。豆类的根一遇着这种细菌，就长起瘤来把它包住，好像特地造起新房子，欢迎客人来住。客人也真讲交情，它们很安分地在豆根上繁殖，随时付出应付的房钱——肥料。

细菌在豆根上找到了住处，大豆从根瘤里得到了肥料，两种生物像这样互相有利地生活在一起，在生物学上叫做共生。咱们人类虽然知道生物共生的利益，但是自己还没有过过这样的生活。少数强暴者为了自己过得更好，还要欺凌别的民族，掠夺别的民族。

如今三个国际强盗——德、意、日，都得到了应得的惩罚。咱们相信将来总有一天，世界各民族会像生物共生一样，互相扶持，互通有无，共同过快乐的富足的日子。

一九四五年九月刊于《开明少年》

黄金的悲喜剧

骗人的金圆券

一九四八年八月十九日，国民党反动政府实行“币制改革”，用金圆券来代替原来的法币。

反动政府说得娓娓动听：法币发得太滥了，太不值钱了，物价涨得太快了，人民的生活太困苦了。现在换一种新钞票，从头好好儿干，那种新钞票就是金圆券。

跟发行金圆券同时，反动政府公布了两项重要法令。一项是人民不得持有或买卖黄金、白银和外币，原先收藏着的都得向政府兑换成金圆券。一项是限制一切货物的价格：任何货物都得以八月十九那天的价格为准，不准再涨；连劳动力——工人的工资和公教人员的薪金也不例外。

因为法币一天比一天不值钱，人民早就把黄金、银元和外币当作储蓄的工具了。反动政府利用前一项法令，把人民手里的一点儿零星积蓄也硬逼了去，作为他们进行反人民的内战的本钱。

后一项法令，从表面看好像下决心要稳定人民的生活。其实不然，金圆券源源不断地印，发行量漫无限制，价格和工资却不准上涨。反动政府用那花花绿绿的纸片，变本加厉地掠夺人民手里的物资，剥削人民的劳动力。

法币换成了金圆券，商店里却没有货物了，工厂找不到原料来开工了，人民拿着金圆券买不到米吃。不到三个月，限价的法令自然而然被冲破了。

物价又一天一天往上直窜，金圆券不可避免地走上了法币的老路。

反动政府着了急，连忙更改法令，又说人民可以用金圆券向政府兑换黄金和银元了。黄金的价格是每两两千金圆券，比它强迫收兑的时候涨十倍。反动政府无异于自己承认：在短短的三个月中，金圆券的价值已经跌剩十分之一了。

金圆券发行了三个月，物价上涨何止十倍，就说黄金，黑市价格早就在两千以外。反动政府决不做蚀本生意，它把搜括去的黄金吐出极少一部分，来维持金圆券的生命，好继续用那花花绿绿的纸片来掠夺人民，剥削人民。

黄金的黑市价格比反动政府定的官价高出了许多，人们一听到用金圆券可以兑换黄金的消息，马上拥向指定的银行。银行开门还早哩，拥在大门外面的人已经成千累万。大家挨着挤着，谁都明白政府兑出的黄金是非常有限的，所以都拼着命挤，要挤进银行的大门。

银行周围的大路挤得水泄不通。警察骑在马上吆喝，挥着皮鞭驱赶挤黄金的人。人们挨着了皮鞭也不作声，只管一个劲儿地挤。十二月的天气，大家挤得满面通红，淌着汗水、喘着粗气。远远望去，只见一片热腾腾的蒸气，好像才揭开盖子的一个大蒸笼。

在这个大蒸笼里，人们再也受不住了；有的昏过去了，倒下来了，别人的脚就踩在他们身上。

一九四八年十二月二十四日，为了用金圆券兑换黄金，在上海，被挤死的就有九个人。

别说什么“人为财死”的风凉话吧。这九个都是穷人，他们可没想发财。日子实在过不下去了，为了赚几个辛苦钱养家活口，他们才替有钱人来挤兑黄金的，哪儿想到竟然白白地赔上性命。

这一出悲剧——黄金的悲剧，是国民党反动政府在面临覆亡前夕一手造成的。

黄金潮

黄金造成的悲剧多着呢，几乎哪儿都有。

美国的西海岸，有个名城叫“旧金山”，这地方，过去是个黄金产地，是座“金山”。最先发现黄金的是一个木匠。

事儿发生在一百多年以前。有一天，这个木匠在山溪里拣到了一块黄色的沉甸甸的石头。“会不会是黄金呢?”他想。可是他从没见过这么大的一块黄金，就拿着这石头去请教一个煮肥皂的女人。那女人也不敢肯定，随手把石头扔进了煮肥皂的大锅里，她说：“煮它一个晚上，明天再看吧。”

木匠老惦记着这块沉甸甸的石头，第二天一清早，他就去找煮肥皂的女人。两个人一同把石头从锅里捞了上来。奇怪，石头在碱水里煮了一个晚上，显得更加美丽了，黄澄澄的，还闪着光。

“黄金！黄金!”两个人一齐喊了出来。他们高兴得互相拥抱，乱蹦乱跳。

木匠立刻把这块黄金带给他的老板看。木匠铺老板是个有心计的人。他教木匠千万别声张。山溪里有黄金，让他们三个慢慢地挖不好吗？他们三个就可以成为全世界最富的富人了。于是他们悄悄地干，把挖到的黄金卖了，造了房屋，置了田地，买了牲口。

俗话说得好，“只手遮不住太阳”，黄金的秘密尤其不容易保守。没隔多久，消息就传遍了北美洲。

“挖黄金去！挖黄金去!”人们都这么嚷嚷。

工厂变得静悄悄的，工人们挖黄金去了；店铺的大门反锁着，做生意的挖黄金去了；兵士开了小差，水手离开了船，庄稼人抛弃了田里快要成熟的麦子……

“挖黄金去！挖黄金去!”人们像潮水一样，涌向太平洋岸边的“金山”。

到“金山”来挖黄金的人越来越多，除了挖黄金，别的行业他们都不肯干。到了第二年，吃的住的全供应不上了。那些从各处涌来的挖黄金的人糟蹋了那位木匠铺老板新置的土地，霸占了他新造的房屋，宰了他新喂的牲口。

木匠铺老板怎么能忍气吞声，他向法院起诉，告那些挖黄金的暴徒，要他们赔偿他的全部损失。

官司打了四年，他完全胜诉。可是强占了他的产业的人拒绝接受法院的判决。他们的眼睛早让黄金给迷住了，再也看不到什么法律。当天晚上，他们暴动了，他们勒死了宣判这桩案件的法官，烧毁了木匠铺老板的房屋，把他的三个儿子全杀死了，单留下他一个人，教他受下半世的穷罪。

木匠铺老板一路乞讨，从西海岸流浪到了在东海岸的首都华盛顿。他向国会提出了申诉。美国的国会是替有钱人说话的，可是他已经一个大子儿也没有了。申诉继续了二十年，这个衣衫褴褛的老头儿终于倒毙在大街上，结束了他那一出黄金的悲剧。

没到半个世纪，“金山”的黄金渐渐挖空了，留下了“旧金山”这么个地名。正在这时候，阿拉斯加又掀起了挖黄金的热潮。滑稽明星卓别林的喜剧片《淘金记》，表演的就是去阿拉斯加挖黄金的故事。

阿拉斯加也是美国的领土，在北美洲的西北角，太平洋的东北岸，几乎终年盖着冰雪，很少出产吃的东西。挖黄金的人可没想到这一层，听说那边有黄金，就涌到那边去了。他们以为有了黄金就有了一切。

可是黄金能抵御寒冷吗？不能。黄金能吃饱肚子吗？也不能。

《淘金记》里有这么个镜头：卓别林躲在一间让大风吹得东倒西歪的小木屋里，啃着没法煮烂的皮鞋，教人看着笑痛肚子。笑过了一想，这何尝不是黄金造成的悲剧。

美国有位出色的小说家叫杰克·伦敦，他所以出色，原因之一是阅历丰富。在少年时代，他也给卷进了去阿拉斯加挖黄金的浪潮。后来他把那时的经历和见闻写成了小说，其中有一篇，题目是《一千打》。一千打什么？一千打鸡蛋。

有个生意人听说阿拉斯加非常缺乏可吃的东西，鸡蛋成了无价之宝。他把老婆寄在丈人家里，把小铺子盘给了人家，把家里的东西全变卖了，买了一千打鸡蛋，运到阿拉斯加去。

一路艰难重重，他爬过了盖满冰雪的高山峻岭，渡过了浮着冰块的急湍的河流。同行的伙伴有的摔死了，有的淹死了，有的失掉了勇气中途折回去了，最后只剩了他一个人。他拖着两只冻伤的脚，带着他的一千打鸡蛋，终于来到挖黄金的地方。

挖黄金的人听说来了新鲜鸡蛋，大家把他围住了：

“鸡蛋吗？我要！我要！”

他想，为了这一千打鸡蛋，他几乎丢了性命，得横下心，漫天要价。

“块半钱一个！”他说。

“就块半钱一个。我要！我要！”挖黄金的人早已忘记了鸡蛋的滋味。不在乎钱，他们早已都是富翁了。

生意人卖出了两打鸡蛋就不肯再卖。他想：块半钱一个，大家还抢，明天为什么不卖三块钱一个呢？

他回到旅馆，方才买鸡蛋的人找他来了，说鸡蛋已经冻坏，来退回给他。还说不用退钱，等新鲜的货色到了，来取新鲜的。

客人走了，生意人对着剩下的九百九十八打鸡蛋发起愣来：难道全坏了？他拣起冻得硬邦邦的鸡蛋，挨个儿用斧头劈开来检验。一个，坏了；两个，坏了……一万一千九百七十六个鸡蛋全劈得粉碎，竟没有一个是好的。

他拿条绳子套在梁上，结成一个圈儿，把脖子伸了进去，同时踢开了垫在脚底下的凳子。

沙里淘金

寒冷和饥饿时常跟黄金做伴，真让人难以相信，可是事实就是这样。你知道在旧中国，淘沙金的人是怎么生活的吗？

抗日战争开始的那一年——一九三七年冬天，我乘汽船溯长江进四川，在湖北沙市附近，第一次看到淘沙金的人。正是水枯季节，江边上和江心中的沙滩全露出了水面，淘沙金的人就在这些沙滩上干活。

唐代诗人刘禹锡有一首诗说：“日照澄洲江雾开，淘沙女子满沙隈。美人首饰侯王印，尽是沙中浪底来。”

我看到的却有男有女，有老有少。他们十来个一群，分工合作，各人干不同的工作。

挖沙是力气活，由壮年男子担任。金沙比沙子重的多，一颗金沙和一颗同样大小的沙子相比，重上四五倍，因而大多沉在沙滩的底层。想淘得更多的金沙，就得把更深的底层的沙挖起来。

挖起来的沙里杂着大大小小的卵石。孩子们蹲着身子，拣去大的卵石。老年人把沙子放在竹子编的筛里，筛去小的卵石。

最后一条工序，挑水淘洗，大多由女人们干。

淘洗金沙要用一块特制的槽板。这种板四尺来长，两尺来宽，跟洗衣服的搓板似的，刻着一条一条横槽。把槽板斜靠在沙坑边上，上头有个三根竹竿支起来的架子，架子下边挂着一张竹篮。

女人们把除去了卵石的沙放在竹篮里，用木瓢把水桶里的水一瓢一瓢淋在竹篮里的沙上，沙和着水，从篮底漏出来，在槽板上淌过：比较轻的沙子让水给冲走了，重得多的金沙就沉在一条一条的槽底里。

把槽底的金沙取出来有个巧妙的方法：她们用一支涂满水银的铜棒在槽底滚过，金沙就黏在棒上了，只要刮下来就成。

这样的活儿不是太简单了吗？不是太便宜了吗？用不着花什么本钱，只要到沙滩上去挖，去淘，就可以得到黄金，谁还不想试它一试呢？怎么没引起美国式的淘金的浪潮？

这倒不必担心，淘沙金并不是什么让人眼红的行业。有一回我耐着性子站在一旁观察。五个淘沙金的花了半天工夫，才从二百五十斤沙里，淘出了一厘多沙金。

两，钱，分，厘，一厘是一两的千分之一，一斤的一万六千分之一，真是个小数以下的小数！

沙里含多少沙金还不一定，也可能忙了半天，结果一无所得。“沙里淘金”这句成语就是这么来的，说的力气是花了，可是所得无几，甚至一无所得。

何况那些沙滩，江边上的也好，江心里的也好，都是有主人的。淘沙金的人不管淘多淘少，都得给地主交上一份租金。他们不能天天赶到城里去把淘得的沙金卖掉，饭却是天天要吃的，于是有一批专门剥削他们的商人，来收买他们淘得的沙金。

淘沙金得等到秋深以后才能动手，沙滩要等水退了才会露出江面。第二年天气一转暖，春水一涨，他们又干不成活儿了。他们赤着脚，站在冰冷的沙滩上，踩在冰冷的水塘里；双手挖的冰冷的沙，舀的是冰冷的水。他们衣衫褴褛，裤管卷到了大腿上。沙滩上一无遮蔽，西北风吹得他们瑟瑟地发抖。

国民党反动政府可没忘记他们：一方面赞扬他们说，他们从江底里淘出来的沙金支援了抗战；另一方面作出规定，沙金必须按规定的价格交售给政府。对这些受冻挨饿的淘沙金的人，反动政府也决不手软，决不放松剥削。

炼金厂

江心和江边的沙滩底层怎么会有黄金的呢?

原来有些石英岩石里，夹杂着一些黄金的颗粒。大多数颗粒非常之小，小得甚至显不出黄灿灿的颜色，好像石英上沾了点儿青灰色的锈斑。

石英岩石受了风吹，日晒，雨淋，冰冻，渐渐裂开了，崩落了，渐渐地成了一颗颗很小的沙子。细小的黄金颗粒——沙金，就夹杂在这些铁锈色的半透明的沙子中间。

春天的融雪，夏天的暴雨，把山上的沙子冲到溪流里，江河里。沙金跟沙子一起，也开始了漫长的旅行。到了水势平静的地方——江心和江边的浅滩上，一部分沙子停留下来了。沙金比沙子重，按百分比说，停留下的当然更多，而且多数沉在底层。

因而可以推想，一条江的沙滩底层有沙金，那么越往上游，可以淘到的沙金一定越多。因此到了宜宾以上，人们就管长江叫金沙江了。

要是夹杂黄金颗粒的石英还没风化成沙子，人们也有办法把黄金提炼出来，人们可以用机器把坚硬的石英打得粉碎。

有机会，你可以到炼金厂去看看。从矿洞里开采出来的矿石运到炼金厂，先拣去杂色的石块，单把夹杂黄金颗粒的石英送进机器里去。

机器都是用特殊的硬钢铸的，好几架连成一串，把矿石打碎，捣烂，再和了水研磨。坚硬的矿石，最后成了稀烂的泥浆。

这不是普通的泥浆，泥浆里含有黄金哩！让含有黄金的泥浆在一大片涂满水银的铜板上淌过，黄金就跟水银混合在一起了。隔了些时候，工人就用树胶做的刷子把黏在铜板上的水银刮下来。

刮下来的水银里含着黄金。只要放在石墨做的小锅里，在炉子上炼一下，水银化成蒸气跑了，黄金化不了蒸气，留在石墨锅里。黄金就是这样炼出来的。

水银蒸气冷却以后又成为液态的水银，又可以涂在铜板上；这样重复使用，不断地为炼金尽力。

我国产黄金最多的地方是黑龙江，那儿有许多金矿已经用这种方法炼金了。日本侵略者侵占咱们的东北，目的之一，就为了掠夺黑龙江的黄金。现在，这些金矿还到了咱们人民的手中了。

除了黑龙江，我国还有山东、四川、西康，青海、新疆等许多地区都出产黄金。

这样说来，我国的黄金产量一定非常可观了。恐怕出乎你的意外，抗战前的估计，我国黄金的年产量约莫四吨，就是八千斤左右。只要一辆中型卡车，就能把我国各地生产的黄金全部运走。

这个数不是太小了吗？是的，因为石英岩石里含的黄金实在非常之少，通常一吨矿石里只有一两黄金。一吨是两千斤——三万二千两，你可以算一算，生产四吨黄金得开多少吨矿石，得淘多少吨沙子。

真金不怕火烧

有一回，我看到一个骗子，他拿着一只黄澄澄的戒指，在街上吆喝："谁要金戒指？我贱卖了！谁要金戒指？"

有个过路人信以为真，他问了价钱，把戒指接过来戥了戥分量，就扔还给骗子说："你骗不了谁，这金戒指是假的！"

金戒指是真是假，为什么一戥分量就能知道呢？原来黄金真是贵重的金属，它非但价钱贵，而且分量重。一块砖头大小的黄金，就重五十多斤。

骗子的那只戒指大概是用九分铜和一分铝熔合在一起做成的。这种合金的颜色和光彩跟黄金差不多，但是分量跟黄金相比，差得实在太远了。

镀金的银器和铜器，用眼睛看，跟黄金没有什么两样，可是一戥分量，就能立刻分辨出来。

在旧社会里，人们常常管出洋留学叫"镀金"。有些公子哥儿根本什么也不想学，他们在国外鬼混了一阵子，花几个臭钱买了张文凭回来，就充当起什么博士来了。管他们出洋叫"镀金"，真是再合适没有了。

洋博士的头衔，改变不了他们的不学无术，正跟银器铜器镀了金，增加不了分量一个样。有真才实学的人可完全不同，他们经得起任何考验，俗话说得好："真金不怕火烧"。

真金不怕火烧，烧了决不会改变颜色，也不容易熔化。铁器、铜器、银器，日子一久，光彩就失掉了，颜色就改变了，甚至长上了斑斑驳驳的锈。只有黄金铸的东西，永远现出黄澄澄的光彩。

为什么牙医生不用铜来镶补牙齿呢？铜的价钱不是便宜多了吗？原来嵌在牙缝里的食物会腐败变酸。铜遇着了酸，颜色就发绿，会慢慢烂掉。因而牙医生选择了黄金。

为什么自来水笔要装上金笔尖呢？因为墨水带点儿酸。装了金笔尖，自来水笔就耐用得多。

因为黄金既贵重，又不会长锈，不会变色，人们就用黄金来做各种各样的首饰。

可是黄金也有缺点，有个很大的缺点，它太软了，做成的首饰器皿太容易改变形状。譬如说，一位金匠辛辛苦苦的做成了一只正圆形的金杯，运动员捧着它，两只手多使了点儿劲，金杯就成了扁圆的了。

为了补救这个缺点，金匠打造首饰器皿的时候在黄金里掺点儿铜。九分黄金掺一分铜，市场上就叫九成金。八分黄金掺二分铜，市场上就叫八成金。

在欧洲美洲，把纯金叫做“24K”，“18K”金就是含黄金十八分，其余的六分是铜。合起成数来，就是七成五。

把成数和K数互相折合，可以用下边两个公式：

$$成数\div 10\times 24=K数$$

$$K数\div 24\times 10=成数$$

美国的金元按规定是21.6K，用上面的公式一算，可以知道应该用九成金来铸。普通的金表壳子和金笔尖都是14K，你可以算一算是几成金。

黄金无用？

黄金可以抽成很细很细的丝，捶成很薄很薄的箔。金丝组成的线，用在刺绣上，金箔则用来装饰佛像，用来贴金字招牌。

金丝金箔都是装饰的材料。此外，黄金还用来做“美人首饰侯王印”，还用来做各种贵重的器皿。在一般人的日常生活中，黄金可以说毫无用处。

有位化学家也这样说："以科学的立场来说，黄金简直一文不值，因为它没有一点儿实际用处。我想不出世界上要是没有黄金，人们在生活中会感到什么缺憾。"

这句愤世嫉俗的话可说得过了点儿头。他是一位化学家呀！他怎么能忘记，要不是黄金这么贵重，要不是有人贪婪地寻求黄金，哪儿会有今天的化学。

化学的前身是古代的炼金术，这是常识，任何一个中学生都知道。

古代的炼金家可不是现代的炼金工程师，他们研究的不是怎样从含黄金的石英中把黄金提炼出来，而是想把廉价的金属，如铜呀，锡呀，铅呀，水银呀，炼成黄金。

在咱们中国，把那些古代的炼金家叫做方士。他们说，他们不但能炼黄金，还能炼什么不死之药。所以他们常常得到帝王公侯的宠信。帝王公侯有权有势，他们不愿意死，梦想长生不老，好永远作威作福，他们还贪得无厌，梦想占有越来越多的黄金，供他们尽情地享乐。

秦始皇、汉武帝都是咱们中国历史上雄才大略的帝王，他们都受了方士的欺骗。至于那些财迷，受骗的就更多了，小说《儒林外史》和《聊斋志异》中，都有出色的描写，请你自己找来读吧。在这儿，我只说一个西方的故事。

有个青年只想发财。他找到了一位炼金家，求炼金家把炼金的秘诀告诉他。炼金家胡诌了一通，最后告诫他说："只要照我说的去做，没有不灵验的。只是有一样：你在炼金的时候千万不能想起犀牛。你要是一想起犀牛，就前功尽弃，我的秘诀就不灵了。"

青年想："犀牛，这古怪的野兽，我从来没见过，怎么会想起它来呢？我决不会想到犀牛的！"他谢了又谢，告别了炼金家，照炼金家说的那一套，立刻动手炼起黄金来。

过了几个星期，青年又去找那个炼金家，哭丧着脸对他说："我炼不成了，我老是忘不了那混账的犀牛！"

你一定早明白了，那个炼金家干吗要告诫青年千万不能想起犀牛。可怜那个财迷心窍的青年，他还自怨自艾，蒙在鼓里呢。

可是说那些方士和炼金家都是骗子，也不太公平。他们当中固然骗子占多数，可是也有一些真诚的相信，只要坚持不懈，他们一定会达到目的。

经过长期的无效的摸索，他们终于知道了，黄金是没法用别的东西来配制的。不但黄金，连白银、铜、铅、铁、水银、硫磺、炭，也是如此。

另外有些东西是可以用别的东西配制的。譬如黄铜，就是铜和锌熔合成的；琥珀金，那是黄金和白银熔合成的；还有“假金”，是用铜、铅和水银合成的，这种假金不但怕火烧，日子一久就还原成铜、铅和水银了。

在长期的摸索中，他们还找到了许多从前不知道的东西。有一位炼金家忽发奇想，以为尿里可能有一种使白银变成黄金的东西。他把尿炼来炼去，最后得到一种样子跟蜡相仿的东西，在黑暗里会发出蓝莹莹的光。这种东西就是磷，做火柴要用到它。

还有一位炼金术士，他蒸馏明矾，得到了硫酸。用硫酸和硝石，制成了硝酸。用硫酸和盐，制成了盐酸。又把硝酸和盐酸混合，竟把黄金溶解了。他把这种混合的酸叫做“王水”。他认为黄金是金属的王，因为黄金跟什么都不起作用，而“王水”竟能溶解黄金。

方士和炼金家把各种各样东西放在古里古怪的瓶子里罐子里，又是薰，又是煅，他们的工作，跟现代的化学家做的根本上没有什么两样。化学家研究的就是各种物质的本质和它们之间的相互变化，为的给人类造福。方士和炼金家没能达到他们的目的，没能把廉价的金属炼成黄金，他的摸索却给化学开辟了一条道路。在充满了迷信、愚昧和欺诈的炼金术中，竟长出了现代科学中最发达的一个部门——化学，这是最初谁也料想不到的。

有个民间传说，有个农夫快要死了，他告诉儿子，在田里，他埋了很多黄金。儿子问他黄金究竟埋在哪儿，可是他已经不能说话了。儿子信以为真，把整片田翻掘遍了，也没找到他爸爸埋的黄金。怎么办呢?播种的季节到了，他就在翻掘过的田里播上麦子。第二年，他田里的麦子比别家的都长得好，收成高出一倍。这时候他才明白了，他爹爹说的黄金究竟指的什么。

方士和炼金家摸索了一两千年，正跟那位农夫的儿子一样并没白费心机。他们虽然没得到黄金，然而意外的收获，却远非黄金可以比拟的。

点金有术

古代的炼金术，动机固然是错误的，可是那些方士和炼金家摸索到的许许多多零零碎碎的经验却是真实的。把这许多零碎的经验收集起来，经过一番整理，就成了有条有理的知识——化学。

有条有理的知识才当得起“科学”这个尊贵的称号。古代的炼金术不是科学，化学才是科学。

炼金术摸索了一两千年，虽然经验越积越多，仍旧是零碎的，说不上有什么进步。化学的进步却一日千里，就因为化学是科学，它不再受迷信、愚昧、欺骗的羁绊，而是有规律可以遵循，还有正确的方法；用不着瞎摸，可以避免走许多冤枉路。

化学的进步是多方面的。咱们到处可以看到，由于化学的进步，人们生活发生了新的变化。

种庄稼的人现在都知道用化肥——化学肥料。由于化学的进步，人们知道庄稼要长得好，必需收吸哪些化学物质。又知道土地里缺少哪些庄稼所必需的化学物质；这些化学物质可以用什么方法来制造。于是，化肥就大量制造出来了，下在田里，增加了庄稼的收获。

咱们的衣料都染上了好看的颜色。在古代，染料是从某些植物和动物中提炼出来的；现在植物染料和动物染料都让化学染料给代替了。由于化学的进步，人们不但造出了色彩丰富而且鲜艳的染料；还在棉麻丝毛这些天然的纤维之外，造出了各种各样的人造纤维和合成纤维。

由于化学的进步，咱们日常的用具除了铜器和铁器之外，又添了轻便干净耐用的铝器。由于化学的进步，炼钢厂炼出了各式各样的钢来：不会生锈的钢，硬得像金刚石一样的钢，不容易磨损的钢……造任何机器，都可以找到最合用的钢材。

由于化学的进步，医生有更多更多的药，用来给人治病，并且告诉大家，怎样可以保持身体的健康。由于化学的进步，医生知道各种物质在咱们的身体里会发生什么样的化学变化。

由于化学的进步……由于化学的进步……

我想就此打住，不再举例了。例子随处都有，都写下来，就成了一份没完没了的账单，只怕谁也没有耐心念完。总之小到划一根火柴，都不能不说是化学进步的果实。

怎样把化学应用到生产上和生活上，只是研究化学的一部分工作。一门知识的实际应用是非常重要的；但是要实际应用，先得把这门知识的原理弄清楚。拿化学来说吧，就得弄清楚物质的本质是什么，物质是怎么发生变化的。

化学家对物质的本质的认识，是逐步深化的。

方士和炼金家炼不出黄金来，化学家知道这是什么原因。因为金是一种元素。天地间一共有九十几种元素（注：截至 1986 年止，已发现 108 种元素)。用一种元素或者几种元素，决不能造出另外一种元素来。

铜是一种元素，铝也是一种元素，九分铜和一分铝，只能熔合成假的黄金——从表面看跟黄金几乎一样，本质却跟黄金完全不同。

元素只有九十几种，天地间的物质却多得说也说不尽；所有的物质都是这九十几种元素造成的。

就拿水来说吧，水就不是元素。水可以用电分解成两种元素：氢和氧。水是氢和氧两种元素造成的。

不同的元素结合在一起，叫做“化合”。不同的元素化合成的东西，叫做“化合物”。水就是一种化合物。凡是化合物，总有办法把它分成组成它的元素。

九十几种元素，就像九十几种颜色形状各不相同的小珠子。这九十几种小珠子要是分别盛在九十几个碟子里，一个碟子盛一种，咱们可以随便从哪几个碟子里取出一颗或几颗来，穿成一种花式。别看说起来那么简单，到底能穿成多少花式，没有一个人能说得清楚。

亏得元素和元素的化合有着严格的规律？并不像穿珠游戏那样随意。两种元素，有的不能化合，有的能化合，却必须有一定的条件。化学家研究这些现象，找出共同的规律来；再把这些规律。运用到生产上去，运用到生活上去。

原子学说的创立，使化学跨进了一大步。化学家并没有就此满足，他们还要探求原子是怎么构造成的；他们认为，九十几种元素的性质所以不同，就因为九十几种原子的构造有所不同。

化学家的努力得到了应有的报偿。他们终于发现，九十几种原子的构造基本上相同。原子的中心是一个核，叫做原子核。原子核的周围有电子在绕着它转圈子。电子的数目有多有少，最少的只有一个，最多多到九十几个。

电子非常轻，所以原子的重量几乎集中在原子核上。更奇怪的是做成原子核的材料只有两种，它们的重量几乎相等：一种是不带电的中子，一种是带电的质子。

最简单的原子是氢原子。氢原子核只有一个质子，绕着这个质子转的只有一个电子。其次是氦原子。氦原子核是由两个质子和两个中子组成的，有两个电子在绕着这个原子核转。电子的数目总跟原子核中的质子的数目相等。

九十几种原子的化学性质各不相同，关键在于绕着原子核转圈子的电子数目有多有少；至于原子的重量，则决定于组成原子核的中子和质子的数目是多是少。

既然组成原子核的材料是相同的，都是中子和质子，咱们能不能把两三个比较小的原子核合在一起，并成一个大的原子核呢？能不能把一个大的原子核打碎，分成几个小的原子核呢？如果办得到，用一种元素或者几种元素，不就能造出另外一种元素来了吗？用这个方法，不就可以炼出黄金来了吗？

化学家最初认为这是绝对办不到的。后来却发现，在自然界中就存在着这种现象。有些大的原子核自己在不断地破裂，在变成小的原子核，同时不断地放出各种看不见的射线和热能来。可是在自然界中，这种变化非常缓慢。

后来又发现，在太阳上，许多小的原子核正在合并成大的原子核，同时放出大量的光和大量的热能。所以太阳老是那么亮，又老是那么热。

人们管大的原子核破裂成为小的原子核叫做“裂变”，管小的原子核合并成为大的原子核叫做“聚变”。人们研究裂变，也研究聚变，人们向物质的深处探索。

研究裂变和聚变，是为了制造黄金吗？不，人们不再像古代的方士和炼金家那样，眼睛只盯着黄金。人们研究裂变和聚变，是为了发掘藏在微小的原子核深处的巨大的能量，比黄金还宝贵不知多少倍的原子能。

黄金的故事，讲到这儿似乎可以打住了，再往下讲，该讲原子能的故事了。人类对物质的认识是一条无穷无尽的长河，故事不论讲到哪儿，总还望不见尽头。我在这儿只好照抄老话："欲知后事如何，且听下回分解。"

原题《黄金》一九四五年十一月刊于《开明少年》

卧看牵牛织女星

银烛秋光冷画屏，轻罗小扇扑流萤。
天阶夜色凉如水，卧看牵牛织女星。
——杜牧《秋夕》

秋天晚上，我们所看到的最亮的星是织女星。在初秋，晚上九点钟左右她越过我们的头顶；秋越来越深，她越过我们头顶的时间越提早。在这颗星的东方，白濛濛地像云一样的一片，断断续续从北到南横过天空，这就是银河，也叫做天河。正像我们把北方的七颗星连成个“北斗”一样，西洋人把织女星和附近的几颗星连在一起，成为一架七弦琴的样子，把它叫做天琴座，说这就是古希腊音乐家奥佛士的七弦琴。用这架七弦琴，他弹奏出神妙的曲调，使森林里的野兽都陶醉了。有一幅名画，画的就是这个故事。奥佛士坐在森林里的大石上，弹奏他的七弦琴，几只狮子俯首帖耳地伏在他面前。看了那些狮子凝神静听的表情，我们就似乎听到了画上弹奏七弦琴的曲调。我们如果看过这张画，知道了这个故事，再看那织女星，一定更觉得耐人寻味了。

我们中国，关于织女星也有同样美丽的传说，说织女星是天帝的孙女，因此也叫做“天孙”。以这颗星的光辉美丽柔和来说，确也当得起这个高贵的名号。天帝把他的孙女嫁给了牛郎，一个牧牛童子。他们俩结婚后你欢我爱的，把自己应该做的工作都荒废了，一个不再牧牛，一个也不再纺织。这惹得天帝动了怒，命令他们一个住在天河的东岸，一个住在天河的西岸，每年七月初七（阴历）才得在天河中流相会一次。这故事充满了农人们的幻想。他们把自己的生活反映到天空里，以为在神的世界里，不论哪一个都应该勤劳的工作，要是谁怠惰了的话，谁就该受惩罚，连天帝的孙女也不能例外。这平等的劳动世界显露出农人们对于人的世界的期望。可是历代的诗人们却大多把这一点忽略了，他们常把这个故事写在诗篇里，来歌咏离愁别苦，着重的只在那一年一度的会面。这当然因为诗人们很少是农人出身的，他们不能体会农人们的思想。

前面抄录的诗也就是这样的一首。这首诗描写的，并不是我们躺在院子里乘凉看星星的那种闲适的情致。诗人设想一个宫女，她初秋晚上望着光彩美丽的织女星，想到织女还能每年和牛郎相会一次，而自己却被禁闭在深宫里，永远度着孤寂的时光。在这“凉如水”的夜色里，她所感到的不是凉爽，而是凄凉；她“扑流萤”并不是因为萤火好玩儿，而是因为夜长无聊：都是宫中怨女的心境。

那么牛郎在哪里呢？我们且把那白茫茫的银河当作一条真的河流，我们的眼光渐渐的向东南移，渡过这河流最宽阔的渡口，就遇到排成一直线的三颗星。中间的一颗很亮，两旁的光芒较弱，看去与中间的一颗距离恰好相等。用直线把这三颗星联结起来，正像一条两臂相等的一种杠杆；因此，阿拉伯人把这三颗星叫做天平星，我们中国也有把它们叫做挑担星的。这中间一颗最大最亮的就是牛郎星——也叫做牵牛星。在秋天晚上，确实只有这一颗星能够和织女星相配，它的光辉稍稍带点儿黄，不及织女星亮，可是其余的星全比不上它。

若是我们一连几晚，每晚上都观察牵牛星和织女星，就可以知道它们的关系位置是不变的，正如故事里所说的一样，一个在天河的东岸，一个在天河的西岸。可是我们也不要太相信了这个故事，在阴历七月初七的晚上，为了要看两星相会，白白地熬个通夜。天文学家告诉我们，这两颗星永远没有相遇的机会。它们和太阳一样，都是恒星。织女星的光辉是太阳的 50 倍，牵牛星的光辉是太阳的 9 倍有余，只因距离我们太远了，所以看去只不过是两颗比较大的星。天文学家又告诉我们，织女星距离地球 26 光年，牵牛星距离我们较近，但也有 16 光年。

什么叫做光年呢？光年是天文学上表示距离的单位，表示光一年所走的路程的长短。光的速度是每秒钟 30 万公里，一天能走 259.2 亿公里，这长度的 365 倍，就是一光年。这种用时间来表示距离的方法，在日常生活中其实也时常用到的。比如从成都到重庆，有 450 公里，我们步行的话，每天走 60 公里，因此说从成都到重庆有 7 天半的路程。

太阳光从太阳射到地球上才八分二十秒，而织女星的光射到地球上要 26 年。这样一比较，就会使我们惊异得叫起来，“真了不得！有这样远！”可是这个话给天文学家听见了，一定要笑我们少见多怪。他们会告诉我们，距离太阳几万光年的星不计其数，而 10 光年以内的星却只有 15 个。不多几年前，天文学家看到一个星崩毁了，计算下来，说这个星崩毁的时候正当罗马时代，这就是说这个星离我们将近 2000 光年。

天文学家还告诉我们一件奇怪的事，说恒星并不是真的不动，织女星以每秒钟 14 公里的速度移近太阳，牵牛星也在移动，每秒钟接近太阳 33 公里，这速度和地球的公转速度——每秒钟 29 公里——差不多。可是天空是如此广阔，因而我们观察不出来。依牵牛星的速度来说，也得 9000 年才比现在离太阳近一光年。那么在 16 个 9000 年之后，它不是要和太阳相撞了吗？这我们用不着担心，一则因为它并不是正对着太阳在移动，二则移动的方向渐渐在改变，说不定在多少年代后，它又离我们渐渐地远了。

那白濛濛的银河是什么呢？天文学家告诉我们，这是无数密集的小星，在天空绕成一周。所谓小星只不过我们看起来小，实际上有很多都比太阳还大。这些星离我们更远。天文学家把银河所围绕成的空间叫做银河系，和地球是太阳系中的一员一样，太阳和别的恒星都不过是银河系中的一颗小星。这银河像一个扁平的车轮，直径约 10 万光年，而且像车轮一个样在旋转着，因此各个星都以不同的速度绕着中心在移动。太阳并不在这个大车轮的中心，与中心的距离约为银河半径的三分之一，所以和邻近的恒星都以每秒钟约 300 公里的速度在转动。以这样的速度，也得两亿年才转一周。

那么银河系之外是什么呢？天文学家说，银河外面还有很多银河系，我们所看到的扁平的漩涡状的星云是银河系外的银河系。因此天文学家猜想，在别的星云上看银河系，也是这样一团扁平的漩涡状的星云。

一九四五年九月刊于《开明少年》

太阳请假的时候

人们都怠于工作了，太阳也就请了假。夜永远继续着，漆黑的天空只有繁星闪烁着寒光，月亮不再露脸了。地球上一天冷似一天，海洋冻成整块的冰，地面硬得像钢铁一样，不能再耕种了。植物冻得枯萎了，动物冷死了，它们的血液都凝成冰块。人们在黑暗和寒冷中挣扎，最先还用煤气来烧汽锅，开动大蒸汽机造成电流，每家人家点起电灯，还把煤放在大罐中加热，把煤气用铅管通到每家人家去用。隔不了多久，煤用完了。人们想到用水力，可是瀑布涓滴不流了，想到用风力，可是空气平静得像冻凝了似的。怎么办呢？只得赶快请太阳复工。

上面这段故事是《乌拉波拉故事集》中的一篇——《太阳请假的时候》的梗概。

《乌拉波拉故事集》的作者是柏吉尔。顾均正先生把它译成中文，由开明书店出版。

一九四五年十二月刊于《开明少年》

盐井和井盐

屋子里的深井

盐井是一口井吗？

“盐井当然是一口井。”

你说对了。那么，盐井跟普通的水井是不是一个样儿呢？

“当然不一样，”你会说，“水井里的水是淡的，盐井里的水是咸的，里面含得有盐。”

就只有这么个区别吗？

这样一问，你就迟疑起来了。水井谁没有见过。盐井既然也是一口井，跟水井会有什么不同吗？

不同的地方多着哩，且听我慢慢道来。

水井大多在露天，盐井却全在屋子里。水井的井口有洗澡盆那么大，盐井却只有汤碗口粗细。水井，浅的六七米，深的有一二十米。盐井却深得惊人，最浅的也有三百来米深。深的呢？翻上一两翻，竟有近千米呢。

“有这么深？”

就有这么深，深还不稀奇。值得诧异的是那近千米深的井，全是人工凿成的。

“汤碗口粗细的井，人怎么能钻得进去呢？”

是呀，人钻不进去，却要凿得那么深。这还不值得诧异吗？

最早的那口盐井

话总得从头说起。假如咱们决意要凿一口盐井，那么得先请一位凿盐井的老内行来选定一个开凿地点。老内行会告诉咱们：盐井该凿在哪里，打哪儿凿下去，才会得到盐水。

“那位老内行的眼睛，竟能看透近千米深的地府？”

谁晓得他看透看不透。那些人就像看坟地的阴阳先生那么神秘。他在盐井多的地方，看定一个地点，拔掉地面的草，抓一把土送到鼻尖上嗅一嗅，像那么回事儿似地点两下头：“好，这儿就是，打这儿凿下去，包管没有错。”

“真有这么准吗？”

谁知道呢！凿下去有没有盐水，盐水多不多，还得看咱们的运气。不过我想，只要盐井多的地方，地底下总多少有点儿盐水。

“依你这样说，最早的那口盐井，地点是怎么选定的呢？”

这个问题我也想过。可是越想越糊涂。据说汲井水熬盐的方法是秦朝李冰发明的。传说不足全信，可是我们至少可以认定，在两千三百年以前，四川已经开凿盐井了。在汉朝留下来的墓砖上，就有汲水熬盐的图像。

“那时候的人怎样会知道上千米深的地底下有盐水呢？怎样会知道该从哪儿凿下去才会得到盐水呢？”

别打碎砂锅问到底了。盐井的地点既经选定，咱们就把凿井的工人请来，挑个好日子开工动土吧。

这才是开头儿

工人先把地面的浮泥挖开，跟凿水井一样，掘成个大坑。掘不到多深，泥层就到了底，下面是石块。石工便下坑底去，继续往下凿。

“再往下凿会见水吗？”

当然有水，还有挖下来的泥土，凿下来的石屑。坑浅的时候，水，泥土，石屑，全用人工担出来。挖深了，就在坑口安个轮轴，还是用人工，把水和泥土石屑，一股脑儿提出来。

“这不是很简单吗？工人尽管往下凿，凿下来的东西尽管往外提，不就越凿越深了吗？”

事情可没有你想的那么容易。凿到十米多深，坑口就很容易坍塌。一坍塌不但前功尽弃，还会伤人。为了预防坍塌，凿到十米以下，就要用一个一个石圈垒起来，挡住周围的泥土和不十分坚固的岩石。

石圈是用三米来见方的石块凿成的。从十米来深的坑底，一个个往上垒。两个石圈之间还要涂上石灰，使它非常密贴，不让圈外的淡水流到井里来。石圈垒上十来个，就跟地面齐平了。

“石圈有多粗呢？”

只有大汤碗那么粗细。就是说，直径 30 厘米左右。石圈一垒好，才挖的深坑便成了一口直径 30 厘米左右的井了。

“不是还要往深里挖吗？”

当然还要往下挖，上千米的深井，才开了个头呢。

“井只有大汤碗口粗细，再要往深里挖，教工人怎么能钻下去呢？”

工人不再下井了，他们在地面上工作。

“他们用机器吗？”

他们没有——不，我说错了，他们也用钻机。我先带你去看一看那些古怪的钻头和钻机。

大钻头和大钻机

“这是什么呀！莫不是大人国里的兵器？”

倒真有点儿像古代的兵器，不但刀、枪、剑、戟，样样俱全，有的还带着倒钩，有的旋成了麻花。你别瞧它们长满了锈，质地倒是纯钢的；木柄用的是最结实的青杠。最长的跟张飞的丈八蛇矛相仿佛；最重的比关云长的青龙偃月刀重上两倍。

“难道这些都是钻头？”

你说对了，这些都是钻头，有两百多种不同的式样。钻机是一个极大极大的转轮，工人们管它叫“大盘车”。

“那转轮到底有多大？”

转轮是用牛拖着转的，直径在五米到七米之间。转轮的轴直立在地上，有近三米高。也有用人踩的，比较小一点儿，直径不到三米，转轮的轴横搁在架子上，有两米光景宽。

石圈垒好了，工人就把大转轮架在井口边。这转轮的功用，和普通水井上的辘轳没有两样。往后汲取盐水，全仗着它；眼前要往下挖井，也全仗着它。

“我想，还得用绳子。”

对了，要用绳子，用一条奇怪的绳子。他们把很粗的楠竹划成两寸来宽的篾片，又把篾片一条条的接起来，用苎麻扎紧，需要多长，他们就做多长的绳子。

舂了一下又一下

工人把篾片绳子绕在转轮上，又在那两百多件钻头中选一件最合用的，用苎麻绑在篾片绳子的另一端，把它慢慢的从石圈中垂下去，直垂到底。

于是，工人一来一往的推动那转轮，篾片绳子就一提一放，钻头就一下又一下的往下凿。

“那些铁器又没有锋口，怎么凿得碎石块呢?”

是呀。实际上不是凿，只是一下又一下地舂。我不是说过钻头都非常重吗? 就凭那重量把岩石给舂碎。

“舂下来的石屑，又怎样取出来呢?”

地下多少有点儿水，石屑跟水和成了泥浆，像以后汲盐水一样，把它汲出来就是啦。

“就这样一下一下地舂，直舂到上千米深吗?”

可不是? 凿到一百来米深，还得下木竹。因为浅处的岩石质地不很坚固，有很多裂缝，淡水会从裂缝渗进井里来，非用木竹把水挡住不可。一百米以下，岩石几乎是整块的，并且很坚硬。不会有淡水渗进来了，也就不用木竹了。因此，一凿到深处的坚硬的岩石，就得在上层下木竹。

“什么叫木竹? 到底是木材还是竹竿?”

是用木材做成的竹竿似的圆筒，常用的是长得笔直的青杠或柏木。

先把木材剖为两半，挖空中心，再合拢来，用苎麻扎紧，外边敷满了桐油石灰，那模样不就像个竹筒了吗？长筒的内径不到一尺。每一段长筒的两头都有密切的榫头，好一段一段地连接起来。接榫的地方也要嵌桐油石灰。接好的木竹长筒从石圈里放下去，下端与坚硬的岩石相接，上端就连着石圈，这就挡住了井外的淡水。过后，木竹常会损坏，盐工说“井漏了”，得把损坏的木竹抽起来，换上新的。

下了木竹，又照旧往下凿，一下又一下，这样的，五年，十年，十五年，二十年……直凿到井底冒出盐水来。

“到底要凿多久呢？”

那得凭运气——凿井的工人全这么说。

没有底儿的水桶

井底冒出盐水来了。可是井那么深，你想，用什么方法才能把井底的盐水汲起来？

“那很简单，用个木桶……”

你忘记了，井口只有大汤碗口粗细，木桶是下不去的。从盐井里汲水，有一种专用的水桶。那水桶又细又长，是用两根到四根打通了节的粗竹竿连起来做成的。更奇怪的是，那么长的水桶竟没有底儿。

“没有底儿，那怎么盛水呢？”

在那长水桶的下端，里面有一块牛皮做的圆形的活板。水桶到了井底，插进了盐水里，盐水把活板冲开，就进到水桶里。等到水桶往上提的时候，桶里的盐水压住了活板，就不会流出来了。等到水桶提到了地面上，用不着把它横过来，只要用个铁钩把活板向上一顶，盐水就哗哗的流到水槽里去了。

“这方法真巧妙。”

是的，水桶这样长，如果横过来倒水，那就太费事了。盐井越深，用的水桶越长，有一二十米长的，每次能汲起一担以上。浅的盐井，用的水桶比较短些，每次也能汲起半担多。

“水桶这样长，要扶住了不让它倒下来，可不太容易。”

所以每个盐井上都搭着个很高的木架子。木架子中央绑着个又细又长的篾笼。水桶从井里升起来，上端穿进那篾笼里，就不会倒下来了。到了盐井集中的地方，咱们看见高高的木架子像密密的森林一样，每个木架子下面便是一口盐井。

把水桶绞起来

把水桶绞起来，也用篾片绳子，也用转轮。

深的盐井，转轮的轴是直立的，用牛拉着转，每个转轮用一条牛，两条牛，三条牛。牛拉着转轮尽转圈子，得转上四五十圈，才能把一桶盐水从井底绞到地面上。

浅的盐井，转轮的轴是横架着的，得用人踩。或者钻到转轮里面，像小白鼠踩转轮似的踩着盘车转。

转轮和盐井全在屋子里面。所以生产不受天气的影响。

盐水汲了起来，就可以熬盐了。有些盐井离熬盐的厂家比较远，通常用连续的竹管把盐水输送到盐灶里去。

昼夜不熄的火

“盐水就这样直接流通到锅子里去了吗？”

你弄错了。“盐灶”，是熬盐的厂家，大家都是这么叫的。从井里汲起来的盐水又黄又浊，得澄清过滤之后，才能放到锅子里去熬。

锅子下面的火是昼夜不熄的，烧煤或者烧柴。工人不断的把燃料送进灶门去。熊熊的火光照亮了工人的脸。灶面上是成排的锅子，锅子里的盐水浓淡各不相同。弥漫的水蒸气充满了整个屋子。工人把盐水从淡的那口锅里舀到浓的那口锅里，还不断地搅动锅里的盐水。等到水分逐渐的蒸发干了，浓的盐水锅里就结成一颗颗洁白的盐。

“要熬多久水分才蒸发干了？”

这可没有一定。盐水本身有浓有淡，差别很大。锅子也各有大有小。至少要熬一天一夜，才出一次盐。这就是说，那口盐水最浓的锅里，水分几乎蒸发干了，结成了雪白的盐粒。工人把盐铲出来，放在篾篓里，再泼上几瓢清水。

“泼上清水，盐不会化掉吗?”

盐才不化呢。盐里面含着很多杂质，有氯化镁，有氯化钙，这些杂质比盐容易化，泼上清水，这些杂质就化在水里了。把水漉干了，就成为“雪花盐”。把雪花盐放在模子里，舂结实了，成为砖头那样一块一块的，就是“砖盐”。

“你说的不是巴盐吗?”

砖盐不是巴盐。巴盐的熬法稍有不同，至少要熬上两三天才出盐。火也是昼夜不断的烧。锅里的水渐渐蒸发，就随时加添盐水，让盐从锅底慢慢的凝结起来，越结越厚。直到最后，整锅结成一大块，铲下来就是巴盐了。

“哪种盐好呢?”

各有长处，也各有短处。巴盐水分少，容易搬运，可是杂质较多。花盐和砖盐水分较多，可是比较纯净。花盐要装了篓子才可以搬运，砖盐搬运起来跟巴盐一样方便。

一切急需改进

“你说的都是实情?”

怎么不是实情呢?你这样问，一定觉得我说得太离奇了，不像二十世纪现代的事。但是，四川的盐井确实是这个样子，跟两千年前相比，可能没有什么差别，真是太古老了。单说凿盐井，就得花上一二十年的功夫，咱们可没有这份耐性等待。汲盐水还用牛力，用人力，为什么不改用机器呢?熬盐最大的本钱是燃料。怎样节省燃料，也是一个很重要的问题。

“这样说来，一切正待改进。”

我也这样看，一切急需改进。

一九四五年十二月刊于《开明少年》

竖鸡蛋

哥伦布的难题

一四九三年，哥伦布发现了“新大陆”后从海上回到西班牙，成了西班牙人心目中的英雄。国王和王后把他待作上宾，封他做海军上将。有些贵族却瞧他不起，他们鼻子一哼：“这有什么稀罕！只要驾了船一直往西去，谁都会碰上那块陆地的。”

有一次在宴会上，哥伦布又听得有人在讥讽他：“上帝创造世界的时候，不就创造了大洋西边的那块陆地吗？发现，哼，这算得上个什么！”

哥伦布低着头默不作声，过了好一会儿，他从盘子里捡起一个鸡蛋，站起身来，提出一个古怪的问题：“太太们，先生们，有谁能把这个鸡蛋竖起来吗？”

鸡蛋从这个人手上传到那个人手上，所有的人都试了试，都把鸡蛋扶直了，可是一放手，鸡蛋立刻倒下了。最后，鸡蛋回到了哥伦布的手上。大厅里鸦雀无声，大家的眼光集中在他手上，都要看看他怎么能把鸡蛋竖起来。

哥伦布不慌不忙，把鸡蛋的一头在桌子上轻轻一敲，磕破了一点儿壳，鸡蛋就稳稳地直立在桌子上了。

“这有什么稀罕？”宾客哄堂大笑起来。

“本来没有什么稀罕，”哥伦布说，“可是太太们，先生们，你们为什么不这样做呢？”

爱因斯坦为什么笑？

鸡蛋要是不打破，能不能竖起来呢？

“能，”有些老人家说。“可是每年只有一天，只有交立春的那一天，才能把鸡蛋竖起来。因为天候交春，万物化生，地气向上……”

这话当真？当真。去年立春那一天，有一位杨先生邀请了七八位美国记者和军官，给他们作了竖鸡蛋的表演。

杨先生在场地上一齐排竖起 30 个鸡蛋。30 个鸡蛋像一排立正的兵士，一动不动地等候检阅。那几个美国佬看着都信不过自己的眼睛，以为杨先生在施什么魔法。后来经杨先生说明，他们都亲自试了试，也都能把鸡蛋竖直。场地也许不平吧，他们又在桌子上试，垫上一张光滑的洋纸再试，结果都一样。

真是奇迹！美国记者立刻把亲见亲闻写成报道，用无线电拍回他们的老家美国。美国的许多报纸用显著的地位刊登这则新闻。“立春日竖鸡蛋”似乎比美军在硫磺岛登陆更能引起读者的兴趣。许多人特意买了鸡蛋，在桌子上颠来倒去地摆弄。大家以为鸡蛋也许跟牛顿的苹果一样，能引导他们去发现什么伟大的科学定理。

据说，流亡在美国的犹太科学家爱因斯坦听了这则新闻却大笑不置。

爱因斯坦为什么笑？

他笑，也许他认为鸡蛋是绝对竖不直的——他笑新闻记者是信口开河，轻信的读者偏要寻根究底。

他笑，也许他认为鸡蛋本来是可以竖直的——他笑那些人居然把竖鸡蛋也当成了奇迹，还迷信只有在立春那一天才能把鸡蛋竖直。

爱因斯坦到底为什么笑？听说爱因斯坦是物理学大师，咱们就去问问咱们的物理老师吧。

看不到却找得着的那个点

物理老师说：“每个物体都有一个重心。”

“什么叫重心？”咱们问。

“地球的重力对于每一个物体都有吸引的力量，这吸引力好像一条看不见的绳子，尽量把物体往下拉。这个力量就叫做地心引力。

“就一个物体来说，地球的重力对于这个物体的每一部分都有吸引的力量，好像有无数条看不见的细绳子，尽量把这个物体往下拉。而无数条细绳子把物体往下拉，那力量，相等于一条粗绳子系在物体的一个点上，把物体往下拉。这个点就叫重心。”

“重心到底在物体的哪儿呢？”

“不要忙。虽然方才所说的那条粗绳子也是看不见的，咱们却可以用一条实实在在的绳子来把它的力量抵消，就像做拔河游戏一个样。咱们把绳子的一头系在那个物体的表面上的任意一个点上，另一头提在手里，那个物体就悬空挂着不再转动。这时候，这条实在的绳子跟那条想象的绳子——地心引力就成了一条直线。而且咱们可以肯定，那个物体的重心就在这一条直线上。

“咱们解下绳子，把绳子的一头系在那个物体的表面的另外一个点上，再使它悬空挂着。这时候，物体的位置一定跟上一回有所不同，但是这条实在的绳子，又跟那条想象的绳子——地心引力成了一条直线。而且咱们可以肯定，那个物体的重心也在这一条直线上。

“物体的重心既在后一条直线上，又在前一条直线上，咱们就可以肯定，前后两条直线的交点，就是那个物体的重心。那条想象的绳子——地心引力就悬在这个虽然看不见，实际上却找得着的这个重心上。”

稳定须有条件

物理老师接着说：“每个物都有一个重心。把一个物体安放在地面上，它跟地面接触的面叫做底面。从物体的重心向地面引一条垂线，如果穿过底面，它就不会倒。比萨斜塔所以不倒，就是这个缘故。

“道理很简单，从物体的重心向地面所引的垂线，其实就是表示地心引力的那条想象的绳子。那条想象的绳子一股劲儿地把物体往下拉，可是有底面支撑着，物体就能够稳住不动。要是那条想象的绳子越出了底面的范围，物体就被它给拉倒了，也可以这样解释，因为它的底面不能支撑它的重心所受到的地心引力，它不得不转动一下，另外找一个底面来支撑。

“有的物体一碰就倒，因为一碰，它的重心就稍稍偏过一点儿，重心向地面所引的垂线就越出了底面的范围：它就让地心引力给拉倒了。

“一块砖直立着很容易被推倒，平放着，它就十分稳定了。因为砖在平放着的时候，底面最大，重心最低，由重心向地面所引的垂线很不容易越出底面的范围。

“底面大的物体比较稳定，所以许多古塔都是最下面的一层要比上面各层粗一点儿，所以士兵站着射击的时候，总要把两条腿叉开，所以……

“重心低的物体也比较稳定，所以不倒翁不会倒，所以船的底舱空着很危险，所以汽车顶上绑的行李太多，常常是翻车的原因，所以……”

“那么，鸡蛋的重心在哪儿呢？”咱们可有点儿性急了。

先用木头做个蛋

物理老师仍然不慌不忙，他说：

“一个质地均匀的球，它的重心就是球心。咱们都知道，球心向球面任何一点的连接线，都垂直于球面。所以在平地上，球随便怎么放，它都能静止不动；可是轻轻地一推，它就滚起来了。球面着地的只是一个点，底面太小了。

“一支竹竿，一头粗一头细，它的重心不在中部，而偏在粗的一头。把竹竿横搁在肩膀上，前后移动慢慢地试，如果不用手扶，竹竿跟天平一样能稳住不动，它的重心就落在你的肩膀上了。

“要是咱们用质地均匀的木头做一个蛋。把木头蛋从横里截开，截面是一个圆。一张薄薄的圆纸片，它的重心就是圆心。所以就整个木头蛋来说，重心一定在两个顶端的联结线上。把木头蛋从纵里剖开，剖面一头大，一头小，因此重心不在两个顶端的联结线的中央，而偏向大的一头。

“木头蛋横卧在桌面上，它的底面就是跟桌面相接触的那一点。因为底面太小，轻轻一碰，它就滚起来了。

“假使咱们把木头蛋放在桌面上，把它扶直了，随便哪一头向下，只要使它那两个顶端的联结线恰好跟桌面垂直，它不是就能竖在桌面上不倒下来了吗？可是这时候，重心比横卧着的时候高了点儿，所以很不稳定，一碰就倒。换句话说，就是木头蛋，也很难竖直。

“真的鸡蛋可不是木头做的，它里面有蛋白有蛋黄，蛋黄比蛋白轻，科学的说法是蛋黄的比重小于蛋白，所以任凭你把鸡蛋颠来倒去，蛋黄总是稍稍偏在上方。鸡蛋的重心因而也稍有点儿移动，大致就在我们依木蛋所推测的重心的周围晃荡。咱们把鸡蛋在桌面上扶直了，要是它那两个顶端的联结线恰好跟桌面垂直，它的重心又恰好静止在这条联结线上，咱们尽管放手，鸡蛋一定竖直不倒。这样的巧合，当然更难办到了。

“难是难，并不是不可能呀。你们该知道了吧，爱因斯坦为什么笑。”物理教师自己也笑了。

你为什么早不这样做呢？

以为鸡蛋无论如何不能竖直的人，他们错了。他们不加思考，妄下断语，他们得不到真理。

以为鸡蛋只有在立春那一天才能竖直的人，他们也错了。他们也不加思考，人云亦云，他们也得不到真理。

不论是谁，只要有耐性，随便哪一天都可以把鸡蛋竖起来。细心的，花不了十分钟就可以把鸡蛋竖直。谁要是不信，马上可以亲手试验。谁要是竖不直，只能怪自己心不够细，性不够耐。

大家都把鸡蛋竖直了，也许又有人会说：“这有什么稀罕呢？”

本来没有什么稀罕，可是你为什么早不这样做呢？

一九四六年一月刊于《开明少年》

扳指头

假如咱们只有八个指头，那么 6+7=15

1，2，3，4，5，6，7，8，9，10，咱们都有十个指头。

小时候，老师教我做加法，我就私底下扳指头——我的算术草稿做在十个指头上。

老师问："四个加三个是多少？"

我伸出一双拳头来，先竖起四个指头，又竖起三个，数一下："1，2，3，4，5，6，7。"我回答说："四个加三个是七个。"

老师又问："六加七是多少？"

开头我不会算，我只有十个指头，不够用。后来我会算了。那个方法不是老师教的，是我自己的发明。

我仍旧伸出一双拳头，先竖起六个指头，心里再默默地数"1，2，3，4"，把剩下的四个也竖了起来。十个指头全都竖直的了，我捏拢拳头，把一个"十"记在心里。接着数"5，6，7"，每数一下竖起一个指头。数到"7"，指头又竖起了三个。我说："六加七是一十三。"

用扳指头的方法，我算得极其准确。

我想你小时候一定跟我一样，也扳过指头。现在让咱们来想一想，如果咱们的指头少了两个，只有八个的话，咱们用扳指头的方法计算加法，会得到什么样的结果。

假如咱们只有八个指头，咱们来试一试，六加七是多少？

咱们伸出一双拳头——八个指头全捏拢。先竖起六个，心里再默默地数："1，2，"八个指头全都竖直了，只得捏拢拳头，把一个"八"记在心上，接着又数"3，4，5，6，7"。数到"7"，指头又竖起了五个。于是咱们这样回答："六加七便是一八五。"

"一八五"，多么奇怪的答数呀！咱们扳指头的时候，也是先竖起六个，后竖起七个，一个不多一个不少，跟用十个指头计算的时候完全一样。可见"一八五"跟"一十三"，所表示的数实际上完全一样，既没有增多，也没有减少。

可是，"一八五"跟"一十三"明明不相同呀！是不相同，这不相同不是计算的结果有了变化，而是因为记数的方法有了差别。咱们通常"逢十进一"——用"十进位"的方法来记数，所以六加七的结果是"一十三"。要是用"八进位"的方法来记数，那就是"一八五"。"八进位"是"逢八进一"。

咱们都习惯于用"十进位"的方法来记数，认为是再方便不过的了，因为咱们都长着十个指头。可是咱们不能说"八进位"根本不合理。要是咱们都长着八个指头，就会觉得用"八进位"挺方便，"十进位"反而不切实用了。

要是咱们只有八个指头，用"八进位"的方法来记数，咱们将怎么做算术题呢？让咱们细细地想一想。

咱们只有八个指头，数到"八"就得进一位。"8"这个数字，咱们用不着了；咱们得用"10"来表示"8"。

咱们只有八个指头，咱们再也数不到"九"，也用不着"9"这个数字了。比八个多一个，该用"11"来表示。

以此类推，"十进位"的"10"，用"八进位"表示，应该是"12"；"十进位"的"11"，用"八进位"表示，应该是"13"……"十进位"的"15"，用"八进位"表示，应该是"17"；"十进位"的"16"，用"八进位"表示，就得是"20"，因为又满了一个"八"了。

再以此类推，"十进位"的"24"，用"八进位"表示就是"30"；"十进位"的"32"，用"八进位"表示就是"40"……"十进位"的"64"，用"八进位"表示就是个三位数——"100"。

用"八进位"记数，从右边数起的第二位数不应当叫做"十位数"，应当叫做“八位数”。至于第三位数、第四位数、第五位数，倒可以仍旧叫做“百位数”、“千位数”、“万位数”；而且这个“百”，也是“10×10”，这个“千”，也是10×10×10，这个“万”，也是“10×10×10×10”。可是咱们不能忘记，这个“10”实际上是“十进位”中的“8”。所以“八进位”中的“100”，是“十进位”中的“64”；“八进位”中的“1000”，是“十进位”中的“512”；“八进位”中的“10000”，是“十进位”中的“4096”。

这多别扭呀，演算起来还要别扭哩。用了“八进位”法，演算加法就得“逢八进一”。举个例来看：

$$\begin{array}{r} 3\,7\,2\,4 \\ +\quad 6\,7\,4 \\ \hline 4\,6\,2\,0 \end{array}$$

把这个算式倒过来，就成了减法：

$$\begin{array}{r} 4\,6\,2\,0 \\ -\quad 6\,7\,4 \\ \hline 3\,7\,2\,4 \end{array}$$

演算乘法和除法，咱们不能用“九九表”，“八进位”中根本没有“9”这个数；咱们得用“七七表”。“七七表”应该是这个样子的：

	1	2	3	4	5	6	7
1	1	2	3	4	5	6	7
2	2	4	6	10	12	14	16
3	3	6	11	14	17	22	25
4	4	10	14	20	24	30	34
5	5	12	17	24	31	36	43
6	6	14	22	30	36	44	52
7	7	16	25	34	43	52	61

用这张“七七表”，咱们来算一算乘法和除法：

$$\begin{array}{r} 274 \\ \times\quad 35 \\ \hline 1654 \\ 1064 \\ \hline 12514 \end{array}
\qquad\qquad
\begin{array}{r} 274 \\ 35\overline{)12514} \\ \underline{72} \\ 331 \\ \underline{313} \\ 164 \\ \underline{164} \\ 0 \end{array}$$

咱们用“八进位”记数，演算起来很容易出错；并且不加说明，前面这四个算式就没有人看得懂。这并不是“八进位”在哪一点上有什么欠缺，只因为咱们祖祖辈辈都是用“十进位”记数的，习惯已经很深了；而归根结底，因为咱们都长着十个指头。

一九四六年六月刊于《开明少年》

疟蚊·疟虫·奎宁

全世界大约有一千七百种蚊虫，传染疟疾的只是其中的一百九十余种。首先在蚊虫的胃里发现疟虫的是英国军医罗斯，他把传染疟疾的蚊虫叫做“疟蚊”。

疟蚊跟旁的蚊虫不太一样，在它们停下来休息的时候最容易辨别。如果停在墙壁上，旁的蚊虫，身子跟墙壁平行；吸饱了血的时候，通红的大肚子几乎贴在墙壁上。疟蚊却尾部翘得很高，身子跟墙壁形成45度角。要是仔细观察，还有许多区别。常见的不传染疟疾的蚊虫，有的是灰黑色的，有的是一节一节黑白相间的；吸血的口器向下斜，触须只有口器的八分之一长。疟蚊是灰黄色的，比较瘦削；口器笔直向前，跟身子在一条直线上，显得强劲有力；触须差不多跟口器一般长；飞行的时候几乎没有“嗡嗡”的声音。疟蚊吸了我们的血，我们的皮肤上不留什么痕迹，不一定觉得痒。

疟蚊与旁的蚊虫，下卵的习惯也不相同。旁的蚊虫把卵下在污水里，一只雌蚊每次下卵两百左右。在放大镜下看，卵的形状像葵瓜子，常常一二十个并排粘在一起，像一艘木筏浮在水面上。疟蚊却喜欢在清洁的池塘里下卵，雌蚊每次也下两百来个卵；卵并不相互黏合，分散地浮在水面上。在放大镜下看，一个卵就像一个橄榄；实际上，卵的本身只是细长的一条，因为它的中段包围着一个很小的浮囊，就成为橄榄形了。所有的蚊虫都一样，雌蚊下完卵就死去了；可是到了深秋，怀着卵的雌蚊找一个隐僻的温暖处所躲藏起来，直到下一年初夏下了卵才死去。所以蚊虫的种族，能够一年又一年地延续下去。

蚊卵浮在水面上，两天之后就孵化出幼虫。蚊虫的幼虫叫做“孑孓”，这是两个象形字，描绘的正是它那能够弹动的蜷曲的身子。孑孓全身分九个环节，头部比较大，身子纤细，周身长着细毛，头部和尾部的毛比较长，而且特别硬。它将身子迅速地一屈一伸，靠这种运动所产生的弹力在水中游动，捕取小生物和寻找有机物的颗粒作为食料。从头部数起，在第八个环节上有一条气管。它休息的时候就游到水面下，气管伸出水面呼吸空气；管口张开分成五瓣，像一朵小花似的浮在水面，就凭这点儿表面张力把身子倒挂着，待管口一收缩，它就沉下去了。挂在水面下休息的时候，疟蚊的孑孓也跟旁的蚊虫不同。疟蚊的孑孓，身子几乎跟水面平行；旁的蚊虫的孑孓，身子向下斜拖，跟水面形成四十五度角。在水面上泼一薄层汽油，孑孓就没法倒挂在水面下呼吸空气了，就会窒息而死。这是消灭蚊虫的有效方法。

孑孓跟蚕一个样，也要蜕皮才能长大；每隔两三天蜕一次皮，蜕过三次，就化成栗壳色的蛹。旁的昆虫的蛹都静静地呆着，至多像蚕蛹一个样，受了刺激，不耐烦了，稍稍将身子扭动一下；蚊虫的蛹受了刺激，却跟孑孓一个样能活泼地弹动。蚊虫的蛹头部很大，身子弯得像一只虾，挂在水面下：疟蚊的蛹把背部贴近水面，旁的蚊虫的蛹却把头部靠近水面。隔不了两天，蛹的背部裂开，蚊虫就飞出来了。从卵孵化到长成蚊子，通常得二十天；天气最热的季节只消十天左右。假定每只雌蚊一次产两百个卵，一年繁殖六代，每一代都雌雄各半，那么一只度过冬天的雌蚊，到当年秋末，就有子孙两万亿只。这个数目实在惊人！难怪当年，吸血并传染疾病的蚊虫阻挠了巴拿马运河的开凿；而盟军在缅甸境内作战，遇到的最难对付的敌人竟是蚊虫。幸亏蝙蝠、蜻蜓、蜘蛛，以及燕子等许多种鸟，都把蚊虫当作食粮；而蚊虫的卵、孑孓和蛹，又常常被鱼和其他水栖动物吞食；否则，这个世界将全部被蚊虫占领了。

我们不要以为蚊虫是专靠吸血生活的。蚊虫经常的食物是花和果实的汁，只有雌蚊在产卵之前，才吸一点儿人或鸟兽的血作为滋补品。雄蚊是不吸血的。区别蚊虫的雌雄只要看它们的触须。在放大镜下看，雌蚊的触须好像一对有节的竹鞭，每个节上都长着毛；雄蚊的触须却跟羽毛一个样。蚊虫的口器很像医生用来抽血的针头，是由上唇和下唇并合成的一支吸管，吸管两旁还有一对大颚，一对小颚；在放大镜下看，大颚好似锋利的腰刀，小颚的尖端还有锯齿。雌蚊吸血的时候，锋利的大颚和小颚把我们的皮肤割破，跟吸管一同刺入皮肤下面；先注射一点儿唾液，使我们的血液不至于凝结得太快而堵塞了纤细的吸管。那一点儿唾液会使皮肤下面局部的血压增高，因而隆起成一个小疙瘩，并且发痒。倘若吸我们血的，是一只吸过害疟疾的人的血的疟蚊，疟虫的孢子就随着它的唾液注进了我们的血液，大约十天过后，疟虫就发作起来，我们就害起疟疾来了。

最先发现疟虫的是法国军医瓦龙。一八九一年，他用显微镜检查疟疾病人的血液，找到了一种原生动物，认定这种原生动物是疟疾的病因，就把它叫作“疟疾原虫”。这种疟虫钻进我们的红血球里，把红血球的内容物作为食料，并进行无性生殖，生成孢子。等到把红血球吃空了，孢子也成熟了，发育成疟虫，冲破红血球的膜，又各自钻进别的红血球里去。疟虫在红血球里活动得最厉害的时候，我们会冷得发抖，盖上几条棉被也不管用，并且四肢酸痛。过了两点来钟，我们又感觉到热得难受，体温高到四十摄氏度以上，脉搏和呼吸都很急促。这正是疟虫纷纷地冲破红血球的膜的时候。过了三四个钟头，我们就周身淌汗，把被褥都湿透了，体温渐渐降低到常温——三十六七摄氏度。这时候，新一代的疟虫又钻进其他的红血球里去了。经过了这样的剧冷剧热，我们非常疲倦，就昏昏入睡了，睡得非常熟；醒过来觉得周身爽快，竟像没有害过什么病似的。因而有人以为害疟疾是被鬼绊住了，鬼来的时候就害起病来，鬼去了，病就霍然而愈，只要避开那疟鬼，就可以不再害病。至今有许多偏僻地方还有避疟鬼，驱疟鬼的风俗，他们不知道疟鬼已经钻进了我们的血液里，就是那些要用显微镜才能看得见的疟虫。

在疟虫发现之后，就有人猜想疟疾是由蚊虫传染的。过了七年，在1898年，英国驻印度的军医罗斯通过实验，才证实了这个猜想。他把一群才从蛹里飞出来的雌蚊分成三队，分别放进三个蒙着纱罩的雀笼里，让它们叮分别关在三个笼子里的三只雀子。那三只雀子，一只是害了疟疾的；一只的血里有少数疟虫，还没有发病；另一只是完全健康的。罗斯逐日从这三群蚊虫中，各取出一只来解剖，用显微镜仔细观察。他看到前两个笼子里的蚊虫，胃壁上长出了一颗颗很小的疣；而吸健康的雀子的血的，胃壁上没有这个现象。他一天又一天解剖观察，看到那些疣越长越大，最后裂开了，从疣里出来一大群镰刀状的孢子，许多孢子进入了蚊虫的唾腺。这就可以肯定了，蚊虫在吸我们的血的时候，这些疟虫孢子一定会随着蚊虫的唾液进入我们血液。罗斯的实验非但证实了疟疾确由蚊虫传染，并且发现了疟蚊如果没吸过疟疾病人的血，唾液中并没有疟虫孢子。这样说来，疟疾固然是疟蚊传染给人的；而疟蚊所以会传染疟疾，却是受了疟疾病人的传染。

为什么疟蚊吸了疟疾病人的血，胃壁上会长出小疣来呢？原来疟虫在人的血液里，除了生成无性的孢子外，还会生成一些有性的孢子；无性的孢子能够发育成疟虫，有性的孢子却不能够。可是到了疟蚊的胃里，雌孢子和雄孢子就结合成一个，钻进胃壁渐渐发育起来，使胃壁长出一个小疣。等到孢子成熟了，疣就自行破裂，把孢子释放出来。在一千七百来种蚊虫中，并不是每一种蚊虫的胃壁都适宜于疟虫有性孢子寄生，因而疟蚊只有不到两百种。但是我们不要以为给旁的蚊虫叮了没有多大害处，有些蚊虫能传染更可怕的疾病，如象皮病、黄热病、登革热等等。

疟虫也有好几种，它们在我们的血液里生长繁殖，有的使我们隔天发病一次，有的使我们三天或四天发病一次。由这一点不同，我们把疟虫分成间日疟虫、三日疟虫和四日疟虫。有的人天天发病，实际上是四日疟虫重复传染的结果。疟疾害的日子长了，我们的脾脏会肿大，成为一个在腹壁外面都可以摸得着的硬块。疟虫分泌的毒素并不多，可是它们大量地破坏红血球，使我们贫血，抵抗力渐渐减低，终于引起旁的病症，以致死去。所以害了疟疾，就应该赶快医治。

医治疟疾的特效药是奎宁，一种从金鸡纳树皮中提炼出来的白色粉末。金鸡纳这种树原先长在南美洲秘鲁，那里的土人早就知道用它的树皮来医治疟疾了。一六三〇年前后，这种功效如神的树皮才被带到欧洲。那时候秘鲁还在西班牙的统治之下，西班牙国王派一个伯爵去做殖民地的总督，伯爵把夫人也带到了任上。有一天，伯爵夫人忽然害起病来，她的私人医生断定她害的是疟疾，可是束手无策，只好眼看着她一天天衰弱下去。一个小镇的地方官知道了，派人送来了一封信和一包树皮，信上说只要把树皮磨成粉末，调在酒里让伯爵夫人服下，就可以把病治好。医生看着那几片棕灰色的树皮，不敢断然应用。还是伯爵有主见，教医生放大胆子，按信上说的方法用药，每隔几小时给病人喝一杯苦酒。伯爵夫人的病情果然逐渐减轻，终于痊愈了。等到健康完全恢复之后，伯爵夫人不愿意在这瘴疠横行的异域再耽下去，就动身回国了。上船的时候，她没有忘记把救她性命的树皮带在身边。不幸的是她在船上得了别的传染病，死在半途，尸体被葬在大西洋的波涛中。她那宝贵的遗产——金鸡纳树皮，却被带到了欧洲。

欧洲的医生从此知道，疟疾可以用金鸡纳树皮来医治。西班牙的商人于是垄断了贩运这种神奇的树皮的生意，要价当然很贵，只有贵族和富豪才用得起。有些天主教神父把金鸡纳树皮磨成粉末，分发给贫苦的疟疾病人。大家把它认作神药，叫它做“耶稣药粉”。那时在欧洲，宗教信仰的冲突非常尖锐，有些清教徒宁可病死，也不肯服用天主教神父分发的药粉，还说“耶稣药粉”是教皇用来毒害非天主教徒的。谣言总是容易教人相信的，到后来甚至所有的人都拒绝服用这种灵药了。这时候有个医生，声称他发明了一种专治疟疾的药水，果然很灵验，可是他不肯说出这种药水的配方。直到他死了，人们才知道他是故弄玄虚，他的药水的有效成分就是浸泡过金鸡纳树皮的水，只是加上了些柠檬汁和香料罢了。可是他的秘方也告诉了大家，金鸡纳树皮中所含的治疟疾的有效成分，是可以用水浸泡出来的。在一八二〇年，也就是发现疟虫之前七十一年，两位法国的青年化学家，三十二岁的巴勒梯和二十七岁的加望都，在浸泡金鸡纳树皮的水里提炼出了治疟疾的有效成分——奎宁。

奎宁跟吗啡、尼古丁、咖啡因等相似，也是一种碱性的白色结晶，不太容易溶解在水里，味道很苦，没有气味。疟疾病人服的，是奎宁和盐酸或硫酸的化合物，因为这些化合物很容易溶解，收效比较快，但是味道仍旧跟奎宁一样苦。药剂师通常把盐酸奎宁和硫酸奎宁裹在糖衣里，做成糖丸，让病人吞下肚去。除了做成糖丸，也可以制成针剂给病人注射，收效更快。病人用奎宁太多，会头昏目眩耳鸣。这是中了奎宁的毒了，只要服用一点儿溴化物就可以解除。还有一种专给小孩吃的无味奎宁——优奎宁，也是金鸡纳树皮中提炼出来的，味道并不苦，药效比较差一点儿。

金鸡纳树皮中有百分之五的奎宁和优奎宁。要制造这两种治疗疟疾的特效药，非用金鸡纳树皮不可。南美洲有好几个国家靠出口金鸡纳树皮，赚了许多钱。那几个国家为了保护这个天然的财源，严禁旅客把金鸡纳的种子和幼苗带出国境。可是禁令虽严，哪能抵得住冒险家爱财心切？金鸡纳的种子终于被带到了英属的印度和锡兰，荷属的东印度岛，那一带地方都长起了茂密的金鸡纳林。到如今，金鸡纳的主要产地早已不是南美洲，而是太平洋彼岸的爪哇岛了。

这一回太平洋战争发生后，日本侵略军强占了爪哇岛，盟国的奎宁供应大受打击。就有许多化学家努力研究，想用人工制造奎宁。去年春天，这个工作居然由两个美国的青年化学家，二十七岁的屋特华和二十六岁的杜林，在实验室中完成了。怎样在药厂里大批生产，还得请化学工程家继续研究，想来不久就会解决的。

在研究奎宁的历史上，有许多关键问题是青年们突破的。可见任何伟大的工作，青年都担当得起来。以后将是青年的世纪，要青年们一同来努力。

一九四五年七月刊于《开明少年》

可怕的鼠疫

交通愈发达，疫病的传播愈迅速。今年五月底，内江附近首先发现霍乱。随即沿着沱江跟成渝公路，蔓延到泸县，重庆，成都各地。到七月中旬，发现霍乱的竟有五十多个县市。各地防疫人员虽然努力设法遏止，可是直到秋凉，疫势还不见稍减。各地统计起来，死亡的人数一定很可观了。

“战争之后，必有凶年。”整个四川被霍乱骚扰的时候，鼠疫又沿着川湘公路来进袭了。八月初，鼠疫传播到四川边境的秀山，不到一个月，先头部队已经经过酉阳，到达黔江。如果不立即设法遏止，这个灾祸比霍乱还凶，将造成不堪设想的后果。

鼠疫原是老鼠的传染病。有一种短杆状的鼠疫细菌，侵入了老鼠的身体，老鼠就害起这种病来。老鼠病死之后，它身上的跳蚤因为吃不到血了，不得不跳开来，去咬别的老鼠或是咬人。鼠疫就这样地传播开来了。人被肚子里有鼠疫细菌的跳蚤咬了，身体上就染着了细菌，那些细菌也许就在皮肤上发作起来，也许直接侵入血管或淋巴管。

鼠疫细菌若只在人的皮肤上繁殖，那是最轻的一种，叫做皮肤鼠疫。起初是皮肤上出现一小块青红色的肿块，肿块上有一颗疹子一样的水疱，稍稍有点发痒。那水疱愈来愈大，大约十小时后，水疱破了，流出些脓浆。疮口很快地扩大，四周肿了起来，颜色青紫，附近的淋巴腺也肿了起来。病人周身感到疼痛。这种疮口叫做鼠疫痈，很难治愈。只有少数抵抗力强的病人，痈的四周会长出新肉来，疮口得以渐渐平复。大多数病人都因为疮口太大，虚脱而死。

鼠疫细菌侵入了人的皮肤，立刻钻进淋巴腺中繁殖起来，就成腺鼠疫。病人突然觉得头痛、腰酸、体温升高、精神委顿、周身不舒服。接着，颈部、腋窝部、鼠蹊部各处的淋巴腺都肿胀起来，周身疼痛，而且渐渐现出水肿。不上三天，心脏受了细菌所分泌的毒素的影响，渐渐麻痹而停止跳动，病人就死了。也有因为颈部的淋巴腺肿得太厉害，窒息而死的。

鼠疫细菌钻进了血管，繁殖起来，就成血鼠疫。病人突然寒战，跟着体温升高到摄氏表39～40度，只觉异样地困乏，全身皮肤下面现出紫黑色的血斑。这时候细菌正在很快地破坏血球，并且分泌出毒素来使心脏麻痹。只消几小时，病人就死了，至多也只能延命两天。害血鼠疫的人死得这么快，因而血鼠疫又叫做“电掣鼠疫”。

上面说的三种鼠疫，主要的传染媒介是跳蚤。可是人的皮肤要是破了，也很容易被鼠疫菌侵入，不一定要跳蚤咬。而病人接触过的东西，不免有细菌附着在上面，也都是传染鼠疫的媒介。还有，病人吐出来的痰和唾沫，里面也有鼠疫细菌，也能传染鼠疫。人把鼠疫菌吸进肺里，就害起肺鼠疫来。

肺鼠疫的症状跟肺炎很相像。起初是打寒战，随即咳嗽，发高热。呼吸急促，喘不过气来似的。胸部好似受着压迫，闷而且痛。全身渐现青肿。咳出来的痰里，先是带些儿血丝，后来就咯出大块的血来。不到三天，病人就死了。

害了鼠疫的人，十分之九是非死不可的。病人临死的时候，常因为体温过高，神志不宁而疯狂，并且周身青黑，因此叫做“黑死病”。从耶稣出世到现在，西洋史上记载的“黑死病”大流行共有一百五十多次。一向没有人知道病的原因是什么，只知道是由老鼠传播的。一八九四年(五十一年前)，香港地方黑死病盛行，一个日本医生在病人的血里找着了一种短杆状细菌，并且证明这种细菌是致病的原因。同一年上，一个法国医生在死人的淋巴腺中也找到了这种细菌。推究起来，鼠疫最初的发源地该在中亚细亚。十字军东征结束，欧洲人把许多东方文化带回西方，同时也把鼠疫带了回去。英国的头一次鼠疫，就是英王李却部下东征的兵士带去的。

在英法百年战争的时候，鼠疫曾传遍全欧洲，连续了两年之久。欧洲的人民差不多死了一半。很有些人一染病就恐惧而自杀了。有几个城市里，所有的人简直死光了，连埋尸首的也没留下一个，大街上都躺满了死尸。狗没有人喂，啃尸首充饥，结果也染上了鼠疫。这两年间死的人，比积年累岁的百年战争中死的人不知多了多少倍。

在十七世纪的七十年代，英国伦敦连续发生了三次大鼠疫。最后一次在一六六五年，疫势最为凶恶。当时伦敦人口有五十万左右，不到几个月，就有七万人死亡，三十万人逃走。公共马车不停地搬运尸首，车夫高声叫唤“撵出你家的死尸!”下一年九月初，伦敦发生了一场大火灾，整个市区全烧光了。这样的大火灾，说起来也是够惨的，可是鼠疫从此遏止了。以后新建的伦敦，街道宽阔整洁，不像以前那样狭窄污浊，疫病就比较不容易传播了。

在那一次大鼠疫的时候，伦敦附近的一个小村庄中，有个裁缝从邮局里接到了一包伦敦寄来的样本。第二天，裁缝全家就害鼠疫了。这个村庄立刻与外面断绝来往，到第二年十月间，鼠疫才停止。全村 300 人死去了 259 人，没有一家是全家平安的。另外，有个英国商人把鼠疫带到了挪威，挪威大受其累，人口锐减，百业萧条，经过了一百多年才渐渐恢复过来。

鼠疫传到东方来，大概走的是海路。印度、香港、福建、华北、东北、都曾有鼠疫蔓延过。尤其是东北跟福建，鼠疫几乎成了地方病，时伏时发，绵延不绝。没有知识的民众每逢鼠疫发生，就以为是天神降灾，魔鬼作祟，除了请道士巫师礼神禳鬼以外，没有其他办法。这种见识正跟几世纪以前的西洋人一样。他们以为鼠疫是上帝的惩罚，他们把染疫人家的门用木条钉起，在门上画个红十字，写上一句“上帝怜悯我们!”没有害病的人，从头到脚罩在一件黑色长袍里，只露出两个眼睛。他们以为黑色长袍可以防疫的。

鼠疫杆状细菌发现后三年，治疗鼠疫的抗鼠疫血清制造成功了。据说磺胺类新药，治鼠疫也能奏效。只是鼠疫传染迅速，病势凶恶，治愈的人仍旧不多。要预防鼠疫，可以打鼠疫预防针。不过有效的免疫期只有三星期，因此隔不了多少天又得重复注射。若是某个城市发生了鼠疫，一方面该为居民打预防针，另一方面该禁止居民他往，以免把鼠疫带到别处去。过路的旅客先得在检疫医院中留住三天，三天之内没有发病，就证明他没有染上鼠疫，才准他通过。现在防鼠疫的医务人员正在黔江一带做这样的工作，阻止鼠疫进入四川的中部。

在一九四〇至一九四一年间，敌人因为进攻长沙失利，曾用飞机在常德一带散布鼠疫细菌，企图用鼠疫来阻塞川湘公路。这便是最毒辣的细菌战。今年的鼠疫正在相近的地方发生，是不是敌人所散布的细菌的余孽作祟，那就不得而知了。各种害人的细菌——病菌以及“法西斯细菌”——只要留下一个，让它潜伏着，它遇有适当的机会又会发作起来的。因此，咱们必须把各种害人的细菌消灭得干干净净。

一九四五年十一月 刊于《开明少年》

跳　蚤

跳蚤在动物学的分类中属于节肢动物门，昆虫纲，微翅目。

说到昆虫，我们往往用蚕蛾来作例子。蚕蛾产了卵，从卵里孵化出的幼虫就是蚕；蚕长大了就结茧，化成蛹躲在茧里，最后化成蚕蛾，从茧里钻出来。跳蚤也是这样，从卵里孵化出来，也得经过幼虫和蛹两个阶段，才能化成成虫——跳蚤。

雌跳蚤把卵下在积满灰尘的地板缝里，板壁缝里，板床缝里，每一回下八个到十五个白色的细小的卵。隔不了几天，从卵里孵化出白色的幼虫来。那幼虫没有脚，每一节都长着毛，一伸一缩，活泼地爬行，专吃灰尘中的有机物微粒。幼虫长足了，把灰尘裹在自己身上做成茧，便化成蛹。待长成了成虫——跳蚤，又从茧里钻将出来。许多人不明底细，以为跳蚤就是灰尘变的。

由雌的跳蚤下卵，到这些卵孵化并长成跳蚤，要经历三四十天，而跳蚤的寿命最长只有一个月。因而所有跳蚤从茧里钻出来就成了孤儿，它们都见不着自己的父母。

跳蚤比芝麻粒儿还要小，雄的更比雌的小。全身赤褐色，头部和尾部都非常小，腹部倒特别大。头部有一对眼睛，嘴没有上颚，下颚像剑鞘。整个身子是直扁形的，在猫和耗子的密密的毛丛中钻来钻去，非常方便。跳蚤不能飞，可是也有翅膀，已经退化成两对很小的鳞了；所以在昆虫纲中独成一目，叫“微翅目”。

跳蚤不能飞，长在胸部的三对细长的腿却非常有劲，善于跳跃。它的身子又小又滑，要捕捉它很不容易。有经验的人在捕捉它之前，先在指头上沾点儿唾沫，趁它静止着不提防的时候把它捺住，用两个指头撮起来，使劲捻几下，再放在两个大拇指的指甲之间，把它掐死。它的身子又小又坚固，不这样做不足以置它于死地。

跳蚤要是发觉有人来捉它，它就接二连三地跳，跳得无影无踪。跳蚤不但是跳高能手，也是跳远能手，它能跳到它身子的三十倍那么高，两百倍那么远。我们人如果有它那样的本领，可以跳上十多层的高楼，三级跳远可以创造出一千米的惊人纪录。

跳蚤有两百多种。猫和耗子身上长满了密密丛丛的毛，是它最喜欢居住的所在。有的跳蚤就住在我们的衣服里，被褥里，用颌鞘似的下颚刺进我们的皮肤，吸我们的血。我们被跳蚤咬了，皮肤上现出一点很小的红斑，隆起一个小疙瘩，痒得厉害。在干燥的夏季，跳蚤如果偶然离开了它寄生的动物，就会干渴而死。

传播鼠疫的跳蚤是比较小的一种，它们专住在耗子身上。耗子得病死了，血凝固了，跳蚤得不到食物，不得不离开它的寄主。我们人要是被它咬了，就会传染上鼠疫。

樟脑、卫生球、除虫菊粉都是驱除跳蚤的药，可是总不能把它们彻底除尽。所以防止鼠疫的根本办法，是把跳蚤的寄主耗子全部消灭干净。

一九四五年十一月刊于《开明少年》

霍 乱

可怕的数字在增长

一九三二年的秋季，霍乱曾经进袭我国 312 个大城市，染病人数在十万以上，死亡的达三万四千多人。单是上海一个市，霍乱病人就有 4296 人。这是近二十年来疫病和死亡的可怕纪录。

去年（一九四五年）夏天，霍乱在四川流行得非常广，五十多个城市都给这恐怖的疫病笼罩了。染病人数和死亡人数没有正确的统计，一定也大得吓人。

今年（一九四六年），这个可怕的数字又开始增长了。以上海来说，五月二十三日发现了六个患霍乱的人。在以后的一星期中，每天都有五六个霍乱病人被送进传染病医院。五月三十一日起，霍乱病人骤然增加到每天十个以上，过后还天天往上加。到七月七日，上海全市传染上霍乱的已达 1309 人，其中 95 人已经死去。

可怕的数字还在不断地增长。上海市卫生局不得不采取措施来遏止霍乱的流行。到七月七日为止，上海已经有一百二十余万人接受了防疫注射，可是这个数字还不到全市人口的三分之一。防疫运动要是不再加紧展开，谁能断定十四年前那场全国性的灾难不会重演？

最凶险的疫病

夏秋两季，霍乱凭着饮用水和苍蝇做媒介，流行得又快又广。传染上霍乱的人，病发作以后在半天到两天之内就会死去，大多连救治都来不及。所以说，霍乱是最凶险的疫病。

传染上霍乱的人，最先是轻微的吐泻，隔不了几个钟头就吐泻不止。最初吐出来的，是胃里的食物渣滓，后来吐的，是水一样的液体。泻出来的起先有些稀粪，后来尽是淘米泔水似的灰白色液体，有一股特殊的臭味。

这样不断地又吐又泻，病人身体里的水分减少得非常之快。于是口干舌燥，喉咙嘶哑；脸色灰白，眼眶下陷，鼻子显得很尖；周身肌肉瘦瘪，皮肤失去了弹性；四肢冰凉，甚至于痉挛，小溲早没有了，血液越来越稠，流动不畅，脉搏越来越微弱，体温降得很低，大多数病人就在这个时候死去了。

要是病人能熬过冷厥这一关，体温会稍稍上升，脉搏逐渐增强，才有一线死里逃生的希望。这时候，病人的神经中了毒，现出痴呆的样子；小溲却解了，粪也稍稍稠厚。有些病人会周身发红斑。要是好好调养，两个星期后才能恢复健康。传染上了霍乱，不经医治而能痊愈的，十个之中很难找到一个。

凶手是谁？

霍乱不是我国原来就有的疫病，传到我国来还不到一百五十年，已经闯下了不止五十次大祸，杀死的人不计其数。

霍乱是从印度传到世界各地的。印度有一条大河，几千年来，那里的人都把粪便倒在那条大河里，那条大河便是霍乱的发源地。

一八八三年，霍乱又一次从印度渡过印度洋，控制了整个埃及；再越过地中海，威胁欧洲大陆。当时惊动了两位细菌学家，一位是法国的巴斯德，一位是德国的柯和，他们都想弄清楚那个杀人无算的凶手到底是谁。

巴斯德那时候正忙着研究疯狗病，分身不开，只得派了两个学生到埃及去。柯和是亲自带了个学生去的。他们解剖霍乱病人的尸体，切开肠子，刮下又臭又脏的东西放在显微镜下。他们看到了一种稍带弧形的，一端长着鞭毛的短杆菌。他们证实了这种杆菌正是杀人无算的凶手——霍乱杆菌。

杀人的凶手找到了，巴斯德的一个学生却传染上霍乱死掉了。我们应该纪念他，纪念这位为人类为科学而牺牲了自己的性命的人。

罪状历历

生水里头常含有霍乱杆菌，因此喝了生水会得霍乱。苍蝇的多毛的脚上常常带有霍乱杆菌，因此吃了苍蝇停留过的食物会害霍乱。霍乱杆菌是杀人的正犯，生水跟苍蝇都是帮凶。

霍乱杆菌给人吞了下去，在胃里，它们不会立刻发作。它们怕胃里的盐酸，盐酸会把它们杀死。要是胃里的盐酸太淡，没把它们全部杀死，让一部分霍乱杆菌逃过了这一关，闯进了肠子，那就不可收拾了。霍乱杆菌在肠子里繁殖得非常快，同时分泌大量毒素。少则半天，至多五天，病人就开始吐泻，病发作了。

病人吐泻出来的液体里含着大量的霍乱杆菌。要是霍乱杆菌全被排出体外，病人也会渐渐恢复健康。可是人身体里的水分是有限的，往往还没有把它们排泄干净，人已经死去了。

霍乱杆菌就是这样杀人的。这肉眼看不见的小家伙，杀人的手段竟如此凶险。

治疗和预防

害了霍乱该怎么办呢？赶快送进医院，迟了就来不及了。医生会给病人注射大量的生理盐水，补充病人因吐泻而失去的水分，使病人的血液不至于因稠厚而不能流动，好让病人安然度过冷厥这一关口。

病人吐出来的和泻出来的东西，都应该加漂白粉或石炭酸杀菌，因为那里面含着无数的霍乱杆菌。凡是病人所接触的东西，都得分别杀菌，免得再把霍乱传染给旁人。

可是，霍乱发作以后再治疗，往往来不及了。我们在平时就得注意。生水不可以喝，苍蝇停留过的食物不可以吃。我们还应该捕灭苍蝇，因为它是传播霍乱和其他肠胃传染病的媒介。

最直接的预防是注射防疫菌苗。通常每个人须要注射两次或三次；每次相隔一星期。成人第一次注射菌苗半毫升，二三两次都是一毫升。每毫升菌苗中约含霍乱杆菌二十万万个。可是不用怕，那些霍乱杆菌是已经杀死了的；注射之后，我们的身体里会产生一种霍乱的“免疫体”，就不至于传染上霍乱了。

严格地说：治疗总是消极的。在医学上，预防疾病才是正道。

一九四六年七月刊于《开明少年》

猿会变成人吗?

对于达尔文的进化论，你一定深信不疑。你会跟人家说：“咱们人是由猿人进化而成的，而猿人的祖先就是猿。”可是如果有人问：“怎么没见过猿变成人呢?”你将怎样回答他？你就这样让他难倒了吗?

现代的猿会变成人吗？不会。现代的猿跟咱们人的祖先虽然是同一支，因为环境所造成的生活条件不同，古代的猿就发展分为两个派系：一派由于适应森林里的生活环境，改变了它们的形象，演变成现代的猿类，另一派跑出了森林，身子渐渐站直了，初步有了人的特征。因此，古代的猿可能成为现代的猿，也可能成为人类的祖先——猿人。现代的猿却绝不可能变成人了。

假如现代的猿有了人的特征，它们一定不能适应森林里的生活，很快就会死去。要是它们成群地跑出森林，就会跟人发生冲突，它们没有武器，绝非人的对手，结果一定被消灭。因此，现代的猿绝不可能变成人了。

一九四六年八月刊于《开明少年》

砖　书

巴比伦是四千年前的文明古国，在四千年前，他们已经有了书，已经发明了印刷术。可是他们印书不用纸，纸是我国汉朝的太监蔡伦发明的。巴比伦人的书是泥做的，印刷也印在泥上。有一个英国人，在古尼尼微城的废墟里，掘到了一个国王的图书馆，里面堆满了泥做的书。

这种奇怪的书是这样做的：抄写的书记员用泥土做成一块四方的版，趁没有干透的时候，用一枝小尖棒在泥版上划字。他把棒尖刺进泥里，又赶忙提起来，因此字的笔画一头粗，一头细，咱们叫它“楔形文字”。等整块泥版划满了字，让它晾干，再由烧陶器的人把它烧成砖，就可以经久不坏了。这种砖书虽然笨重，却不怕火烧，不怕雨淋，也不怕虫蛀耗子咬。

巴比伦人还把石块制成圆筒，在圆筒上刻上文字图画，用它在泥版上滚压：这样就可以做成很多块同样的砖块，像印书一个样，比用手抄写快多了。

一九四六年十月刊于《开明少年》

海王星发现一百年

并非偶然的发现

一八四六年九月二十三日，德国柏林天文台伽勒博士接到一封信。信是法国青年数学家勒威耶寄给他的，要他在夜里把望远镜对正某一方天空。勒威耶预言：在那里将会发现一颗新的行星——太阳系的第八颗大行星。伽勒博士立刻把精密的星图捡了出来，当夜就开始搜索，只经过半小时的观察，他果然在勒威耶指示的那一方天空里，发现了一颗光亮很弱的新星；过了 24 小时再观察，证实这颗星在不断地移动，确实是一颗新的行星。勒威耶的预言应验了——这颗新行星就命名为海王星。

根据预言发现的新行星，海王星是第一颗。太阳系有九颗大行星：* 水星，金星，火星，木星，土星，在地球上的人们光凭眼睛就能看到，因而在有史以前，人们就知道这五颗行星了。其余三颗，天王星，海王星，冥王星，都要用了望远镜才能看到，因此天王星直到一七八一年才被发现。天王星跟海王星不同，它的发现完全是偶然的。一个喜欢看星的英国风琴家叫做赫歇耳的，他每天夜里用望远镜观察星空，无意中发现了这颗不断移动的新星。起先，他以为看到的是一颗彗星，经过许多

* 现在的结论是太阳系有八大行星。2006 年 8 月 24 日第 26 届国际天文联会通过决议冥王星被划为矮行星，从太阳系九大行星中除名。

人推算，证明这颗星的轨道几乎是一个圆，才肯定它也是绕着太阳转圈子的一颗行星，就给它命名为天王星。

太阳系向外扩展了十六亿公里

天王星发现之后，很多人都把望远镜对准了天王星。不久，它运行的规律就给人们推算出来了。天王星绕着太阳在一个半径不到二十九亿公里的近乎圆的轨道上运行，每秒钟的速度将近七公里。天王星的轨道半径比地球的大十九倍多，运行速度比地球慢，因此在地球上过了八十四年又九个月，在天王星上才过满一年。

奇怪的事情跟着发生了。一八〇〇年后，天王星的运行速度忽然渐渐加快了，到一八三〇年左右，它的运行速度又比往常慢了。在一八〇〇到一八一〇那十年间，天王星在空间经过的路程，比它在一八三〇到一八四〇那十年间所经过的要长得多。并且在这些年间，天王星离开了人们给它推算的轨道，离太阳更远了一点儿。这种情形，别的行星也是有的，要是一颗行星跟另一颗行星相接近了，它们因为互相吸引会稍稍脱离人们推算的轨道；在正相接近的时候，轨道较小的那颗行星速度会稍稍加快，在正相远离的时候，轨道较小的那颗行星速度会稍稍减慢。因此有人猜想，天王星的轨道外面还有一颗人们从未见过的新的行星。

新的行星比天王星更远，它一定比天王星更加暗淡，在茫茫的太空中，如果光靠望远镜盲目地搜寻，可能永远找不到它。因此有人根据天王星的运行速度和轨道的改变，来推算这新行星的位置。推算当然不是一件容易的事，得应用许多复杂的物理和数学的公式。一八四五年，一个英国青年数学家叫做亚当斯的算出来了，把结果交给了英国皇家天文台。不知什么缘故，皇家天文台把他的推算结果搁在一旁，没有按着他的指点去搜寻。第二年，勒威耶也把结果推算出来了，而伽勒依着他的推算结果，找到了这颗新的行星——海王星。

虽然伽勒博士第一个看到海王星，可是真正的功绩还属于推算的人。因此大家都认为这发现的荣誉，应该属于亚当斯跟勒威耶两位。由于他们的推算，太阳系的半径又向外扩展了十六亿公里。

遥远的世界

海王星跟太阳的平均距离是四十五亿公里，比地球离太阳远三十倍还多。所以在海王星上看太阳，只有在地球上所看到的金星一般大小。海王星表面每个单位面积所接受到的太阳的光和热，只有地球上的九百分之一。假使海王星表面的组织跟地球相似，那么因为所受到的太阳光太少，温度该在零下两百摄氏度以下。

海王星的轨道虽然那么大，它运行的速度却比天王星还来得慢，每秒钟走不到五公里半，等它绕太阳转一个圈子，地球上已经过了一百六十五年了。因此以海王星来说，它被地球上的人发现还没有满一年。

在海王星上，年虽然那么漫长，可是月却短得诧异。已经发现海王星也有一个月亮。人们设想，在海王星上看那个月亮，正好跟咱们在地球上看到的月亮差不多远近，差不多大小，当然暗淡得多。那个月亮绕着海王星转得很快，每转一圈还不到地球上的六天。最奇怪的是那个月亮转动的方向恰跟地球的月亮相反。

海王星自身是不是在旋转呢？这问题至今还没有解决。因为它太远了，用望远镜观察，无法在它表面上认定一个标志来研究它是否在旋转。有人说海王星每七小时十五分旋转一次。假使这话是对的，地球上过一天，海王星上已经过了四昼夜了。

海王星的直径约五万公里，体积比地球大六十倍。对于海王星，人们现在只知道这样零零碎碎的一点儿皮毛，因为它离地球实在太远了。

一九四六年九月刊于《开明少年》

白熊小姐的婚事

熊猫小姐去世的第二天早晨，日报上突然刊出白熊小姐征婚的启事：

白熊夫人有三个女儿，都到了出嫁的年龄。有一百位青年向她们求婚。真凑巧，他们的姓是："赵钱孙李周吴郑……"依着《百家姓》的次序，一直到"和穆萧尹"。看着这一百位青年，白熊夫人不知该把女儿嫁给谁好。于是她效法"窦氏雀屏"的故事，在大厅上安置了三座屏风，每座屏风上画一只孔雀。她叫求婚的一百位青年，每人向屏风射一箭。射中中间屏风上的孔雀的眼睛的，白熊夫人就把大女儿嫁给他；射中左边屏风上的孔雀眼睛的，就把二女儿嫁给他；射中右边屏风上的孔雀眼睛的，就把小女儿嫁给他。到底白熊夫人的三个女婿姓什么呢？这结果要请大家来猜。

这段启事刊在上海丽来化工厂的广告中。广告说，他们厂将在十二月十一日那一天，当众用摇彩的方式来决定这三位女婿到底姓什么。凡是购买他们厂制造的"白熊脂"的顾客，都可以参加预测，把大女婿姓什么，二女婿姓什么，三女婿姓什么，写在"白熊脂"的空盒上，再写上预测者的姓名和住址，在十二月十一日以前寄给他们厂里，等到三个女婿的姓决定之后，再来检阅大家是否猜对了。要是：

一、把三位女婿的姓全猜中，赠给奖金一千万元。

二、猜中两位，赠给奖金七百万元。

三、猜中一位，赠给奖金三百万元。

四、要是只猜中三位女婿的姓，而没有猜中谁是大女婿，谁是二女婿，谁是三女婿，赠送一件玻璃雨衣。

此外还有三条规定：

一、每个“白熊脂”的空盒，只可猜一次。

二、上面的“一、二、三”三个条件，都符合的人在两个以上，奖金均分。

三、要是预测同时符合上面四个条件中间的两个，只赠给大奖，小奖就不算了。

丽来化工厂刊登这个新奇的广告，显然为了推销他们制造的雪花膏——“白熊脂”。很多人到了冬天，似乎觉得非买一瓶雪花膏不可，可是也没有一定要买哪一种牌子的成见；买了“白熊脂”可以参加这个有趣的游戏，又有得到一大笔奖金的希望，很多人会这样想：就买了“白熊脂”吧。“白熊脂”的销路一定会增加不少。可是怎样才能猜中呢？得奖的希望大不大呢？倒是值得咱们想一想的。广告只告诉了大家一百个姓，预测的凭借就只有这一百个姓；咱们要回答这两个问题，也只能从这一百个姓想起。

假使从这一百个姓中只要选出一个，事情就很容易办，因为只有一百种可能。咱们只要用一百个空盒，每个空盒上写一个姓，姓各不相同，无论如何总有一个是对的。可是现在，得从这一百个姓中选出三个来，还得排定次序，要猜中实在不容易；单是排定次序，变化已经非常复杂了。假若已经知道这三位女婿姓赵、姓钱、姓孙，他们的姓按着大女婿、二女婿、三女婿的次序来排，可能有：

赵钱孙　赵孙钱　孙赵钱

孙钱赵　钱赵孙　钱孙赵

六种不同的排列方式。这就是说，已经知道了三位女婿的姓，每猜一次，猜中的希望只有六分之一。可是现在，连三位女婿的姓都还不知道，只知道他们是这一百位中的三位，那么每猜一次，会有多少分之一猜中的机会呢？要猜多少次，才一定会有一次完全猜中呢？换句话说，从一百个姓中选出三个来，再排定他们的次序，可能有多少种不同的排列方式呢？

在讨论从一百个姓中选出三个来之前，咱们先看从四个姓中选出三个来，再排定次序，有多少种不同的方式。假使咱们已经知道这三个姓是从“赵钱孙李”四个中选出来的，就可能是下面四组中的一组：

赵钱孙　赵钱李　赵孙李　钱孙李

这四组，每组各有六种不同的排列方式，总共有二十四种。把这二十四种可能的方式全写出来，已经够麻烦的了。丽来化工厂给咱们的可不是四个姓，而是一百个姓。从一百个姓中选出三个来组成一组，到底能组成多少个不同的组呢？咱们没法马上回答。像前面那样把不同的组一组一组全写来下，然后再数，那是办不到的。咱们得另找一个简捷的方法，这个方法就是计算。

咱们先假定已经知道某某某三位青年中选了，只是还没有决定谁娶大小姐，谁娶二小姐，谁娶三小姐。咱们先替大小姐选定新郎，三位青年都有做大小姐新郎的希望，因此有三种可能。大小姐的新郎选定之后，只剩下两位青年了，因而咱们替二小姐选新郎的时候，只有剩下的两位青年有希望，只有两种可能。最后剩下的那位青年，不用说一定是三小姐的新郎了，因此只有一种可能。总结起来，可能的排列方式有

$$3\times2\times1=6$$

一共六种——跟前面把一组一组全部写出来然后再数，结果完全相同，可简捷多了。

咱们假使知道这三位青年是某某某某四位青年中选出来的。那么替大小姐选定新郎的时候，有四种可能；替二小姐选定新郎的时候，有三种可能；最后替三小姐选定新郎，还有两种可能。所以，可能的排列方式有

$$4\times3\times2=24$$

一共二十四种。这个结果，也跟前面推测出来的完全相同。

现在青年有一百位，用相同的方法，咱们很快就可以算出来，可能的排列方式有

$$100\times99\times98=970200$$

一共九十七万零两百种。那就是说，每猜一次，完全猜中的希望只有九十七万零两百分之一。要是我们买九十七万零两百瓶“白熊脂”，在所有的空盒上写上三个姓，组合和排列各不相同，那么一千万元奖金可以稳拿到手了。除了这笔最大奖金，还可以得到其他三项的奖。让我们再来算一算，在九十七万零两百个不同的组合和排列方式中，有多少个是符合其他的三项条件的。

得第二项奖的条件是：三位女婿中猜中了两位。要是大女婿和二女婿的姓都相符，三女婿的姓不相符，一定写上了落选的那九十七位青年的姓，因此有九十七个可能。同样的，没猜中大女婿的有九十七个可能，没猜中二女婿的也有九十七个可能，

$$3\times97=291$$

一共两百九十一个可能。在这九十七万零两种不同的组合和排列方式中，只有两百九十一种是合乎得第二项奖的条件的。

得第三项奖的条件是：三位女婿中猜中了一位。如果猜中的是大女婿，那么有四种可能：第一种可能是把二女婿和小女婿调错了，这种可能只有一个；第二种可能是把三女婿猜成了二女婿，而把没中选的九十七位青年中的某一位猜作小女婿了，这种可能有九十七个；还有一种可能跟前一种相反，把二女婿猜成了三女婿，而把没中选的九十七位青年中的某一位猜作二女婿了，这种可能也有九十七个；还有第四种可能，二女婿和小女婿都猜在落选的九十七位青年之中了，这样的可能最多，有（97×96）个。因此只猜中大女婿的姓，而其余两个都猜错，就有（97×96＋2×97＋1）个可能。同样的，只猜中二女婿或三女婿的姓而其余两个都猜错的，也有这么些个可能。所以一共有

$$3\times(97\times96+2\times97+1)=28521$$

两万八千五百二十一个可能。在这九十七万零两百种不同的组合和排列方式中，有两万八千五百多种是合乎得第三项奖的条件的。

得第四项奖的条件是：只猜中三位女婿的姓而没有猜中谁是大女婿，谁是二女婿，谁是三女婿。假若开彩的结果顺着大小的次序排是“赵钱孙”三位，所猜的也是“赵钱孙”三位，可是没有排对，可以得到这第四项奖。上面说过单是“赵钱孙”，就有六种不同的排列方式：

赵钱孙　赵孙钱　孙赵钱

孙钱赵　钱赵孙　钱孙赵

这六种中间，“赵钱孙”合乎得第一项奖的条件，“赵孙钱”、“孙钱赵”、“钱赵孙”又合乎第三项奖的条件。根据附带规定第三条，在九十七万零两百种不同的组合和排列中，只有两种符合得第四项奖的条件。得第四项奖的机会只比第一项奖多一倍，而奖品的价值却差得很远，这实在是很不公平的。

根据上面的计算，我们可以预测这次开彩的结果：

得第一项奖的人可能没有。因为每猜一次，只有九十七万零两百分之一猜中的可能。可是也不能说全没有可能，说不定谁只猜了一次，而所写的恰巧和开彩出来的结果相同。

得第二项奖的可能性比得第一项奖大多了。大约每猜三千四百次，就有猜中一次的希望，可是中奖的也不会很多。

得第三项奖的最多了，大约每猜三十四次，就有中一次的希望。根据附带规定第二条，这笔奖金一定得分成很多很多份，每一份的数目不会很大了。

得第四项奖的一定也很少，甚至跟得第一项奖一样，一个也没有。

一九四六年十一月刊于《开明少年》

上和下

你手头有《学生字典》吗？让咱们来做个有趣的游戏。请查一下："上"字怎么解释？

字典上说：

"上——高也。"

那么"高"呢？字典上说：

"高——崇也。"

再查"崇"字：

"崇——高也。"

你看，兜起圈子来了："上"的意义是"高"，"高"的意义是"崇"，"崇"的意义是"高"，"高"就是"崇"，"崇"就是"高"……

再查查"下"字看。

"下——低也。"

"低——下也。"

圈子兜得更快了。

你能满意这样的解释吗？当然不能。那么要不要考查个究竟呢？

有人认为这是多此一举。他说："这样简单的字，还用得着查字典吗？"似乎在他看来，有许多字的意义是咱们生来就懂得的。

好，那么他总该懂得这些简单的字啰。咱们不妨就问问他："上"是什么意思？"下"是什么意思？

他一定会用手指向头顶一指："喏，这是'上'。"又向脚底一指："倒过来就是'下'。"

他这么随便乱指不打紧，站在地球那一面的人却冷不防让他给打了个颠倒。

你一定不会怀疑，地是一个球：正跟这幅画上画的那样。在地球的表面上，凡是陆地都站得有人，这幅画只请三个孩子来做代表。要是这三个孩子中有一个坚持说：他的头顶是“上”，他的脚底是“下”。那么另外两个孩子不都脚朝上，头朝下，都变成倒挂在地球上了吗？

就因为这样，“地圆说”在最初提出来的时候，大多数人认为是异端邪说。那些人犯了同样的错误，他们认定自己的头顶才是“上”，自己的脚底才是“下”。

说到这儿，你可能会产生疑问：咱们既然承认地是个球，那么“上”和“下”就不可能有一致的解释了？

并不是这样。可是就因为咱们不再把地当作平平的一大片，咱们对于“上”和“下”的观念，必须作相应的改变。

看吧，这幅图上的三个孩子都在玩球，这给了咱们不少方便。三个孩子都把球往上抛，都高举双手准备接球，因为球上升到一定的高度就会往下落。

“喔!”你可能恍然大悟，“这样说就妥当了：跟地面离得远就是‘上’，跟地面离得近就是‘下’。”

对！可是只对了一半。要是地面上有个深坑，球滚了进去，不是还得往下掉？可见还有比地面更下的地方。要不是地面把球挡住了，画上的三个球都得一直往下掉，最后在一个地方碰头，这个地方就是地球的中心——地心。

因此咱们不如说：跟地心离得远就是“上”，跟地心离得近就是“下”。把球往上抛，它就离地心越来越远；球从空中掉下来，它就越来越接近地心。咱们不论站在地球面上的哪个地方，都头朝上脚朝下，因为咱们的脚总比头接近地心。

假如在咱们中国开一个对直穿过地球的无底洞，洞的那个口子就直通南美乌拉圭。咱们把一个球丢进这个无底洞，球就直往下掉，就是说，直往地心掉，而且越掉越快。到了地心，球并不就此停住，往下掉的那股冲力使它继续直向前冲，可是它不是再往下掉，而是往上升了，一直升到无底洞那一头口子上。如果南美乌拉圭有个孩子等在洞口上，他可以伸手把从洞里升上来的球接住。

因此，“下”是有限度的，“下”的终点就是地心。咱们不妨仿效“南极”、“北极”的叫法，把地心叫做“下极”。地球的半径平均是六千三百六十多公里。“下极”就在地面以下大约六千三百六十公里的地方。

那么“上”有没有限度呢？跟“下”相反的方向是“上”。“下极”既然是地心，是一个点，从这个点向四面八方可以引出无数的放射线，每一条线都指向“上”，而且可以无限延长，你能说“上”的止境究竟在哪儿呢？

对于“上”和“下”的考查，到这儿似乎可以结束了。可是再一想：为什么球会往下掉呢？

你一定会脱口而出：“那是因为地心引力在吸引它的缘故。”

“上”和“下”于是又有了另一个解释：跟地心引力的方向相一致的运动是朝下，反过来，跟地心引力的方向相反的运动是朝上。

所以，地心引力是决定“上”和“下”的主要因素。要是没有地心引力，球就停留在空中，不会给咱们指示哪个方向是“下”；咱们也可以不一定站在地面上，也可以不必把脚底老对着地心。“上”和“下”两个字就此失去了它们的意义。

一九四七年五月刊于《开明少年》

云和雨

咱们周围的空气中总含着一些水。你看不到空气中有水，因为水成为蒸气了。水蒸气是看不见的。你能看到液体状态的水，可是在气体状态的时候，你就看不到了。你也感觉不出空气中有水，因为水蒸气并不湿。有人以为雾就是水蒸气，那是错了。雾实在是无数的微细的水滴，并不是水蒸气。

水进入空气只能靠蒸发。蒸发就是物质由液体状态变到气体状态。

水从江面上、河面上、湖面上、海面上蒸发，也从地面上蒸发。水从晾着的湿衣服上蒸发，也从树木花草上蒸发。你信不信，在夏天的烈日照射下，一棵玉蜀黍一天能蒸发大约 50 千克水。

水也从咱们的身上蒸发，就是咱们的皮肤渗出来的汗；还有一部分从咱们的肺里蒸发，随着吐出来的气一起排出体外。

只要有水的地方，或是含水分的东西，差不多都有水在蒸发。因而我们老是给水蒸气包围着：水蒸气有的时候多些，有的时候少些。

要是你不停地把砂糖一小撮一小撮往一杯清水里加，加到一个时候，砂糖就不再融化了，因为水里所融化的砂糖已经够多了。水蒸发到空气里，情形跟砂糖化在水里一样。到空气里的水蒸气已经够多了，水的蒸发就停止了。在那个时候，晾着的衣服很难得干；咱们身上也是湿漉漉的，因为汗水也停止了蒸发。咱们呼吸很不舒畅，会说：“这天气真闷人!”

咱们也知道，热水可以融化更多的砂糖，同样的，热空气也能包容更多的水蒸气。含水蒸气较多的热空气要是冷下来，一部分水蒸气就会被挤出来。

喝冰冻饮料的时候，不知道你注意过没有，玻璃杯外面会结成一颗一颗的水珠。有人说："玻璃杯出汗了。"你当然明白，这些水滴不是透过玻璃渗出来的，而是热空气碰到冷的玻璃杯，排挤出来的那一部分水。清晨的露珠也是这样生成的。一昼夜间，清晨往往是最冷的时候，因而空气中的一部分水蒸气附着在树木花草上，凝结成为露珠。

清晨，有时大雾弥天。那是水蒸气附着在无数飘浮的尘埃上，凝结成了细微的水滴。那种水滴非常之小，要一万多颗连在一起才有1厘米长。

像雾一样，多数的云也是细微的水滴组成的。靠近地面的空气总比较热，含的水蒸气也比较多，因此也比较"轻"，科学的说法是比重比较小。"轻"的气体就会往上升。可是离地面越远，气温越低。上升的空气受了冷，它所含的水蒸气有一部分就凝结成为细微的水滴，这种空中的雾就是云。可是有的云不是由水滴，而是由细小的冰花组成的。水蒸气在空中凝结，可以成为水滴，也可以成为冰花，得看凝结时候的温度在冰点以上呢，还是在冰点以下。

咱们看云，云的样子各式各样：有很大的，很白的，毛茸茸的；也有灰色的，布满了天空；有的像一缕烟，有的像一座山。气象学家把云分成许多种，各有各的名字。咱们没有学过，不容易把许多云种一一区别开来。最常见的云有三种。

第一种常见的云像马尾，又像羽毛，叫作"卷云"。在天放晴两三天之后，天空中常有这种云出现。卷云很高，大概在离地面一万几千米的高空中，是细小的冰花组成的。高空中风很大，因而卷云飞得很快，几乎跟最快的飞机一样快。只因为它高，咱们在地面上看并不觉得。

第二种常见的云好像一座一座的山，叫做"积云"。这是夏天午后常见的云。天空中有这种云，常常是好天气。但是，积云如果越积越多，变得又黑又大，会成为"雷云"——一场大雷雨就快来了。积云比卷云低得多，云脚离地面一般只有两千米。成为雷云的时候，可能有七八千米厚。

第三种常见的云叫做"层云"。层云常常铺满整个天空，成为铅灰色。它夹在温度不相等的上下两层空气之间，因而不很厚，也不很高，高山的顶峰常露出在层云之上。天空布满层云的日子，在高山顶上仍旧看到天青日明，层云在脚下好像波涛起伏的大海。

云在初聚成的时候，那些水滴跟雾一样细，因此不会往下落；即使落下来，还没到地面已经蒸发完了。要是那些细微的水滴不渐渐地长大，雨是下不成的。因此，天空有云的日子很多，下雨的日子总比有云的日子少。

含水蒸气多的空气要是很快的升到高空中，多数就凝结成较大的水滴，而下起雨来。落下来的水滴在途中还可能合并别的水滴，变得更大。雨滴至少比组成云的水滴大上几百万倍。有时候雨点被强有力的上升空气挡住了，直到长得很大才往下落，直径可能达到 0.5 厘米，打得地面上泥浆飞溅。

雨下得多下得少，通常用毫米来计算。毫米是指落在地面上的雨，不流掉，不渗掉，也不蒸发掉，有多少深。6 公里厚的一堆云全变成雨，落到地上还不到 10 毫米。其实这数量也并不小，以一间 10 平方米的房间来说吧，在地板上积 10 毫米水，就得 100 千克。有时一场暴雨，1 小时内可以下 250 毫米。因而暴雨经常会引起山崩，冲毁桥梁，公路，铁路，还经常把农作物淋坏。

闷热的夏天的午后常会有雷雨。白云越聚越大，越升越高，不一会儿变得黑黑的，因为太阳光穿不透这么厚的云层。天空闪电了，雷声隆隆的。忽然一阵能把人吹倒的狂风，又粗又大的雨滴跟着就打下来了。几分钟之后，风停了，雨还哗哗地下。再隔不了多久，雨也住了。天气显得特别明净，风又柔和又凉快。

有时一阵雷雨好像才过去又回来了，实际上并不是这样，而是另一阵雷雨紧跟着又来了。一阵雷雨往往会经过上百公里路，可是只几公里宽，并且界限非常分明。有时候会看到你家前门在下雨，而后门却是晴天。

要不是靠近地面的气温和高空的气温相差太远，是不会下雷雨的。气温相差远，靠近地面的热空气就上升很快，升到高空又冷得很快，许多水蒸气才会凝结成又粗又大的雨点。在海洋上，冬天也会有雷雨，那当然不是因为低层的空气太热，而是因为高空的气温太低了。

一九四七年六月刊于《开明少年》

东南西北

咱们说到方向，总把东、南、西、北——四个方向相提并论。其实，这四个方向性质并不一样，东、西跟南、北，有着很大的区别。

咱们可以驾着飞机，一直向正东方飞，绕着地球尽转圈子；也可以一直向正西方飞，绕着地球尽转圈子。向正北、正南可不成。这倒不是因为两极地方到处是冰雪，咱们克服不了寒冷，而是说咱们不能像向正东、正西那样，老对准一个方向飞。要是咱们向正北飞，飞到了北极上空，再直向前飞，方向立刻倒了转来，不是再向正北，而是向正南飞了；等咱们飞到了南极，方向又立刻倒转来，变成向正北飞了。向正东，向正西，都没有尽头；向正南，向正北，却都有个止境，止境就是南极和北极。可以这样说，正东和正西是无限的方向，地球上没什么东极和西极；正南和正北是有限的方向，极限就是南极和北极。

要是在赤道上有两架飞机，彼此相隔 500 公里，它们同时起飞，用相同的速度都向正北方向前进。它们必然越飞越离得近，最后在北极的上空相遇。反过来，要是那两架飞机同时在北极起飞，用相同的速度都向正南方向前进，咱们无法预计它们到达赤道上空的时候相隔多远：它们可能在赤道上的同一个机场降落；也可能一架降落在南美，一架降落在南洋群岛，相隔赤道的半个圈，足足两万公里。你站在北极，不论面朝哪儿都是正南，因此光说向正南飞，就没法知道飞机到底要飞向哪儿。从南极向正北飞，情形也一样，在南极，不论面朝哪儿都是正北。

向正东飞，向正西飞，那就是另一种情形了，假如那两架飞机，一架在赤道上，另一架在它的正北 500 公里，它们同时起飞，都向正东或者正西方向前进，它们就永远不会相遇。还有一个奇怪的现象，如果它们的速度相同，在赤道上空的那一架会渐渐落后。在地球上，可以画无数个跟赤道相平行的圈儿，其中赤道是最大的圈儿，离赤道越远，圈儿就越小；最后小到不能再小，成了一个点儿，那就是北极和南极。要是咱们在北极很高的上空向下望，就会看见那两架飞机都在绕着北极转圈儿。赤道上的那一架绕的是外圈，路程最长，它就渐渐落后了。

方向不只是正东、正南、正西、正北，咱们通常说“四面八方”，那八方就把东北、东南、西南、西北四个方向包括在内。水手在海上，飞行员在空中，气象员观察风向，都要把方向分辨得更加精细。咱们知道，通过一个点，可以画无数条直线，所以方向的个数是无限的。可是很奇怪，在那无数个方向中，只有正南正北是有限的方向，其余的都是无限的方向。譬如有一架飞机在赤道上的某地起飞，方向是向东而稍稍偏一点儿北。它要是老不停下来，就得绕着地球老转圈儿，每转一圈离赤道远一点儿，而同时，转的圈儿越来越小，最后小得不能再小，几乎成了一个点儿，那就到了离赤道最远的地方——北极。所以真正的无限的方向，实际上只有正东和正西两个。

咱们生活在地球的表面上，说到方向，就得记住地球是个球。可是普通的地图都是平面的，使咱们养成了不少错误的观念。请看下边两个例子。

有一架飞机从上海起飞，先向正北方向飞 1000 公里，转个弯，向正东方向再飞 1000 公里，又掉过头来，向正南方向飞 1000 公里，最后又向正西方向飞 1000 公里，降落下来，它是不是回到了上海？许多人会回答“是的”，他们想，飞机不是正好飞了一个正方形的四条边吗？他们忘记了飞机是沿着地球的表面在飞，它向正东方向飞的时候，是在一个较小的圈儿上，而向正西方向飞的时候，是在一个较大的圈儿上；因而降落下来，它一定会掉在上海以东的东海里。

有个人向正东走了 1 公里，又向正北走了 1 公里，他所在的地方是在出发点的哪个方向？许多人会回答是“东北方”。这个答案可能对，也可能不对。咱们先得问清楚，这个人的出发点到底在哪儿。要是出发点在离北极 1 公里的地方，先向正东方向走 1 公里，就是在离北极 1 公里的那个圈儿上走了 1 公里；再向正北走 1 公里，就到了北极。北极当然在他的出发点的正北方。除了出发点在赤道以南半公里的地方外，前面的答案都不能算正确。至于为什么，请你自己去想吧。

那么东、南、西、北，到底指的什么呢？原来正东和正西，这两个方向是由地球的自转决定的。自古以来，人们把日月星辰升起来的方向叫做东，把日月星辰落下去的方向叫做西；后来才知道这些现象是由地球自转造成的，地球像陀螺似的，在从西向东不停地自转。而北极和南极，正是地轴——那根想象中的地球绕着它自转的轴——穿出地球表面的所在。所以咱们说到方向，说到东、南、西、北，都是以地球为立场的。天文学家把天空分成北天和南天，在星图上标明了赤道和两极，还画上了经线纬线，都是为了方便咱们在地球面上观察星空。要是在广漠的宇宙空间又一无凭借，那就分不清什么东、南、西、北了。

一九四七年七月刊于《开明少年》

太阳金环食

五月九日上午有一次日食，我国各地都可以看到。据三月二十九日《大公报》所载的预测说：“日食中心带自广东遂溪县入我国境，经江西、浙江、江苏，由海门入黄海，横越朝鲜，入日本海，经北海道西北端而终于北太平洋。全程起讫时间为 8 时 8 分至 11 时 24 分，所经多系山地。杭州西偏北 14 公里处，于 9 时 50 分可能见环食，历时仅 6.4 秒；苏州昆山一带也能得见。其他地区仅见偏食，东南地方可见日被食部分在十分之九以上，越向西北，被食部分渐减少，至蒙藏边境，仍可见三分之一以上之偏食。”

发生日食的原因，在小学教科书上就说得有了。那是因为月亮在太阳和地球之间经过，在地球上对着月影的那些地方，就可以看到月亮把太阳遮住了。预测所说到的日食中心地带是正对着月影的地区。月亮跟地面的距离不是固定的，变动范围约在五万公里之间。月亮离地面比较近的时候，在中心地带可以看到“日全食”，就是月亮把太阳整个遮没了。可是这一次，在中心地带看到的是环食，因为这一次月亮比较远，不能把太阳整个遮没，四周留了一圈边，好像一个金环，因而叫做“金环食”。在中心地带的两侧，只能看见太阳被食去一角，那就是偏食。再离远些，在离中心地带三千公里以外，就看不见日食了。

日食并不是难得的事，一年之中最多可能发生五次，可是每次只有在一条狭长的地带上能够看到，人们反而不常见到日食了。日全食尤其难得，同一处地方，在三百年间只能看到一次。因此每回全食，许多天文学家、物理学家、气象学家不怕路途遥远，都赶到中心地带去观察。

他们主要观察太阳喷出来的火焰——“日冕”，研究它的组成，观察太阳后边的星星，它们射来的光是否受到太阳的引力而发生偏斜。在太阳本身的光没被遮住之前，这两者都是无法看到的。他们还带着各种仪器，测验无线电波、气象等等在日食时受到的影响。可是五月九日这一次是金环食，在科学观察的意义上不及全食来得重要。

七年前——一九四一年九月二十一日的一次日食，我国各地也都能看到：从我国东南直到西北的狭长地带内，可以看到全食，可是这些地方大多沦陷了，我国的科学家只能分成两队，到福建崇安和甘肃临洮去观察。在四川各地都可以看到三分之二左右的偏食：在太阳被月亮遮住的时候，天色渐渐暗下来。乌鸦以为黄昏到了，纷纷飞回窠去。气温骤然下降，晴空中突然生起一朵朵云。不懂科学的人跪在地上，口里不住地念佛，使劲地敲打着锣鼓火油箱等，想把吞了太阳的黑影赶走，直到太阳复圆了，他们才住手。那时候雄鸡叫起来了，以为又是早上了。

到了五月九日上午，你千万别忘了观察。你可以先在地图上找出你所在的地方和中心地带的哪一段相近，来估计日食开始的时间。日食才开始的时候太阳光仍旧很强，你可以用涂墨的玻璃片放在眼睛前面，挡去一部分太阳光，或者看水盆里太阳的倒影。若是嫌倒影的光太强，可以在水里加一点儿墨汁。观察的结果最好记录下来，并且注意第二天的报纸，看各地报道日食的情形跟你观察到的是否相同。

一九四八年四月刊于《开明少年》

没有钟成个什么世界？

你有没有想过：钟面上的两根小针，对我们来说有多大的意义？它们一圈一圈地旋转，像永远走不到尽头的旅客。它们一句话不说，却有力地指挥着所有的人，管理着所有的人，谁也不能逃出它们的掌握。

你有没有想过：没有钟会成个什么世界？学生早上不知道什么时候该上学校去；上了课，教员又不知道什么时候该下课。工厂里的机器有的运转得太快了，有的运转得太慢了，全弄得乱七八糟。火车不能按时刻表开行，就要出大乱子；轮船不能依据时刻推算行程，一定要迷路；……你可以讲出许多糟糕的事，会在没有钟的世界上发生。

然而世界上的确有一个很长的时期没有钟，什么钟都没有。人们过日子非分清时间不可，他们感到很不方便，于是想出种种方法来测量时间。有的人，就在用脚步来测量时间。石柱的影子早晨长，中午最短，傍晚又变长了。人量出了影子有几步长，就可以知道是什么时间了。这样做当然很不方便，得跑到石柱的广场去；晚上不能量，下雨不能量，而且量出来的也只是个大概。

所以有很多聪明人通过思索研究，发明了种种比较好的方法。经过了许多年代，费了无数人的心血，才有了今天的钟。你想知道这些事情，请看开明书店出版的《几点钟》。这本书又名《钟的故事》，用轻松有趣的笔调，告诉你关于人们测量时间的历程。

一九四八年四月刊于《开明少年》

空中婚礼

你看见过蚂蚁结婚吗？

闷热的夏天的午后，雌的雄的年轻蚂蚁恋情已达到顶点了。它们从窠口拥出来，集成黑簇簇的一堆，拍着银色的翅膀向广大无边的天空礼堂飞去。它们聚在一起作恋爱的舞蹈；密密簇簇的，看去像一朵云霞。附近一带的雌的雄的蚂蚁都来参加了。在地面上的时候，各群蚂蚁相互充满着敌意，可是到了空中，它们融洽地聚在一起了。

雌蚁越飞越高，一部分雄蚁落后了，只剩下精力绝伦的一小群还追随着雌蚁往高处飞。最后，雌蚁给其中的一只雄蚁抓住了，征服了。它们合抱着，用两重翅膀的力量再向上飞，作狂热的旋舞。

蚂蚁为什么要在空中举行婚礼呢？这也许含有优生的意味。在空中，雌蚁可以和别的一群中最强健的雄蚁结婚，产生进化所必须的杂种。难怪蚂蚁是文明程度最高的昆虫了。

一九四八年六月刊于《开明少年》

雷　雨

雷雨，在常见的自然现象中，可以说是最动人心魄的了。闷热的夏天的午后，天空里堆积起大块的云。一霎时，气温骤然下降，狂风，骤雨，闪电，响雷，跟着都来了，有时候还夹着冰雹。使人烦躁的天气不一刻工夫就变得清凉，爽快，适舒。等到雨一停，风也息了，云也消了。青天经雨洗过，显得格外明亮。夕阳照在湿淋淋的大地上——好一个晚晴天！

在闷热的夏天，雷雨好像是大自然给人们的一种调剂，一种恩典。原来夏季里，太阳正对着北半球，直晒的阳光使地面上的水蒸发得比别的季节都快。贴近地面的空气因为温度增高，能够包容更多的水蒸气。虽然这样，要是没有风，在贴近地面的空气中，水蒸气很快就达到饱和了，也就是说，空气包容不下更多的水蒸气了。这时候，地面上的水不再继续蒸发。咱们身上又粘又湿，随你怎样扇扇子，汗水总不得干。咱们感到昏闷，热得喘不过气来。

在这闷热的当儿没有一丝儿风，可是你别以为空气沉滞着，一丝儿也不动，贴近地面的空气正在猛烈地往上升。温度增高，水蒸气增多，都使得空气的比重减小，也就是通常说的变“轻”了。变轻了的空气就得往上升。可是高空中并不像地面上那样热，原来贴近地面的比较热的空气一边往上升，一边渐渐凉下来，大约每升高 100 米，温度降低 1 摄氏度。空气凉了，就包容不了原先那么多的水蒸气了，一部分水蒸气不得不析离出来，凝结成小水点。我们在地面上看，天空里起云了。

这些小水点怎么不马上落下来成为雨呢？这些小水点太小了，是上升的空气托住了它们，不让它们往下落。在闷热的夏天的午后，从地面上升的空气力量非常大，不但托住了小水点，还把小水点不断地往高处推，于是云越堆越高。这样生成的云样子很特别——在闷热的夏天的午后经常可以看到——底脚几乎是平的，上面重重叠叠，好像积雪的山峰，好像大理石砌成的城堡，在阳光的照射下，明暗特别分明。这样的云，在气象学上有个特别的名词，叫作积云。它的底脚大约离地面 2000 米，这就是说，从地面上升的比较热的空气升到那样高，所包含的水蒸气就大量地凝结成小水点了。它的顶可能离地面一万多米。那样高的高空非常冷，温度在水的冰点以下，积云如果越堆越高，咱们可以看到它的顶部向外伸展开来，样子好像铁匠打铁用的砧，四周还出现雪白的纱巾一样的薄云，那就是水蒸气结成的冰花。

别瞧积云像高高的山峰似的，模样儿挺宁静，它里面却在剧烈地翻腾。小水点并成了比较大的水滴开始往下落，从地面上升的空气还一个劲儿地向上冲，两者猛烈地摩擦，于是都带上了电：上升的空气带着阴电，下降的水滴带着阳电。渐渐地，积云的顶部，阴电越积越多；底部，阳电越积越多。地面受了积云底部的阳电的感应，也带上了阴电。

惊心动魄的场面马上开始了；先是一阵吹得倒人的大风，紧跟着就是弹丸大的雨点。大颗的水滴终于冲破了上升的空气的阻挡，从云端里直掉下来。下层的热空气给雨一淋，骤然冷却，骤然收缩，向地面直压下来，狂风因而常常赶在雨点之前来到。这时候，天空里树枝状的电光一闪一闪，跟来的是隆隆的雷声。闪声有的发生在云块和地面之间，有的从一块积云的顶部直贯穿到底部，也有的发生在两块积云之间。给闪电穿过的空气立刻猛烈爆炸。闪电要是离咱们很近，咱们眼前一亮，紧接着听到一声清脆的霹雳；要是离咱们远，电光闪过之后，还得耽一会儿，咱们才听到雷声。这是因为声音的传播速度比光的速度慢。有时候，雷声隆隆的，拖得很长，好像车轮在云端里碾过，那是云块、山岭和地面把雷声来回反射的缘故。

雷雨有时候夹着冰雹。冰雹出现在地面上特别热，空气上升的力量特别强，高空中又特别冷的时候。积云的顶部伸展到温度在冰点以下的高空中，一部分水滴本来已经凝结成冰珠了。这些冰珠从高空里落下来，来不及化，又被猛烈上升的空气推了上去，到了高空中，它的外边又凝上一层冰。这样落下来又推上去，冰珠一层又一层地越裹越大，终于冲破了上升的空气的阻拦，从高空中直掉下来，这就是冰雹。有时候冰雹比鸡蛋还大，往下掉的劲儿又猛，会砸坏庄稼、树木、房屋，砸伤人畜。亏得不是每一场雷雨都下冰雹。

雷雨在夏天最常见，可是不一定夏天才有。含水蒸气较多的下层空气猛烈上升，都可能造成雷雨。有时候，高空中过分冷，而贴近地面的含水蒸气较多的空气比高空的空气“轻”多了，于是就猛烈上升。夜间海洋上的雷雨大多是这样形成的。冬天，从北方来了强大的冷空气团，把贴近地面的含水蒸气较多的空气推到了高空中，也可能形成雷雨。在高山向风的一面，带着水蒸气较多的风让高山给挡住了，沿着山坡直往上升，也会造成一场雷雨。在夏天，发生雷雨的原因大多是气温太高，空气中包含的水蒸气太多。由这种原因造成的雷雨，通常叫做热雷雨。

常见的热雷雨开始在午后 3 点到 5 点之间，这段时间正是一天中最闷最热的时候。不消一个钟头，雨住了，风息了，闪电和响雷也没有了，云推开了，或者竟消散了，东方的天空里还可能出现一条美丽的彩虹。

雷雨不但下的时间短，面积也不会大，因为它是由局部地面的空气上升造成的。一场雷雨，下着雨的地带通常只有三五十公里长，十几公里宽。界限分明也是雷雨的特点。有时候只隔一条河；这一岸下着大雨，那一岸仍旧是大太阳，所以谚语说：“夏雨隔爿田”。

雷雨的时间虽然短，面积也不大，可是雨量很大。在陆地上，夏天的雷雨几乎占到全年雨量的三分之一。庄稼人非常看重雷雨。你可曾想到，在咱们闷热得喘不过气来的时候，田里的庄稼早已发蔫了，它们又热又渴，都垂下了脑袋，希望痛痛快快冲一回凉，喝一个够。可是就因为雨量过于集中，在山区和河谷地带，雷雨会造成山洪暴发，冲毁公路、铁路、桥梁、农田、村庄，甚至淹死人畜。闪电有时会击毙人畜，引起火灾，但比起骤雨来，闪电造成的灾难毕竟小得多。

从整个地球表面来说，雷雨的次数多得惊人，据说每天有四万四千多次；在任何时间内，都有一千八百次雷雨正在进行，大多下在热带。我国雷雨最多是广东的北部南岭一带，因为那边的气候热而潮湿，南岭又挡住了含水蒸气比较多的海风。沿海和华南一带也比较多，黄河以北就少了，甘肃宁夏一带气候干燥，雷雨更少些，可是下起来常夹带冰雹。

在闷热的夏天，咱们都希望来一阵雷雨，而往往如愿以偿。这并非天意。热由于温度太高，闷由于湿度太大。温度高湿度大，正是雷雨形成的两个主要条件。

一九四八年七月刊于《开明少年》

台 风

七月六日，上海《大公报》刊载着“台风今天过闽”的消息：

“昨天下午2时，台风直袭台湾高雄一带，推进速度每小时60公里左右，风力8级以上。昨日午夜过台湾向西北推进，今日下午可过福建沿海。风如向东北推进即可出海；如向正北推进，则将进袭上海。”

报上同时刊载台北和福州的专电：台北风雨交加，暴雨半径270公里，近中心处风速达每秒12米，沿海船只均特别警戒。福州为了台风即将登陆，市府已悬黄旗，警告船只及市民妥为戒备。

上海市民看到这段新闻的时候，台风的先头部队其实已经到达上海了。那天早晨，天空中云压得很低，像一块块灰色的破棉絮，随风急驰。气候突然转凉。9时半，风和雨一起来了，风的劲儿很大，雨又斜又密。不一会儿，马路上到处是积水。房屋的门窗，玻璃，广告牌，招牌，纷纷被风吹落，倒墙坍屋的事也随时发生。路上行人稀少，有人甚至被风吹倒。多数店铺只得关上大门。整整的一天，繁华的上海就在狂风暴雨中瘫痪了。

江海关一清早就高高地挂起两个黑色的球，警告各船只台风快到，赶快防备。下午改挂红十字架，表示台风已经到达，晚上挂起两盏红灯。平日船只往来如梭的黄浦江上，这时再没有一只船敢移动。原来停在江心的巨轮都靠码头停泊。江上波涛汹涌，风卷着水直往岸上泼。

第二天——七月七日，风势雨势都稍稍减弱了一点。打开报纸一看，一天的狂风暴雨，上海一市所受到的损害不少，受破坏的记录占了大半版报纸：坍屋倒墙十余处，死伤十余人。走电起火也是十余处。黄浦江上的万吨巨船锚链都给吹断了。好几艘驳船吹断了缆绳，给风浪倾覆，货物漂失，船员十多人也在惊涛骇浪中失踪。江边公园的大树给风连根拔起。黄浦江水暴涨，倒灌入阴沟，有几段马路积水过膝。各处排水站日夜工作，一时还不能把水排尽。原来台风在六日早晨越过台湾北部，向正北偏西推进，并没进袭福建沿海，却直扑杭州湾。下午 8 时 45 分，台风中心已过上海东部，直向黄海朝鲜半岛而去。果然七日早晨，上海就平静多了，雨先停止，风也渐渐减弱，下午天就放晴了。

台风是我国东南沿海夏天秋天最常见的大风。广东人福建人说“大”字，发音跟“台”字相像，因此有了“台风”这个名称。可是这大风和冬天盛行的西北风，夏天盛行的东南风不同，它不是单纯的朝一个方向吹的风，而是一个很大的旋涡——直径可能有一千多公里，在这一千多公里的圈子内，四周的风全以反时针的方向向中心吹。这种大旋涡的老家是太平洋中部，菲律宾、加罗林和马里安纳群岛一带。由于地球本身不停地自西向东转，台风生成之后，总是向西或西北移动，或者越过印度支那半岛；或者进袭我国东南沿海，登陆之后折向东北，再出海掠过朝鲜半岛或日本列岛，消失在北太平洋中；也有时候来不及到达我国海岸就折向北方，直扑日本列岛。我国广东、台湾、福建、浙江、江苏各省，正当台风经常通过的路线上，因此每年都受灾，台湾省受到的灾害尤其大，次数格外多。

台风是怎样生成的呢？要说明这个，先得说明为什么会有风。风就是贴近地面的下层空气在流动。地球面上各部分的冷热不相同，所以各地地面上的空气的冷热也不一样。热的空气体积膨胀，变得稀薄，比重减小，就是通常说的变“轻”了，因而就往上升。反过来，冷的空气体积收缩，变得稠密，比重增大，就是通常说的变“重”了，因而就下沉，到达地面之后，再向空气稀薄的地方冲过去。空气一流动，那就是风了。各地空气的“重”或“轻”通常都用气压的高低来表示，因为气压就表示单位面积的地面上，所承受的空气的总重量。知道了各地的气压哪儿高哪儿低，就可以知道贴近地面的空气的流动方向。要是某一处地方的气压特别低，空气就从周围气压比较高的地方涌过来，在这气压低的地方形成一个旋涡，陆卷龙、海卷龙这些旋风，就是这样形成的。

台风也是一个空气的旋涡，可是比起那些“卷龙”来，规模大得多，形成的情形也复杂得多。夏天，太阳移向赤道以北，太平洋中部的菲律宾、加罗林和马里安纳各群岛，正处于太阳光的直射下，各个岛屿上的气温升得非常高，气压相应地下降。而在岛屿周围的海面上，由于海水的蒸发消耗了不少太阳光的热，气温比岛屿上低得多，气压比岛屿上高得多。海面上的空气于是一齐向岛屿上涌，在群岛的上空形成了许多小旋涡。经常从北太平洋吹来的风，正好在这一带跟赤道吹来的风相遇，这两股方向相对的风把许多小旋涡驱作一处，合并成大旋涡。大旋涡内的空气扰乱得很厉害，所含的水汽因而大量的凝结成为云，成为雨，使空气变得更加稀薄，气压减得更低，于是风力越来越强，旋涡的范围也越来越大，一场台风就这样生成了。

台风成为一个圆柱或是一个椭圆柱，整个儿向西北方推进，速度通常是每小时二十至五十公里。越近台风中心，气压越低，风越加狂，雨越加暴。可是正当中心的二三十公里的圈子内，反而很平静，雨也住了，云也消了，甚至风也完全平息了。因为台风的中心气压虽然最低，可是在这个小圈子内，却不再有高低的相差，所以风反而减弱了。这个中心叫做“台风眼”。贴近台风眼一百多公里以内，是风力最强的一圈。所以逢着台风中心过境，一霎时会风息雨住，人们以为台风已经过去了，不知更猛烈的风雨正紧紧的跟在后面。

台风袭来造成灾害的，最主要的当然是风。最猛的台风，靠近中心的风速可能在每秒钟六十米以上。有一回在日本，台风曾刮倒了一列特别快车；至于折禾拔树，倒屋坍墙，则是台风每回登陆必有的灾害。在海上风力更强，渔船商船驶入台风范围以内，就吉少凶多。暴雨助长了风的威力，还造成局部的洪水。沿海一带还会发生海啸，狂风暴雨夹着山一般高的巨浪扑向海岸，把海岸上的一切都洗刷得干干净净。一九二二年八月二日台风袭击汕头，死了六万多人，灾害的可怕不亚于原子弹。

为了要减少台风的灾害，太平洋上一有台风生成，各地气象台、海关、航行机关就报告台风的消息，告诉大家台风到了哪儿，风力有多大，推进的速度有多快，这些都是由测量知道的；还预告台风将要到达哪儿，这是凭各地气压的高低来推测的，好让大家预先防备。有航海经验的渔夫船工常凭看天来预测台风。台风最外层的高空中有很薄的卷云。高空有卷云，太阳和月亮的周围会出现晕圈；早晨或傍晚，卷云映着阳光，会成为鲜艳的红霞。看到这些现象，他们知道台风快到，赶忙把船驶进港口躲避。

台风过境也是常见的自然现象中最动人心魄的。它比雷雨更狂暴，造成的灾害也更大，从到达到过境，通常得一天到两天。在夏天，台风过境之后天气往往变得更加闷热，因为热带的气候紧紧地跟在台风后面。

一九四八年八月刊于《开明少年》

鲤　鱼

鲤鱼是最常见的鱼，江河里，湖泊里，到处都有鲤鱼的踪迹。在饭桌上，你也时常吃到鲤鱼。就因为太常见了，你也许没有注意过鲤鱼。

鲤鱼的身子像个织布用的梭子，适宜在水中游动。它的体型可以说是鱼类的标准体型。除了头部和鳍，它全身披着鳞片，鳞片外边还有一层透明的表皮。鳞片下面有许多分泌黏液的腺，不断地分泌出黏液来，所以它的身子又滑又腻，不信你摸一下试试。

大多数鱼有一对胸鳍一对腹鳍，很像陆上动物的四肢，因而有人以为，鱼在水里游动，主要靠胸鳍和腹鳍。其实不然，鱼大多用尾巴左右摆动，拨着水向前推进，而鳍只是辅助的工具。拿鲤鱼来说吧，它背上有一条背鳍，胸部有一对胸鳍，腹部有一对腹鳍，肛门后边还有一个臀鳍。游动的时候，它用背鳍和臀鳍保持前进的方向，胸鳍和腹鳍好像两对桨，其实只能用来保持身体的平衡：向左转或者向右转，向上游或者向下沉，或者停在原地不动。强有力的尾巴却像橹一样，一左一右拨水前进。尾巴端上有扇形的尾鳍，增大了拨水的面积，加强了推进的力量。

鲤鱼上升和下沉，还得靠肚子里的鳔。鲤鱼的鳔样子像个葫芦，中部特别细，形成前后两个气囊。就在特别细的中部，有一条很细的管子直通咽喉。这条管子只用来排气，给气囊充气的气体却是从鳔壁的血管分泌出来的。鳔胀大，身子的比重就减小，鲤鱼就向上浮；鳔缩小，比重就增大，鲤鱼就向下沉。鳔的收缩有个限度，所以鲤鱼不能沉到较深的水底去。

鲤鱼在水里非常活泼。它有各种感觉器官，指使它能灵活的躲闪灾难，找到食物。它的眼睛很大，却看不太远。它也有鼻孔，专司嗅觉，跟呼吸全然无关。它也有耳朵，耳朵跟外边不相通，有块骨头盖着，可是能听得很清楚，因为水的传音能力是空气的四倍。它的身子两侧各有一条细线，自头部后边一直连到尾鳍。这是鱼类特有的特殊的感觉器官，能够敏锐地觉察水的摇动和水的温度。

鲤鱼喜欢住在比较温暖的水里，冬天天要是太冷，它也会冬眠。五六月间，母鲤得下两三回卵，每回三四十万颗。卵的表面有黏液，通常附着在水草上。七八天后，小鲤就孵化出来了，通常要两三年才发育完全。

鲤鱼的寿命特别长，可以活一百多年。计数鲤鱼的年龄有个简便的方法：它的每一片鳞片都跟树干的横断面一样，从中心向外有许多的圈儿，疏密相间，疏的圈儿夏天长成，密的圈儿冬天长成。所以只要数一下，就知道它已经度过了几个年头。

鲤鱼的嘴上有一般鱼没有的两对触须，有些鲤鱼长大了会变成金黄色。也许因为这样，有的人把鲤鱼当作神物。

一九四八年九月刊于《开明少年》

哺　雏

梁上有双燕，翩翩雄与雌。衔泥两椽间，一巢生四儿。四儿日夜长，索食心孜孜。青虫不易捕，黄口无饱期，嘴爪虽欲弊，心力不知疲。须臾千来往，犹恐巢中饥。辛勤三十日，母瘦雏渐肥……

——白居易：《燕诗》

你见过知更雀哺育幼雏吗？母知更雀衔了一条蚯蚓来喂它的孩子。它张开两个爪子，还没抓住巢的边缘，两只雏鸟已经张大了嘴，等待母亲把食物直喂进它们的咽喉。

多数鸟类爱护自己的孩子，真可以说无微不至。燕子哺雏是咱们最常见的。春天，燕子从南方飞来，衔泥衔草，把巢做在人家的屋檐下，或者梁木上。它们就产卵孵卵，不到半个月，雏燕出壳了。咱们可以看到四五张金黄色的小嘴伸出巢的边缘，吱吱喳喳的，等待父母来哺喂。做父母的忙极了，一天之中，它们几乎要捕一千只小虫来喂孩子们。它们把小虫和唾液拌成一团，哺喂的时候，把嘴伸进雏燕的张大的小嘴，把这团食物塞到孩子的咽喉。

在鸟类，哺喂孩子不由母亲独个儿担任，做父亲的也得同样忙碌。欧洲常见的白嘴鸦，在雏鸟孵出来的头几天，母亲得留在巢里看护孩子，觅食的工作全由父亲担任。它找了蛴螬，线虫和其他昆虫回来，先交给做母亲的，由母亲分哺给孩子们。几天过后，雏鸟的食量越来越大，父母都得出去觅食了。父亲也直接给孩子哺食，可是雏鸟看到母亲回来了，总显得更加欢快。

英国产的塘鹅，样子很像鹈鹕，它们对孩子格外体贴。孩子往往因为喂得太多，身子胖得难以动弹。父母轮流看守着孩子，轮流找食物给孩子吃。最初，父母把半消化的鱼从胃里呕出来含在嘴里，让雏鸟在它们的大嘴里啄来吃。等雏鸟稍稍长大，它们就把捕来的鱼盛在皮囊里，让雏鸟啄食鲜鱼。哺雏的时候，雏鸟的头全部伸进父母的大嘴里，情形恰好跟燕子相反。

一九四八年十一月刊于《开明少年》

鹈　鹕

鹈鹕是一种大水鸟，栖息在海边和江湖间。它的四趾完全以蹼膜连接，与鸬鹚一样，属于全蹼类。鹈鹕的嘴最特别，上喙扁阔，有一尺多长；下喙有个皮袋。从前把这皮袋叫作“胡”，所以把它叫作“鹈鹕”。它在水里捕鱼的时候，连水带鱼含在嘴里，收缩皮袋，把水挤出来，把鱼吞下肚子去；如果来不及吞，也可以暂时贮存在皮袋里。所以有些古书说，它这皮袋是用来养鱼的。古书中还说鹈鹕有合群的习性，它们在水浅的地方围成一圈，把水戽干，让鱼露在污泥面上，再从容啄食，所以又给它起了个名字叫“淘河”。鹈鹕合群生活是事实，至于戽水的举动，是人们想象出来的。克鲁泡特金在他的《互助论》里，对鹈鹕的行为有一段详细的记载，他说：

鹈鹕……虽然笨重迟钝，但是它们团结起来所表现的秩序和智慧却令人惊奇。它们捕鱼，必先聚集队伍，预先选定适宜地点，大家分散成一个半圆阵，这个半圆的弦就是河岸，所以这一边用不着看守了。务使当地所有的鱼被围在这个半圆阵中不能逃遁之后，各方的同伴才开始向河岸合拢，使半圆的面积渐渐缩小，被困在这小小范围内的鱼只好让它们自由食取了。遇到狭小的河道和溪涧，它们先分成两队，各队列成半圆阵，后来两个半圆互相接合成为全圆。此种捕鱼方法正与两队渔人各用长网，一置上流，一置下流，后来两网互相兜拢，困鱼于网间勿使逃脱之理完全一样。

合群是鹈鹕的天性。它们成群结队捕捉食物，也成群结队飞行和休息，克鲁泡特金这样记载：

等到晚间，它们飞到一个适当地点，大家休息。每一群有它们固定的住所，不任意更换。直到目前，既没有一个人看到这些鸟类为占据海湾而有团体的争战，也没有人见到同一团体内的朋友为争休息的位置而伤害感情。这种鸟类在南美洲也是过团体生活的，有四五万个体生活在一起，每当夜间，一部分担任守望的职务，另一部分则安心睡觉，还有一部分就动身去捕鱼。

鹈鹕有好多种，形态和习性大致相同，羽毛的颜色微有不同。我国产的有三种：一种羽毛银白色，叫做白鹈鹕。尾羽和翼羽有一部分是黑的，幼鸟的羽毛褐色。它们分布在地中海、里海、波斯湾，以至我国内蒙古一带，冬季飞到埃及、印度和我国南部。

一种头、颈、胸、背等部略带粉红色，所以叫做粉红鹈鹕。身体的其余部分都是白色，只翼羽也有一部分是黑色的。它们分布在西伯利亚和我国的北部，冬季飞到我国南部以及菲律宾、大巽他群岛和非洲南部。

还有一种背部和翼羽是银灰色的，而且有褐色的斑点，叫做灰鹈鹕。它们的嘴肉红色，两喙有苍黑色的斑纹，所以又叫斑嘴鹈鹕，它们生活在我国南部以及南洋和印度，是一种热带鸟类。

一九四八年七月刊于《开明少年》

海　马

你也许不会相信，海马竟是一种鱼。它们生活在较热的浅海里，用鳃呼吸，有脊椎骨，身体内部的组织和生活的习性，全跟旁的鱼没有什么差别。奇怪的就是它们披着一身坚硬的甲胄，有棱角的，由环节相连而成的甲胄，叫人看了以为它们不是一种鱼。因为它的头部像马，人们叫它们作“海马”；又因为它们像传说中的龙，人们又叫它们作“龙落子”：却不把它们叫作鱼。

海马身长不到十厘米。它们的全副甲胄是由骨质的多角形的鳞片组合而成的。头部的骨骼也露在外面，两个眼睛很大，嘴突出成为一个长管子，开口在管子的尖端。除了脊鳍和一对胸鳍，旁的鳍都已退化了；脊鳍和胸鳍也很小。尾巴细长，能像大象的鼻子一样卷起来。休息的时候，它们就把尾巴卷在海藻上，来固定自己的身体。因为它们几乎全身是硬的，游泳很缓慢，全仗胸鳍和扇形的脊鳍来运动。最特别的是不论休息的时候，游泳的时候，它们的身子老是直立着。有几种海马周身长着海藻一样的突起，也是保护自己的一种伪装。

大多数鱼类一次产成千个卵，雌鱼把卵产出之后就不再照顾了，让卵自己去孵化。海马却不是这样，雌海马产卵很少，得保护着孵育，这孵育的工作却是由雄海马来负担。雄海马的胸部下面有一个皮囊，能接受好几条雌海马产出的卵；皮囊盛满了，囊口就闭拢。皮囊的内层很柔软，血管分布很密。卵孵化之后，血管里会渗出一些东西来喂幼鱼吃。等幼鱼长成了，囊口才开启，放幼鱼出来。雄海马的皮囊，很像雌的胎生动物的子宫，这样孵育当然安全多了。还有人说，曾看到过幼海马离开了父亲之后，遇到危险，还会躲进父亲的皮囊里去。

因为海马附着在海藻上休息，在较热的浅海里很容易捕捉到。海马的肉不能供食用。在中药铺里可以买到晒干的海马，据说是一种滋补药。有人相信妇人分娩的时候手里拿着干海马，可以避免难产。这种说法当然是迷信，可是跟海马孵育的安全倒颇有点儿相应。

一九四八年十二月刊于《开明少年》

哪一只杯子重?

在天平的两个盘子里，放着两只大小相同的杯子，杯子里都盛满了水，但是在其中的一只里浮着一块木头。你说，这两只杯子哪一只比较重些?

也许你说：有木头的杯子比较重，因为杯子里除了水，还有一块木头。也许你说：有木头的杯子比较轻，因为杯子里虽然多了一块木头，同时少了一部分水，水的比重大于木头，所以这只杯子比较轻。

哪一种说法对呢? 都不对。两只杯子确确实实一样重。

你别搞糊涂了。依据阿基米德原理：一件物体放在水里，重量就会减轻，而所减轻的重量，恰好等于这件物体所排开的水的重量。一块木头浮在水上，大部分浸在水面下，这就排开了一部分水，这一部分水的重量恰好跟整块木头的重量相等，因此木头不再往下沉。木头的重量既然和它所排开的水的重量相等，两只杯子当然一样重。

一九四七年一月刊于《开明少年》

介绍《我的童年时代的朋友》

苏联的自然科学家斯克来皮兹基经常到各地去游历，研究各种野兽和鸟类的生活。这种爱好大自然的习惯是他从小养成的。他爸爸跟他说："大多数动物都是我们的忠实可靠的朋友。"他从小就跟四只脚的和长翅膀的朋友打交道。在这本书里，他给我们介绍了他童年时代的六位朋友：猎犬、猫、八哥、兔子、松鼠、刺猬。

德诺克就是那匹猎犬，它能用鼻子找到各种各样的鸟。作者说，有一次他带着德诺克去打猎："它飞快地向湿地奔过去，弄得泥水向四外溅。……跑了二十几步就停下来，不慌不忙地跑着小步子，一忽儿向左，一忽儿向右，嗅嗅这儿，嗅嗅那儿。……忽然，德诺克好似发疯了，加速地跑起来。但是过了一会儿，它不知怎的突然立起身来，随后开始慢慢地朝前走。走不了几步，又停下来了，它一动不动地站在那里，像死的一样——全身挺直得像一根弦，连尾巴也伸得笔直，只有末梢在微微摆动。"原来德诺克觉察了，芦苇丛里有一只野鸭。作者把猎犬的动作描写得多么细致。

对每一位朋友，作者给我们讲了一连串的有趣的故事。猎犬德诺克在家里能跟一切小动物和平相处，跟野鸭野兔也一样。但是有一次，作者把野兔带到树林里去放掉。野兔才跑进树丛，德诺克就扑上去把它衔了回来。到了野外，德诺克就把"养家了的"野兔也当成是野的了。

猫伊凡内奇又胖又懒，老爱在暖和的地方打盹。它偶然逮住了老鼠，却不把老鼠吃掉。只是逗着玩儿，玩倦了，它让老鼠自己跑了。

它喜欢吃鱼，常在鱼缸里捞鱼吃。有一回，鱼缸里养着几只螃蟹，蟹螯把它的爪子给钳住了，吓得它不得了。从此，它就不敢再走近那鱼缸。

有一回，食橱里的糖果不见了，后来在食橱顶上的一顶旧帽子里发现了许多糖果，还有果核和面包屑。原来糖果是松鼠偷去的。住在作者家里，松鼠是用不着为挨饿发愁的，可是它跟在树林里一样，还要收集和贮藏食物，准备度过冬天。

冬天，刺猬死了，作者伤心地把它埋在地下。明年春天，作者看到枯叶堆里有一个什么在动，一看正是刺猬，原来刺猬要冬眠。读了这些故事，我们可以了解这几种动物的生活习性，并且可以知道，每一只动物还有它们自己的独特的性格。

作者还告诉我们，他怎样跟这些四只脚的和长着翅膀的朋友们打交道。春天，他爸爸做了个小木屋，把小木屋钉在院子里的树枝上。不久，一对八哥就做了这小木屋的良客。他看到公八哥每天忙着捕小虫回来喂母八哥。不久，小八哥孵出来了，一对老八哥忙着捕小虫回来喂它们的孩子。后来，公八哥给老鹰攫住了。作者把它从老鹰爪子下救了出来。可是公八哥已经受了伤，只得把它带回屋里抚养，在这段时间里，他经常捕了小虫去帮助母八哥喂养它们的孩子。他还养了许多黄鸟，金翅雀……每到春天，他开了笼门，让它们在屋子里飞舞。他还收养了一只过路的小野兔，用牛奶喂大了它，还把猎到的一只翅膀受了点儿伤的野鸭跟家鸭养在一起。

作者从小留心鸟兽们的生活。这些朋友们虽然不能说话，作者却能体会它们的心情。他告诉我们，猎狗德诺克后来老了，“它把大部分时间都消磨在睡觉上，……只有在一个时候现出清醒的样子，这就是我们穿上靴子，穿上打猎的短外套，提起猎枪要出去打猎的时候，……它才兴奋起来，激动起来。”作者的爸爸让它蹲在家里，“它叹息，它凄凉地独自慢慢地走向自己炉边的床铺。”为了安慰年老的德诺克，作者有时候仍旧带它去打猎，虽然这样的打猎只不过是散步而已，连一只小鸟都打不着。

作者就用这样亲切的谈话，把他童年时代的朋友介绍给我们。他说：这些朋友使他回忆起自己的幸福的童年时代。分享到作者在回忆中的乐趣，同时也引起我们对大自然的关心和爱好。译者是路逊，译文很流畅，能保留原著娓娓动听的语调。

一九五一年四月刊于《开明少年》

比声音还快的喷气飞机

国庆节，毛主席站在天安门上，检阅咱们的解放军、志愿军和民兵。

正当地面的队伍在天安门前通过的时候，天空里隆隆隆的声音由远而近。大家抬起头来看，咱们的空军飞过来了。带头的是双发动机的重轰炸机，跟着的是单发动机的战斗机，排列得整整齐齐，好像一队又一队大雁，在天空里飞过。

隔了一会儿，天空里掠过一队队样子很特别的飞机。它们的翅膀往后掠，从下面看上去好像燕子。它们的方向舵和升降舵都在向上翘的尾巴上，因而从侧面看，好像鲨鱼。飞机周身银灰色，衬着亮蓝的天空，像一队一队鲨鱼在平静的海水里游过。

最特别的是这种飞机没有螺旋桨。它们一边向后喷气，一边直向前窜，比用螺旋桨的飞机快多了。

更奇怪的是，它飞过来的时候没有一点儿声音；等到人们听到声音，它早已掠过人们的头顶了。那声音好像一大张镔铁片在半空中振动，跟在飞机后面，隔着很大一段距离。

这种飞机原来飞得比声音的传播还要快，它能追过它自己的发动机发出来的声音。

这种飞机就是喷气战斗机。

速度的极限

声音传播的速度是每秒钟三分之一公里，1 小时 1200 公里。要是有人在离我们1公里的地方开枪，我们看见了火光，得隔3秒钟才听到枪声。

3秒钟1公里，要追上这样的速度是很不容易的。经过了多少飞机工程师和飞行员的努力，飞机不但追上了，而且超过了声音。

一九〇三年，世界上第一架飞机离开了地面，他只飞了不到1分钟，才260米，就落下来了。即使它能飞1个小时，也不过20公里。

过了十年，飞机的速度增加了四倍多，一小时能飞一百多公里了。

又过了十年，飞机的速度又增加了三倍，一小时能飞四百公里了。飓风的最高风速，也不过每小时两百公里。俗话说“快马追风”，风真个给飞机追过了。

要使飞机飞得快，只有两条路可走：一是增加发动机的力量；一是改变飞机的形状，减少空气对它的阻力。

可是过了第三个十年，到了一九三三年，飞机的速度只增加了四分之三，1小时能飞709公里。

直到一九三九年，飞机最快的飞行记录也不过1小时756公里，再要增加速度已经非常困难了。人们发现，飞机的速度越来越接近它的极限了。

这个极限就是声音传播的速度。我们不要忘记了，那时的飞机全是用螺旋桨推进的。

声音的墙壁

声音传播的速度，怎么会成了飞机飞行速度的极限呢?

要回答这个问题，我们先得说一说声音在空气中是怎么传播的。

我们看来，空气是空的，好像没东西一个样。其实不然，空气是一粒一粒很小的透明而有弹性的球。这种很小的透明的有弹性的球，就是空气的分子。

我们打一下鼓，蒙在鼓上的皮就振动起来。鼓皮一振动，就强迫贴近鼓皮的空气分子也振动起来。贴近鼓皮的空气分子一振动，又强迫邻近的空气分子也发生振动。鼓皮的振动就这样由近而远，靠空气的振动传开去。

空气的振动传到我们耳朵里，我们耳朵的“鼓膜”也被迫振动起来，我们就听到了打鼓的声音。声音传播的速度，原来就是振动在空气的分子之间传递的速度，也就是空气分子受了打击弹开去的速度。

我们已经知道声音在空气中传播的速度是每小时1200公里。

飞机的速度要是不超过每小时1200公里，情形是怎样的呢?

飞机一直向前飞，飞机的头部和两翼的前缘撞击了前边的空气分子；这些空气分子就以每小时1200公里的速度弹开去，让飞机平稳地通过。

假如飞机的速度达到了每小时1200公里，情形又怎样呢?

飞机一直向前飞，它前边的空气分子仍旧以每小时1200公里的速度弹开去。可是飞机以同样的速度赶上了它们，使它们来不及让路。这时候，空气的分子在飞机的前面越积越多，成了一道看不见却又非常坚固的墙壁。我们管它叫“音障”——声音的墙壁。

要冲破这一道看不见的“音障”，非得用更大的力量不可。螺旋桨推进器是完成不了这个任务的。

螺旋桨转动的时候，也得推开空气的分子。螺旋桨旋转的速度比飞机前进的速度快得多得多。飞机还远没有达到音速，它的螺旋已经碰上了声音的墙壁。

这个冲破“音障”的艰巨任务，只好让新一代的飞机来完成了。这种新一代的飞机，就是用喷气发动机来推进的飞机。

钻天和火箭

喷气推进的原理，人们早就知道了。

过春节的时候，孩子们都欢喜放烟花鞭炮。有一种烟花叫“钻天”，又叫“九龙”。把“钻天”的药线点着了，它就喷出一小股火星，嗤的一声，蹿上天空。

“钻天”里头装的是火药，火药烧着了，变成大量气体，打后边冲出来，“钻天”就直向前蹿。据说八九百年前，咱们中国已经应用喷气推进的原理，制造出了好些种当时的新式武器。

在第二次世界大战中，也出现了好些种用喷气推进的新式武器。

苏联在大举反攻的时候，使用了一种叫做喀秋莎的火箭。那种细长的火箭，前半部分实际上是个炮弹，后半部分是个装满火药的喷气推进器。火箭成排地放在发射架上，一按电钮，后半部分的火药一点着，只见无数道火光一齐向德军阵地飞去，速度比声音还快，把希特勒的法西斯匪军打得心惊胆战，无处藏身。

希特勒匪帮用来轰炸英国伦敦的飞弹，其实是个大型的火箭。飞弹的头部是个大炸弹，肚子里有两个钢筒。一个装液体燃料——汽油或酒精，一个装压缩氧气。液体燃料和氧气混合在一起，就燃烧起来，生成大量的气体，从飞弹尾部的喷气口喷出来，飞弹就立刻窜向天空。只消一分钟，飞弹就窜到了离地面 40 公里的高空中，速度达到每小时 5000 公里，比声音快多了。这时候，飞弹带的燃料差不多烧完了，就凭着这样高的速度继续向前冲，冲过了英吉利海峡，落在伦敦市区。

希特勒妄想用飞弹来摧毁英国人民的斗志，结果适得其反，更增强了英国人民对德国法西斯的仇恨。希特勒的第三帝国终究没逃出最后灭亡的命运。

喷气发动机

苏联的喀秋莎火箭和德国的飞弹都是靠向后喷气来推进的，飞行速度都超过了声音传播的速度。证实了喷气推进可以冲破“音障”——这看不见的声音的墙壁。

现在的喷气战斗机跟飞弹一个样，也用汽油作燃料，可是它不带压缩氧气。希特勒的飞弹带的压缩氧气，分量比燃料重得多；免去了这一负担，飞机就可以多带成倍的燃料，就可以延长飞行时间，飞得更远。

汽油燃烧需要氧气。不带氧气，汽油怎么会燃烧呢?

不打紧，空气中有的是用不完的氧气，只要想法子充分地利用起来就成了。

工程师在设计喷气发动机的时候，给它装上了两套“涡轮”，两套“涡轮”装在同一根轴上，中间隔了个燃烧室。

油箱里的汽油用管子送进燃烧室。汽油和燃烧室里的空气相混合，燃烧后的气体向后喷去；后边那套“涡轮”就像风车那样旋转起来，带动了前边那套“涡轮”；前边那套“涡轮”就把吸进来的空气压进燃烧室里，使汽油不停地燃烧。

喷气战斗机的头上有个进气的大窟窿，它好像张大了嘴，尽量吸进更多的空气。

喷气发动机有足够的力量使飞机冲破音障；但是飞机本身，撞在这看不见的墙壁上还可能粉身碎骨。怎么办呢？一是选用更加坚固的材料，一是加强各部分的结构；最最重要的是改变飞机的外形，尽一切可能减轻声障对它的撞击。喷气战斗机的形状跟用螺旋桨的样子所以这样不同，原因就在于此。

空中巡逻队

前边已经说过，声音传播的速度是每小时 1200 公里。在国庆节那天，咱们亲眼看到咱们的喷气战斗机已经追过了声音。

从北京到上海，直线距离只 1400 公里左右。咱们的喷气战斗机，不消一个钟头就能从北京飞到上海。

咱们的祖国多么辽阔广大。喷气战斗机就是最有力的空中巡逻队。谁要是胆敢从空中侵犯咱们的祖国，一定逃不脱机毁人亡的可耻下场。

一九五一年十月刊于《开明少年》

冰比水轻

冰比水轻，说起来似乎是一件奇怪的事，可是大家并不觉得奇怪。

我们在锅子里熬猪油。等猪油化了，再加进一团凝固的猪油去。这团猪油一定沉到熔化的猪油下面，决不会浮在面上。

我们在锅子里熔锡，情形也一个样。锡块总是沉在熔锡下面。差不多所有的物质都一个样，在固态的时候，比重都比在液态的时候大。

冰的比重反而比水小，所以能浮在水面上。在自然界中，这种情形是很少见的。

为什么冰的比重反而比水小呢？原因只有一个，就是水在结冰的时候，体积增大了，违背了“热胀冷缩”的常规。

水在结冰的时候体积会膨胀，这倒是大家都知道的常识。冬天到来之前，我们把放在露天的水缸齐口埋在地面下，盖上稻草编成的缸盖，就为的提防水结了冰会把水缸胀破。有人做过这样的试验：冬天，他在两个炸弹的钢壳里灌满了水，用木塞塞紧了，放在露天过了一夜。第二天早上去看，一个炸弹壳的木塞给冰冲到了两丈以外，口子里长出一条水柱；另一个炸弹壳裂了一道缝，冰从裂缝里挤了出来。

到了冬天，放在露天的瓦缸都应该倒扣过来，免得积了水会冻裂。露天的自来水管得用稻草包扎起来，结了冰放不出水来还是小事，冻裂了损失可大了。不能耐寒的花树果树和幼小的苗木，也得用稻草包扎。树木的细胞里含的水要是结了冰，会把细胞膜胀破，植物的组织就给破坏了。

到了冬天，砖墙外层涂的水泥往往会整块整块往下掉，水泥铺的场地路面往往会裂缝，甚至拱了起来。这也是冰在作怪。水泥只要稍稍有点儿裂缝，雨水就会渗进去，要是一结冰，体积一膨胀，就把水泥给破坏了。岩石崩裂也是这个道理。山上岩石的裂缝里积了水，冬天一结冰，体积一膨胀，就把裂缝撑大一点儿；第二年，裂缝里积的水更多了，结了冰，裂缝就撑得更大了。这样年复一年，大块的岩石就崩下山来了。

如果水结冰的时候体积不膨胀，对于我们来说，不就减少了许多麻烦和损失吗？初想来，这话似乎很有道理。可是再一想，水结冰的时候体积如果收缩，冰不就比水重了吗？不就要沉到水底下去了吗？水面上没有冰，固然可以不妨碍航行，可是水一结冰就沉底，上层的水受了冷不是又要结冰吗？水底的冰越积越多，最后所有的江河湖海，都非连底冻结不可了，而且永远不会融化。太阳的热是达不到海洋的底层的，海洋里的植物动物当然都无法生存。我们知道，陆地上的植物动物最初都是从海边爬上岸来的。海洋连底冻结成冰，陆地上会不会有生物也成了问题。这样一比较，你一定会作出正确的判断来了。

冰不但比水轻，还不容易传热。水面上结了冰，能保护下层的水，使下层的水冻结得稍稍慢一点儿。即使较小的池塘河沟，到了冬天连底冻结还是很少见的。连北冰洋的厚厚的冰块下面，海水还照常流动，鱼还在自由自在地游泳。

水在结冰的时候体积要膨胀，如果硬不让它膨胀，温度即使降到零摄氏度以下，水仍旧结不成冰。换句话说，水受了压力，冰点就会降低。有人把水放在坚固的钢筒里做过实验，证明了这个设想。

我们没有钢筒，也可以证明水受到了压力会降低冰点。在冬天，我们找一大块冰来，把它搁在两张桌子之间；拿一条铁丝弯成个环，拦腰套在冰块上。铁丝环下面挂个沉甸甸的秤锤。我们会看到铁丝会慢慢地往下扣进冰块，可是铁丝上面的冰仍旧结得好好的，没有被铁丝扣过的痕迹。这是怎么回事呢？原来铁丝环下面挂着个秤锤，它扣在冰块上的压力是很大的，受压的一部分冰就化成水了。铁丝再往下扣，它上面的水失去了压力，立刻又结成了冰。

溜冰就利用了这个原理。冰鞋底上有一双冰刀，我们全身的重量，都在这双薄薄的冰刀上。冰刀加在冰上的压力是很大的，使冰化成了水。冰刀和冰之间有了这一薄层水，像加了润滑剂似的，就可以顺利地向前滑行了。玻璃比冰更滑溜，可是没有人能穿了冰鞋在玻璃上溜的，就因为玻璃受了压力不会融化。

一九五一年十二月刊于《开明少年》

化学做了些什么

去年夏天，安徽、河北、山东等好几个省份都发现了成群蝗蝻——蝗虫的幼虫。咱们的人民空军出动了，到那些地区去帮助农民灭蝗。

红色的信号旗随风飘扬。飞机在地平线那儿出现了。它贴近地面低低的飞，尾巴后面喷出一道白色的烟雾——这就是杀虫的药粉。蝗蝻沾上了药粉，在 24 小时以内就一定死亡。

谁都知道，杀虫的药粉是化学工厂制造出来的。那么飞机呢？飞机是飞机工厂制造出来的。可是飞机也离不了化学。

飞机的机身是什么做的呢？主要是铝。铝是哪儿来的？是用化学方法制造出来的。飞机的燃料是什么呢？是汽油。汽油是哪儿来的？是用化学方法提炼出来的。还有它轮子上的橡皮轮胎，它身上的油漆，甚至它发动机上的每一个零件，都离不了化学。

飞机靠了化学的帮助，才能飞得更高，飞得更快。

高空里的空气很稀薄，飞行员必须呼吸自己携带的氧。氧是哪儿来的？是化学工厂制造出来的。

最快的飞机是喷气飞机。喷气飞机的喷气管是一种能耐高热的金属做成的。这种金属是哪儿来的？是冶金工厂制造出来的。——而冶金工厂，实际上也是个化学工厂。

化学帮助了农民，使他们得到丰收。化学工厂制造了杀虫剂，也制造了人造的肥料。

化学帮助咱们的身体保持健康。咱们走进药房，柜子上，架子上，到处摆满了药品。敷伤口用的碘酒，红汞水，解热用的阿司匹林，消炎用的磺胺剂，治疟疾用的奎宁，……没有一样不是化学工厂制造出来的。

要不是用化学的方法制造了纸，制造了油墨，咱们这本《中学生》就没有法子印出来。

纸和火药是咱们祖先的伟大发明。咱们的勤劳的祖先——这些无名的古代化学家，永远是咱们中华民族的骄傲。

想想原始的人类吧。他们用木棒做武器，用石块做工具。木棒和石块，这些材料是自然界本来就有的。

后来，人类学会了用黏土烧制陶器，学会了从矿石里炼出铜来。陶可不是黏土，铜也不是矿石，自然界本来没有这些材料。从这时候起，人类用自己的劳动，创造出更加合用的新的材料来了，自然界所没有的新的材料来了。

人类在劳动实践中渐渐掌握了各种生产知识，化学就是其中之一。

人类运用化学知识，造出了数不清的新的材料：玻璃、砖瓦、水泥、钢铁、塑料……一种又一种新的材料，不断地丰富着人类的生活。

木料放在露天，受着日晒雨淋，就很容易腐烂。可是火车铁轨下面的枕木，为什么不容易腐烂呢?

枕木是用化学方法处理过的：把木材浸在氯化锌的溶液里，木材吸饱了这种溶液，变得非常坚硬，非但不容易腐烂，还不容易着火。

谁都知道，玻璃又脆又硬，很容易打碎，要是突然受了冷或者突然受了热，还会炸裂。

咱们用化学方法改造了玻璃。有一种玻璃杯，落在地上会像皮球那样跳，却不会破碎。有一种玻璃连枪弹也打不穿，通常用来装在飞机上和坦克车的瞭望孔上。还有一种玻璃烧红了丢在冰水里也不会炸裂。咱们还把玻璃抽成细丝，用这样的丝可以织成柔软的布。

为了防止钢铁生锈，化学也尽了很大的力。

咱们把水蒸气喷在红热的枪筒上，枪筒上生成一层蓝黑色的薄膜，就不会生锈了。咱们把铬加在熔钢里，造成了不锈钢，手表的外壳就是不锈钢做的。咱们还创造了各种各样防锈的油漆。

咱们改造了钢。咱们把锰加在熔钢里，造成很硬的钢；把镍加在熔钢里，造成弹性很强的钢；把钨加在熔钢里，造成能耐高热的钢……在机器厂里，制造不同的零件需要用各种性质不同的钢，炼钢厂就用化学方法，尽可能满足制造各种零件的需要。

化学不但创造了新的材料，还改造了材料的性质，使咱们的生活更加丰富，更加方便。

拣垃圾的人最注意的就是破布。破布有什么用呢？

破布是送到造纸工厂和纤维工厂去的。在工厂里，破布经过了复杂的化学处理，就成为纸浆和人造丝了。谁想得到这样洁白的纸张和人造丝，前身是又脏又臭的破布。

咱们天天吃盐。盐是重要的化学原料，里边含着两种重要的元素：钠和氯。我们用食盐制成了钠和钠的化合物——烧碱、纯碱、小苏打，等等，也用食盐制成了氯和氯的化合物——漂白粉、盐酸、外科麻醉药、毒气，等等。

人们从矾土里提炼出铝来。搀杂少量其他金属的铝又轻又硬，并且不会生锈。用它可以制造飞机，也可以制造咱们的日常用具——水壶和锅子。

人们用黏土和石灰石制成水泥。在建筑上钢筋水泥的重要性已经超过了天然材料，它代替了大部分的石块和木材。

人们用空气里边的氮制成肥料和炸药。空气是取之不尽用之不竭的，是不用花钱买的原料。

炼焦厂炼焦煤的时候，会得到一种又黑又臭的油——叫做“煤溚”，也叫做“煤焦油”。以前，炼焦厂里把煤溚当作废物，但是没有办法扔掉它；扔在河里吧，河里的鱼就会被它毒死，河水也不能用作饮用水了。可是现在，煤溚成了化学工厂的贵重的原料。

化学工厂从煤溚里造出不褪色的染料，如阴丹士林，极有效的药品，如阿司匹林，猛烈的炸药，极毒的毒气，比蔗糖还甜三百倍的糖精，比花还香几千倍的香精。

在化学的领域里，一切物质都是原料。无怪乎化学家说：世界上只有原料，没有废物。

可是，化学并不是魔术。

真正的魔术是没有的；魔术师只是凭了欺蒙人的“手法”，从空箱子里变出满台的鸡鸭来。这些鸡鸭都是预先从市场上买来的。

化学可不是这样，化学是真实的知识。人类在劳动实践中认识了物质的性质，认识了物质变化的规律。人类掌握了这些知识，来运用各种物质，改变各种物质的性质，创造出各种新的物质来。

化学的领域无限宽阔，因为任何实用的科学都离不了物质。冶金、机械、炼油、建筑、航空、航海、造纸、染织、医药、农艺……没有一样不把化学作为一个重要的基础。

咱们青年学生的前途也无限宽阔。咱们是将来的工人、工程师、司机、水手、航空员、医师、农民、园艺家，……咱们可别忘记，不管咱们将来做什么，咱们都需要充分的化学知识。

咱们要学好化学。咱们认识了物质的性质，掌握了物质变化的规律，将来在生产岗位上，就能更好地运用各种物质、就能改造物质的性质、就能创造出新的物质来。

一九五二年三月刊于《中学生》

太阳——光和热的泉源

春天来了。

在咱们祖国的北部：河面上的冰融化了，水又开始奔流；土地解冻了，农民正为着春耕忙碌。是谁使冰融化，使土地解冻的呢？

——是太阳。

在咱们祖国的中部：青蛙开始叫了，田里铺满了绿油油的麦苗，柳条报青了，花苞快要绽开了。是谁唤醒了青蛙，使麦苗一天长似一天，使树枝茁芽、花苞丰满的呢？

——是太阳。

在咱们祖国的南部：果树上已经开满了花朵，田里的庄稼已经绿成了一片。是谁催开了花朵，帮助庄稼长成的呢？

——是太阳。

春天来了，天空里的太阳渐渐向北移。在咱们祖国的大地上，整个自然界苏醒过来了，活泼起来了，繁荣起来了。

太阳为我们做了些什么

太阳给我们热，使我们感到温暖。

太阳给我们光。

太阳使植物生长。植物在太阳光下面，才会产生叶绿素；叶绿素吸收了太阳光，才能把从空气里吸收来的二氧化碳和从泥土里吸收来的水，造成植物自己的身体和植物生活所需的养料。

要是没有太阳，地球上就没有植物；咱们就没有粮食吃，没有柴炭烧，没有做衣料的棉花和麻，没有造房子和做家具的木材，没有……

动物都依靠植物生活，牛吃的是草，鸡吃的是谷。虽然也有许多动物是专门吃别的动物的，但是那些被吃的动物，还是依靠吃植物生活的。拿青蛙来说吧，青蛙吃的是小虫，小虫吃的是庄稼。

要是没有太阳，地球上没有植物，当然也没有动物：咱们就没有肉吃，没有鱼吃，没有羊毛，没有蚕丝，没有牛皮，没有……

要是没有太阳，地球上是冰冷的，咱们只好用煤来取暖。可是，煤是哪儿来的呢？

原来在一亿几千万年以前，地面上几乎到处都是森林。因为地壳的某种变动，有些森林被埋在地底下了，年深月久，就成了煤。

煤里边贮藏着千万年以前的太阳的光和热。要是没有太阳，地底下也就不会有煤。

煤在炉子里燃烧，贮藏在煤里边的太阳的光和热就给释放出来了。

火车在飞驶，轮船在航行，火车和轮船通常是烧煤的。煤在火车和轮船的锅炉里燃烧，锅炉里的水吸收了热，化成蒸汽，就有力量来推动火车和轮船前进。

在火力发电厂里，工人把煤一铲又一铲的抛进锅炉去。锅炉产生的蒸汽转动了涡轮机，转动了跟涡轮机联在一起的发电机，发电机于是发出电来。咱们把电灯开关往下一按，电在电灯泡的灯丝里经过，使灯丝放光。——这是一亿几千万年以前的太阳的光。

电使电炉发热，使电车行驶，使无数的机器转动。——一亿几千万年以前的太阳光在给咱们做工。

要是没有煤，咱们是不是可以用石油来代替煤呢？飞机用的是汽油，汽车用的是汽油，拖拉机是用柴油来开动的。咱们还用煤油来煮饭，来点灯。当然，咱们也可以用汽油、柴油、煤油来开动各种机器，来推动火车和轮船，来开动发电机，使发电机发电。

汽油、煤油、柴油都是从石油里提炼出来的。可是，石油是哪儿来的呢？

原来，石油是千百万年前的动物给埋在地底下变成的。

千百万年前的动物当然也是依靠植物生活的，所以没有太阳，非但没有煤，也没有石油。

咱们的祖先创造了筒车，利用水力来汲水灌溉；创造了水碾、水磨，利用水力碾米磨面。江河里的水日夜不断的流，给咱们做工。

谁使江河不断地流呢？

——是太阳。

太阳的热使地面上，河面上，海面上的水化成蒸汽，升到空中。蒸汽在空中凝成雨雪，又落下来。江河里的水因此不会干涸，日夜奔流。

咱们的祖先在船上张起帆来，让风推动着船前进；把风车跟水车连结起来，利用风力来汲水。

风是空气在流动。谁使空气流动的呢？

——是太阳。

太阳光晒在地球面上。因为地球面上的情况各处不同，有些地方就比别的地方来得热。热的空气往上升，冷的空气就流过来补充：空气开始流动了，就刮起风来了。

太阳给咱们光，给咱们热，给咱们食物，给咱们生活所需的许多物品，还给咱们做工。

太阳是光和热的泉源——力量的泉源。

伟大的太阳

太阳每分钟放射出来的热有五千万亿“大卡”。

“大卡”是热的单位，用一大卡的热，可以使一千克水的温度升高一摄氏度。太阳一分钟放出来的热，可以使五百亿吨的水，在一分钟以内，从冰点升到沸点。

太阳怎么会不断地放射出这么多的热来的呢？

早先有人以为，太阳是一团正在燃烧的煤炭。那时候，大家只知道煤炭燃烧会产生热，产生光。

可是，煤炭在炉子里不是很快就烧完了吗？太阳怎么老是烧不完呢？太阳放射出来的光和热永远那样均匀，年年如此，丝毫不减弱。所以太阳绝不可能是一团正在燃烧的煤炭。

最近，人们发现原子核在转变的时候会产生原子能，知道太阳的热和光是由原子核的转变产生的。

太阳里边含有无数的氢原子。这些氢原子的核在不断的转变成氦原子的核，转变的时候，放出大量的热和光来，一千克氢原子放出来的热和光，等于燃烧一万五千吨的汽油。

每一分钟，在太阳里边有三百亿吨的氢原子在转成氦原子。太阳里有的是氢原子，整个太阳重两千万万万万万万吨，氢原子几乎占了一半。在几亿年以内，太阳放射出来的热和光，决不会因为氢的消耗而有所减弱。

太阳放射出来的热和光虽然那么多，地球所得到的只是极少极少的一部分。

太阳的热和光是均匀地向四面八方放射的。地球离太阳太远了，相隔有一亿五千万公里，因此得到的只有太阳所放射的光的二十二亿分之一。

这二十二亿分之一的太阳光，已经足够咱们利用了。

咱们要尽量利用太阳光

咱们祖国有无数丰富的煤矿和油田，有些已经在大规模的开采，有的正在探测，正在开设矿井。为了建设伟大的祖国，咱们要一亿几千万年以前的太阳给咱们做工。

咱们不能让水白白的流到海里去。在东北，咱们已经有了好几处大规模的水力发电站。不久的将来，咱们祖国的每一条长江大河上，都得建设起大规模的水力发电站来。到那时候，电不但转动工厂里的机器，推动铁路上的列车，还要推动千百万具拖拉机，在咱们广大的土地上耕作。

咱们也不能让空气在头顶上白白的流过。不久的将来，咱们要跟利用水力一样，利用风力来发电。

利用风力和水力，也就是利用太阳光，不久的将来，咱们还要直接利用太阳光制造我们的生活必需品，推动我们工厂里的机器。

为了建设美好的将来，为了使咱们的生活更加丰富，咱们不能放过一丝一毫可以利用的自然力量。咱们得尽量利用太阳光，让太阳光给咱们做工。

一九五二年三月刊于《开明少年》

风和雨的规律

季　风

在咱们祖国的大陆上，冬天常常刮西北风，夏天常常刮东南风；每年每年都是如此。

风是空气在流动。在地面上，空气的流动有一定的规律：从冷的地方向热的地方流。

夏天，陆地给太阳晒热了，陆地上面的空气膨胀、变轻，就向上升。这时候，海洋上的温度比陆地上低得多，因为水比较不容易晒热，空气就从海洋上向陆地上流。

冬天，太阳向南移了，陆地的温度就迅速下降，海洋冷得没有那么快，因为水比较不容易冷却，空气就从陆地上向海洋上流。

空气每年如此：夏天从海洋流向陆地，冬天又回过头来，从陆地流向海洋。

咱们的祖国在亚洲大陆的东部，东南方靠着一片辽阔的海洋。因此冬天，风从西北方——亚洲大陆的最冷的地区吹过来；到了夏天，风又从东南方——辽阔的海面上向陆地上吹。

这种随着季节而变换方向的风，叫做“季风”。季风吹过的地带，叫做“季风带”。

咱们的祖国正在季风带上，季风是形成我国气候特性的主要因素。

风的性格

方向不同的风，有着不同的性格。

秋末冬初，树梢头的枯叶刷刷地响，告诉咱们说：西北风来访问咱们了。

西北风从亚洲大陆最寒冷的地方吹过来。它吹过沙漠，吹过草原，吹过黄土地带。

天气骤然变冷了，报纸上刊出“寒流来袭”的警报。“寒流”是冷空气的主流，天气还得冷。

有时候，天空里阴云密布，飘起雪来。可是更多的时候，天空异样的明净，异样的蓝。

西北风一股劲儿地刮。它猛烈，寒冷，干燥。

咱们躲在窗户闭得紧紧的屋子里，听着风在屋脊上打着呼哨。那些时候，咱们多么想念风和日暖的日子呀！

春天来了，土地解冻了。西北风还是一阵又一阵的，时断时续。它从沙漠和黄土平原上带来了漫天的黄沙。

东南风却不是这样。它是湿润的，洁净的，它的来势也比较暖和。

夏天，咱们欢迎东南风，它使咱们凉快。

地里的庄稼也欢迎东南风。夏天，当顶的太阳晒得庄稼抬不起头来，东南风常给庄稼带来必要的雨水。

农民有句谚语：“东南风，雨祖宗。”东南风的老家是海洋，它带来了家乡的土产——海洋上的水蒸气。

在咱们祖国的大陆上，雨水最多的是夏季。这是东南风送给咱们的礼物，它滋润了土地，使庄稼生长。

可是有些年头，夏天也老刮东南风，天空里却一片云也没有，甚至还酿成了旱灾。

这是什么原因呢？

原来雨也有雨的规律，不能单看风朝着哪个方向吹。

雨的规律

为什么冬天会下雪呢?

西北风刮起来了。那是一股从大陆中心来的，寒冷的干燥的空气流。

寒冷的空气比较重，它贴着地面向东南方插，把原来停留在当地的比较暖比较轻的空气，抬到很高的天空里。

比较暖的空气里包含着比较多的水蒸气。水蒸气突然受了冷，一部分就凝成雪花。于是，天就飘雪了。

因此，下雪的前两天，天气往往比较暖和。这时候，西北方的冷空气很可能突然流过来：天气就突然转冷，就飘起雪花来。

春天下雨，也是同样情形。

东南风从海面上向陆地上吹。那是一股温暖的湿润的空气流。

可是盘踞在陆地上的，比较冷又比较重的空气没及时退让，温暖的湿润的空气流只有在冷空气背上爬过去。它越升越高，它所包含的水蒸气受了冷，一部分就凝成水滴。于是，天下雨了。

两股不同的空气流相遇，一股热，一股冷，就会下雨。这是雨的规律。

“梅雨”最能说明雨的规律，四五月间，长江下游一带，几乎每年要连绵的下半个多月的雨。那些地方的人把这个时节的雨叫做“梅雨”。

春天，咱们祖国大陆的南部已经很热了。海洋上的空气开始向大陆上流——刮起东南风来了。

可是亚洲大陆的中心仍旧很冷，西北方的冷空气还是不断的向东南方流过来。

从海上来的温暖而湿润的空气，跟从陆地上来的寒冷而干燥的空气在长江下游相遇了。它们像两支军队一样，在长江下游展开了拉锯战。于是，长江下游就时断时续地下起雨来，连着下个一二十天。

最后，冷空气退却了，东南风吹遍了咱们祖国大陆。住在大陆北部的人也感觉到夏天来了。

咱们要利用自然

雨有雨的规律，风也有风的规律。

咱们种庄稼也有种庄稼的规律，什么时候犁，什么时候耕，什么时候播种，什么时候耘田，什么时候收割。

风的方向是按着季节转换的。雨呢？雨要两股不同的空气相遇才会下。

冬天，要是一连刮上几天西北风，天空往往是晴朗的。夏天也一样，要是东南风不停地吹，往往不会下雨。农民有两句谚语：“一日东风三日雨，三日东风一场空。”

雨不一定按着季节而下，更不一定按着庄稼的需要而下。有时节，雨水太多，把庄稼淹死了；有时节，雨水又太少，庄稼都渴死了。

雨的规律跟咱们种庄稼的规律不能完全合拍。

“风调雨顺”的年岁，庄稼就有好收成。可是，咱们不能指望年年都“风调雨顺”。咱们得提防着“风不调、雨不顺”的年岁——提防着水灾和旱灾。

冬天，咱们把雪扫起来，堆起来，不让干燥的西北风把雪刮走，吹干。播种的时候要是没有雨，咱们就可以用这些雪水来灌田。

咱们在山谷里和江河的两岸筑成水库，把雪水和雨水贮蓄起来。庄稼需要水的时候，咱们把闸门打开，水就哗哗地流到田里去了。

咱们在地里掘好有系统的灌溉渠。田里水多了，就放到渠里去；水少了，又把渠里的水放进田里来。

咱们开水井，把地底下的水抽上来灌溉田地。

咱们想年年丰收。庄稼要水，即便不下雨，咱们也得有充分的水来供给庄稼。

一九五二年四月刊于《中学生》

蒸发和溶解

一杯水放在空气里，水就会慢慢地干掉；咱们说：水蒸发了。

一勺糖放在一杯水里，糖就会慢慢地化掉，咱们说：糖溶解了。

从表面上看，蒸发和溶解是截然不同的两回事；仔细一比较，却有许多相同之点。

咱们知道：洗好的衣服晾在太阳下或者炉子旁边，就很容易干。这说明了：温度越高，蒸发越快。

咱们也知道：糖放在热水里，比放在冷水里容易化。也说明了：温度越高，溶解越快。

咱们知道：刮风的天气，晾着的衣服干得快。刮风是空气在流动。空气流动，使水的蒸发加速。

咱们也知道：要使水里的糖化得快，可以用勺搅拌。水流动，会使糖的溶解加速。

咱们把一勺糖放在一杯水里，搅动一下，糖很快地就全部溶解了，再加一勺糖，再搅动一下，糖又全部溶解了。再加第三勺，第四勺……咱们就发现：新加下去的糖，溶解得越来越慢了。为什么呢？因为水里的糖分已经很多了。

同样的，空气里含有水蒸气要是很多，水的蒸发也就变慢。天气潮湿，晾的衣服不容易干，就是这个缘故。

咱们继续把糖一勺又一勺地加进那杯水里去，到一个时候，新加进去的糖就全部不能溶解了。这时候，水里的糖分已经够多了，达到饱和的程度了，再容不下新的糖分了。

同样的，在闷热的夏天，咱们身上的汗老不得干。这时候，空气中的水蒸发也已经够多了，达到饱和的程度了，再容不下新的水蒸气了；因此，水就停止蒸发了。

用什么方法使一杯水能溶解更多的糖呢。咱们可以把水加热。水的温度升高了，就能溶解更多的糖分。反过来，要是水里已经包含了够多的糖分，温度降低的时候，它就超过了饱和的程度，杯子底里就出现一颗一颗的糖粒。

同样的，热空气能包含更多的水蒸气。要是空气很热，含的水蒸气就已经很多，冷却的时候，就会超过饱和的程度，于是一部分水蒸气就凝结成水滴；——这些水滴附着在树木花草上，就成为露水；浮悬在贴近地面的空气中，就成为雾；浮悬在高空中，就成为云，落下来，就成为雨。

为什么蒸发和溶解，有这么多的相同之点呢？

水蒸发的时候，就是水的分子跑到空气中去了；糖溶解的时候，就是糖的分子跑到水里去了。蒸发和溶解，都是分子运动造成的现象。

既然都是分子运动造成的现象，就得遵守分子运动的一切规律。

咱们知道：温度越高，分子的运动速度越快。所以，把水加热，糖就溶解得快；空气温度高，水就蒸发得快。

反过来，温度越低，分子的运动速度就减慢。所以水的温度降低，糖的分子的运动就减慢了，一部分又回复成为固体，空气的温度降低，水的分了的运动就减慢了，·部分又回复成为液体。

明白了这个道理，咱们就可以用眼睛看得到的溶解的现象，来解释眼睛不容易看清楚的蒸发的现象。

一九五二年八月刊于《中学生》

跳　伞

惊人的表演

在中国人民解放军“八一”建军节25周年体育运动大会上，跳伞运动员的表演是最受欢迎的精彩节目之一。

一架银色的运输机慢慢地飞到机场上空。突然，机舱里跳出了5个小黑点来。只见那小黑点笔直往下掉，越掉越快。隔了5秒钟，5顶降落伞几乎同时张开，运动员飘飘荡荡地挂在降落伞下面。不一会儿，他们都平安地降落在机场上。——这是“迟缓跳伞”表演。

运输机打了个圈子，又飞到机场上空。这一回，机舱里跳出10个小黑点，10顶降落伞马上张开了，像10朵新鲜的小蘑菇，在蔚蓝的天空里飘浮。降落伞越飘越低，挂在伞下面的女运动员都可以看清楚了。她们双手操纵伞带，像荡秋千一样自在。隔了十来分钟，她们才降落在机场上。

最后是武装跳伞，有100位运动员参加。

5架运输机排成一行，像大雁似的，一架比一架高。到了机场上空，5架运输机里都跳出一连串的黑点来。降落伞跟着张开了。这次，每一位运动员带着两顶降落伞；大的一顶是白色的，小的一顶有的红，有的黄，有的蓝，有的绿……一刹那间，亮蓝的天空里好像开满了五彩缤纷的花朵。

欢呼，鼓掌，像潮水似的一阵紧接一阵。运动员降落在机场上的时候，观众都拥上去跟他们握手拥抱，把他们抬在肩膀上，把他们抛向空中。

紧张的两分钟

跳伞运动员必须有壮健的体格，熟练的技巧，更重要的是必须有坚强的意志。

就拿“迟缓跳伞”来说吧，有的跳伞运动员能掉到离地面 200 米的时候才打开降落伞。要是飞机在 2000 米的空中飞翔，他从跳出机舱到降落在地面上，前后往往不到 2 分钟。咱们很难想象在这 2 分钟里，他有多紧张。

咱们不说跳出机舱之前的恐惧。这种恐惧，对跳伞运动员来说早已不再存在了。咱们从跳出机舱讲起。

一跳出机舱，他就立刻往下掉，而且越掉越快。

到底多快呢？按照物理课本上的公式来算，在第一秒钟末，速度每秒钟接近 10 米；在第二秒钟末，速度是每秒钟接近 20 米。照这样往下算，只消半分多钟，他往下掉的速度就超过了音速。

幸亏实际并非如此。物理课本上的公式，指的是物体在真空中往下掉的情形。跳伞是在空气中进行的，咱们必须把空气的阻力计算在内。

咱们都知道，在空气中物体往下掉的速度越快，受到的空气的阻力就越大。最后，继续增加的速度正好跟空气的阻力相抵消，物体就不会越掉越快了；就是说，物体开始以几乎不变的速度往下掉了。

咱们又知道，空气对物体的阻力的大小，跟物体的形状有密切的关系。以跳伞运动员来说，大概在他跳出机舱十一二秒钟之后，往下掉的速度就不再增加，保持在每秒钟 50 米到 60 米之间。

就算 1 秒钟 50 米吧，1 分钟就得往下掉 3000 米，比火车快上两三倍。以这样高的速度往下掉，他必须头脑清醒，保持镇定，否则就会跌得粉身碎骨。

打开降落伞

他一无依靠，直往下掉。

时间过得飞快，地面在向他迎上来，500 米，450 米，400 米……250 米，准备，200 米，快，打开降落伞！

不能延迟 1 秒钟。这 1 秒之差，就决定他能不能安全地降落到地面上。

降落伞从打开到张满，大约需要 2 秒钟。在这 2 秒钟里，他还得往下掉约莫 100 米。等到降落伞张满完全发生作用的时候，他距离地面已经只有 100 米了。

要是迟打开 1 秒，降落伞就来不及张满，后果不堪设想。

降落伞一张满，往下掉的速度立刻减慢了，从每秒钟五六十米，一下子减到每秒钟五六米。

咱们乘过火车和汽车，都有这样的经验：火车汽车开得很快的时候要是猛一刹车，身体就会向前面撞过去。

降落伞张满的时候，跳伞运动员也会受到这样的震动，力量要大四五倍。这个震动一瞬间就过去了，不会使他的健壮的身子受到任何损伤。

挂在张满的降落伞下面就安全多了。可是他还得注意，注意风向和风力的大小，注意地面上的情况。他得灵活地操纵降落伞带，使自己降落在适当的地点，不要落在河里，不要落在树上。

接近地面，他必须做好着陆的准备：两条腿并拢，屈起膝盖，免得在碰着地面的时候，身子受到太大的震动。要是弄得不好，很可能把腿骨折断。

必须这样做

如果一跳出机舱就打开降落伞，当然安全多了。可是在打仗的时候，伞兵进行突然袭击，常常必须采用“迟缓跳伞”，尽可能掉到离地面 200 米的时候才打开降落伞。

打仗的时候，运送伞兵的运输机必须飞得很高，离地五六千米，才能避免受到敌人高射炮的射击。

要是伞兵一跳出机舱就打开降落伞，他们在空中随风飘荡，要几十分钟才能降落在地面上。风可能把他们吹到离目的地几十公里外的地方去，也可能把他们的队伍吹散，一时无法集中。

再说，他们慢慢地往下掉，降落伞又是个显著的目标，敌人用步枪就可以把他们打中。不打开降落伞，他们在空中只是一个个小黑点，又掉得那么快，敌人是无法向他们瞄准射击的。

为了要在作战中出色地完成任务，伞兵必须掌握“迟缓跳伞”的技术。

新中国的伞兵是坚定的健壮的，在他们面前没有克服不了的困难。在“八一”建军节25周年体育运动大会上，咱们看到他们已经掌握了高度精湛的技术。

一九五二年九月刊于《中学生》

鼓风炉

鼓风炉，这个名词你觉得生疏吗？生疏不要紧，可是以后一定得把它搞个清楚。为什么呢？因为钢铁工业是国家建设的基础，而鼓风炉，是钢铁工业的心脏。

钢铁工业是国家建设的基础，这句话，你一定早就了解了。没有足够的钢铁，咱们怎么能建设咱们的祖国呢？咱们要用钢铁来制造各种各样的机器；要用钢铁来造出更多的火车，轮船，汽车；要用钢铁来修建更多的铁路，桥梁，水闸；要用钢铁来制造拖拉机，代替牛马耕作……

所以，在祖国的大规模经济建设计划中，钢铁工业是一个重点。

但是，为什么说鼓风炉是钢铁工业的心脏呢？

钢铁是哪儿来的？是从铁矿里炼出来的。——先从铁矿里炼出铁来，再把铁炼成各种各样的钢。

从铁矿里炼出铁来，这是鼓风炉的工作。鼓风炉不停地燃烧，钢铁工业就整个活跃起来；正像心脏不停地跳动，咱们全身就充满了活力。

鼓风炉也叫“炼铁高炉”，远远看去，像一座十几层楼高的大铁塔。你要是站在炉子跟前，抬起头来一眼望不到炉顶。许多粗的细的直的弯的管子，盘绕在这座大铁塔的周围，还有一个像梯子一样的钢架子，从地面斜斜地搭到炉顶上。

炉子里，火日夜不停地燃烧，发出“轰轰轰”的声音。听哪，这是心脏在跳动。

加料了，斗车一辆又一辆，装满了铁矿和焦炭，自动爬上钢架子，到了炉顶，又自动地把铁矿和焦炭倒进炉子里。一霎时，炉顶上飞出一阵深红色的火星。

出铁了！鲜红的透亮的铁汁，从炉子底上慢慢地淌出来，亮得你睁不开眼睛。

工人们的脸给火光照得通红。多么紧张而又愉快的时刻呀！这鲜红的铁流，是祖国建设的新的血液。

工人让铁汁流进大钢勺里。吊车把钢勺运到炼钢炉去。

有时候，工人让铁汁流到模子里。在模子里，铁汁渐渐暗下来，颜色渐渐变深了，最后冷透了，成为黑色的铁块。

——这就是生铁。

鼓风炉做了些什么工作呢？

咱们早说过了，鼓风炉的工作，就是从铁矿里炼出铁来。

铁矿不是铁，而是铁的化合物。一般用来炼铁的是铁的氧化物——各种氧化铁。

在氧化铁里边，铁和氧结合在一起。要把铁解放出来，就得夺去氧化铁中的氧。

请谁来夺去氧化铁中的氧呢？

请焦炭。焦炭是煤炼成的。煤炼过之后，大部分杂质都除去了，剩下的几乎全部是碳。

在鼓风炉里，碳夺取了氧化铁中的氧，变成了一氧化碳。铁就解放出来了，回复了本来的面目。咱们可以用一个简单的式子，来说明这个变化：

[氧|铁]＋[碳]——→[氧|碳]＋[铁]

这个变化要在很高的温度下才能顺利进行。鼓风炉里的温度经常得保持一千七八百摄氏度。

可是铁矿并不是纯粹的氧化铁，它里面常常含着许多砂粒和别的杂质。

为了除去砂粒，还要把石灰石加进鼓风炉去。石灰石和砂粒在这样高的温度下，就熔成玻璃一样的矿渣。

矿渣并不是废物。把矿渣磨成细粉，可以掺在水泥里，也可以用模子把矿渣铸成砌马路用的钢砖。

鼓风炉里面的变化大体就是如此。要是想知道鼓风炉是怎样工作的，咱们还得讲一讲它的构造。

鼓风炉的外壳是一层钢板。外壳里面，是用最好的耐火砖和耐火泥砌成的炉壁。炉壁中间还装得有水管，冷水不断地在水管里流过。为了保护炉壁，必须用冷水来降低炉壁的温度。

炉子中央是空的，好像一个大瓶子。底上有一个出铁口。比出铁口高一点的地方，还有一个出渣口。

为什么要两个出口呢？有了两个出口，就可以把铁汁和矿渣分开了。矿渣比铁汁轻，浮在铁汁面上。平时，两个出口都用火泥封严了。出铁的时候，工人们先打开出渣口，让浮在上层的矿渣先流出来；再打开出铁口，放出铁汁。

在鼓风炉的腰部，绕着一圈很粗的钢管。还有许多弯弯的比较细的钢管，从这圈粗钢管通进炉子底里。这些粗的细的钢管都是风管。鼓风机不停地转动，把从热风炉通过的热空气，经过风管打进鼓风炉去。这就是鼓风炉为什么叫做“鼓风炉”的原因。

我们都知道，空气能帮助燃烧。热空气使焦炭燃烧得更猛烈，使鼓风炉保持一千七八百摄氏度的高温。

在鼓风炉顶上，还有一个粗钢管。炉子里生成的一氧化碳就从这个钢管通出去。一氧化碳是很好的气体燃料，一部分就通到炼钢炉去，一部分就用来烧热热风炉。

一座鼓风炉通常配着四座热风炉。四座热风炉好像四个卫兵，一并排站在鼓风炉边上。它们轮流地把热空气不断供给鼓风炉。

鼓风炉的加料口开在炉顶上。炉盖有两重。加料的时候，第一重盖先打开，料落在第二重盖上。第一重盖就自动关上，第二重盖跟着打开了，料就落进炉子里去。

矿石、石灰石和焦炭，并不是和在一起加进去，而是先加一层焦炭，再加一层铁矿和石灰石。这样一层又一层地叠起来，一直叠到离炉顶不远的地方为止。

靠近炉底的焦炭最先燃烧。它一面发出热来，维持炉子里面的高温，一面就夺去上层的氧化铁中的氧。焦炭烧完了，铁矿和石灰石变成了铁汁和矿渣，流到炉底上。料就一层一层地往下降。

除了必须大修，鼓风炉从不轻易停火。一座大鼓风炉，一天就能出铁一千吨左右，一年就是三十六万五千吨。

三十六万五千吨，这真是个大数目。可是你想一想，在大规模的经济建设中，祖国每年需要多少吨钢铁呢？这数目决不是几十万吨，上百万吨，而是几千万吨，上亿吨。

为了满足这样的需要，在祖国的各钢铁工业中心，将要出现更多更大的鼓风炉。鼓风炉数目的增加，就意味着钢铁产量的增加，就意味着祖国经济建设的蒸蒸日上。

一九五三年二月刊于《中学生》

地底下的火焰

你听说过煤矿里的火灾吗？那景象是万分可怕的。浓黑色的烟雾笼罩着大地。岩石给烧裂了，火舌从地底下伸出来，好像要舔光地面上的一切。

整个的煤层燃烧起来了。过去，人们很难把这地底下的火焰熄灭，只有让它成年累月地燃烧。白天，太阳暗淡无色；夜晚，火光把天空映得通红。

俄国的化学家门捷列夫（1834—1907）有一回看到了这样的火灾，他忽然想到一件事儿。是熄灭火灾的方法吗？不是的。他不主张熄灭这地底下的火焰，而是要控制它，利用它。

门捷列夫的眼光透过了地面，看到了地底深处的熊熊的火苗。煤在燃烧，在进行剧烈的氧化：像煤炉里一样，一部分煤得到了充分的氧化，烧成了二氧化碳；另一部分煤得不到充分的氧气，烧成了一氧化碳。

二氧化碳是废物，在它里面，碳已经充分氧化，因此它不能再跟氧化合，不能再燃烧了。

一氧化碳却截然不同，在它里面，碳还没充分氧化，它还能跟氧化合，还能燃烧。所以，一氧化碳是一种有用的气体燃料。

那个时候已经有制造一氧化碳——制造煤气的工厂了。制造煤气的原料就是煤。只要使煤燃烧，又不给它充分的空气，就能生成一氧化碳——煤气。煤气跟自来水一个样，可以用管子接到各处去。要用的时候只要旋开阀门，点上个火就成，真是最方便不过了。

门捷列夫想，为什么要把煤开采出来，再运到工厂里去燃烧呢？煤在地底下燃烧，那么就让它燃烧吧，只要能想出办法来控制它，不让它烧成废物——二氧化碳，而燃烧成有用的气体燃料——一氧化碳。

怎么控制这地底下的火焰呢？门捷列夫想，要把火焰严密地封闭在矿层里，不让它自由地跟空气接触。空气必须经过一根管子通进矿层里去。这样，人就可以调节空气，使矿层里的煤全部只能燃烧成一氧化碳，再用另一根管子把一氧化碳引到地面上来，整个矿层就变成了一个绝大的煤气制造厂了。

把煤气制造厂建设在矿层里，有说不完的好处。第一，采煤的繁重辛苦的劳动可以省掉了。第二，一氧化碳可以用管子接到各处去，不必像煤那样用车辆和船只来运输。第三，可以把矿层里的煤利用得干干净净，不让有一点儿浪费。

并且在使用的时候，一氧化碳跟煤相比，真是又方便，又干净。一点火，它就着了。火焰要大要小，可以随意调节。烧的时候没有一点儿烟气，没有一点儿臭味。煮饭，点灯，冶金，制玻璃，制水泥……全可以用它。

门捷列夫已经想得十分周全，只少实地试验了。可是在当时，人们面对着这从地底下钻出来的狂乱的火焰，只感到恐惧，只感到自己无能，还有谁敢支持门捷列夫的勇敢的理想呢？

可是时代在前进。旧时代认为不可能的事儿，到了新的时代就可能变成现实。人们曾经嘲笑过梦想飞行的人，但是今天，我们随时会看到飞机在天空里飞翔。门捷列夫的大胆设想，到俄国革命之后才引起人们的注意。苏联的新一代的工程师们已经在某些矿区，试验他们把煤气制造厂建设在矿层里的计划了。

苏联的工程师先在矿层里筑起几垛墙来，把矿层分成许多格。每格中间开一条巷子。巷子两头各通一根管子到地面上来：一根是打进空气去的，另一根是让煤烧成的一氧化碳通出来的。

其他设备可以放在地面上。要一台鼓风机，是把空气打进煤层里去用的。要一座煤气洗涤塔，从矿层里通出来的一氧化碳，要通到塔里去洗掉灰尘和氨——氨是化肥的原料。还要一座巨大的煤气贮藏塔，洗干净的一氧化碳就贮藏在这座塔里。还要敷设许多煤气管，把一氧化碳通到工厂和住户去。当然，还要建造管理房、化验室等等。

一切装置完备了，让地底下的煤层燃烧吧。

可是煤层并没有失火呀，不打紧，可以把煤层点燃嘛。先灌一点儿汽油到煤层的巷子里去，用电流把汽油点着。鼓风机马上打进空气去，煤就开始燃烧了，开始跟空气里边的氧进行化合了。

在地面上，一切平静如常，谁也觉察不出熊熊的火焰在地底下燃烧。一列一列整齐的房屋，青葱的草地，盛开着花的果树，空气跟公园里一般洁净，一般新鲜。

那么，工程师们怎么来控制煤层的燃烧呢？他不是也看不见地底下的火焰吗？不打紧，有许多仪表帮助着他们。仪表告诉他们，打进矿层去的空气的成分怎样，速度怎样；出来的煤气的成分怎样，速度怎样；煤层里的温度怎样，燃烧是不是均匀。他们可以调节打进矿层去的空气的速度，使矿层中的煤全部都变成一氧化碳。

经过了长时期的试验，工程师们发展了门捷列夫的理想。他们说，打空气到矿层里去，不如打纯粹的氧气到矿层里去。空气有五分之四是氮气，而氮气在制造一氧化碳的过程中是不起作用的。

新的困难又发生了。煤遇到了纯粹的氧气，就会烧得更加猛烈，温度会升得很高。这样高的温度，足以把煤层上面的地面和隔开煤层的墙壁烧融。

工程师们又想出办法来制服这疯狂的火焰。他们把水蒸气和氧气一同通进矿层去。水蒸气一碰着烧红的煤，会生成一氧化碳和氢气，同时降低了温度。

原先从煤层里通出来的是一氧化碳和不能燃烧的氮气，氮气还占三分之二，现在是一氧化碳和氢气，这两种气体都可以燃烧。

当作燃料，一氧化碳和氢气可以混在一起用，也可以分开来用。更重要的是，一氧化碳和氢气混在一起，可以制成人造汽油。这样一来，固体的燃料——煤，就成为液体燃料——汽油了，就可以用在汽车上飞机上了。

试验还在进行中，正在一步步走向成功。过去，人们面对着从地底下钻出来的火焰束手无策；将来，人们却要有意识地点燃煤层。过去，门捷列夫的勇敢的理想只能写在纸上；将来，地底下的煤气制造厂将会在各个矿区建设起来。到那时候，人们将会欢呼：让地底下的火焰更猛烈地燃烧吧！

一九五三年四月刊于《中学生》

星空时钟

天空里有一架大时钟。

这架大时钟只有一个齿轮，这个齿轮就是地球。

这架大时钟只有一支轴，这支轴就是地球自转的轴。

这架大时钟只有一枚指针，这枚指针要懂得的人才看得见它。

这架大时钟也有钟面，这个钟面却是你的一双手。

这架大时钟走得非常准。只要夜晚天上没有云，它会随时告诉你准确的钟点。

你想学会看这架大时钟吗？好，我来教给你。

找指针

首先，你得认识北极星。

北极星很容易找。你先找北斗星，北斗星是七颗差不多一样亮的星，摆成一把长柄勺子的样子。阳历八月中，太阳落山以后，你可以看到这七颗星在北方偏西的天空里，勺柄向上，勺口朝下，好像正在舀水。

假想有一条直线，把离勺柄最远的两颗星联起来；把这条直线从勺口的方向延长出去五倍，就碰到一颗跟北斗七星差不多亮的星，这颗星就是北极星。

这个方法你得记住，在夜晚，看钟点用得着，辨别方向也用得着。

北极星找到了，你还要找五颗星。这五颗星隔着北极星，跟北斗七星遥遥相对，光亮也差不多。八月中太阳落山后不久，这五颗星出现在北极星东边，摆成一个“3”字。通常把这五颗星叫做“W 星”，因为它们转到北极星下边的时候，像英文字母“W”。

天空里所有的星都绕着北极星转圈子，“W 星”转到北极星上边，就像英文字母“M”；转到北极星下边，就像希腊字母“Σ”。

那么指针在哪儿呢？别忙，天空里没有现成的指针，你得凭想象才看得见它。

从北斗星的勺柄的头上数起，看准那第三颗星。假想有一条直线，把这颗星跟北极星联起来。再把这条直线向前延长一倍，正好碰着 W 星正中间那一颗。这三颗星联成的一条直线，就是这架大时钟的大指针。

北极星在这枚大指针的当中间，好像一颗钉，把大指针钉牢在天空里。大指针就绕着北极星打转转。

记口诀

指针有了，怎么看钟点呢？

有一套口诀，你先看了，再给你解释。

阳历元旦夜半平，二月一日十点平；
三一八，四一六，五一四，六一二。
过半月，早一点；隔星期，早半点。
到了七月又重复，下半年来照样轮。

“阳历元旦夜半平”，说一月一日，指针平的时候正好是半夜十二点整。“二月一日十点平”，说二月一日，指针平的时候是十点整。“三一八”，说三月一日，指针平的时候是八点整。“四一六，五一四，六一二”，依此类推。

从这几句口诀你就看出来了，指针平的钟点每隔一个月提前两个钟头。那么半个月呢？当然是两个钟头的一半，提早一个钟头。一星期呢？一星期差不多是半个月的一半，应该提早半个钟头左右。因此口诀跟着说：“过半月，早一点；隔星期，早半点。”

末了两句话，到了七月开始重复，照上半年的样轮一遍。七月一日，指针平的时候又正好是半夜十二点整。

请把口诀记住。记住了口诀，就可以看这架大时钟了。

定时间

口诀只说明一年中不同的日子，指针平的时候是几点钟。这显然不能令人满意。你一定希望不管指针平不平，都能够知道当时的正确时间。

你别着忙，口诀是死的，人是活的。指针不平的时候，可以从指针平的钟点来推算。

拿四月一日来说吧，口诀说“四一六”：四月一日，指针平的时候是六点钟。

是黄昏六点钟呢，还是清晨六点钟？

是黄昏六点钟，也是清晨六点钟。

原来大指针每天平两回，两回之间相隔十二个钟头。“阳历元旦夜半平”，其实到了第二天正午，指针还得平一回，只是在白天，大家看不见。

四月一日夜里，指针在黄昏时候平一回，W 星在西，北斗星在东，正好六点整；到第二天清晨，指针又平一回，W 星在东，北斗星在西，也正好六点整。

从黄昏六点整到清晨六点整，相隔恰好十二个钟头。在这十二个钟头里边，指针恰好转了半个圈了。

只要把半个圈子均分为十二格，指针每移过一格，就过了一个钟头。

四月一日黄昏，指针平的时候是六时整；移过一格，就是七点整；移过两格，就是八点整；移过六格，指针垂直了，就是夜半十二点整。

八月十五是什么情形呢？口诀说，从七月开始，照上半年的样轮一遍。那么八月一日跟二月一日相同，指针平的时候是十点整。八月十五又过了半个月，“过半月，早一点”，得提前一个钟头，指针平的时候该是九点整。

如果十月十五，指针正好垂直，那是什么时候呢？

十月一日跟四月一日相同，指针平的时候是六点整。指针正好垂直，就是半夜十二点整。“过半月，早一点”，十月十五应该比十月一日提前一点钟，这时候是十一点整。

你再自己出几个题目来试一试。

做钟面

但是还有困难。天空又不是一张纸，怎么把半个圈子均分成十二格呢？

有办法，你可以自己做一个钟面，就用你自己的一双手。

把两只手举在前面，手心都向外，右手的半个手掌叠在左手的半个手背上；张开手指，把两只手的大拇指放平，让它们连成一直线。

好，你有十个手指头，就把半个圈子分成了九格。九格里边，有六格差不多一样大；还有三格，差不多都比那六格大一倍。把大的三格每格当成两格，恰好把半个圈子均分成十二格。

这就是钟面。多么方便呀，这个钟面跟你形影不离，永远不会失落。要用的时候，只要把两只手举起来就成了。

这个钟面怎么个用法呢？所谓“用”，就是用这个钟面来量一下，天空里的指针到底走到了哪一格。

把你随身带的这个钟面举起来。两个大拇指是连成一直线的，把这条线的中点盖在北极星上，你就可以量出指针走到了哪一格，就可以推算出现在是几点钟了。

举例说，九月八日晚上，你用你的钟面一量，指针恰好对准你左手的中拇指。

九月一日跟三月一日一个样，指针平的时候是八点整。九月八日已经过了一个星期，得提早半个钟头。指针平的时间是七点半。就是说，指针跟你的大拇指相重的时候是七点半。

左手的中拇指跟大拇指相隔三格，指针走一格要花一个钟头，七点半以后三个钟头，已经十点半了。你应该睡了。

为什么？

知道了这架天空里的大时钟的看法，你一定会问许多个“为什么”。

为什么这枚指针老在转圈子呢？

因为地球在不停地旋转。咱们站在地球上，只看到天空里的星星老在自东向西移动。所以说，地球是这架大时钟的轮子。

为什么只有北极星不动呢？

因为地球旋转的轴，差不多对准着北极星。所以说，地球的轴就是这架大时钟的轴。

为什么在一年之中，指针平的钟点每天都不相同呢？地球旋转一次，指针在天空里转一个圈，指针平的钟点似乎应该天天一个样才是。

事实不是这样。地球旋转一次不是整整二十四个钟头，而是二十三点又五十六分，差四分才满二十四个钟头。一天二十四个钟头不是依地球自己旋转一次来计算的，而是以地球上任何一个地方，太阳两次经过子午线的时间来计算的。

因此，这架天空里的大时钟每天快四分钟，半个月快一个钟头。快的应该减掉，所以口诀说指针平的钟点“过半月，早一点；隔星期，早半点。”

很古很古的年代，人们就知道看星星定时间的方法了。可是这里讲的口诀，还有做钟面的方法，是抗日战争时期解放区的军民创造出来的。农民支援部队执行夜间战斗任务，常常要依靠这架挂在天空里的大时钟。

一九五三年八月刊于《中学生》

北斗七星和半个月亮

小时候念到一首诗："北斗七星高，哥舒夜带刀，至今窥牧马，不敢过临洮。"当时心里有点儿奇怪：星星在天上，哪能不高呢？为什么偏要强调北斗七星的高呢？新近来到北方，一个春天的晚上，偶然抬头看到北斗星，真高，比在南方看到的高得多。在南方，老看到北斗星离北边的地平线不远；到了北方，北斗星却升到了离我头顶不远的空中。我才悟到，"北斗七星高"写的塞外的景色，如果是初冬，那是半夜以后。原来诗人并不是无缘无故，随便找这么句话来做这首诗的引子。

新近听到一首新疆情歌，第一句是"半个月亮爬上来"。一个月亮不好吗——圆圆的，"月圆花好，如此良宵"？干吗偏要半个呢？仔细一想，里边却有个缘故。半个月亮，不是上弦月，就是下弦月。上弦月是不会"爬上来"的，因为太阳落山的时候，上弦月已经挂在咱们的头顶上了。只有下弦月，咱们才能看到它从东边的地平线下"爬上来"。等到下弦月爬上来，时间已经是半夜十二点了。这首情歌请姑娘快把纱窗打开，摘一朵玫瑰花扔下来，分明是仲夏季节。原来在这仲夏之夜，年轻人再也睡不稳了，半夜里还在情人的窗子底下徘徊。

因此又想起苗族人民在解放前唱的一首歌谣《苦命的苗家》来，中间有一段说：苗族人民追求幸福和自由，"好比月亮赶太阳呵，一世都赶不上呵。"月亮和太阳在天空里都自东向西运行，好像在互相追赶。阴历月初，太阳一落山，一钩新月就出现在西边的地平线上，离太阳还不远。可是月亮越来越落后，到了初七初八，太阳落山，半个月亮出现在咱们的头顶上了。月半以后，要太阳落山以后，月亮才从东边升起来；而且升起来的时间越来越晚，也就是越来越落后了。月亮赶不上太阳，一个月落后一个圈，永远永远都是如此。在解放前，苗族人民就把这个不可改变的自然现象，用来比喻他们追求幸福自由的困难，宣泄他们的深深的悲哀。当然，现在情形完全改变了，苗族人民跟许多兄弟民族一样，已经编出了许多歌谣来赞颂自己的新生活，把引导他们得到解放的共产党和毛主席，比作永远不落的太阳。

一九五三年九月刊于《语文学习》

你用得着物理学吗?

“你用得着物理学吗?”问题是同学们交给我的。我带着这个问题,打算去找三个朋友,请他们回答。

我不上工厂去。工厂里有许多大的小的机器。我知道,机器是离不开物理学的。

我也不上建筑工地去。我知道,房屋的每一根梁,每一根柱子,在设计的时候都要运用物理学上的公式。

我甚至不去找修理钟表的老张,不去找安装收音机的老李。没有物理学,哪儿会有钟表和收音机呢?

那么去找谁呢?我一路走一路想。恰好走过市立医院门口,我灵机一动:找沈医生去吧。医生是给人治病的,大概用不着跟物理学打交道。

沈医生正好在门诊室。他站起来欢迎我,让我坐在给病人准备着的小圆凳上。

“怎么,不舒服吗?”他看着我的脸。

“没有的事,我十分健康。”我说,“我是来请教一件事的。有的同学说:‘我不打算当工程师,干吗要学物理学呢?’我想知道像你这样一位医生,用不用得上物理学。”

“物理学,怎么用不着呢?看,这不就是。”沈医生耸耸肩膀,两只手向桌子上一摊。

我看桌子上:墨水,钢笔,一只盛酒精的小瓶子里插着一支温度计,一个长方形的小铁匣,我认得,这是血压计;除了这些还有一叠纸,大概是病历表诊断书之类。

“你指的是温度计和血压计吧？”我问。

“不，我指的是这一叠纸。温度计血压计当然离不开物理学，不过用起来很简单，不懂得物理学也可以对付。这叠纸可就不成了。”

沈医生一边说，一边从这叠纸里捡出一张来，送到我面前。

“你看，这是透视诊断书。透视，你明白吗？就是用X光射透你的身体，让我看到你身体内部的情形，肺有没有病，心脏跳得是否正常，骨骼有没有损伤，……这一套透视的机器可复杂了。要是不懂得物理学，你就没法使用它。再看这一张：”

他又捡出一张纸来，是病历表。

“这位病人害的是一种顽强的皮肤病，什么药都擦过了，全没有用。我决定采用物理治疗，用一种电波来烧死藏在皮肤表层下面的病菌。还有这个孩子，患的软骨病，需要紫外线，我决定给他照太阳灯。要是对物理学一窍不通，我怎么能随便开处方？”

X光，电波，紫外线，真叫我吃了一惊：原来医院里也有机器，也离不开物理学。可是我想，沈医生也许有点儿故甚其辞，不等他捡出第四张来，我就接碴儿说：

“这儿的设备好，有这么多的检查机器和治疗机器。如果是个农村的小医院，什么机器也没有，物理学就派不上用场了。”

“农村的医院，将来也会有这些机器的。”沈医生笑着说，“再说，当个医生，总得把人体的各个部分搞个清楚，把生理学学好。生理学，你在中学时代也学过吧。讲到眼睛，光线的折射，焦点，焦距，……一大串物理学的名词儿；讲到耳朵，声音的传播，声波，频率，振幅，……又是一大串物理学的名词儿。你说，医生能不懂得物理学吗？这是不可能的。”

我真有点儿不好意思，他说的我全学过，还没有忘干净。于是抢着说：“还没全忘，心脏像一个唧筒，呼吸得靠大气压力，……”

“对，对。请你回去告诉同学们，做医生也处处要用物理学，跟工程师一个样。还得讲清楚：这话是一个医生讲的。”沈医生最后特地补了一句。

第二个找谁呢？我想：好久不见小吴了，她在农业大学学习，整天跟庄稼果树打交道，对她来说，物理学或许没有什么用处吧。

在农业大学果园中间的一小块空地里，我找到了小吴。她站在一个漆得雪白的小木箱旁边。小木箱的样子很特别，四面都是百叶窗，下边有四条长长的腿。我猜，这一定是个新式的蜂箱。

“小吴，你怎么养起蜜蜂来了？”

“哈哈，”小吴笑得那么天真，“你来得正巧，我就割点儿蜂蜜请你尝尝吧！”

小吴打开一扇百叶窗。我不自觉地退后一步，生怕蜜蜂飞出来蜇人。定睛一看，哪儿有什么蜜蜂，小木箱里端端正正放着三件仪器，我全认得，是温度计，湿度计，气压计。

“干吗把仪器放在这儿呀？”我问。

“这儿是我们的气象台。”小吴说，“看那根直立的钢杆，顶上那晃动的指针是风向仪，那四个打转的小球是风力计。那边还有个铁桶是雨量计。所有的仪器都在这儿了。”

“你怎么也研究起气象来了。”

“说不上研究，只是每天按时记录，跟电台的天气预报作个比较。看学校农场的小气候，跟本地区的大气候有些什么差别。你一定知道天气的变化，对植物生长的影响实在太大了。”

“这样说来，搞农业也非得懂点儿物理学不可了？”

“你问这话是什么意思？”

“因为有些同学认为，种庄稼用不着什么物理学。”

“这就错了。拣最简单的说吧，植物生长离不开水。雨水是怎样渗到地底下去的，地下水是怎样升到地面上来的，不都是物理现象吗？把这些现象都搞清楚了，才知道怎样耕耘才能使土壤保持适当的水分，既不多又不少，正好能供庄稼在不同生长阶段的需要。……”

正说到这儿，忽听得由远而近，一阵隆隆的响声。

“我们的收割队回来了！”小吴拉着我的手就跑。

在果园的大门前，我们看到开过来一大队拖拉机和联合收割机。小吴兴高采烈，挥手欢迎。我不由得喃喃地说：

“呀，又是机器，又是物理学。”

“你说什么？”小吴惊诧地问。

“我说又是物理学。好吧，再见了。我得告诉同学们，回乡种庄稼也得用物理学。”

我决定不再去找那些弄自然科学的朋友，那么找谁呢？找老陈去，他是个新闻记者，听说才从东北回来。搞文字工作的人，想来用不着物理学吧。

走进报社的编辑室，就看见老陈正在写稿子。使我吃了一惊的是，他手边正放着一本厚厚的《物理学》。

“怎么，你也学起物理学来了？”我问。

“有什么办法呢？”老陈笑着说，“临时抱佛脚。”

“写通讯稿也用得着物理学？”我更加奇怪了。

“我也没想到。现在看起来，不懂得物理学，我这个记者简直当不下去了。这一回去东北，任务是采访一座新建的水电站。走进配电间一看，哎呀，那一面墙上一个挨一个都是圆的方的仪表。工程师热情地给我讲解，什么高压电，什么变压器，这是多少多少千伏，那是多少多少千瓦。我听得头昏脑胀，连应该提些什么问题都想不出来。怎么办呢？我只好把他说的一一记在本本上，回来找了本《物理学》细细查对。”

“你报道工业，报道建设，当然离不开物理学。”

“是呀，报道工业，报道建设，越来越成为我们记者的重要任务了。读者多么盼望知道祖国的每一件成就呀！写完了这篇报道，我得挤出时间来，把这本《物理学》从头到尾，好好儿自修一遍，以后再出去采访，可能不至于抓瞎了。哎呀，咱们怎么尽讲物理学了。你今儿来找我，没有什么别的事吗？”

“没有别的事，就为的物理学。同学们想知道，当一个新闻记者，用不用得着物理学。”

“很简单，你老老实实地把我的情形说给他们听就是了。我想不但当记者，就是当作家，他得写工厂，写工地，写工人，写工程师；不懂得物理学，恐怕很难深入生活，把作品写得真实而又深刻。”

一九五三年九月刊于《中学生》

玻璃奇谈

我们都有这样的经验：玻璃很容易碎。我们形容什么东西受不起打击，往往说“跟玻璃一样脆”。但是这句话快要过时了。不久以后，我们将会说：“这东西坚韧得跟玻璃一个样。”

有一种坚韧的玻璃叫做“钢玻璃”。把玻璃板烤得快要熔化了，使它突然冷却，玻璃的外层立刻收缩，把里层强烈地压紧。这样一来，玻璃板好像穿上了透明的甲胄，就跟专门用来制造弹簧的钢板一样坚韧。

有一回，人们把一辆运货卡车挂在一块钢玻璃中央，钢玻璃的两端，用铁链挂在起重机的挂钩上。起重机一开动，竟把钢玻璃连同卡车一同吊了起来。钢玻璃没出现一丝儿裂纹。还有人把一块钢玻璃搁在一段木头上，两端各站上一个人。钢玻璃像木板似的，两头都向下弯了，却并不断裂。

还有一种“安全玻璃”，是用一层透明的塑胶夹在两层玻璃之间做成的。把安全玻璃装在窗子上，用铁锤把它打碎，那碎片仍旧粘牢在塑胶上，不会飞出来伤人。如果用三层玻璃，中间夹两层塑胶，那就连枪弹也打它不穿了。这种玻璃常常用在汽车上，坦克的瞭望孔上。

玻璃的原料通常是石英砂（氧化矽）、苏打（碳酸钠）和石灰（氧化钙）。把这三种原料一同放在窑里，烧成饴糖一个样，冷下来就凝结成玻璃。如果不用石灰，烧成的玻璃就不能凝结。这种饴糖似的玻璃叫做“水玻璃”，能溶解在水里，可以加在混凝土或砖瓦里增加它们的强度。

莫斯科修筑地下铁道，有一道路线在一座大楼下面经过。这个地方土质比较松，地底下一挖空，大楼就渐渐下沉了。人们于是想到了水玻璃，就用钢管把水玻璃注射到地底下去。经过了一百多处注射，大楼就停止下沉了。

玻璃是重要的建筑材料，窗子装上玻璃，屋子里才会光亮。玻璃也可以代替砖瓦。一百多年前，伦敦开过一次世界博览会。博览会的筹备会决定要把会场造得富丽堂皇，两百多位建筑师都寄去了自己设计的图样，没想到中选的却是一位花房的主人。他把会场设计得跟花房一个样，除了屋架是钢的，屋顶墙壁全部都用玻璃。这座新奇的会场，果然得到了所有参观者的赞赏。

用玻璃代替砖瓦有什么好处呢？玻璃砖跟花岗石比，跟铸铁比，还经得住重压。玻璃是透明的，在玻璃房子里，阳光很充沛。玻璃比砖瓦不容易传热，所以在冬天，屋子里一定暖和得多。玻璃还不会着火，不会发生火灾。

制造玻璃的时候，要是用硼砂（气化硼）来替代大部分的苏打。就制成一种“耐火玻璃”，可以经得住一千摄氏度的高温。还有一种“石英玻璃”，是用石英烧成的。把石英玻璃制的瓶子放在火上烧得通红，立刻投进冷水里，瓶子也不会炸裂。

玻璃还很容易染上颜色。在熔化的玻璃里加一点儿钴，就成了蓝色；加上一点儿硒，就成了红色；加上一点儿铜，就成了绿色……染色的玻璃日晒不褪，水洗不掉，永远那么鲜艳。

玻璃很坚硬，只有用金刚石，才能在玻璃上划出痕迹来，又不会生锈，不会腐蚀，除了氟化氢，任何强酸强碱都对它不起作用。玻璃加热熔化之后，就可以压成板，吹成泡，拉成管子，塑成各种艺术品，也可以浇在模子里做成各种器皿，冷透以后还可以打磨刻花。

熔化的玻璃可以抽成比蜘蛛的丝还要细的丝。玻璃丝可以用来织布。玻璃布不怕水淋，不怕火烧，还不会褪色。

人类在五千年前就知道怎么来制造玻璃了。在埃及的金字塔里，就找到过玻璃珠子和一些小的玻璃器皿。五千年来，制造玻璃的方法不断改进，制造出了各色各样的玻璃，玻璃的用途也越来越宽广。但是对玻璃这个宝库来说，还只打开了很小的一个角落。我们还得不断地研究，使玻璃更好地为人类服务。

一九五三年七月刊于《中学生》

一支铅笔的诞生

铅笔真是最简单不过的东西了。一支小木棍，中间嵌一根细细的铅笔芯，此外再没有别的什么了。你再也想象不到制造一支这么简单的铅笔，要经过多少机器，经过多少工人的手。

先说铅笔芯吧。铅笔芯是用黏土和“笔铅”做的。

黏土到处都有，不是什么稀罕的原料。做铅笔芯的黏土只有一个要求：粒子要细。为了满足这个要求，就要做一连串的工作。

黏土先放到水槽里，水槽里加满了水。机器一开，水槽里的一个螺旋桨一样的搅拌机就旋转起来，把黏土搅成泥浆。

让泥浆定下来，粗的粒子和细的粒子就开始分开了：粗的粒子重，沉在底里；细的粒子轻，浮在上层。

上层的泥浆从木槽边上的一个孔里流出来，通过一道筛子，两道筛子，三道筛子。筛子的孔越来越细；能通过最后一道筛子的，就是粒子最细的泥浆。

把泥浆滤干，黏土就像一团灰色的面团，现在要加入“笔铅”了。

“笔铅”是商业上的名词，它并不是铅，而是石墨。——“铅笔”这个名词是叫错了，应该叫“石墨笔才对”。

石墨是黑色的矿物，亮闪闪的，又腻又滑，好像很细的鱼鳞。在加进黏土去之前，先要用机器把它磨成很细的粉末。

多少黏土加多少石墨，分量是有一定的。石墨加得多，做成的铅笔芯比较软，是美术课上画速写和素描用的；加得少，做成的铅芯比较硬，是写复写用的，画机械图用的。

石墨加进黏土之后，要混合得很均匀。这工作得用两架机器来做。一架机器上有一个铁锥和一个铁捣臼，把它们舂；另一架机器上有几个石磙子，把它们碾。

经过舂，经过碾，石墨和黏土混合得很均匀了，又搬到另一架机器上。这架机器用很大的力量，把它们压成一寸来粗的圆棍子。圆棍子再要经过一架机器来压。这架机器的底上有数不清的很小的圆孔。从小圆孔里压出来的，就像黑色的挂面，是黏土和石墨做成的挂面。

这就是铅笔芯了吗？还不是呢。它还是半湿不干的，还是软的，得把它们切成铅笔一样长短，再压平，理直，烘干。

烘干了还不是铅笔芯，只是铅笔芯的坯子。如果用它来做铅笔，在纸上一摩擦就成为粉了，并且真像挂面似的，一碰就断。因为里边的黏土石墨的粒子还是自个儿管自个儿，没有结合成整体。要使它们成为整体，成为真正的铅笔芯，还得把它们放进一个窑里去烧。

造砖的土坯放在窑里一烧，就成为坚硬结实的砖。铅笔芯的坯子放在窑里一烧，就成了坚硬结实的铅笔芯。

这样的铅笔芯硬是够硬了，但是写起字来会把纸给划破，就像用瓦片来写字一样。

因此，还得让它到熔化着蜡的锅子里去洗一个澡。洗过了澡，铅笔芯里吸足了蜡，再用它来写字，就又滑又润了。现在，它才成为一根真正的铅笔芯了。

说了半天，我们还只说了个铅笔芯。把铅笔芯嵌进木棍去，做成一支铅笔，还得经过多少机器，经过多少工人的手。

一支铅笔只有十几厘米长，不及指头粗。运进铅笔厂去的却是又粗又大的十几米长的整棵的木材。

不是什么木材都可以用来做铅笔的。做铅笔的木材要嫩，要纹理直，节子要少；这种木材做的铅笔才容易削，才不会弯曲。

整条的木材给推进一架电锯去，从那边出来的，就是一段段的木材，每一段比一支铅笔稍稍长一点。

把一段一段的木头又推进另一架电锯去，木材就给锯成方块了。这些木块大约有并排的八支铅笔那么宽。

木块要扔进水锅里去煮。为什么要煮呢？为了要把它们切成木片。

要不把它们煮得软一点儿，切的时候会破裂的。

煮好的木块送到一架切片机上。切片机上有一把锋利的铡刀。木块推进去，只见铡刀一上一下不停的闪动，那边出来的就是一片一片的木片。

这些木片只有半支铅笔那么厚，却有并排的八支铅笔那么宽。

要不要锯成铅笔一样的木条呢？暂时不要。这是以后的事。

这些木片先要晾干，还要用火来烤，烤得面上带点儿焦为止。为什么要烤呢？一烤之后，木质就松了，做成的铅笔削起来就更容易了。

烤过的木片叠成一叠，放进一架机器去，只见木片从机器下面一片片地吐出来，每一片上给挖出了整整齐齐八条半圆形的凹槽。凹槽就跟铅笔芯一样粗细。

有了凹槽就可以装铅笔芯了。把木片有凹槽的一面涂上胶水，每一条凹槽放进一根铅笔芯。再把另一片木片盖在上面，凹槽刚好对正凹槽。八根铅笔芯就服服帖帖地嵌在两片木片之间。再把它压紧，烤干。

现在八支铅笔连在一起，成为一块“铅笔板”。这样的铅笔是没法用的，得把它们切开。

切开是用两架一模一样的机器来做的，每一架上都有一并排的九把锋利的尖刀，“铅笔板”经过第一架机器，一面就刨出了 7 条槽，两边的楞角也给刨去了；再经过第二架机器，另外的一面给同样地刨了一次。刨过两次，八支铅笔就分开了，像八个孪生姐妹一样，落到机器下面的篓子里。

这还不是成品！它一点也不漂亮，就像一支粗糙的白木棍。在出厂之前，它还得好好修饰一番。

有一架机器专门管打磨，铅笔从机器里穿过，就给打磨得很光滑。还有好几架上漆的机器。铅笔要上好几道漆，每穿过一架机器，它面上就涂上一层薄漆。最后一架机器里的漆是透明的，发亮的。铅笔从这架机器出来，就又光滑，又滋润，教人看着心爱。

漆好之后，就该用机器打上商标和货号，再把两头切齐。切齐也是用机器来做的；机器上有两把锋利的圆的刀片；刀片转得飞快，铅笔在刀片之间一滚过就切好了。剩下的工作还有整理和包装。

在这里，我们只说到机器，没有说工人。不说也明白，从一块一块的黏土，鱼鳞一样的石墨，十几米的木材，到一支细细的漂亮的铅笔就要经过这么多机器，这么多工人的手。我们在用的时候，怎么能不好好地爱惜它呢?

不要把铅笔芯削得又细又长，铅笔芯削得太细太长，就容易折断。

不要让铅笔落在地上，铅笔芯很脆，很容易震断。

放进书包去的时候，要给铅笔套上个铅笔帽。有铅笔帽保护着，铅笔芯就不会折断了。

不要把铅笔用到三四厘米来长就丢了。五支三四厘米来长的铅笔头，接起来就是一支铅笔。铅笔头太短不好使吧，不要紧，只要后面套上个铅笔帽就好使了。

不要以为一支铅笔值不了几个钱，就不把它当成一回事儿。这是许多工人用集体的劳动创造出来的。咱们尊敬工人，就应该珍惜他们劳动的果实。

一九五三年九月刊于《中学生》

细细嚼　慢慢咽

细细嚼，慢慢咽。咱们在很小的时候，父亲母亲就这样劝告咱们。

为什么要细细嚼呢？因为食物一送进咱们的嘴，消化作用就开始了。最先忙起来的是牙齿，牙齿把食物切断，撕开，磨细，舂烂。

咱们只要想一想：麦子容易煮成糊呢，还是麦粉容易煮成糊？当然是麦粉。因为麦粉的粒子比麦子小多了。同样的，食物的粒子也越小越容易消化。咱们细细地嚼，就把食物嚼得更烂，嚼成更细的粒子。

在嚼的时候，唾液分泌出来了。唾液润湿了食物，使食物变软，使食物更容易嚼烂。更重要的是唾液含有一种消化食物中的淀粉的淀粉酶。嚼的时间越长，唾液就分泌得越多，并且唾沫可以跟食物拌和得更加均匀。

我们也不要忘记了舌头。舌头不只是辨滋味，使食物跟唾液拌和，主要是舌头做的。舌头还把食物拌过来，翻过去，帮助牙齿工作。

经过了细细地嚼，咱们可以把食物咽下去了，可是还得慢慢地咽。咱们的食道不怎么粗，咽得太猛，食物在食道里卡住了，上不上，下不下，那才难受呢！

这时候，胃已经有了充分的准备，胃液已经分泌得很多了，正在等待开始工作。咱们慢慢地咽，使第一口咽下去的食物和胃液拌和了，再咽下第二口。

细细嚼，慢慢咽，能使消化作用开头就做得很好。“开始得好，就是成功的一半”。这句成语是到处都用得上的。

一九五三年九月刊于《中学生》

全身的锻炼

你一定很喜欢打篮球。看你在球场上奔跑，左冲右突，多么带劲。

“看球!”伙伴在招呼你。

你回过头来，篮球已经飞到面前。你伸手接住了。一个对方的球员飞快地向你冲过来。你身子一偏，闪过了他，就一面拍球一面跑，直冲到球架子前面。你看准了球篮往前一窜，顺手一撩。球便轻轻地在篮网正中穿过。

“好球!”观众齐声喝彩。

打篮球跟所有的体育运动一样，是一种全身的锻炼，不但锻炼了全身的肌肉，还锻炼了别的器官，更重要的是锻炼了你的大脑。

你在球场上跑来跑去；你接球，传球，拍球，投球；你弯下腰来，你旋转身子，你回过头来，你纵身一跳……全身的肌肉都充满了力量。

肌肉的力量是哪儿来的呢？是贮藏在肌肉里面的养料起了氧化作用产生出来的。所以肌肉在运动的时候，不断地需要氧气。

养料氧化产生了力量，同时也产生了一些废物。二氧化碳就是废物的一种。

必须不断地把氧气供给肌肉，必须不断地把肌肉里的废物运走。谁来做这些工作呢？——是血液。

肌肉里面的微血管因此膨胀起来。血液的流动加快了，它必须担负起繁重的工作。

一个经常进行体育运动的人，他的肌肉即使在静止的时候，微血管里的血液也能保持流畅。因此他的肌肉可以得到充分的营养，长得又粗又壮。

不常运动的人就不是这样了。他肌肉里面的微血管渐渐地萎缩，血液很不容易流过。因为得不到充分的营养，他的肌肉变得越来越瘦弱。

那么，血液流动的动力是哪儿来的呢？

主要是来自心脏——跳动的心脏。

在运动的时候，你的心脏的收缩和扩张就比平时厉害：次数增多了，程度扩大了。你的心脏必须用更大的力量，更快地把新鲜的血液供给全身。

单是供给全身的肌肉吗？不是的。从心脏里压出来的血液不会单流到肌肉里去，它同时也流到你全身所有的内脏里去。想想看，这些新鲜的血液将会使你的全身受到什么样的影响。

为了更快地供给新鲜的血液，你的心脏加倍努力地工作。在紧张的工作中，你心脏的肌肉受到了锻炼，它变得更加发达，更加富有弹性。

血液里面的氧气是从空气中来的。血液里面的二氧化碳，要送到身体外边去。交换气体的工作由谁来做呢？

由肺脏。

所以在运动的时候，你肺脏的工作也紧张起来。它必须排出更多的二氧化碳，吸进更多的氧气。你呼吸的次数增加了，深度加大了。吸进的气和呼出的气，每分钟达到 100 升左右，几乎比平时增加了 20 倍。

这样的锻炼大大增强了你肺脏的活动力。即使在静止的时候，你每次吸进的气和呼出的气，也比不常运动的人要多得多。因此，你的呼吸比较平静，比较缓慢，但是能更充分地进行气体交换的工作。

二氧化碳以外的废物到哪儿去了呢？大半是从汗里排出身体去了。运动也使你全身的汗腺加紧工作，使排泄作用旺盛。

在运动之后，你往往容易觉得肚子饿，储藏在肌肉中的养料因为运动而大量地消耗掉了，必须很快地得到补充。肌肉向消化器官提出了要求。

因此，你的食欲增强了，消化器官将经常很好地工作，把充分的养料供给你全身的肌肉，供给你全身的各个器官。

最后要讲的是最重要的：你的大脑。

有人以为，运动是体力活动，是肌肉的活动，跟大脑没有什么关系。

这种说法是不对的。

就说打篮球吧：你的伙伴在你背后叫了一声："看球!"你的耳朵立刻把这个信号传给你的大脑。大脑辨别了信号的意义："背后有人在把球抛过来。"立刻又发出一连串的信号：有的传给你脚上的、腿上的、腰部的肌肉，命令它们立刻转过身来；有的传给你的眼睛，命令它们看准了；有的传给你臂上的、手上的肌肉，命令它们伸出去接球；……

接一个球，前后不到半秒钟。就在这半秒钟里，你的大脑完成了这样一套复杂的工作。

感觉敏锐和思想敏捷的大脑就会发挥更大的效能，使你学习得更好，工作得更好。

运动给你的好处，真是说也说不完。至少还要提一下，运动也是具体的品质锻炼：能培养你勇敢，培养你有毅力，培养你不断地追求上进，培养你集体主义的精神。

一九五三年十月刊于《中学生》

琉璃河有个水泥厂

北京西南的房山县，有个世界闻名的小镇，叫周口店。这个小镇怎么会出名的呢？因为三十多年前，在那儿的一个石洞里，发现了五六十万年前的人类的祖先——“中国猿人”的化石。

周口店也是个著名的石灰产地。那儿有许多石灰窑。石灰的原料就是附近山上的石头——石灰石。

在周口店镇上，你可以听到接连不断的爆炸的声音。工人们正用炸药在炸山。炸下来的石块有的送进窑里去烧石灰，有的装上火车运走了。

石块运往哪儿去呢？为什么不把它们也烧成石灰呢？

你想知道究竟，可以搭上火车跟石块去作一次旅行。

这是一次短短的旅行，不一会儿，火车就到了琉璃河，开进了一个工厂。

工厂整个是白色的：白色的仓库，白色的厂房，白色的烟囱，烟囱里不断地吐出一团团白色的浓烟。

这就是琉璃河水泥厂。

石块从车上卸下来，堆成一座一座小山。在石块的小山旁边，是一座一座的黄土的小山。黄土是琉璃河岸边挖起来的。满载着黄土的大车，一辆接着一辆，不断地拉进厂里来。

石块，黄土，这两样是水泥的主要原料。

工人们把石块装上斗车，顺着铁轨推进车间。车间里有三架机器，三架坚强有力的机器。第一架把石块砸破，第二架把石块打碎，第三架把石块捣烂。

钢铁和石块互相撞击，互相挤压。石块在破碎，在炸裂。巨大的狂暴的声响，叫人听了心都会震动。

经过了三架机器，石块已经粉身碎骨，成了黄豆大小的石屑。

黄土受到的是另一种折磨。它们被抬进另一个车间，链斗输送机把它们送进一个又粗又长的钢筒。

铜筒一头高，一头低，横搁在架子上。高的一头接着一个大煤炉。鼓风机把火热的空气从这儿吹进钢筒去，成团成块的黄土也从这儿送进钢筒去。

钢筒不停地旋转。黄土在钢筒里一边受热空气烤，一边慢慢地向低处滚。从钢筒的低的一头落下来的，是干透的黄土粒子；只要轻轻一捻，它们就成了粉末。

螺旋输送机把打碎了的石屑和烘干了的黄土，送进配料车间。

多少石屑应该加多少黄土，这要化学师来决定。石屑和黄土的化学成分不是很匀称的。化学师必须随时分析它们，随时计算出配合的比例来。

看了配合表，工人们把自动配料机调节好。机器下面有个闸门，闸门开得越大，输送带转动得越快，料就出得越多。

自动配料机一共有三架：一架送出石屑来；一架送出黄土来；还有一架送出赭红色的铁粉——赤铁矿来。

铁粉是配合表上规定要加的。在水泥里，铁虽然含得不多，却是必不可少的成分。

石屑、黄土、铁粉，从三架配料机下面流出来，像三条颜色不同的溪流。三条溪流汇合在一起，流进磨料车间。在这里，它们将被磨成极细极细的粉末。

用磨子来磨吗？用碾来碾吗？都不是。磨粉的机器也是个大钢筒，钢筒里边有许许多多大的小的钢球。钢筒转动起来，里边的钢球一边滚动，一边互相砸打，互相摩擦。

石屑、黄土和铁粉就在钢球和钢球之间越磨越细，细得简直叫人不敢想象。它们能通过一道细铜丝编的筛，这道筛每一平方厘米有4900个筛孔。

磨成的细粉叫做“生料”。生料暂时贮藏在仓库里。仓库是一座一座六七层楼高的圆塔。塔底下有一架螺旋输送机，开动起来，就把生料送到水泥窑里去。

烧水泥的窑又是个旋转的巨大的钢筒，外表跟烘土机相仿佛，要长上好几倍，直径也粗得很。要是熄了火，人可以挺直了身子在里面行走。它也一头高，一头低，横搁在架子上。这个架子就有二层楼那么高。

钢筒的里层衬着耐火砖。火是日夜不熄的。在钢筒的低的一头，鼓风机在不停地把煤粉喷进去。生料从高的一头落进钢筒去，随着钢筒的旋转，慢慢地滚到低的一头。

这种旋转的窑有个最大的好处，它用不着搅拌，就可以使生料很均匀地让火烧炼。

钢筒里充满了火焰，充满了光。耀得人睁不开眼睛。工人们要隔着深蓝色的玻璃，才能观察钢筒里的燃烧的情况。

隔着深蓝色的玻璃，你可以看见：整个钢筒是一条火的坑道。煤粉一喷进去就烧着了，像一条火龙，直向坑道里窜。发光的粉末沿着坑道的壁在翻滚。

在钢筒里，生料给烤干，给烧热，最后起了化学变化。照工人们的说法，生料给“烧熟”了，烧成了“熟料”。

“熟料”还不是水泥。经过这么一烧，原先的粉末又结成了小块。还得把小块重新磨成粉末。

在磨成粉末之前，熟料里还得掺一些石膏。石膏能使水泥调了水以后不至于凝固得太快。如果凝固得太快，建筑工人会来不及工作的。

磨好的水泥像生料一样细。这种淡灰色的粉末也能穿过每平方厘米有 4900 个筛孔的筛子。

自动装袋机把水泥装进厚纸袋里，每一袋 50 千克。火车已经等在装包车房外面了。工人们用手车把一袋袋的水泥装上火车。

水泥将被运到哪儿去呢？

可能是北京，它们将成为壮丽的大楼。

可能是鞍山，它们将成为钢铁工厂的地基。

可能是淮河，它们将成为水库的堤坝。

可能是甘肃，它们将成为兰新铁路上的桥墩。

可能是广州，……

可能是新疆，……

走过琉璃河水泥厂的时候，你不妨再回过头去，望望西边的周口店。咱们的祖先——“中国猿人”就住在那座小山的石洞里。他们还只能依靠大自然的恩赐来生活。而现在，大自然的恩赐——木材、泥土、石块，已经不能满足咱们建筑的需要了，咱们正在不断地创造出自然界所没有的，更合用更理想的新的建筑材料来。琉璃河水泥厂进行的，正是这样的工作。

一九五三年十月刊于《中学生》

算术能使你聪明起来

“算术么？又是加减乘除，1、2、3、4，烦死了，烦死了！”

别不耐烦。我不让你算算题，只想告诉你，算术怎么会使你聪明起来。何况有的算题，基本上就用不着算。

“别哄我了。算题不算，怎么能得出答数来。”

你不信吗？看，下面就是一道。

用不着算的算题：

153×（81÷27）×（534+435）×（8×2－16）=？

“哎呀，这道题太繁了。”

繁不繁全在于你。如果你一看到题就埋头苦算，那可真繁了，算到末了，你还会埋怨自己是个大傻瓜。只要把题仔细看一遍，你就决不会埋头苦算。最后那对括号里，（8×2－16），一看就知道等于0，任何数乘0，结果还是0。你用不着算就可以写出答数，——是一个大“0”。

“这谁都知道，有什么稀奇！”

本来没有什么稀奇。要是你每算一道题，都能先看一看，想一想，久而久之，养成了这样的习惯，碰到任何问题——工作上的问题，学习上的问题，日常生活中的问题，都思前想后研究一下，找出了关键然后动手解决。你就可以少做多少冤枉事，少走多少冤枉路。

单凭蛮干往往劳而无功。请看下面，如果单凭蛮干，这就成了一道

算不清的算题：

1392÷21×7=？

按照惯例，我们先算出 1392÷21 的商，再把得到的商乘以 7。我先来试一试：

$$1392\div21=66.28571\cdots\cdots$$

“哎呀！这个除式可除不尽。”

是呀，它的商是个没完没了的带小数。

“算到小数点后边第几位为止呢?”

问题还没完哩，这个带小数还得乘以 7。

“那可难办了，真是个算不清的算数。”

不用着急，让我们把算题的形式改变一下：

$$1392\div21\times7=1392\div(21\div7)$$

三七二十一，21÷7=3；1932÷3，凭心算就可以算出来是 464。不是吗，改变了一下形式，算不清就变成算得清了。

“这也是凑得巧。”

我说的不是巧不巧。我们在工作、学习和生活中遇到的问题，有许多跟这道算题一个样：用这个方法不好解决，换一个方法却迎刃而解。算算题能使你养成这样的习惯：一条路走不通，立刻去找第二条路。

解决一个问题，往往有许多条路。下面就是一道。

可以用许多方法来算的算题：

$$421\times89=?$$

下面四个，都是这道算题的算法：

```
一、   421          二、    89
      ×89                ×421
     ----                -----
     3789                  89
    3368                  178
    -----                356
    37469                -----
                         37469

三、   421          四、  42100
      × 90               -4631
     -----               -----
     37890               37469
      -421
     -----
     37469
```

“一、二两个算法好懂，三、四两个是怎么算的呢?”

很简单，89＝90－1，所以：

421×89＝421× (90－1) ＝421×90－421

第三个算题就是这么算的。第四个呢，因为89＝100－11，所以：

421×89＝421× (100－11) ＝42100－ (421×11)

421×11，凭心算可以得4631，没有必要写在算草上了。

“还有没有第五个呢?”

可能还有。所以我们得拣最方便的方法来算。

“到底哪个最方便呢?”

这要看各人的熟练程度了。以我来说，第四个最方便，只要做一次心算和一次减法，一般说来，减法比较不容易出错。但是我要说的不是算法，而是告诉你，算算题能使你养成这样的习惯：遇到任何问题，你都能从各方面想一想，看有哪些解决的方法。再根据自己工作能力和习惯，选定一个方法来做，使问题解决得非但正确，而且迅速。

加里宁说：数学是锻炼思想的体操。体操能使你体格健全，姿势正确，动作敏捷。数学——包括算术、代数、几何等等，能锻炼你的思想，使你的思想精密，正确，敏捷。有了精密、正确、敏捷的思想，你才有可能登上科学的大山。

一九五四年九月刊于《中学生》

别的行星上有生物吗?

一百三十年前，美国纽约的报纸上刊登了一条耸人听闻的消息，说某个天文台用望远镜看到了月亮上的人；那些人住在树上，能像蝙蝠一个样在空中飞翔。这当然是个弥天大谎。月亮上即使有人，在地球上是无论如何看不到的，随你用多大的望远镜。何况我们可以肯定，月亮上非但没有人，也没有别的什么生物。因为：

第一，月亮上没有空气，当然也没有氧气。生物必须有氧气才能生存。

第二，月亮上没有水，任何生物的身体里都必须含有大量的水。

第三，月亮表面的温度变化太大。它在缓慢地自转，正对太阳的半面可能升到 110 摄氏度，背着太阳的半面可能降到零下 150 摄氏度。温度变化如此剧烈，是任何生物都受不了的。

氧气、水、适当的温度，是生物生存的必要条件。我们可以根据这三个条件，来判断太阳系中的别的行星上有没有生物。

先看离太阳最近的水星。水星跟月亮一个样，没有水也没有空气。最奇怪的是在水星上还没有昼夜的变化。它的半面老对着太阳，因而永远是白天，热得连铅也会熔化成液体；另外半面老背着太阳，永远是黑夜，即使有空气也会凝结成固体。因而可以断定：水星上不可能有生物。

其次是金星。金星是地球的近邻，比地球略为小一点儿，一向被称作地球的姐妹。金星比地球离太阳近，受到的太阳光比地球多一倍，因而比地球热得多。它的外层是又浓又白的云，使我们看不清它的表面是个什么样子，有没有昼夜的交替。有云当然有空气。现在知道，金星的空气中含的氧气和水蒸气都很少，那白色的云，主要的成分是二氧化碳。金星上到底有没有生物，至今还是个谜。

我们再看看那几个遥远的行星。最远的是冥王星，比地球离太阳远四十倍。在冥王星上看太阳，不过是一个耀眼的光点，只有在地球上看到的一千六百分之一。这个又暗又冷的行星，决不是生物适宜生活的场所。海王星和天王星虽然都比较近些，情形也不比冥王星强多少。连那颗比它们近得多又大得多的土星，受到的太阳光也只有地球的九十分之一。

土星和木星都包着很厚的空气层。但是它们的空气都跟地球上的很不相同，都含着许多有毒的气体，如甲烷和氨，却没有氧气和水蒸气。因而可以断定，这两个行星上也不可能有生物。

剩下的只有一个火星了。火星也是地球的近邻。除了我们的老家地球，火星是我们知道得最清楚的行星了。用高倍的望远镜，可以很清晰地看到它的表面。

火星上有日夜的变化，也有季节的变化。火星的一天比地球的稍短一点儿，一年却是地球的一年零十个半月还多一点儿。火星离太阳比地球远，当然比地球上冷；冬天的气温可能降到零下 80 摄氏度，夏天还是暖和的，赤道附近跟地球的初春相仿，还适宜于生物生存。

火星上也有空气，只是比地球上的稀薄得多；空气中含的二氧化碳比较多，氧气和水蒸气到底含多少，现在还不清楚。用高倍的望远镜可以看到火星上偶然出现一些薄薄的白色或黄色的云；白色的可能是水蒸气凝结成的，黄色的可能是被风刮起来的沙土。因此可以推断，火星上的气候比地球上干燥得多。

火星的表面大部分是土红色的，很像地球上的沙漠。它的两极是白色的，很可能跟地球的两极一个样，也覆盖着冰雪。当春天来到火星的北半球，北极的白色部分就渐渐缩小，冰雪开始溶化了，而在南极，白色的部分却稍稍扩大。

火星上没有海洋，却发现在沙漠上有好些地区比较阴暗，而且颜色会随着季节变色，春天变成绿色和淡蓝色，到了秋天和冬天，变成褐色和白色。教人看了很自然地会想到，那些地区可能生长着成片的植物，或许是苔藓、地衣之类，或许是草和灌木。因为在地球上，只有植物的颜色会随着季节的更迭而变化。

那么火星上有没有动物呢？动物依靠植物生活，有植物就可能有动物。但是在没有确凿的证据之前，最可靠的答案是：我们现在还不知道。

一九五四年九月刊于《中学生》

机器的母亲

我们穿的布是怎么来的？是用机器织出来的。

我们烧的煤是怎么来的？是用机器挖出来的。

我们出门要乘汽车，乘火车、乘轮船、乘飞机。汽车、火车、轮船、飞机，都是交通用的机器。

我们要用机器来耕作，用拖拉机、播种机、收割机、刈草机……

为了巩固国防，我们还需要各种打仗用的机器：枪、炮、坦克、军舰、飞机……

增加生产，满足人民的生活需求，建设社会主义，保卫祖国的神圣领土，没有一件事离得了机器。

这许许多多各种各样的机器，是怎么来的呢？

是制造机器的机器制造出来的。制造机器的机器叫做“金属切削机”，又叫做“工作母机”。“母机”的意思就是“机器的母亲”。

不管哪种机器，都是许许多多零件装配起来的。零件有各种各样的名称：齿轮、螺丝、插销、手柄、主轴、机座……多得说也说不完。

虽然都叫零件，大的有几吨重，得用吊车来搬动；小的可真小，要用镊子才能把它拿起来；它们有圆的，有方的，有六角形的；有的表面很平整，有的弯弯曲曲，有的有螺丝纹，有的有凹槽，有的有大小不同的孔……形形色色，也多得说也说不完。

制造这许许多多大大小小形形色色的零件，就得用各式各样的不同的工作母机。原来机器不同于人：一个人只有一个母亲，一台机器却有许许多多母亲。

说到这里，不由人不想起旧中国的悲惨情形。那时候，我们的工作母机都是从外国买来的，只有很少的几种，只能做一些简单的零件，来修配损坏的机器。用这样的工作母机，是造不出结构复杂而又精密的机器来的。

新中国成立了才五年，情形就完全改变了。我们现在自己能制造的工作母机，已经有一百多种，效率都很高。有了这许多性能不同的工作母机，许许多多机器就都能自己制造了。

那么工作母机到底是怎样工作的呢？

工作母机有一百多种，它们各有各的性能。我们只能挑几种最主要的来说一说。

机器上有许多零件是一根圆棒，专门加工这种零件的工作母机叫做“车床”。

把需要加工的钢棒横卡在车床上。机器一开动，钢棒就飞快地旋转起来，一分钟可以转上 1200 转。旁边的一把车刀抵在钢棒上，从这一头移动到那一头，就像削水果的皮一个样，把钢棒的表面削去了一层。钢棒削去了一层如果还嫌粗，可以再削一遍，削到正好合用为止。

有许多零件的表面要刨平，专门刨平零件的工作母机叫做“刨床”。

刨小的零件的叫“牛头刨床”。把需要加工的零件放在工作台上，机器一开动，卡着刨刀的机头就在零件上方来回移动，刨刀就把零件刨平了。机头的样子像个牛头，所以它有了这么个古怪的名称。

刨大零件的叫“龙门刨床”，工作台上面有个门框那样的大钢架，刨刀就装在钢架下面。把需要加工的零件放在工作台上，工件台来回移动，刨刀就把零件刨平了。

有许多零件需要钻大大小小的孔，专门给零件钻孔的工作母机叫做“钻床”。

把零件放在工作台上，使需要钻孔的部位对正钻头。机器一开动，钻头就飞快地旋转起来，一分钟能转两千多转，再坚硬的钢，不消一会儿就给钻透了。钻头可以调换，要钻多大的孔就用多大的钻头。

有的零件太大，工作台上放不下。有一种旋臂式钻床，它有一条可以转动的钢臂；钻孔的机器装在钢臂上，可以来回移动。需要加工的零件只要搬到车床旁边，转动钢臂，移动钻孔的机器，使钻头对正需要钻孔的部位，就可以开动机器钻孔了。

有的零件上需要有形状不同的凹槽，专门给零件挖槽的工作母机叫做“铣床”。

装在铣床上的铣刀样子像个齿轮，每一个齿都是锋利的刃口。需要挖槽的零件放在工作台上，机器一开动，铣刀就飞快地旋转起来，一分钟可以转 1500 转。工作台缓缓移动，铣刀好像凿子一个样在零件上挖出一条槽来。要挖宽窄不同形状不同的槽，只要换不同的铣刀就成了。

许多零件经过车床、刨床、钻床、铣床加工，最后还得磨光。专门磨光零件的工作母机叫做“磨床”。

磨床的种类也很多，有专磨平面的，有专磨圆面的，……拿专磨平面的来说吧。把零件放在工作台上，机器一开动，上面的一个细砂轮就旋转起来，贴着零件摩擦。工作台载着零件前后左右均匀地移动，使零件磨得精光锃亮，简直跟镜子一样能照得见人。

我们自己制造的各种工作母机，都是效率很高的，非常精密的。它们通力合作，已经生出了数不清的孩子。它们的孩子，已经个个走上了建设祖国保卫祖国的岗位。

一九五四年十月刊于《中学生》

看不见的工人

有一个工人，他聪明能干，力大无穷。他什么都会做，可是谁也没有看到过他。

他走进纺织厂，纺纱机上的锭子就嗡嗡地打起转来，织布机上的梭子就飞快地穿来穿去。

他走进面粉厂，麦子就给磨碎了，分成了麸皮和面粉。

他走进机器制造厂，把各种各样铸件车光磨平，做成各种各样精密的装配机器用的零件。

在炼铁厂里，他把成吨的铁矿石、石灰石和焦炭，举到七八十米高的高炉顶上，把它们倒进高炉里。

在炼钢厂里，他把烧得通红的钢块轧成钢轨和各种钢材。

在煤矿里，他帮助采煤工人不停地掘进坑道，采出原煤。

他能拖动长长的列车，也能帮助码头工人装卸几十上百吨重的货物。

这位看不见的工人，本领真是大极了。要把他能做的工作全都讲完，那简直是不可能的。

那么他到底是谁呢？

他的名字就是——电。

电，有谁看到过他呢？但是谁都看到他在工作，在为我们做各种各样的工作。

每个工厂都有一座大门，工人们都是从大门走进工厂去的。

可是电——这位看不见的工人，他从来不走大门。他走的是包裹着橡胶的铜丝。这种包裹着橡胶的铜丝有个专门的名称，叫做电线。

顺着电线，我们可以找到电的老家。

电的老家，可能是一幢有着很大很高的烟囱的大房子。烟囱不断地冒着浓烟。这幢大房子叫做火力发电站。

在火力发电站里，我们可以看到一台很大的机器，叫做发电机。发电机不停地转动，不停地发出电来。

发电机怎么会转动呢？是汽轮机带着它转动的。

汽轮机怎么会转动呢？它靠的是蒸汽的力量。

蒸汽是煤烧出来的。原来在这儿，电的母亲是煤。

大房子里有一个很大的锅炉，工人们不停地把煤一铲又一铲加进锅炉里。锅炉里的水沸腾了，生成了蒸汽。

蒸汽经过管子通进汽轮机；汽轮机转动起来，带动发电机；发电机就发出电来。

顺着电线，我们也可能走到一条大江旁边。一座巨大的拦河坝，把江水截住了。拦河坝下面有一幢大房子，那也是电的老家。

这幢大房子叫做水力发电站。它没有冒着浓烟的大烟囱。可是走进大房子里，我们也可以看到很大的发电机。

在这里，带动发电机的不是汽轮机，而是装在发电机下面的水轮机。

水轮机怎么会转动呢？它靠的是水的力量。

水从拦河坝上，通过一条很粗的管子冲下来，转动了水轮机；水轮机带动发电机，发出电来。

原来在这里，电的母亲是水。

电的母亲也可能是风。风吹动风车，风车带动发电机，发动机就发出电来。

电的母亲也可能是原子能。最近，苏联的第一座原子能发电站已经开始发电了。

各地的许许多多工厂，都有电线接到火力发电站或者水力发电站。电线就是这位看不见的工人的通行无阻的大道。

本来，煤矿里开采出来的煤，要用火车用轮船运到各个地方去，送给各个工厂去开动机器。现在煤变成了电，电自己通过电线跑到各个地方去，用不着乘火车，也用不着乘轮船。

本来，只有靠近江河的地方才能利用水力。现在水力变成了电，电自己通过电线，跑到离江河几千里以外的地方，供给那里的工厂使用。

电在电线上飞奔，一秒钟能跑三十万公里。哪里需要电，电就跑向哪里。

这里的工厂放工了，机器停下来，工人回家去休息了。电可不需要休息，他立刻跑到几千里以外，又开动了那边的工厂里的机器。

电无休无止地为我们工作。他是个服从分配，服从祖国需要的好工人。我们得依靠他建设社会主义，建设我们未来的美好生活。

一九五五年二月刊于《中学生》

三里湾的场磙

《三里湾》是赵树理同志新写的一部小说，讲三里湾村办农业生产合作社的故事。我不打算介绍这部小说，要讲的只是这部小说中说到的一个几何题，就是

场磙的改造

三里湾办起农业生产合作社，三个场磙也入了社。

什么叫场磙呢?

场磙就是个大约一米半来长，不到七十厘米粗的石头磙子，一头大，一头小，用牲口拖着，就能在场上兜圈子。

兜圈子干什么呢?

小麦呀，高粱呀，这些粮食收了下来，有的连着穗儿，有的带着秆儿，铺在场上晒干之后，让牲口拖着场磙在上面兜圈子。晒干的粮食给场磙一碾，粒儿就从秆儿穗儿上落下来了。

过去单干的时候，各户农民都自家管自家碾场，一则粮食不多，二则场院不大，牲口拖着场磙，用不着兜多大的圈子。现在合作了，合作社的粮食可多啦，小场院铺不开，得扩大场院。场院扩大了，总不能还让牲口拖着场磙尽兜小圈子呀!

那有什么难的——有的人也许这样想——牲口的缰绳不是攥在你手里吗?你让牲口把圈子兜大一点儿，不就得啦?

事情可不像想的那么简单，牲口肯听话，场磙可是死的，它不听话。

原来场磙能兜多大的圈子，早给石匠给凿死了。场磙不是一头大一头小吗？两头的大小相差越大，它兜的圈子就越小。农民用惯了场磙，都明白这个道理。他们立刻想到，要让场磙兜大圈子，就得把它给改造一下，把大的一头稍稍凿小一点儿。然而问题又来了，

凿去多少正合适呢？

三里湾有个青年农民叫王玉生，他自告奋勇，担任了改造场磙的工作。

说到这里，有必要把玉生向大家介绍一下。

玉生没念过书，自小聪明能干，能做些别人没法下手的巧活。一九四九年，还在互助组的时候，他发明了“活柳篱笆挡沙法”，在黄沙沟边上栽了一排柳树。那年黄沙沟涨水，他们组的两块地就没进沙。第二年大家学了他的办法，把常年进沙的地全保护住了，县里因此发给他一张特等劳模的奖状。

玉生对着场磙想了又想，得把大的一头凿小一点儿，这是肯定的。是不是凿去一点儿试一遍，试到合适为止呢？这可不成：一则太麻烦；二则要是凿过了头，凿下来的石屑子再也粘不上去，那就更麻烦。怎么办好？王玉生想了半天，决定先用木头做样子来试试。三个场磙有大有小，他决定先试大的一个。

玉生锯了一根跟场磙一样长的木棍儿，两头各安一块圆木板，看样子像一对车轮；这两个轮子不一般大小，一头是比着场磙的小头做的，另一头却比场磙的大头稍稍小一圈。他把这个木头样子扛到场院里试了试，兜的圈子还嫌小，得把大的一头锉去一圈。可是木板太厚，锉起来实在费工夫，他索性重新锯了一块。

第二个样子才做得，天早已黑了。玉生扛着木头样子，打着电筒来到场院里，正好碰上范灵芝马有翼两个。他们是村里的扫盲教员，听说玉生又在试验什么新鲜玩意儿，特地跑来见识见识。

玉生跟他们说明了自己的想法。范灵芝灵机一动，她说：“这不用试，可以算出来。”她跟有翼两个一边商量，一边用草棒子在地上画。没隔多大会儿，她对王玉生说：“没问题，能算出来。不过先得知道你打算

让场磙兜多大的圈子，知道这场磙的长短和它两头的大小。”

玉生把这些数全告诉了灵芝。这个姑娘不花什么力气，一下子就把问题给解决了。

那么，范灵芝是

怎么算出来的？

范灵芝才念完初中，暑假毕了业就留在村子里做扫盲工作；是个团员，村里的积极分子。至于她是怎么算出来的，赵树理同志一定知道，却没写下来。写小说不是讲数学，作家有权利也有理由，把他知道的问题一笔带过。

可是我要讲的正是这个问题，这是一个几何题。咱们先猜一下：灵芝和有翼两个用草棒子在地上画了些什么？

一定是这样，他们先画了一个等腰梯形，用这个等腰梯形来代替场磙。

等腰梯形为什么能代替场磙呢？因为把场磙对剖开，它的剖面是一个等腰梯形。这个等腰梯形的腰（AD 和 $A'B'$），就是场磙的长；上底（BB'）是场磙小头的直径；下底（AA'）是场磙大头的直径。

他们把梯形的腰向上底的方向延长，就画成一个等腰三角形。等腰三角形的顶，就是场磙兜的圈子的中心。

为什么场磙要绕着这个等腰三角形的顶兜圈子呢？

如果场磙是个细又长的圆锥，把它对剖开，剖面就是这个等腰三角形。把圆锥放倒在地上滚，就会滚成一个大圆盘：圆锥的倾高（OA），就是大圆盘的半径；而圆锥的顶，正好落在大圆盘的圆心（O）上。

把圆锥的头上截去一段，就跟普通的场磙一个模样了。它在地上压成一个圆圈，圆圈的外沿跟原来的圆盘一般大，圆心（O）仍旧是圆锥的顶。内沿当然小一点儿，因为场磙的小头绕成的圆，半径比大头绕成的圆短一点儿。短多少呢？就短一段场磙的长，也就是梯形的腰（AB 和 $A'B'$）。

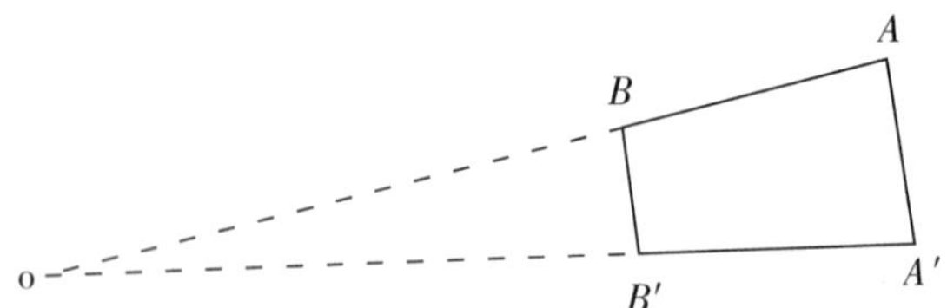

因此在图上，有两个相似的等腰三角形，它们大小不同，重叠在一起。大的一个，底边是场碌的大头的直径（AA'）；小的一个，底边是场碌的小头的直径（BB'）；它们的共同的顶就是圆心（O）。

根据这两个等腰三角形的相似关系，灵芝写出了一个比例式：

$$OB : BB' = OA : AA'$$

OA 是圆圈的外沿的半径，就是改造场碌的目的，王玉生当然心中有数。$OA-AB=OB$，AB 是场碌的长，王玉生早就知道。BB'是场碌小头的直径，王玉生也早就知道。在一个只有四项的比例式中，三项已经知道，还不好算吗？只要把比例式变换成算式就成了：

$$AA' = \frac{BB' \times OA}{OA - AB}$$

灵芝把王玉生报的数一一代进这个公式，场碌的大头的直径该多长，该凿去多少，立刻算出来了。无怪乎玉生的哥哥要说了："可见人还是多上一上学好！"玉生也点头说："对呀！咱们要是会算的话，还用得着花这么大的工夫拿木头来做样子！"

问题解决了，三个场碌全凿得了。农业生产合作社碾场的时候，三头骡子拖着三个场碌，圈子兜得可轻快了。粮食多，铺在新扩大的场院子，骡子拖着场碌，自然而然地探着中心兜大圈子。大家都说："碾这么大的场，真叫人痛快！"

三里湾的场碌改造好了，可是我还要说几句

题外的话

我知道，许多同学下决心念完了初中回乡去参加农业生产合作社。这是一条光明大道，我祝贺你们。农业生产合作化了，正需要你们这样有文化的年轻人。可是我听得有的同学说："我们反正要回乡务农，还学这些化学、物理、几何、代数干什么？"他们学习不太安心，有的甚至要求中途退学，这就不对了。灵芝在初中毕业的时候，何曾想到回乡务农要用上几何呢？可是她运用几何，不费什么力气就把改造场硵的问题给解决了。至于化学，土壤、肥料、农药，哪一桩离得开化学呢？物理的用途更广，目前改良农具，将来使用农业机器，都得用物理。玉生的哥哥说："可见人还是多上一上学好！"没上过学的农民在羡慕你们哩。下决心参加农业生产是好的，可是现在，你们还在学校里。你们不要自暴自弃，白白放过了学习的机会。你们应该把每一门功课都学好。现在学好功课，正是为将来参加社会主义的农业生产作好准备，打下基础。

一九五六年三月刊于《中学生》

张　衡

在西方的天文学家哥白尼、开普勒、伽利略之前一千多年，我国诞生了一位伟大的天文学家，他的名字叫张衡。

张衡生在公元七十八年，正当东汉时代。他的家在当时的荆州南阳郡西鄂县。现在河南省南阳县石桥镇西南的鄂城寺一带，就是西鄂县的旧址。张衡的墓就在鄂城寺西边，寺后还有他研究学问的地方——平子读书台。平子是张衡的号，相传他的家就在寺东的夏村寨。

张衡青少年时代生活比较贫困。贫困的生活激发他刻苦学习。他在十多岁的时候就读了很多书，文章写得很出色。家里的人要他到外面去跑跑，好结交些有权有势的人，找个机会做官。张衡不愿意做官，他只想出去开开眼界，访问一些有学问的老师和朋友，求得一些新鲜的知识。十七岁那一年，他离开了家，先到了西京长安，后来又到东京洛阳。

长安和洛阳都是当时最繁华的城市。城里的官僚贵族都过着骄奢淫逸的生活，根本想不到天下的老百姓在受冻挨饿。张衡看了，心里很气愤，他不甘心同流合污；官僚贵族召请他，他都拒绝不去。他只在政府办的太学里日夜用功读书，跟一些学者和朋友研究学问。张衡二十八岁那年，有个叫鲍德的当了南阳太守，要请张衡去当主簿（太守是郡的行政官，主簿相当于秘书）。张衡很想回家，就跟鲍德回到了南阳。他劝鲍德减轻对老百姓的剥削，还采取了一些发展农业的措施，所以在别处闹灾荒的年头，南阳境内还能丰收。

张衡二十九岁那年，完成了两篇著名的文学作品——《东京赋》和《西京赋》。这两篇赋描写了洛阳和长安的繁华，也讽刺了那些过着荒淫无耻生活的官僚贵族。张衡写这两篇赋花了十年工夫，前后不知修改了多少次。这种严肃认真的态度，充分表现在他以后的科学研究上。

鲍德后来升了官，离开了南阳。张衡不再跟他走，索性回到老家西鄂去继续研究学问。三十四岁那年，皇帝派人召他到京里去做郎中。郎中只是在宫廷里值班当差，比较清闲，还有机会看到许多不常见的书。张衡做了三年郎中，读了不少书，其中有一部扬雄写的《太玄经》，使他受到了很大的启发。扬雄是西汉末年的学者，《太玄经》是扬雄的哲学著作，里面谈到了许多天文和数学方面的问题。张衡看了《太玄经》，对天文和数学发生了浓厚的兴趣，开始研究起来。后来，他又被调任太史令，主管观察天象的工作。在担任太史令期间，他精心钻研天文学，对我国天文学的发展，作出了巨大的贡献。

张衡经常观察日月星辰，探索它们在天空里运行的规律。他把研究的结果写成一本书，叫做《灵宪》。在这本书里，他已经用了赤道、黄道、南极、北极等名词。他记录了二千五百颗恒星，并且画出了我国第一张完备的星图。他已经知道，月亮本身是不发光的，是受了太阳的照射才反射出光来；月亮的黑暗部分，就是没有照射到太阳光的部分。所以月亮的位置和太阳相对的时候，是满月；月亮运行到跟太阳同一个方向的时候，人们就看不见它了。他还根据太阳在天空里运行的规律，解释了冬天日短夜长、夏天日长夜短的道理。他说天好像鸡蛋壳，包在地的外面；地好像鸡蛋黄，在天的中间。这种假设叫做浑天说。在张衡以前，多数人都相信“盖天说”，认为地是平的，天像一只碗，反扣在地上。张衡的浑天说虽然不符合实际情形，但是比盖天说大大前进了一步，并且对计算历法有实用的意义。

张衡根据他的浑天说，创造了世界上第一架自动的天文仪器——流水转动的浑天仪。他先用竹篾做了一个模型，试验成功了，又用铜铸造了一个。这架仪器也叫天球仪，主要是一个大铜球，上面刻着恒星和南极北极、经度纬度、赤道黄道。铜球装在一个倾斜的轴上，可以旋转，就跟我们今天看到的地球仪差不多。另外有一个水平的环，叫做地平圈，表示地平线。铜球从东向西旋转，刻在上面的恒星就从东边升到地平圈以上，又向西边落到地平圈以下，正好跟天空里恒星东升西没的情况相符合。

张衡又设法利用水力来转动这个大铜球，使铜球转动一周的速度恰好和地球自转一周的速度相等。根据历史记载，这个“浑天仪”做得非常巧妙：人坐在屋子里看着仪器，就可以知道哪颗星正从东方升起，哪颗星已经到了中天，哪颗星就要落下西方去。跑出屋子一看，天空中的实际情况，正好和浑天仪表示的一样。可惜在封建社会里，创造发明得不到重视，这架精密的自动天文仪器到东晋以后就失落了。现在北京建国门的观象台上有一架清朝铸造的天球仪，跟张衡所造的大体相仿，但是不能自动。

太史令除了观察天象，还要记录各种灾象。为了记录地震，张衡又创造了世界上第一架测定地震方向的仪器——地动仪。这架仪器也是铜铸的，形状像一个酒坛，四周铸着八条龙，龙头对着东、南、西、北、东南、西南、西北、东北八个方向。龙嘴是活动的，都衔着一颗小铜球。每一个龙头下面，又放了一个张大了嘴的铜蛤蟆。要是哪个方向发生了地震，正对这个方向的龙嘴就会自动的张开来，铜球“当”的一声恰好落在铜蛤蟆的嘴里。公元一三八年，这个地动仪才造好不久，有一天，正对西方的龙嘴突然张开了，铜球落了下来，说明洛阳的西方发生了地震。可是洛阳的人都没有感觉到，学者和官僚们议论纷纷，有的人还讥笑张衡的地动仪不灵。不几天，陇西有人来报告，那一天当地发生了地震，大家才赞叹地动仪真是灵敏。

张衡还创造了世界上第一架观测气象的仪器——候风仪，又叫相风铜鸟。他在十六七米高的杆顶上安一只衔着花的铜鸟，可以随着风转，鸟头正对着风来的方向。这架仪器和欧洲装在屋顶上的候风鸡相仿，但是欧洲到了十二世纪才有候风鸡的记载，比张衡晚了一千多年。张衡还造成了当时只是在传说中有过的指南车。

张衡对于科学方面的研究是很广博的。他算出来，圆周率比 10 的平方根 3.16 多一点儿。现在看来，这个数字不够精确，可是印度和阿拉伯的数学家算出同样的结果来，比他晚了四百年到六百年。他对地理也很有研究，曾画过地形图。

除了在天文学方面表现了非凡的才能，张衡又是一位大画家。

张衡曾经说：一个人不应该担心自己的地位不高，应该担心自己的品德不高尚；不应该为了收入少而害羞，应该为知识不广博而害羞。

张衡生活的时代，宦官的势力很大，他们怕张衡这样正直的人妨碍他们做坏事，所以千方百计排挤张衡，终于把张衡调出京城，到河间郡（在现在河北省境内）去当行政长官。张衡到河间的时候，年纪已经老了。他调查到当地的官吏和土豪恶霸互相勾结，横行霸道，欺压老百姓，就采取严厉的措施出其不意地把他们几乎一网打尽。他因此更加受到官僚贵族的排挤。他写了一篇《四愁诗》，表达他在那个黑暗的社会里不能实现自己的志向的心情。六十一岁的时候，他又被调回京城，第二年——公元一八九年，就害病死了。

人民非常尊敬这位一千八百多年前的大科学家。解放以后，人民政府修理了张衡的墓和读书台，在墓前新立了中国科学院郭沫若院长写的碑记。郭沫若赞颂张衡说：“如此全面发展之人物，在世界史中亦所罕见。”这样的评价是很恰当的。

一九五五年　刊于《科学家的故事》

在“探索者馆”里探索

走进“探索者馆”的大门，我来到一个奇幻的世界。

大门左边有一大块银幕，映着一幅奇幻的图画。无数五颜六色或明或暗的细线到底画的什么呢？真教人难以猜透。好像无数金鱼映着朝霞，在水藻之间游来游去；好像满台舞蹈家映着彩色的灯光，挥动薄如蝉翼的飘带；好像……总之你心里想着什么，这些彩色细线就好像画的什么。

这幅印象派的杰作是用幻灯机打到银幕上去的吧？幻灯机藏在哪个角落里呢？我四处寻找也没找着，却看到银幕背后有一片金属板做成的大反光镜；反光镜稍向上仰，对着一组玻璃的三棱镜。一缕太阳光从屋顶上的一个小窟窿射进来，正好射在这组三棱镜上。

我明白了，太阳光射在三棱镜上发生了折射，分散成无数缕色光，红的橙的黄的绿的青的蓝的紫的，又让反光镜给反射到银幕上。做反光镜的金属板凹凸不平，无数缕色光以不同的角度反射到银幕上，组成了一幅由色光细线组成的图画。有人在三棱镜和反光镜之间走过，遮住了一部分色光，银幕上的图画就晃动起来，好像映在水面上的影子。

我看得眼花缭乱，猛回头，又被另一个玩意儿给吸引住了。一个直立的玻璃大圆筒，里边有一个旋涡在使劲地打转转，就像一个龙卷风让人给逮住了，活活地装进了标本筒。走近去一看，原来圆筒底上有个进水管，管口斜对着筒壁。开关的扳手就在圆筒旁边，扳手上有一行字：“请你试一试。”

我就试了一试，先握着扳手往里推，进水管让我给关死了。圆筒里的水渐渐平静下来，旋涡越缩越短，最后消失了。

我把扳手轻轻向外拉，进水管才打开一点儿，圆筒里的水就打起转转来，因为注进筒里的水是沿着筒壁流的。进水管越开越大，水就越转越快：水面的当中间先出现一个漏斗似的小旋涡。旋涡一边扩展，一边像植物的主根似的，直往下延长，最后碰着了筒底。

多美丽的旋涡呀，映着灯光闪闪烁烁，像是银子铸的。这样形容可不太贴切，银子铸的东西哪能打转转呢？哪能转得这样欢呢？应该这样说，好像猛烈的龙卷风卷起了一池水银。

那边还有个玻璃圆筒，又是个什么玩意儿呢？圆筒旁边也有个扳手，扳手上也有一行字："请你试一试。"

走近去一看就清楚了，玻璃圆筒里放着许多白色的小球。圆筒的底是活的，还有个活塞，离筒底大约只十厘米。

我握住扳手向外一拉，筒底上下颤动起来，所有小球就活蹦乱跳的，好像都有了生命。小球接连不断地撞击上面的活塞，活塞就渐渐往上升。小球越跳越有劲儿，活塞被小球打得越升越高。

这个玩意儿说明了什么呢？喔，原来是这样：白色的小球代表气体的分子。气体所以有压力，就因为它的分子在不停地运动。气体的分子运动得越剧烈，气体的压力就越大；如果装气体的容器是可变的，像这个有活塞的玻璃圆筒似的，就可以看到它的体积明显地增大。

多巧妙的设计呀，看不见的气体分子展现在我的眼前，我看到它们在运动，认识了它们在运动中产生的力量。

那边又是一大块银幕，银幕上映着两只鸽子的剪影。灯光似乎是紫色的，剪影的边缘模糊不清，红的蓝的，互相重叠。银幕旁边的木箱里放着几副眼镜。木箱上有一行字："请你戴上眼镜看。"

我取出眼镜一看，那不是普通的眼镜，两块镜片一块红一块蓝。戴上眼镜我再看银幕，嗨，清清楚楚两只鸽子的影子，而且一前一后，好像离开了银幕，无依无傍地在空中飞翔。

我立刻明白了，这个玩意儿告诉人们：两只眼睛看到的景象不完全一致，才能产生立体的感觉。

走到银幕背后一看，原来有两只用硬纸剪成的鸽子，一前一后，用细线悬挂在空中。两盏舞台上用的聚光灯并排在一起，一盏打出红光，一盏打出绿光，把两只鸽子的影子映在银幕上。装置就这么简单，这么巧妙。

这样简单而又巧妙的玩意儿，这儿多的是。最有趣的是我钻进了一个万花筒。

哪个孩子不喜欢万花筒呢？眼睛对正小窟窿往里一望，小花何止一万个，排列得齐齐整整的，都一个模样，像六角形的雪花，却又五彩缤纷。

要钻进小小的万花筒，谁也办不到。这里有一个很大的万花筒，说穿了也很简单，就是三面大镜子，摆成一个等边三角形。

我在三面镜子中间一站，立刻让数不清的人给包围了，有对着我的，有背着我的，有侧面朝着我的。定睛一看，原来每一个都是我自己，我像孙悟空似的，学会了分身法。

我张开双臂，镜子里数不清的我都同时张开双臂，连我在内，每六个我围成一圈。这样整齐划一的团体操，我从未见过；规模之大实在惊人，朝哪个方向也望不到头。

“反射角等于投射角”，没想到就是这么一条简单的光学定律，会产生如此惊人的魅力。

在“探索馆里”，这样有趣的玩意儿随处皆是，有物理方面的，有化学方面的，有数学方面的，有生物方面的，教人看也看不完，说也说不尽。孩子们玩了这个又玩那个，那个高兴样简直没法形容。连满头白发的老人，来到这儿也感到趣味无穷。

看那边一对老年夫妻，两个人相对傻笑，笑个没完。原来他们之间，隔着一块半反光半透光的玻璃。俩人既能透过玻璃，看到玻璃后边的老伴，又能像照镜子似的，看到映在玻璃上的自己的像，两者互相重叠，合二而一。老太太看到老伴的胡子长到了自己的下巴上，老头子看到自己的耳朵下面挂着老伴的耳环。真成了“你中有我，我中有你”，教他们怎么能不笑得流出了眼泪？

旧金山是个繁华的大城市，可是别以为“探索者馆”有什么华丽的展览大厅，几百件科学玩意儿就陈列在一座废弃的展览棚里。一九一五年，美国为庆祝巴拿马运河通航，在旧金山举办了一个博览会。展览棚就是那个时候留下来的。

一九六九年，物理学家弗兰克·奥本海默教授发起建立“探索者馆”。他要用快乐的游戏，把孩子们领进壮丽的科学宫殿的大门。他的创议得到了社会的支持，政府就把这座废弃了半个世纪之久的展览棚，拨给“探索者馆”使用。

好些“志愿者”参加了“探索者馆”的工作。他们别出心裁，设计各种有趣的玩意儿，器材由他们自己张罗，自己制造。玩意儿不断地增添，不太好的淘汰了，好的保留下来。经过十二年的探索，“探索者馆”有了现在的规模，而且还在不断地探索，不断地更新。

我见着了“探索者馆”的这位创办人——奥本海默教授，我问：什么样的游戏才称得上好的游戏？他说：好的游戏一定能使孩子们快乐，能让孩子们得到美的享受；当然，科学道理一定要表现得清楚明白，不但要让孩子们玩过之后能理解，还要能吸引他们自己去学更多的知识。

听了他的话，我想，让孩子们在游戏中快快活活高高兴兴地学习，这有什么不好呢？科学知识本来非常有趣，自然现象本来非常美丽，谁要是只管捧着书本死记硬背，他就什么也得不到，什么也享受不到。对这样的人来说，学习就成了索然无味的负担，就成了一桩苦事，要学好就难了。

希望咱们中国也办起这样的“探索者馆”来，一所两所是无论如何不够的，应该有几百所几千所——至少每个城市办一所，好让全国所有的少年儿童都有机会玩儿这样好的游戏，都能够在探索中得到无限的乐趣，享受到在自然界中无所不在的美。

一九八一年七月刊于《我们爱科学》

我和恐龙

我认识恐龙已经半个多世纪了，我把恐龙当作老朋友。

第一次见着恐龙在银幕上，还是默片时代，我十岁左右。那部影片叫《洪荒世界》，可能是英国的产品。

开头是个博物馆举行学术演讲会。一个留大胡子的人挤上台去说：恐龙没有绝灭，在世界上某些地区，还有活的恐龙。

许多人把大胡子当作疯子，可是也有支持他的。双方先动口，后来动起手来。大胡子寡不敌众，落荒而逃，爬上了一具恐龙的骨架——可能是梁龙的化石吧，脊梁上的突起竟有一人来高。这么个大家伙，真叫我吃了一惊。

后来，大胡子带了他的十来个信徒——老的少的，男的女的，胆大的胆小的，到“洪荒世界”去探险寻找恐龙。在一片热带沼泽里，他们果真遇到了活的恐龙：在池塘里泡着的梁龙，在水面上翻腾的鱼龙，在树梢间滑翔的翼指龙，还有背着两排大骨片的剑龙，专攻击别的恐龙的残忍的暴龙……一个个都稀奇古怪，庞大无比，我看得发呆了。

为了要跟反对派辩论，大胡子他们逮了一条梁龙作物证。没想到轮船刚到伦敦码头，梁龙破笼而出，掀翻了泰晤士河里的船，爬上岸来到处闯祸。最有趣的是它把脑袋伸进了三层楼的窗口，吓得屋里的人四处逃命。看他们惊慌失措，连门都找不着，我哈哈大笑。

五十多年前看的电影，许多场面我闭上眼睛还能想起来，可见印象之深。后来，在报刊图书上只要看到恐龙的图，不管文章能懂不能懂，我总得仔仔细细读一遍。渐渐地，我对一些别的古生物也发生了兴趣，对生物进化也发生了兴趣。念高中了，生物教师讲到恐龙，我听着有滋有味的，还有点儿骄傲，好像讲的是我的老朋友。十六七岁了，心理还这样幼稚，想起来颇觉得可笑。

以后参观博物馆，许多次都是冲着恐龙去的，都是听说有新发掘到的化石首次展出。在编辑工作中，我常常把生物进化列入选题，读物中讲到恐龙，我总要多加插图。我希望小读者跟我一样，看了这些稀奇古怪的庞然大物，也把它们当作朋友。

当然，恐龙这样使我感到兴趣，这兴趣甚至维持了半个多世纪，还有许多别的原因。这庞然大物曾经不可一世，占领了地球上所有的陆地、水域和空间，怎么会突然全都绝灭了呢？是进化到了尽头，自己走上了绝路？是环境突变，以致它们无法适应？众说纷纭，每一种假说都曾引起我许多遐想。最近听说，有科学家认为恐龙已经是温血动物，我很想知道这种假说的根据是什么。这样的关心，真可以说跟关心老朋友差不多，因而也时常想起第一个把恐龙介绍给我的那部影片——《洪荒世界》。

影片的故事当然是荒诞的，恐龙绝灭已久，人不可能跟活的恐龙相遇。但是出现在影片中的恐龙，它们的形态、习性以及生活环境，基本上是科学的，可以想见在拍摄的时候，一定尽力运用了古生物学的研究成果。这样真的和假的掺和在一起，我看是可以允许的，不用担心会把观众搞糊涂。因为哪些是真哪些是假，很容易说清楚，也很容易分辨清楚。对虚构的故事和科学的知识，观众会区别对待的。就形式和内容的结合来看，这部影片也比较成功。要不是让大胡子他们作这样一次荒唐的探险，怎么叫恐龙活龙活现地出现在观众眼前呢？科普宣传也要看社会效果。我想，《洪荒世界》给我的影响大概不会是仅有的孤证吧。

一九八一年七月二十四日

可别为我担心

七十五年前，美国旧金山发生了一场大地震，几乎毁掉了整个城市——一部分房屋震坍了，更多的房屋烧掉了。火灾是地震引起的。

在地震中，有些地面出现了裂缝，发生了错位。旧金山郊外有一座牧场的木栏，因为地面错位，截成了两段。

截断的木栏保存到现在。我们到了旧金山，特地跑去参观，还画了一幅速写。画上的木栏本来联成一线的，地面一错位，使它截成了两段，中间错开了 6 米多。

木栏为什么偏偏在这里错开呢？

原因要到地底深处去找。这里的土地的基础本来就分成两块。人们把西边的一块叫做“太平洋板块”，东边的一块叫做“美洲板块”，两块的分界线恰好在木栏下面穿过。

太平洋的海底和岛屿，还有美洲沿海的一小块土地，都在“太平洋板块”上。七十五年前那场大地震，这两块板块狠狠错动了一下，截断的木栏就是一件物证。

以后没有发生比较大的地震，两块板块却没有停止错动，只是很缓慢。有一座仓库经常倒坍，隔三五年得重建一次。后来发现是板块错动作怪，仓库正好造在两块板块的分界线上。错位平均每年 5 厘米。照这个速度推算，一千万年后，旧金山南边的洛杉矶会移到旧金山的北边去。因为洛杉矶在“太平洋板块”上。

分界线上立着指示两块地块的木牌。我站在木牌前面，请人画了一幅速写。我脸朝西北，右脚踩在“美洲板块”上，左脚踩在“太平洋板块”上。可别为我担心，我站得挺稳当，丝毫不觉得脚底下的土地有什么动静。

一九八一年九月刊于《中国少年报》

还用得着王充

一千九百年以前的东汉中叶，有个叫王充的科学家，写了一部书，叫《论衡》，内容几乎都是批驳当时的一些奇谈怪论的。当然，他也批驳了有鬼论。

王充是个无鬼论者。他说人死了就死了，不会留下什么灵魂，因而也就没有鬼。他说，“死而精气灭”。“精气”就是我们现在所说的“灵魂”。人死了，根本没有能够离开形体而独立存在的灵魂。

这是哲学上的一个根本的问题，坚持唯物论的人都跟王充一个主张，坚持唯心论的人都反对王充的主张。也有许多人没有认真考虑过这个问题，他们说什么“不可不信，不可全信”，还说什么“要是不信吧，还真像有这么回事”。他们好像不偏不倚，好像实事求是，可是骨子里还是有鬼论者。

王充不仅从理论上批驳了有鬼论，还跟当时那些自称看见过鬼的人进行了辩论。

王充问：“你看见了鬼吗？”

自称见鬼的人说：“看见了，面目衣着和生前竟然一样。”

王充问：“你看见的鬼穿着衣服吗？”

自称见鬼的人说：“那是当然，面庞和衣服都清晰可认。”

王充说：“这就奇了。你们说一个人死了，他的精气就成了鬼。难道他穿的衣服也有精气吗？也成了鬼吗？衣服是没有精气的。照你们的说法，衣服是不会变成鬼的。如果你真的看见了鬼，那么这个鬼一定赤身裸体一丝不挂，因为衣服不会跟他一同变成鬼。”

王充还问自称能看见鬼的人说：“你说你能看见鬼，看到的时候通常是几个在一起呢?”

见鬼的人说或者一个，或者两个三个。

王充说：“这倒奇了。从远古到如今，已经死去的人比如今还活着的人一定不知多出多少倍，你能看见鬼，一定经常看到满街满巷、满屋满院挨挨挤挤的都是鬼。你不怕跟他们碰撞吗？你不躲着他们点儿吗？我看你走起路来倒并不东躲西闪的嘛!”

那些人是靠见鬼吃饭的，他们不能认输，他们有个法宝，就是胡搅蛮缠。

他们说：“不是所有的人死了都能变成鬼的。只有死的时候精气郁结不散，才能变成鬼呐。古书上不是记载着吗：吴王夫差把伍子胥放在锅里煮了，又扔在江里。伍子胥含冤而死，所以精气不散，年年秋天掀起大潮，可厉害呐。你没听说这一回事吗?”（在这里我得插一句：这个说法跟历史记载不同，可能出现在当时那些有鬼论者胡编的书上。）

王充可没有让他们的“古已有之”论吓倒。他说：“伍子胥死了，他的精气不散，有掀起大潮的力量；那么他在锅里的时候，精气还有形体可以凭借，为什么不把那股掀起大潮的力量使出来比画比画呢？为什么不把那一锅汤全泼在吴王夫差身上呢?”

那些见鬼的人当然还会胡搅蛮缠。有鬼无鬼的辩论恐怕永远不会完结，不是在王充之后一千九百年，鬼又出现吗？竟然出现在社会主义时期的一些科普报刊上，而且还是科学化了的鬼，披上了科学外衣的鬼。

所以我想，我们现在还用得着王充。我们得向一千九百年前的王允学习：一是学习王充坚持无鬼论；二是学习王充对各种奇谈怪论作斗争的韧劲儿；三是学习王充那种通畅明白、步步紧逼、以理服人的论证方法。

我们是科普工作者，向读者普及科学知识是党和人民交给我们的责任，我们应当自觉地接受党的领导，向人民大众普及科学、文化知识，为人民的根本利益服务。我们必须批驳有鬼论，尤其是批驳那些用科学伪装起来的有鬼论。我们不能容忍违背唯物主义的一切奇谈怪论，因为唯物主义是我们必须坚持的马列主义、毛泽东思想的基础。

一九八一年十一月十一日

祝公溪上

在城市里过暑假真没劲儿，游泳池才篮球场那么大，一二百人泡在里头真像煮饺子似的，跟我们村子后边的祝公溪相比，真差远了。

有人说祝公溪应该叫做竹公溪，两岸都是一丛丛的竹林，映得碧清的溪水都发绿了。溪底铺满了溜圆的石子，最大的也不过鸽蛋大；五色的石子上闪着点点金光，那是太阳照的。小鱼儿好像无依无傍，悬在空中游。

祝公溪的水真是清得没法比。要不是五色斑驳的溪底上闪烁着阳光，你真还看不清溪里有水，看不清溪水在缓缓地流。

在流动的溪水里游泳，这滋味，在游泳池里是无论如何享受不到的。你挺直了身子躺在水面上，只看到蓝天上的朵朵白云在缓缓地向上游移动。你闭上眼睛，心里默默地数着："一、二、三、四……"，等你数到"一百"，回头一看岸上，已经越过了好几丛竹子，淌出五十来米远了！

我有这样的本领，能够一秒钟数一个数，数得相当准。我用这个方法估计，知道祝公溪这两天的流速大约是每秒半米。

昨天下午，我和两个小伙伴——小猛和虎子在祝公溪游了三个来回，然后一同坐在下游的小木桥上休息。木桥离水面才一尺来高，我们都把脚泡在水里，让溪水轻轻地抚摩着我们的脚背。

小猛是城里人，跟着他舅舅到外婆家来过暑假的。什么蛙泳、蝶泳、自由泳，他都有一套，在游泳池里练出来的。来到祝公溪，他不太习惯，他说：

"在这流水里游泳，好玩儿是好玩儿，就是得多花点儿力气。"

“不对，”虎子纠正小猛说，“你得有个诀窍，向上水游固然得多花点儿力气，回来的时候，你躺在水面上，一点力气也不用花，水会把你送回来的。”

“这话也对。”我说。“可是，如果让你跟小猛来一场百米比赛，从木桥这儿向上水游五十米，再往回游到木桥，你也躺在水面上，让水把你送回来。”

“那又当别论。”虎子说，“要是让我比赛，回来的时候我也得使劲儿游。”

“那么我问你，这样游一百米，跟在静水里——譬如在游泳池里，花的力气是不是一样大？”

“逆着水游得多花点儿力气，顺着水游可以省点儿力气，两相抵消，正好一个样儿。”虎子说。

“不对，”小猛不同意，“我觉得要多花许多力气。”

“想当然可不行，凭感觉也不行，得算，得说出个道理来。”我说。

“大哥又要考咱们俩了。”虎子对小猛说。“行呀，大哥，你要叫我们俩算，就得把数告诉我们俩呀！”

“水流速度我测过了，每秒半米。小猛，你自由泳的纪录是多少？”

“百米是一分四十秒。”

“恰好平均每秒一米。就用这两个数来算吧。其实用不着数也用不着算，就能作出答案来。”

等到他们俩作出答案，太阳已经快落山了，漫天的红霞把竹林映得越发青翠。我和两个小伙伴又跳下水去，一同向上水游，来到拴在溪边上的一张竹筏上。竹筏是打鱼的老耿叔停鸬鹚用的，有一丈半长，宽却不到三尺。我们上了竹筏，解开缆绳，让竹筏随着流水往下淌。

“我再出个题目考考你们？”我问。

“行呀！”“说吧！”两个人都挺痛快。

“听仔细了。我让你们俩举行一次比赛。我吹一声口哨，你们俩一同跳下水，使劲向下水游；听到我吹第二声口哨，你们立刻回过头来，使劲儿游回竹筏。我要问的是你们俩谁先到达？”

“小猛游得比我快，一定他先到达。”

“不对，我游得比你快，回头的时候，离竹筏不就比你远了一大段吗?”

“可是你得考虑到，咱们往回游的时候，竹筏在不停地接近咱们。”

“可不是吗？你离竹筏本来比我近，这就更占便宜了。”

虎子和小猛争论不休，可能把你也给搅糊涂了。其实问题是很容易回答的，一看答案你立刻明白了，但是还希望你多想一会儿再看答案。

（答　　案）

前一个问题：小猛在游泳池里游 100 米只要 100 秒钟，平均每秒前进 1 米，他向上水游的时候得减去水流速度每秒 0.5 米，因而每秒只能前进 0.5 米，游 50 米就要 100 秒钟，往回游的时候借着水流速度，每秒可以前进 1.5 米，50 米要游 33.3 秒钟。这样打一个来回，需要 133.3 秒钟，花的力气自然比在游泳池里——在静水里大。还可以这样想：水流的速度要是与小猛的速度相等，小猛向上水游就无法前进；要是超过小猛的速度，小猛还得后退；这就可以想见，在水流速度不超过小猛的速度的情况下，一定是水流速度越大，小猛打一个来回费的力气越大。

后一个问题：两个人同时回到竹筏上。两个人都在溪水中向下水游，竹筏也在流水中向下水淌，受到的水流的作用都一样，等于都在静水里。一个人如果一点儿不松劲，回程的速度就跟去程的速度一模一样，而去程和回程的距离是相同的，花的时间当然也相同，回程的时间就等于前后两声口哨之间的时间。

一九八三年七月刊于《智力》

我看智力测验

花了一个来星期，我才看完了这部五大本的《智力测验大全》。我知道，一部书用“大全”作书名，并无收罗殆尽的意思，只表明它的内容既多且广；而北京少年儿童出版社的这部“大全”，真个做到多而且广；据编者在“前言”中说，五大本“大全”，一共收集智力测验题一千五百余则；其实远远不止此数，有许多题说是一则，其实包含了好几则，多的甚至在十则以上。如果分开来算，有一则算一则，我估计可能超过两千。至于方面之广，看五大本“大全”的目录就可以知道，一共有二十四个门类；虽说分类的准则不一定很科学，有些门类却颇有点儿独创性。各色各样的智力测验题汇编，我看过的不能说少，可是题目之多，方面之广，没有一部比得上《智力测验大全》的。可以说这是这部“大全”的最突出的优点。

我童心未泯，还跟少年儿童一样，非常喜欢智力测验题。尤其在工作得感到疲乏的时候，我常常找一些题目来考考自己，用这个方法来转移大脑的兴奋点，使原先处于松弛状态的一部分脑细胞兴奋起来，来替换已经长时间保持兴奋的那一部分脑细胞。我把这个方法称作积极休息。据说马克思研究数学，也是为了休息。我并无攀附的意思，只是从常识推断，这个方法是行之有效的，实践的结果又确乎如此，因而渐渐养成了这么个习惯，甚至可以说嗜好。此外我还有个习惯，也可以说是嗜好，是长期从事编辑工作养成的，只要碰着文字写成的东西，不由自主地总要咬嚼一番，也可以说评头品足吧。因而我看这部《智力测验大全》，在考考自己的同时，对考自己的题目免不了有些看法。下面就说说我对这部“大全”中的某些题目的看法。

例子只能举比较简单的。“大全”第三册《化学部分》有这么个题目：有五瓶浓酸液，它们是硫酸、硝酸、盐酸、醋酸、氢氟酸，要求读者不用任何试验药剂，把这五种酸鉴别出来。这个题目出得好，对于学过初中化学的读者来说，回答这个题目所需要的常识是具备的，只要把五种酸的性质互相比较一下，找出它们的相异之点，就能作出正确的回答。我认为智力测验题有两个必要的条件：一要让读者能够回答，而不是为了难倒他们；二要让读者经过思考才能回答，否则就成了常识测验，跟智力毫不相干了。每本“大全”后面都附有答案，读者经过思考，如果确实回答不出来，或者回答出来了，觉得没有十分的把握，可以查对后面的答案。这个题目的答案说：用塑料瓶装的是氢氟酸，颜色略带黄的是硝酸，打开瓶塞能闻到醋味的是醋酸，打开瓶塞就冒白烟的是盐酸，剩下的无色无气味的是硫酸。这个答案，我认为写得恰到好处，因为给爱动脑筋的读者留下了进一步思考的余地。读者看了这个答案不禁会想：为什么氢氟酸得用塑料瓶装呢？为什么浓硝酸会略带黄色呢？为什么浓盐酸会冒白烟呢？……既然产生了问题，他们一定会自己去寻求答案的。如果答案把什么都讲得一清二楚，对读者就没有什么启发的作用了。

智力测验题大多出自虚构，也就是说题目所假设的情况，在实际生活中大多是找不着的。就拿上面那个题目来说，装浓酸的瓶子竟然没贴标签，这样大的责任事故，在药房里，在实验室里，几乎没有发生的可能。许多著名的古算题也是如此，什么“鸡兔同笼”啦，“韩信点兵”啦，“和尚分馒头”啦，生活中哪儿会有那样的事儿。可是千百年来，这些算题一直吸引着人们，使人们不得不动脑筋思考。以《数学趣题》为副标题的“大全”第四册一共三百八十二题，包括标明《生活中的数学问题》的一组二十九题在内，几乎没有一个不是出自虚构的，而且都有吸引读者思考的魅力。那么智力测验是不是非虚构不可呢？倒也不是。“大全”第三册的《物理部分》就有许多来自实际生活的题目。例如有个题目问：走路不小心，踢在石头上会向前跌倒，踩着香蕉皮会向后跌倒，一个向前，一个向后，这是什么缘故？题目说的两种情况可能谁都经历过，可是很少有人作过比较。经这么一提，读者会想："真是这么回事儿，以前怎么没注意呢？我得好好想一想。"智力测验的目的不就达到了么？这一类题目如果多一些，能够潜移默化，使读者养成在日常生活中留心体察、乐于思考的好习惯，有利于培养读者发现问题和解决问题的能力。对少年儿童的教育来说，这两者都是非常重要的。

还有两类智力测验题，我也非常欣赏，仍旧举"大全"第三册《物理部分》的例子。有个题目是《如果地心引力增大一倍》，在这个假设的前提下，从五个方面提出了将近十个问题。从衡量方面，问同一物体放在天平上和挂在弹簧秤上，重量是否相等？从计时方面，问用摆的时钟和用摆轮的手表还能不能正确的指示时间？如果不能，该如何校正？如此等等。物理课本在描述和解释各种现象的时候，一般以现实的条件为前提，甚至以"标准状况"、"标准状态"为前提；如今把条件稍稍变换了一下，变换了前提，等于把读者引进了另一个世界，让他们设想在那个陌生的世界里，他们将会碰到一些什么样的新鲜事儿。这一类题目的好处是说不尽的。读者在思考的过程中，会加深对已经获得的知识的理解；还会自然而然地由此及彼，想到许多题目不曾提到的问题。他们的思路必将更加开阔，思想必将更加活泼，而且更加精密。我还欣赏那些鼓励读者动手实验的题目。例如有个题目说：把一张薄纸条按在嘴唇下边，一吹气，纸条会向上飘起来，问是什么缘故。到底有没有那回事呢？我想有的读者一定会怀疑，一定会找一张纸条来自己试一试的。有的题目甚至看了答案，读者还半信半疑，还得自己做个试验。例如有个题目说：用两条相同的棉线，一条系在灯笼上头，把灯笼挂起来，一条系在灯笼下头；拉住下头那条线的下端，使劲往下一扽，问断掉的是上头的线呢还是下头的线。答案说断掉的是上头的线。到底是不是这样呢？我想读者未必都相信，一定有人会用别的什么代替灯笼，自己去做试验，看看结果是不是这样。亲手做实验来证实某一个设想，对实验的结果作出符合实际的解释，这种实事求是的求知的精神得从小开始培养。因而我主张给少年儿童多出一些这样的智力测验题，既鼓励他们动脑，又鼓励他们动手。

有的智力测验题是蒙人的。“大全”第二册《益智游戏》中有个题目说：有块圆形的荒地，直径十丈；圆心上有一根拴羊的木桩；缚住羊的那条绳子只有四丈长，问这只羊能不能吃到荒地外头的草。如果回答“吃不到”，那就错了，因为题目并没说缚羊的绳子已经拴在荒地中央的木桩上了；羊的脖子上或者腿上虽然拴着一条绳子，它的行动并没受牵制，尽可以自由自在地跑到荒地外边去吃草。题目确实蒙人，就钻了你阅读不细心、思考不周密的空子。我对这类蒙人的题目颇有点儿偏爱。一部“大全”，如果全是蒙人的题目，那是不行的；有个百分之一二，我看还很有必要。因为一则，读者即使给蒙住了，还会感到这些题目很有趣儿，甚至越是受蒙越感到有趣儿。二则，可以让读者考一考自己的注意力是否集中，能不能一下子就抓住漏洞，不让人钻了空子。还有一种蒙人的智力测验题，也许我过于粗疏，在这部“大全”中没找着典型的例子。那些题目为寻求解答提供了许多条件，其中用得上的其实只有一个两个，读者得自己去挑选；有的甚至一个也用不上，甩开了这些条件，问题反倒迎刃而解了。有人不太同意用这种办法出题目，认为不应该把读者的思想搅乱，甚至引入歧途。我另有看法，在解决实际生活中的问题的时候，并没有谁给我们指出具体的思路，也没有谁为我们准备好解决问题的必要条件。思路往往有好多条，哪一条对我们最合适，我们用起来最简捷，得由我们自己选择；条件就更多了，大多徒乱人意，我们得把没用的剔去，单留下有用的来解决我们的问题。从这个角度看，在题目中掺杂一些似是而非的条件，不正是为了培养读者解决实际问题的能力吗？所以我认为这样的题目也可以出，可是不能太多；太多了，怕少年儿童一时接受不了。

“大全”中有些题目，似乎不属于智力测验的范围。例如第二册的《语文故事》中，有个题目是从《世说新语》改编过来的，说的谢安和侄儿谢朗、侄女谢道韫赏雪的故事。题目说：谢安问侄儿侄女，“白雪纷飞何所似？”谢朗回答说：“撒盐空中差可拟。”谢安认为这样比拟不太确切。谢道蕴也念了一句七个字的诗句。谢安听了拍手大笑，说“风吹柳絮上云霄，正像雪花漫天飞舞。”于是问读者：谢道蕴吟的是怎样一句诗？读者如果知道这个故事，当然能立刻回答：“‘未若柳絮因风起’。”不知道这个故事的人，虽然看了题目所作的提示，恐怕也只能交白卷。

经过思考得不到答案的题目，恐怕不能算作智力测验，而只能成为常识考试了。把有趣的故事改写成智力测验题，“大全”作了许多尝试，有成功的，也有不太成功的。这个题目可以说是个不太成功的例子。倒不如让读者讨论一下，为什么说谢道韫的比喻胜过谢朗。不过这样一改，似乎跟智力测验离得更远了。

一九八四年一月

介绍《打开原子的大门》

书名直截了当，表明这本书讲的是科学家怎样进入原子内部，怎样研究原子的内部结构的历史。作者讲了一连串小故事，讲在科学家的实验室里出现了什么样的奇迹，科学家如何猜想，如何假设，为了证实他们的猜想和假设，怎样设计了新的实验，结果出现了什么样的新的奇迹。新的奇迹引出了新的课题，猜想、假设和新的实验又从这儿开始。故事首尾衔接，一环扣一环，错误和正确，失败和成功，波澜起伏，错综复杂，扣人心弦的程度不亚于探险故事。

对原子内部的探索已经持续了一百几十年了，一代又一代的科学家从老一辈的手里接过火炬，在前进的道路上留下了自己的足迹。本书的作者记录了每一位科学家的功绩，又把各人的科学构想贯串起来，理成了一条清晰的思路。有了这样一条科学的思路，复杂而零星的历史事件变得条理分明而容易理解了；少年读者读了，还能体会科学发展的必然进程和一般规律。作者最后向少年读者指出，跟所有不同门类的科学一个样，对原子内部的探索远远没有结束：“物质世界是无穷的，人类的认识是无穷的，科学的发展也是无穷的。”我想读过这本书的无数少年朋友，将来总有一部分会参加这一向原子深处进军的无穷行列。

一九八六年七月二十八日

读《昆仑天梯》

朱毅麟小朋友的《昆仑天梯》讲了一个大胆的设想，把我这个年近古稀的老读者也吸引住了。造一条“天梯”，让人们爬到顶上就可以脱离地球引力的影响，有这个可能吗？我一边读一边想，朱毅麟小朋友有条不紊地，逐个回答了我想到的问题。

朱毅麟小朋友说，要脱离地球引力的影响，人们必须爬到离地面三万八千五百公里的高度。造一条这样高的梯子是不可能的，要让它受得住本身的重量而不至于垮下来，它的底部面积至少得跟一个江苏省那么大。

是不是绝对不可能呢？朱毅麟小朋友先举铁丝作引，他说：“让一根一米长的一毫米粗的细铁丝直立在地上，铁丝本身的重量就会把它压弯。如果用这根铁丝来吊挂东西，它却能吊起一辆摩托车。”从这个说服力很强的例子，引出了把“天梯”挂在地球同步卫星下边的设想。

三万五千八百公里长的“天梯”，一级一级往上爬，哪年哪月才爬得到顶呢？朱毅麟小朋友紧接着回答说：天梯可以“做成管道式的，里面通电梯。管道用电磁材料或线圈做成，利用电磁力推动电梯上升。”电力可以由卫星上的太阳能电站供给。电梯越往上升越省电，因为地球引力的作用在逐步减小；下降更省力，有地球引力的作用，用不着电了。

我又想，造这样高的“天梯”有什么用呢？朱毅麟小朋友说：电梯靠惯性的作用，不但能到达地球卫星，还可以上升到离地面十八万公里的地方。原来在三万八千五百公里以上，管道还有一大截哩。人们到了那个地方，飞往月球或别的行星就省力多了。“天梯”名副其实地成了上天的阶梯。

朱毅麟小朋友说，这是“科学家们的设想”。设想虽不是他的，可是他理解得这样透彻，复述得这样明白，实在很不容易。他还把古老的传说——昆仑山上的“建木”作楔子，引出科学家们这一大胆的设想，使我看到题目，就不得不把这篇科学小品一口气读完。

一九八六年九月七日

从小开始训练自学

——《从小学起》智力竞赛发奖大会上的讲话

一年级到四年级小学生的《从小学起》智力竞赛，从一九八五年四月开始筹备，经过了一年半的时间，到今天——一九八六年十一月二十一日圆满结束。竞赛的成果现在已经摆在咱们的面前，每一件都闪烁着智慧的光芒，我相信凡是看到的人都会跟我一样，感到兴奋不已。

咱们看到在这次智力竞赛中，孩子们都动手又动脑，他们自己实验，自己观察，自己翻阅图书，自己作出推理，还用自己的语言作出了合乎逻辑的论断。

咱们看到在这次智力竞赛中，孩子们都发挥了他们的想象力和创造力。他们自己设计了许多新型的智力游戏，改进了他们认为不尽满意不尽合理的用器和工具，还用自己的语言为他们的设计和改进作了有条有理的说明。

一年级到四年级的小学生，年龄最大的也不过十岁左右。在一般成人的眼睛里，他们还是无知无识的娃娃，只能在老师和家长的督促下，学习规定的功课，完成规定的作业。离开了督促，他们还能干出些什么来呢？看了这次智力竞赛的成果，这样的老观点一定会得到纠正。咱们的孩子既聪明又能干，而且满怀着求知的欲望和进取的精神。只要稍加引导，他们就会创造出无数出人意料的事物来。

咱们举办《从小学起》智力竞赛，只想为教育改革作一次小小的尝试。咱们认为对孩子们来说，学习本来是极其有趣的事儿，爱好学习是孩子们的天性，只要引导得当，应顺他们的身心发展，他们就会自觉自愿地学，有滋有味地学，用不着督促，更用不着逼迫。竞赛的成果表明咱们的设想没有错，是行得通的。希望老师们和家长们都能注意这次成功的尝试，共同创造出一条启发孩子们自觉学习的路子来，让他们从小开始就训练自己学习的本领，将来长大了都成为富有创造性的开发型人才。

一九八六年十一月十八日

舍“鱼”而取“熊掌”

孟子有个鱼和熊掌的比喻。他说，鱼和熊掌他都爱吃。如果“二者不可得兼”他宁可“舍鱼而取熊掌”。假如有这样两件玩具，让我任意挑选一件，我将怎么办呢？

一件是遥控电动车。只要摆弄控制盒上的按钮，电动车接受指令，会自己开动，自己左右拐弯，自己停止；连车灯的或亮或暗，都听从控制盒发出的信号控制。

一件是组合式机械模型。十来种不同的零件：滑轮啦，挂钩啦，轮轴啦，钢梁啦，螺丝螺母啦……按着现成的图纸，用这些零件就可以装配成各种各样的机械模型，也可以自己设计，装配成图纸上没有的机械模型。

两件玩具都合我的意，“鱼”和“熊掌”都是“我所欲也”。可是“二者不可得兼”，我将把哪一件当作“鱼”，哪一件当作“熊掌”呢？我只好这样说，请把遥控电动车让我玩一会儿，只消一会儿就够了，等我把控制盒上的按钮一个个都按遍了就马上奉还。我要的是那一盒组合式机械模型。要是有空闲的话，我玩儿上了就舍不得放开手。

同样是科学玩具，我为什么厚此而薄彼呢？遥控电动车用上了新的科学技术，所以使人们（不论大人和孩子）感到新奇，都想摆弄一下控制盘，看电动车是怎么听从各种指令运动的。等到我把按钮按遍了，这种原始的好奇心就满足了，结论是使用遥控技术果然方便。如此而已。要在玩儿中学到什么遥控的知识，那是办不到的。我想，这一类玩具的设计思想，可能是如何巧妙地运用科学技术，创造出各种新奇的玩具来，吸引人们——从老头儿到孩子——都来玩儿。设计师是很花了一番功夫的。玩的人也确乎得到了乐趣。只是玩儿现成的过于省心省力，常使人感到不满足。有的孩子玩具一到手就让他给拆了，原因恐怕就在这儿。

组合式机械模型不是现成的玩具，你要玩儿得自己装配，装配的过程就是玩儿。一个模型装配成了，玩儿也告一段落，于是拆了重来，玩儿重新开始，装配另一个模型。设计这样的玩具并不简单，设计者得分解常见的各种机械，设计出各种通用的零件，要让这些零件在装配各种模型时都用得上；还得设计出运用这些零件能够装配成的各种模型来；还得为没有机械常识的孩子着想，这一类玩具的设计思想，应该是如何让孩子在玩儿中间受到启发，受到鼓励，学到技能，学到知识，甚至产生强烈的创造的欲望。兴趣可能就在这儿。而且所有这些都是在不知不觉之中自然获得的，归根结底无非是玩儿嘛。

这就是在“二者不可得兼”的前提下，我舍“鱼”而取“营养”更加丰富的“熊掌”的全部理由。因此，我非常乐意接受邀请，参加“天使杯”智力玩具设计评选活动的工作。

一九八七年四月

太阳·月亮·星

一、咱们的老家——地球

咱们生活在地球上。

地球是一个很大很大的大圆球。从人造地球卫星拍得的照片上，地球的球形看得很清楚。

咱们中国是一个很大的国家，面积九百六十万平方公里。地球面上，可以容得下五十多个中国。

超音速飞机飞得很快，一个小时大约能飞二千公里，也就是四千里。但是绕地球飞一个大圈，连续不停地飞，它也得花二十个小时。

那么，地球到底有多大呢？

说一个球的大小，通常只要说它的直径有多长。地球的直径将近一万三千公里，也就是将近两万六千里。

这样大的一个很结实的球，当然是很重的。地球有六十亿兆吨重（“兆”就是一万亿）。一吨是一千公斤，也就是二千斤。合算起来，地球有十二兆兆斤重。

地球内部从外到里分作三层，就是地壳、地幔和地核。地壳平均厚十五公里，也就是三十里。在地球的总体积当中，地壳只占二百分之一。地幔大约厚二千九百公里。地核又分作外核和内核，外核大约厚二千一百八十公里，内核的半径（直径的一半）是一千二百五十公里。

地球表面的总面积有五亿一千万平方公里，百分之七十一是海洋，陆地只占百分之二十九。

地球上到处是水：海洋里是水，江河里是水，空气中的潮气也是水，天空中飘浮的云也是水……如果没有水，一切动物和植物都活不下去。

地球外面包着一层很厚的空气。这一层空气是许多种气体混合成的，里面有一种最重要的气体叫作氧。空气中如果没有氧，一切动物和植物也都活不下去。

地球像陀螺一样，在不停地旋转。地球旋转的方向是自西向东的。所以，咱们住在地球上，看到太阳、月亮和星，都从东方升起来，越过天空，向西方落下去。

地球自己旋转一次，叫做一天。一天分成二十四个小时。

地球总有半面对着太阳，另外半面背着太阳。地球又在不停地旋转，所以地球上的每个地方，都有白天和夜晚的变化——对着太阳的时候是白天，背着太阳的时候是夜晚。

地球除了自己旋转以外，还不停地绕着太阳转圈子。地球离太阳很远，绕一个圈得走九亿五千万公里。地球一秒钟能走将近三十公里，也得三百六十五天多才能绕太阳转一个圈子。

地球绕太阳转一圈，叫做一年。一年分为春夏秋冬四季。地球上的大部分地方，天气都随着四季的转换而变化。拿咱们中国来说，大部分地方都是冬季比较冷，夏季比较热，春秋两季天气比较温和。

太阳光照在地球上，使地球上得到光，得到热。地球上的光和热，几乎全都是从太阳来的。

地球上也有些地方，一年到头都很冷；还有些地方，一年到头都很干燥。但是大部分地方都有气候温暖的季节，都有足够的水和阳光，适宜动物和植物生长。

关于咱们的老家——地球，咱们先说到这里。后面讲到太阳、月亮和星的时候，咱们还常常要拿地球来比照。

二、光和热的泉源——太阳

太阳是一个又热又亮的星球。地球离太阳很远，大约有一亿五千万公里，也就是大约三亿里。

前面说过，超音速飞机一个小时能飞二千公里。如果它能够飞到太阳去，也得花八年半的时间，才能走完这样长的路程。

光传得最快，一秒钟能传三十万公里。可是从太阳发出来的光，也得花八分二十秒钟才能传到地球上。也就是说，咱们在任何时候看到的太阳光，都是太阳在八分二十秒钟以前发出来的。

太阳很大，它的直径有一百四十万公里，是地球的直径的一百零九倍。如果地球像一团泥，咱们得用一百三十万个这样大小的泥团揉在一起，才能搓成像太阳一般大的一个大球。

但是太阳跟地球不同，它不是一个坚硬结实的球，而是一大团气。太阳非常热，表面上有摄氏六千度，中心达到一千五百万度。在这样热的太阳上，任何东西都化成气了。

咱们看太阳，只能看到太阳的明亮的表面层，看不见太阳内部的情况。太阳的表面层叫做“光球”。有时候，光球上会出现一些黑点，这是翻腾的热气卷成的旋涡。大的旋涡竟可以并排放下七八个地球。

光球外面还包着一层玫瑰色的“色球”，好像一片火海。有时候，突然喷出一股火焰，好像一个巨大的火舌。这种火焰叫做“日珥”，通常有几个地球的直径那样高，最高的竟有地球的直径的一百倍。

太阳周围还包着一厚层很稀薄的气，叫做“日冕”。日冕没有一定的形状，也发光，可是比太阳本身要暗淡得多，所以咱们通常看不见它。

太阳像地球一样，自己也在不停地旋转。但是太阳不是一个结实的球，而是一团气，所以它不是整个一起转，而是中间转得快些，二十五天多一点转一个身；两头转得慢些，大约要慢十天。

太阳不断地向四面八方放射出光和热。地球受到的光和热，只不过是太阳放射出来的二十二亿分之一。咱们在地球上已经觉得很暖和，白天也已经很光明了。可以想见，太阳放射出来的光和热是非常多的。

太阳怎么会不断地放射出这么多光和热来呢？

从前，许多人以为太阳像火炉里的煤一样，它不停地燃烧，所以不断地放出光和热来。

煤是很容易烧完的。有人算过，太阳要是真的像煤一样地在燃烧，只要五千多年，它就会全部烧个精光。照这样算起来，要太阳永远燃烧下去，光和热一点也不减弱，那么隔不到六天就得给它添一个地球那么大的一个大煤球。

所以太阳像煤一样地在燃烧的说法，是完全讲不通的。

那么，太阳的光和热到底是哪儿来的呢？

这个问题，一直到原子能发现以后才得到解答。原来在太阳里，有许多比较小的原子核在不断地合并成比较大的原子核，同时放出光和热来，这就是热核反应①。如果说太阳是一个大火炉，那么它就应该是一个用原子作燃料的大火炉。

用原子作燃料是非常节省的。一公斤原子燃料能抵得上三十亿公斤煤。虽然这样，太阳每一秒钟也要用掉四百万吨原子燃料。

四百万吨就是四十亿公斤，也就是八十亿斤，这个数目可不小呀！一秒钟就用掉那么多，太阳不会越变越小吗？它发出来的光和热，不会越来越弱吗？

这样担心是完全用不着的。前面说过，太阳有一百三十万个地球那样大。它虽然是一团热气，但是也有地球的三十三万倍重，将近二千兆兆吨。把每秒钟用掉的四百万吨和二千兆兆吨相比，真可以说是“九牛一毛”。所以在千万年以内，太阳仍旧能够像现在这样光辉照耀，不断地把足够的光和热供给住在地球上的一切动物和植物。

三、离咱们最近的月亮

天空里除了太阳，最亮的就数月亮了。咱们总把月亮跟太阳相提并论，其实他们是两个完全不同的星球。

太阳能自己发光。它非常亮，亮得使咱们的眼睛不能对正它看。月亮却不是这样。它的光很柔和。原来月亮自己并不放光，要太阳把它照亮了，咱们才能够看见它。月亮光就是被月亮反射出来的太阳光。

太阳只能照亮月亮的半面。每逢阴历月半，月亮被太阳照亮的半面正好对着地球，晚上，咱们就看到一个圆圆的月亮。每逢阴历初一，月

① 注：物体是由很小很小的微粒——分子组成的。分子又由一种或一种以上的原子组成。各种原子都是由电子和原子核组成的。但是不同的原子，核的质量有轻有重，各不相同。质量轻的原子核在几千万度以上的高温下，能合成重的原子核，同时放出大量的能量。这个反应就叫“热核反应”。

亮背着太阳的半面正好对着地球，晚上，咱们就看不见月亮了。这正好说明，要不是太阳把月亮照亮了，咱们就没有法子看见它。

月亮被太阳照亮的半面有时候对着地球，有时候又背着地球，这是因为月亮在绕着地球不停地转圈子的缘故。咱们在地球上看月亮从缺到圆，又从圆到缺，变化一周，就是阴历的一个月。

有时候，月亮转到太阳和地球之间，正好把太阳射到地球上来的光挡住了。咱们看到一个边界很分明的圆圆的黑影子把太阳遮住了，这个黑影子其实就是月亮。月亮遮住太阳叫做“日食”。日食总发生在阴历的初一。

有时候，地球在太阳和月亮之间，正好把太阳射到月亮上去的光挡住了。咱们看到一个模糊的圆圆的影子映在月亮上，月亮变暗了，成了古铜色。这个影子就是地球的影子。地球的影子映在月亮上叫做“月食”。月食总发生在阴历的月半。

并不是每逢阴历初一都会发生日食。因为月亮绕地球转的圈子和地球绕太阳转的圈子不在一个平面上。在地球上看月亮，有时候月亮从太阳的上面或者下面经过，就不会遮住太阳。同样的道理，每逢阴历月半，月亮要是从地球影子的上面或者下面经过，地球就挡不住照到月亮上去的太阳光，就不发生月食。

日食和月食发生的时候，有的人很害怕，以为将要发生什么灾难了。有的人说，这是天狗把太阳和月亮吃掉了。他们敲锣打鼓，想吓跑天狗，好把太阳和月亮救出来。明白了日食和月食的原因，就知道这些说法没有一点科学根据。咱们知道了地球绕太阳是怎么转圈子的，月亮绕地球又是怎样转圈子的，就可以预先计算出来，日食和月食将要在哪一天哪一时刻发生。

月亮在圆的时候，看去好像跟太阳一般大。其实月亮要小得多，因为它比太阳离地球近，咱们在地球上看，它们的大小好像差不多。

月亮比地球还要小，直径不到三千五百公里。要四十九个月亮揉在一起，才能搓成地球一样大的一个球；八十一个月亮才跟一个地球一样重。

月亮离地球不到三十九万公里，是咱们地球最近的邻居。如果超音速飞机能够飞到月亮去，只要花八天工夫就够了；而飞到太阳去，得花八年半。

太阳是一团气，月亮却跟地球一样，是一个坚硬结实的球。它比地球轻得多，只有地球的八十一分之一重。

咱们听说过许多月亮的故事：嫦娥奔月啦，唐明皇游月宫啦，吴刚砍桂花树啦，张果老打草鞋啦……这些故事都说月亮上有宫殿，有树木花草，还有仙人，有会捣药的白兔，有三条腿的蛤蟆，把月亮上的世界讲得比地球上还要美丽。这些都是神话和传说，有的说法甚至是迷信。

咱们在地球上望月亮，它的确很美丽。但是月亮上没有水，也没有空气。咱们知道，植物和动物都要靠水和空气生活。月亮上缺少这两样东西，当然不会有树木花草，不会有任何动物，更不用说什么美丽的宫殿了。

因为没有空气和水，月亮上不会刮风，也不会下雨；但是天气非常坏，热的时候，热得比开水还要烫，冷的时候，又比地球上最冷的地方还要冷得多。天气这样坏的主要原因有两个：第一是月亮上没有空气和水来调节温度和保持温度；第二是月亮上的白天和黑夜都比地球上的长许多倍。

月亮绕地球转一个圈子，同时自己也正好旋转一次，所以月亮上也有白天和黑夜的变化。月亮自己旋转一次得花将近二十八天（地球上的），所以月亮上的一日一夜差不多跟地球上的二十八天一样长。月亮上的任何地方都连续有十四天（地球上的）是白天。晒到太阳的时间这样长，当然会热得厉害；跟着又是十四天（地球上的）漫长的夜晚，一点晒不到太阳，当然又会冷得惊人。

月亮跟地球一样，上面有开阔的平原，有连绵不断的山脉，有又高又尖的山峰，还有笔直陡峭的峭壁，有很深的沟，只是没有海洋，因为月亮上没有水。太阳光照在月亮上，有的地方反光强，有的地方反光弱，有的地方又照不到太阳光。所以咱们看去，月亮上有浓的和淡的影子。

月亮上还有许多圆环一样的山，四周高，中间向下凹，很像地球上的火山的喷火口。月亮上的环形山非常多，有的大，有的小，几乎到处都是。有人说它们是早已熄灭的火山，也有人说它们是流星落在月亮上打成的深坑。

一九六九年，载人的宇宙飞船飞到了月亮的上空，飞船上的人乘了登月艇，降落在月亮上。他们看到的月亮上的景象，跟过去推测的没有什么大的差别。他们在月亮上设置了各种探测仪器，作了各种科学考察，还把月亮上的岩石带回到地球上来，作为科学研究的材料。

月亮绕地球转圈子的时候，只有半面老是对着地球，另外半面却老是背着地球。所以咱们只能看到月亮对着地球的半面。直到一九五九年，一个行星际站绕到了月亮背面，给月亮的背面拍了照片，用无线电传送到地球上，咱们才知道，月亮背面的情形跟咱们看到的半面没有多大的差别。

四、恒星、行星和卫星

地球不停地绕太阳转圈子。咱们把地球叫做太阳的“行星”。

绕太阳转圈子的行星有许许多多，最大的已经发现了九个。地球就是九个大行星*中的一个。

九个大行星绕太阳转圈子，太阳好像站在中央不动，所以咱们把太阳叫做“恒星”。

天空里的恒星多得数不清，都是能自己发光发热的星球。太阳不过是无数恒星中的一个，也是离咱们最近的一个。关于别的恒星，咱们留在以后再讲。

咱们又把月亮叫做地球的“卫星”。因为月亮不停地绕着地球转圈子，好像是地球的一个卫兵。

地球只有月亮这一个卫星。别的大行星有的没有卫星，有的有几个、甚至十几个卫星。行星和卫星都不能自己发光，要靠太阳把它们照亮了，咱们才能够看得见它们。

后面，咱们就要讲到地球以外的八个大行星和几个大行星的卫星。

五、离太阳最近的水星和金星

比地球离太阳近的大行星只有两个，一个叫水星，一个叫金星。

水星离太阳最近，只有五千七百九十万公里。它绕太阳转的圈子比

---

* 现在的结论是太阳系有八大行星。2006 年 8 月 24 日第 26 届国际天文联会通过决议冥王星被划为矮行星，从太阳系九大行星中除名。

地球转的小得多，转得又比地球快，一秒钟能转将近四十八公里，所以只要八十八天（地球上的）就能绕一个圈。也就是说，咱们在地球上过了一年，水星已经绕太阳转了四圈多了。

水星离太阳那么近，咱们在地球上看，它常常被太阳的强烈的光芒掩没了，很不容易看清楚它。有些日子，它在太阳快要升起来之前，出现在东方靠近地面的天空里；也有些日子，它在太阳才落山以后，出现在西方靠近地面的天空里。

论个儿，水星是九个大行星中倒数第二。它比月亮稍大一点儿，比地球小得多。它的直径是四千八百公里，超音速飞机如果绕水星转一个大圈子，花不了八个小时。

水星绕太阳转圈子的时候，自己也在慢慢地旋转，旋转一次相当于地球上的五十九天。水星上也有白天和黑夜的变化，一昼夜的长短相当于地球上的一百七十六天。

水星离太阳这样近，一天又这样长，白天和夜晚的气温相差很大。所以在水星上，不可能有什么植物和动物。

一九七四年，“水手 10 号”宇宙飞船从距离水星几百公里的地方飞过，拍了好多水星的照片。从照片上看，水星和月亮一样，也有好多环形山，还有平原、盆地、山脉和陡坡。

金星离太阳一亿零八百万公里，比水星远。它绕太阳转一个圈只要二百二十五天（地球上的）。也就是说：咱们在地球上才过了七个半月，金星就绕太阳转了一个圈了。

咱们在地球上看，金星是天空里最亮的星。它跟水星一样：有些日子在太阳上升以前出现在东方的天空里，也有些日子在太阳落山以后出现在西方的天空里，常常比水星离地面高。金星在太阳上升以前出现，叫做“启明”；在太阳落山以后出现，叫做“长庚”。有人把启明和长庚当作两颗星，其实是弄错了。在金星特别亮的时候，也有人叫它“太白金星”。

金星比地球稍稍小一点儿，直径是一万二千多公里。它外面包着一层很厚很浓的云，咱们用了最好的望远镜，也看不清楚它的表面。直到最近才知道，金星自己也在旋转，转一次要二百四十三天。金星上的一昼夜，相当于地球上的一百一十四天。

一九七八年十二月，四个空间探测器接连降落在金星上，发现金星的浓厚的大气，主要成分是二氧化碳。二氧化碳容许太阳光通过，却阻止热量发散。所以金星的表面很热，达到摄氏四百八十五度。从温度来推测，金星上不可能有植物和动物。

因为水星和金星都比地球离太阳近，它们有时候把被太阳照亮的半面对着地球，有时候把背着太阳的半面对着地球。咱们用简单的望远镜，就可以看出水星和金星跟月亮一样，也有圆和缺的变化。这种现象，比地球离太阳远的大行星是不会有的，因为它们老是把被太阳照亮的半面对着地球。

到目前为止，还没有发现水星和金星有卫星。它们都是孤零零的。太阳系的九个大行星中，只有它们没有卫星。

六、跟地球相像的火星

比地球离太阳远的大行星还有六个，按照从近到远的顺序来说，它们是火星、木星、土星、天王星、海王星和冥王星。

火星是咱们知道得最清楚的一个大行星，也是跟咱们的地球最相像的一个大行星。它的颜色是红橙橙的，好像火一样，所以叫“火星”。

火星离太阳不到二亿三千万公里，是地球离太阳的距离的一倍半。它绕太阳转的圈子也比地球绕的大一倍半，走得又比地球慢，一秒钟走二十四公里，所以绕太阳转一个圈要一年零十个半月（地球上的）。也就是说，咱们在地球上过了一年零十个半月，火星上才过了一年。

火星比地球小，在九个大行星中，论个儿，它排倒数第三。它的直径是六千七百公里，只有地球的一半多一点儿。

火星跟地球一样，它上面有四季的变化，也有白天和夜晚的变化。火星上的一年比地球上的长，四季当然也比地球上的长。白天和夜晚的变化却跟地球上差不多，因为火星自己旋转一次，只比地球自己旋转一次多花半个多钟头（地球上的）。

火星上也有空气，只是比地球上的空气稀薄得多。地球的南极和北极积着终年不化的冰，火星的南极和北极也有白色的极冠。火星的极冠非常薄，它不是水结成的冰，而是二氧化碳结成的干冰。火星的北半球到了春天，北极的极冠会逐渐缩小。这种情形正像地球上的一样。地球的北半球到了春天，北极附近的冰开始融化，被白色的冰雪覆盖的地区也会逐渐缩小。

火星上有些地方忽然被一层黄色的薄雾遮盖了，这是被风刮起来的尘土。这样的尘暴是经常发生的，有的规模很大，甚至席卷整个火星，时间长达个把月。

火星上即使有水，也比地球上少得多。地球面上有三分之二的部分是海洋，火星上却没有这样的海洋。地球上时常有很厚很浓的云，火星上却没有发现过有什么地方被云遮盖了。

火星面上也有很多环形山，还有一些山脉和峡谷。一九七六年，宇宙飞船在火星上着陆，拍了好多彩色照片，可以看出许多地方铺盖着红色的含铁氧化物，看起来这就是火星的颜色发红的原因。

火星比地球离太阳远，受到的太阳光比较少，当然比地球冷。但是火星上在正午的时候，天气也并不太冷，足以使冰雪融化。

火星上有比较稀薄的空气和很少的水，温度虽然比较低，也不算太冷。那么，火星上到底有没有什么活的东西呢?

火星上有一些浅蓝色和粉红色的斑点，这些斑点随着季节的转换而改变颜色。在地球上，随着季节而改变颜色的，只有长着成片植物的地区：春天植物发出嫩芽，夏天绿叶成荫，秋天黄叶飘落，到冬天只剩了枯枝。因此有人推测，火星上这些随着季节改变颜色的斑点，可能就是生长植物的地区。

过去一直传说，火星上有许多网一样的直线，它们都是一条一条的运河，是有高度智慧的动物为了灌溉田地而有计划地开凿的。现在已经证实，所谓的“运河”并不存在，实际上是一连串暗的环形山和暗的斑点。

火星上到底有没有生命？这个问题已经争论了好几十年了。一九七六年发射的两艘宇宙飞船，就是专为解决这个问题在火星上着陆的。通过许多种试验，没有发现生命的迹象，至少在飞船降落地点的附近是这样。至于整个火星有没有生命，还是一个没有完全解决的问题。

火星有两个卫星，也就是说，有两个“月亮”在绕着火星转圈子。

这两个“月亮”离火星都不太远，近的一个不到一万公里，远的一个也只有二万几千公里。它们都很小，直径都只有十公里左右。所以在火星上看，它们只不过像两颗比较亮的星，决没有像咱们在地球上看月亮这样美丽。

七、两个最大的行星——木星和土星

比火星离太阳还远一些的大行星是木星。

木星是行星中最大的一个。如果把其他的八个大行星加在一起，也不及木星大。它的直径将近十四万三千公里，是地球的直径的十一倍多。虽然木星离太阳的距离是地球离太阳的五倍多，因为它很大，咱们在地球上看，有时候它比火星还要亮。

木星离太阳更远，绕的圈子也更大。它又走得比火星还要慢，所以要将近十二年（地球上的）才能绕太阳转一个圈。它自己也不停地旋转，不到十个钟头就转一次。

木星看起来是扁圆的。它外面包着很浓很厚的云层，有白色的，有橙色的，有棕色的，有褐色的，有的亮些，有的暗些。云层中心大概也是个结实的球，也像地球一样在旋转。包在外面的云层跟着中心的球转圈子，因而成为一条一条的横带。赤道部分的云层转得快些，因而向外凸出，使木星成为一个扁圆的球。在云层上还有一个大红斑，至少已经存在三百年了，这是别的行星上都没有的。

一九七九年，两艘宇宙飞船先后飞过木星附近，发现木星上的云层像波涛一样在激烈地翻滚，大红斑像巨大的旋风一样在旋转；还发现木星的空气里有碳、氧、硫等元素和少量的铁元素，跟地球上的空气很不相同。可以推测，木星上温度很高，不可能有生物。

木星的卫星最多，已经发现有十四个，其中两个比水星还大，两个跟地球的月亮差不多大，其余的大的直径一百几十公里，小的直径十来公里。咱们如果到了木星上，夜晚可能同时看到几个“月亮”出现在天空里。

宇宙飞船发现木星的第一个卫星上至少有六个火山在喷发，喷发的规模比地球上的大得多。在地球以外的天体上发现火山，这是第一次。

这个卫星的表面比较平坦，不像地球的月亮有那么多环形山。

宇宙飞船还发现木星也有一个环。以前只知道土星和天王星有环，木星是第三个发现有环的行星。木星的环是由许许多多黑色的石块组成的，它们像卫星一样，都绕着木星在转圈子。

比木星远的大行星是土星。土星离太阳的距离是地球离太阳的九倍半。它比木星小一点，直径也是地球的九倍半，在九大行星中数第二。

土星绕太阳转的圈子比木星绕太阳的还要大，它又走得比木星慢，每秒钟不到十公里，所以要十九年半（地球上的）才能转一个圈。它自己也不停地旋转，旋转一次是十个钟头多一点儿（地球上的）。

土星有许多情形都跟木星差不多。它也是扁圆的，各部分旋转的快慢也不一样。它的中心可能也是一个结实的球，外面包裹着一层很浓很厚的云。它上面的空气也跟木星上的一样，所以也不可能有跟地球上一样的植物和动物。

土星也有许多卫星，已经发现了十个，其中一个比地球的月亮大。九个行星的别的卫星上都没有空气，但是很奇怪，土星的这个最大的卫星上却有空气。

人们早就发现，土星有一个美丽的光环。这个光环很宽，从里到外分为四层，但是很薄。土星的光环是无数碎石块组成的，也像卫星一样，绕着土星在转圈子。它们自己并不发光，也是太阳把它们照亮了，咱们才可以用望远镜看到它们。

飞过木星的两艘宇宙飞船，正在朝着土星飞去，不久以后，将会告诉咱们许多关于土星的新知识。

八、离太阳很远的三个大行星

前面讲到的水星、金星、火星、木星和土星，都只要凭眼睛就可以看到，所以咱们的祖先很早就知道它们了。咱们的祖先把“五行——金、木、水、火、土”给它们起了名字，还把它们跟太阳和月亮合在一起，叫做“七曜”，意思就是在天空里照耀的七件东西。

咱们的祖先不知道此外还有三个大行星——天王星、海王星和冥王星。这三个大行星，离太阳都太远了，又不很大，所以不用望远镜是看不见它们的。

天王星离太阳二十八亿公里以上，是地球离太阳的距离的十九倍多。它要八十四年（地球上的）才能绕太阳转一个圈。它比地球大，直径将近地球的四倍。

海王星离太阳将近四十五亿公里，是地球离太阳的距离的三十倍。它要一百六十五年（地球上的）才能绕太阳转一个圈。它和天王星几乎一样大。

冥王星更远了，它离太阳五十九亿公里，是地球离太阳的距离的三十九倍半。前面说过，光传得最快，一秒钟能传三十万公里。冥王星离太阳那样远，太阳发出来的光也要经过五个半钟头才能传到冥王星上。

冥王星绕太阳转一圈要二百四十八年（地球上的）。这是九大行星中最小的行星，直径只有二千四百公里，还不及咱们地球的卫星——月亮大。

天王星、海王星和冥王星自己也都在旋转。天王星十小时又三刻钟（地球上的）转一次，海王星十五小时（地球上的）转一次，冥王星要六天多一点（地球上的）才转一次。

天王星和海王星上也有空气，但是跟地球上的空气不同。它们离太阳这样远，一定非常冷。它们上面不可能有什么植物和动物。冥王星上还没有发现有空气，但是可以断定，它上面一定也不会有活的东西。

天王星有五个卫星，海王星有两个卫星，冥王星直到一九七八年才发现有一个卫星。

近年来才发现，天王星也有光环，从里到外，一共分九层。天王星是太阳系里第二个发现有光环的行星。

九个大行星，咱们一个个都讲到了。这里要说明一点，大行星绕着太阳转的圈子并不是正圆的，只是接近正圆。它们有时候离太阳稍近一些，有时候离太阳稍远一些，但是远近相差不多。咱们前面讲它们跟太阳的距离，都是远和近的平均数。

九、小行星、彗星和流星

除了九个大行星，绕着太阳转圈子的还有无数的小行星、彗星和流星。

小行星都比咱们的地球的月亮要小得多。最大的一个，直径也只有一千公里，超音速飞机如果在这个最大的小行星上，只要一个半小时就能绕一个大圈。最小的小行星直径不到一公里，还没有地球上的一座山大。它们简直像山一样，形状很不整齐，不像大行星那样是一个一个的圆球。它们上面都没有空气和水。

大多数小行星都比火星离太阳远，又比木星离太阳近。大行星绕太阳转的圈子都差不多是正圆的；小行星却不是这样，它们绕太阳转的圈子大多要扁些，其中有极少数，离太阳远的时候，比木星甚至土星还远；近的时候，又比金星还近。

因为小行星绕的圈子是扁圆的，它们有时候离地球很近，咱们用眼睛就可以看见它们；但是等它们走得远了，咱们用了望远镜也找不到它们了。直到现在，已经发现和正式编号的小行星已超过二千个。小行星的总数估计在四万以上，有的小行星也有自己的卫星。

彗星也叫扫帚星。它们大多绕着太阳转很扁很长的圈子。有的彗星离太阳近的时候，甚至比水星还近；远的时候，甚至比木星、土星、天王星、海王星、冥王星更远。在走近太阳的时候，它们会拖出一条很长的尾巴，好像一把扫帚；越近太阳，它们的尾巴也越长，甚至长到几亿公里；到离太阳远的时候，它们就没有尾巴了。

彗星大多数比地球大得多，有的甚至比太阳还大。但是彗星不是一个结实的球，而是聚集成一团的无数大大小小的石块，和这团石块在一起的，还有冻成冰块的气体。咱们所以能看到它们，不但因为太阳把彗星照亮了，而且彗星上的冰冻的气体受到了太阳光照射开始气化，成为很稀薄的气体。这种稀薄的气体受到太阳光的刺激，自己会发出光来。在离太阳近的时候，彗星上的稀薄的气体受到太阳光的压力，像被风吹动的烟一样，向背着太阳的方向飘过去，就成了一条很长的发光的尾巴。

因为彗星绕太阳转的圈子又扁又长，只有它们离太阳近的时候，咱们才有可能用眼睛看到它们。有些太暗的彗星，即使离太阳很近，也得用望远镜才能看见。每年用望远镜发现的彗星总有几个，十几个，但是难得有个把是只用眼睛就能看到的。有时候，一个大彗星走得离地球很近，咱们在地球上看，它的尾巴几乎横扫半个天空。有的人看了很害怕，以为彗星出现是灾难的预兆，其实是完全没有科学根据的。好些彗星绕太阳转一圈要多少年，早已有人算出来了。所以人们已经能预言这些彗星将在哪一年出现。这更可以说明，彗星的出现决不能预言什么灾难。

但是也有人担心，彗星绕的圈子和地球绕的圈子是互相交叉的，会不会有一天地球会恰好跟彗星相撞。这种机会倒不是没有的。曾经有一次，一个大彗星的尾巴在地球上扫过，住在地球上的人一点也没有异样的感觉。又有一次，一个彗星在木星和它的卫星中间穿过，木星和它的卫星都没有受到什么影响。从这些情形来看，彗星即使和地球相撞，地球上也不会发生什么灾难。

彗星是很不稳定的，它们常常受行星的影响而改变绕太阳转的圈子的形状。它们自己也在不断地崩溃。有一次，有个彗星忽然分裂成两个。到下一次它应该接近地球的时候，地球上的人就不再看见它了，只看见从应该出现彗星的那个方向，射出许多流星。

流星是绕着太阳转圈子的无数很小的石块。它们最小的还不及黄豆大，跟行星相比，简直就像灰尘一样。如果它们走到离地球很近的地方，就会落到地球上来。它们在穿过包在地球外面的空气层的时候，因为速度很快，跟空气碰撞、摩擦，先发热，接着就燃烧起来，发出很亮的光。要不是这样，咱们是无论如何看不见它们的。

有的人看见了流星，以为是星落下来了。这当然是错误的。咱们平时看到的，都是恒星和行星，它们决不会落到地球上来。也有人说，天上落下一颗流星，地下就要死一个人。这完全是迷信的话，流星跟人的死活根本没有关系。

咱们在夜晚，只要对天空看上几十分钟，一定会看到几颗流星。可见流星是非常多的。并且在白天也不是没有流星，只因为白天天空很亮，把流星的光掩没了，咱们看不见它们罢了。有人估计，每天落到地球上来的看得见的流星总有几千万颗。看不见的流星更多，有几千亿颗。

在一年中，有些夜晚，咱们看到的流星特别多。原来流星有的单独绕着太阳转，有的却成群结队，几十万或者成百万个，在同一个圈子上绕着太阳转。地球每年在一定的日子走近它们绕的圈子，所以在那些夜晚，咱们看到的流星特别多。也有的流星，几十万或者几百万个集成一团，绕着太阳转。它们跟地球接近的时候，咱们会看到流星多得像下雨一样。可惜这种美丽的流星雨是很难遇到的。

前面说过，咱们所以能看见流星，是因为它们穿过空气的时候燃烧起来，发出很亮的光。小的流星在半空中已经烧成灰了，只有极少数大的来不及烧完，会落到地面上来。落在地面上的流星都是石块或铁块，叫做“陨石”或“陨铁”。如果好多陨石或陨铁落在一个地区，就叫做“陨石雨”或“陨铁雨”。“陨”就是天上落下来的意思。一九七六年三月八日，我国吉林省落下了一次规模很大的陨石雨，其中最大的一块重一千七百七十公斤，是现在世界上最大的一块陨石。落在我国最大的陨铁在新疆，重约三十吨。

大流星落在地面上，会把地面打成一个很大很深的坑。但是这样大的流星是很少很少的，咱们也用不着担心。

十、做一个太阳系的模型

咱们已经讲过，太阳周围有九个大行星，无数小行星、流星和彗星在绕着它转圈子；多数大行星还带着自己的卫星。太阳跟行星、行星的卫星、流星、彗星合在一起，成为一个系统。在这个系统里，太阳是中心，所以叫做“太阳系”。

现在咱们根据太阳系里的各个天体的大小和远近的比例，来做一个太阳系的模型。

咱们拿一个直径一尺四寸的大西瓜当作太阳，把它放在一片空场的中央。离西瓜五丈八尺远的地方，咱们放一颗秫子。这颗秫子就代表水星。看了大西瓜比秫子大多少倍，咱们就知道太阳比水星大概大多少倍了。再把秫子本身的大小跟它离西瓜的远近比一比，咱们就知道水星离太阳多么远，绕的圈子有多么大了。

水星是离太阳最近的大行星，金星几乎比它远上一倍。咱们用一颗小豌豆放在离西瓜十丈零八尺远的地方。这颗豌豆就代表金星。

地球比金星大不了多少，咱们只能用一颗中等的豌豆来代表地球，把它放在离西瓜十五丈远的地方。这十五丈路就代表一亿五千万公里，也就是三亿里。在离豌豆三寸八分的地方，咱们放一颗小绿豆代表月亮。这样，咱们就可以看出太阳比月亮大多少倍，远多少倍了。

在离西瓜将近二十三丈远的地方，咱们放一颗绿豆，代表火星。在这个模型里，火星的两个月亮只能是两颗很小的灰尘。它们一颗离绿豆不到一分远，另一颗只有两分多远。

现在要轮到最大的行星——木星了。应该拿一个直径一寸四分多的小橘子来代表木星，把它放在离西瓜将近七十八丈的地方。在这个橘子周围，应该有两颗秫子、两颗小米，还有十颗小灰尘在绕着它转圈子，它们代表水星的十四个卫星。最远的一颗小灰尘离橘子竟有二丈四尺远。在木星上套一个线圈，代表它的环。

土星比木星小不了多少，可以找一个直径一寸二分的大李子来代表它。咱们把李子放在离西瓜一百四十丈远的地方，再用纸剪一个环套在李子上，代表土星的光环。这个纸环的外圈直径将近二寸八分，应该有一寸二分宽。另外用一颗秫子和九颗大大小小的灰尘来代表土星的十个卫星。最远的一颗灰尘应该离李子一丈三尺远。

天王星和海王星差不多大，咱们可以用两颗大樱桃来代表它们：一颗放在离西瓜将近两里路远的地方，算是天王星；另一颗放在离西瓜将近三里路远的地方，算是海王星。天王星的五个卫星也只能用灰尘来代表；用细线绕一个直径一寸的圈套在天王星上，代表它的环。海王星的两个卫星，一个也用灰尘来代表；另一个比较大，可以用秫子来代表。

最远的冥王星可以用小米来代表，应该把它放在离西瓜将近四里路远的地方。离小米二分远的地方放一颗灰尘，代表冥王星的卫星。

咱们做的太阳系模型，直径将近有八里了，比北京城小不了多少。在这八里方圆的地面上，还应该用一些极其微小的灰尘来代表小行星和流星。看了这个模型，咱们就可以知道在太阳系里面是空间居多，行星、卫星和流星，连同太阳在内，也只占了极小极小的一点儿地方。咱们还没有把彗星做在模型里，但是彗星也占不了多少地方。

咱们不要忘记，在这个模型里，一尺就表示实际的一百万公里，也就是二百万里；一里就表示十五亿公里，也就是三十亿里。咱们的模型直径将近八里，可是真的太阳系的直径将近一百二十亿公里，也就是二百四十亿里。

太阳系所占的空间真是大得惊人，超音速飞机如果从太阳飞到最远的冥王星，得花三百三十多年（地球上的）。但是在恒星的系统里，太阳系所占的空间还是极小极小的一部分。后面咱们就要讲到太阳系外面的空间——恒星的系统了。

十一、恒星和行星的区别

咱们在夜晚看到的星星，多得简直数不清。但是彗星和小行星是很难看到的，大行星凭眼睛能看到的也只有五个，别的星星就都是恒星了。那么恒星和五个大行星，用眼睛来看，有什么区别呢？

咱们说过：恒星都自己能发光；行星却不能发光，要太阳把它们照亮了，咱们才能看得见它们。虽然这样，但是行星比恒星近得多；所以咱们看起来，五个大行星都比一般的恒星亮。还有一个重要的区别：恒星的光是闪闪烁烁的，好像在眨眼睛；行星的光很安定，没有闪烁的现象。

各颗恒星的相互位置是不变的。拿“北斗七星”来说，这七颗星排列得好像一个舀水的勺子，昨天是这样，今天也是这样；上个月是这样，这个月还是这样；去年是这样，今年仍旧是这样。再拿“牛郎星”和“织女星”来说，夏末秋初，太阳落山以后，这两颗星都在咱们头顶上的天空里：“牛郎星”在“银河”的东南方向，“织女星”在银河的西北方向，也是年年都是如此。如果咱们常常在夜晚看星，就可以知道，所有的恒星都有它们的一定的位置。咱们可以把天空比作一把撑开的伞，恒星就像画在伞上的花；伞虽然可以转动，但是伞上的花不会改变原来的样子。

行星却不是这样，它们老是在天空里慢慢地移动。这几天，这颗行星跟这几个恒星靠近；过了十天半个月，它又跟别的几个恒星靠近了。咱们仍旧把天空比作伞，恒星比作画在伞上的花，那么行星就像蚂蚁一样，在伞上慢慢地爬，它跟花的相互位置在不断地改变。如果咱们看到天空里有一颗光很稳定的比较亮的星，在十天半个月内，它跟恒星的相互位置已经改变了，那么它一定是一颗行星。

有一点咱们必须弄清楚：不论行星或恒星，咱们看它们都是从东方升起来，越过天空，向西方落下去的。这种移动，并不是行星和恒星自己的运动。因为地球在不停地自西向东旋转，所以咱们在地球上，看到天空里的行星和恒星都相反地自东向西移动。这道理跟太阳和月亮的升落完全一样。

还有一点也必须弄清楚：在白天，天空里也是有星星的。只因为太阳一出来，天空就太亮了，把恒星和行星的光都掩没了。在月亮很亮的夜晚，咱们看到的星星比在没有月亮的夜晚少得多，也因为比较暗的星被天空反射的月亮光掩没了。

在晴朗的没有月亮的夜晚，眼力最好的人大约能看到三千多颗恒星。但是咱们不能忘记，在咱们头顶上的只是半个天空，还有半个天空在地平线下面。所以加上那半个天空，咱们用眼睛可以看到的全部恒星大约有六千五百颗。

要是用了望远镜，咱们就能看到更多的恒星。望远镜越大，能看到的恒星就越多。用现在世界上最大的望远镜，能看到的恒星有几十亿颗。

但是天空大得无边无际，恒星多得数也数不清。已经找到的恒星，还只是很小很小的一部分。在离咱们非常远的天空里，还有更多更多的恒星是咱们用了望远镜也没法找到它们的。常常有人说："天上多少星，地上多少人。"咱们知道，地球上的人只有四十亿左右，天上的星不知要多出多少倍。

十二、恒星的远近和明暗

离咱们最近的恒星当然是太阳。咱们已经说过，它离咱们一亿五千万公里。除了太阳，用眼睛能看到的恒星，最近的就要算"南门二"了。它离咱们四十一兆公里，比太阳远二十七万倍以上。每逢阳历六月，我国南方各地在太阳下山之后，人们看到靠近南方地面有一颗最亮的星，它就是"南门二"。因为它太靠南了，在长江流域以北的地方是看不到它的。

"南门二"是离咱们非常近的恒星。比它远几千倍，几万倍，甚至几十万倍以上的恒星，还有许许多多。如果都用公里来计算它们的远近，数目实在太大了，就像用寸、用分来计算道路的长短一样，非常不方便。

所以咱们常常用“光年”来计算恒星的远近。“光年”就是光在一年内能够传到的距离。

咱们已经讲过：光传得最快，一秒钟能传三十万公里。六十秒钟是一分，六十分钟是一个小时，二十四个小时是一天，三百六十五天是一年。这样算起来，一光年大约是九兆五千亿公里。超音速飞机一个钟头能飞二千公里，要飞过一光年的距离，得花将近五十多万年。

“南门二”离咱们四十一兆公里，用光年来计算，就是四点三光年。也就是说，“南门二”发出来的光，要经过四年又三个半月多一点，才能传到咱们的眼睛里。

还有一颗恒星比“南门二”稍稍近一点，离咱们四点二光年。除了太阳，它就是离咱们最近的恒星了，所以咱们叫它做“比邻星”。它就在“南门二”旁边，可是它发的光太弱了，咱们用眼睛看不见它。

离咱们十光年以内的恒星只有七颗，拿咱们看到的比较亮的恒星来说，除了“南门二”，“天狼星”离咱们八点七光年；“牛郎星”离咱们就有十六光年；“织女星”离咱们就有二十六光年了；“老人星”更远，离咱们一百九十六光年。其他的像“北斗七星”，离咱们六十到二百多光年。这些还算是比较近的恒星。

咱们在地球上看，“天狼星”是最亮的一颗恒星。阳历二月里，太阳落山以后，它就出现在东南方的天空里。方才说过：“天狼星”离咱们只有八点七光年，跟绝大多数恒星相比，还算是离咱们很近的一颗恒星。它发的光又很强，有太阳的三十四倍，所以咱们看它有那么亮。

“织女星”也很亮。阳历八月里，太阳落山以后，它是咱们头顶上空最亮的一颗恒星。它发的光实际上比“天狼星”还要强，是太阳的五十倍。但是它离咱们二十六光年，比“天狼星”远两倍多。咱们看它反而不及“天狼星”亮了。

咱们因此知道，天空里的恒星有的亮，有的暗，亮的恒星发的光却不一定比暗的强。许多恒星发的光虽然很强，只因为离咱们太远，咱们还是看不见。有些恒星发的光虽然不很强，可是离咱们近，所以成了天空里比较亮的星。当然，还有些发光太弱的恒星，即使离咱们很近，咱们仍旧看不见它们；前面谈到的“比邻星”就是这样。

现在已经知道的发光最强的恒星，发的光比太阳强几十万倍。如果把太阳当作一个煤油灯，那么这个发光最强的恒星就像港口上的一座大灯塔。虽然这样，咱们用眼睛却看不见这颗发光最强的恒星，因为它离咱们太远了，大约在九万光年以外。

但是太阳并不是发光最弱的恒星，也有许多恒星发的光还比不上太阳。有一颗恒星发的光只有太阳的五百多万分之一。它是已经知道的发光最弱的恒星了，离咱们只有十九光年。就因为它发的光太弱，咱们用眼睛却看不见它。

十三、恒星的冷热、大小和轻重

恒星发光的强弱跟它的冷热有关系，跟它的大小也有关系。又热又大的恒星，发的光一定很强。两颗恒星要是一样大，一定是比较热的一颗星发的光强。两颗恒星要是一样热，一定是比较大的一颗星发的光强。

恒星的热和冷，咱们可以从它的颜色来判断。当然，这里所说的冷，只是比较的说法。就是最冷的恒星，也比炼钢炉里的钢水要热得多。

咱们看炼钢：在炼钢炉里，钢水是白色的，亮得刺人的眼睛；钢水出了炉，慢慢地冷下来，颜色就慢慢变深了，先是淡黄色，再变成橙色、红色、暗红色，最后变成黑色。只要看了钢的颜色，咱们就可以知道它的冷热。恒星也是这样，最热的恒星发的光是白里带青的，表面温度在摄氏二、三万度之间；发白光的比较冷一点，表面温度在摄氏一万度到二万度之间；发黄光的又冷一点，表面温度在摄氏五千度到八千度之间；发橙色光的更冷，表面温度在摄氏四千度到五千度之间；最冷的是发红光的恒星，表面温度只有摄氏三千度到四千度，甚至更低一些。

太阳是一个发黄光的恒星。发白光的“天狼星”和“织女星”就都比太阳热；阴历八月里，太阳落山以后出现在南方天空里的发红光的“大火星”，就比太阳冷；“南门二”也发黄光，差不多跟太阳一样热。咱们的太阳要是变成了一个发白光的恒星，那么地球上的东西都要被烤焦了；要是变成了一个发红光的恒星，地球上就到处都会盖满冰雪。

恒星的大小相差更大。“牛郎星”的直径是太阳的一倍半，“天狼星”的直径是太阳的两倍，“织女星”的直径是太阳的二倍多一点，它们还只是中等大小的恒星。“大火星”是一个非常大的恒星，它的直径比太阳大三百多倍。如果把太阳放在“大火星”的中心，咱们的地球，连同火星，都还在“大火星”里面。还有更大的恒星，它的直径是太阳的两千倍左右，如果把太阳放在它中心，连土星也在它的表面以内。要八十亿个太阳揉在一起，才有这颗最大的恒星那样大。

小的恒星却小得出奇。现在已经知道的最小的恒星，直径只有太阳的三百分之一，也就是说，只有地球的直径的三分之一多一点，比月亮也大不了多少。把最大的恒星跟最小的恒星相比，直径相差几十万倍。也就是说，要把几万兆个最小的恒星揉在一起，才有最大的恒星那样大。

恒星的大小虽然相差这样大，它们的轻重却相差得小一些。重的恒星大约有太阳的几百倍重，轻的也有太阳的十分之一到二十分之一重。最重的恒星和最轻的恒星大约相差六千倍。

方才说过，恒星的大小可能相差几万兆倍以上，但是轻重只相差几千倍，所以大的恒星都是很稀薄的。像“大火星”，它比地球上的空气还稀薄得多，要一千多升组成“大火星”的物质，才有地球上的一升空气一样重。但是它还不是最稀薄的恒星。已经知道的最稀薄的恒星，要五千万升组成它的物质才有一斤重。

反过来，小的恒星却非常结实。“天狼星”旁边有一颗眼睛看不见的恒星。这颗小恒星跟太阳差不多重，直径却只有地球的四倍。所以组成它的物质非常结实，一升就有三十吨重。但是它还不是最结实的恒星。已经知道的最结实的恒星，一升组成它的物质就有三万六千吨重。还有一种叫做“中子星”的天体，可能是最重的了，一升组成它的物质就有一百亿吨重。

在恒星中间，咱们的太阳不算大，也不算小；不能说它稀薄，但是也不太结实；它不是最热的恒星，也不是最冷的恒星；发的光不算最强，也不算太弱。从各方面来看，咱们的太阳是一颗中等的恒星。

十四、双星、合星、聚星、变星

前面讲过，“天狼星”旁边有一颗很小的恒星。这个小恒星叫做“天狼星”的伴星。它和“天狼星”的距离，差不多跟天王星离太阳的距离一样。在恒星与恒星之间，这算是比较近的距离了。它不但离“天狼星”

很近，并且和“天狼星”在互相绕圈子，大约每五十年绕一圈。这样成双成对、互相绕着转圈子的恒星，天空里还有很多，咱们管它们叫做“双星”。

“南门二”跟“比邻星”的距离，相当于地球离太阳的距离的一万倍，是冥王星和太阳的距离的二百五十倍。它们也互相绕着圈子，转一圈要几百万年。而“南门二”本身又是由两颗差不多大的恒星组成的。这两颗恒星离得很近，比天王星和太阳的距离远不了多少。它们不到八十年就互相绕着转一个圈子。所以“南门二”和“比邻星”实际上是合成一组的三个恒星。这样的三个一组、互相绕着转的恒星，叫做“三合星”。

还有四颗恒星或者更多的恒星合成一组，互相绕着转圈子的。四颗一组的，叫做“四合星”；比四颗还多的，就都叫做“聚星”。不论双星、合星或聚星，咱们单凭眼睛看，每一组只是一颗星。因为它们离得非常近，咱们的眼睛没法把它们区别开来。像“北斗七星”的勺柄中间的一个恒星，其实是一组五合星；它旁边的一个比较暗的恒星，其实是一组双星。但是咱们看去，它们只是两颗单个的恒星。

天空里的恒星实际上有三分之一以上是双星、合星或聚星。也就是说，有三分之一以上的恒星，咱们用眼睛看虽然是单个的，实际上却是由两颗或更多的恒星组成的小组。

最有趣的是有些双星会按照一定的时间变亮变暗。原来组成这些双星的两个恒星离得比较近，只要几个小时、几天、几个月、几年、最多几十年，就互相绕着转一个圈子。因为它们离得近，每转一个圈子，两个恒星就要互相遮住两次；在互相遮住的时候，它们的光就变得暗了。这情形正跟在日食的时候，月亮把太阳遮住了一样，所以咱们把它叫作“食变双星”。

“织女星”旁边的“渐台二”就是“食变双星”。它是由一颗比较小而亮的恒星和一颗比较大而暗的恒星组成的。两个恒星相隔的距离跟水星和太阳的距离差不多，互相绕着转一个圈子不到十三天。在不到十三天中间，“渐台二”变暗两次。最暗的一次，就是暗的一颗遮住亮的一颗的时候，亮度只及平时的三分之一。

但是，并不是所有的变光的恒星都是“食变双星”。有的恒星所以变光，是因为它的大小是不固定的，它们一会儿胀大，一会儿缩小，所以它们的光也就跟着变亮变暗。这种大小不固定的恒星，大多数是很大的、很稀薄的、发红光的恒星，“参宿四”就是一个例子。阳历二月里，太阳落山以后，“参宿四”是咱们头顶上的一个很亮的、红色的恒星。它最大的时候，直径是太阳的四百六十倍；最小的时候，直径是太阳的三百三十倍。

“参宿四”的胀大和缩小是没有规律的。但是也有些恒星的胀大和缩小有一定的时间，好像心脏的跳动一样，变化非常匀称，所以咱们叫它们做“脉动变星”。各个“脉动变星”变化一周的时间是不同的，有的长，有的短。最短的不到一天，最长的将近两年。现在已经知道：变化越快的“脉动变星”，发的光越强；变化越慢的“脉动变星”，发的光越弱。

还有一种很没有规律的变光的恒星，它们会突然发出很强的光来。有的恒星原来发的光很弱，因此从来没有人看见过它们，等到它们突然亮起来，咱们才看见了，因此把它们叫做“新星”，变得特别亮的，叫做“超新星”。但是隔了不久，它们又暗下去了，咱们又看不见它们了。在我国历史上所记载的突然出现的“客星”，就是这种星。

十五、“银河”和“银河系”

天空里除了行星和恒星，咱们还看到有一条淡淡的、云一样的东西，这就是“银河”。秋天太阳落山以后，“银河”从北方偏东的天空里，断断续续，一直连到南方偏西的天空里。在别的季节里，咱们同样也能看到“银河”，只是位置跟秋天不同了。在没有月亮的夜晚，“银河”就特别清楚。

实际上，“银河”在天空里绕成一个大圈子。咱们不要忘记，夜晚在咱们头上的只是半个天空，还有另外半个天空在地面以下，也就是说在地球的另外半面。所以咱们只能看到半圈“银河”，在另外半个天空里，还有半圈“银河”。两个半圈合起来，正好成为一个围绕天空的大圈。

那么，这薄云一样的“银河”是什么东西呢？

咱们用了望远镜就可以看出来，“银河”并不是云，而是密密麻麻的、数不清的恒星。这些恒星离咱们非常远，所以咱们看去，它们的光连成了一片。正像咱们在夜晚望远处灯火辉煌的城市，只看见一片亮光，而分不清一盏一盏的灯火。

就拿眼睛能分辨得清的恒星来说，也是越接近“银河”越多，离“银河”越远就越少。因此可以看出来，天空里的许许多多恒星，原来组成一个扁平的大集团。如果从外面来看，这个大集团的样子好像一个四周薄、中间厚的大烧饼，或者说像运动员用的铁饼。它的直径大约有十万光年，中间最厚的地方，有一万二千光年。这个大集团包含一千多亿颗恒星，自成一个系统。咱们就叫它做“银河系”。

在“银河系”里面，所有的恒星都在绕着“银河系”中心转圈子。离中心近的，转得快；离中心远的，转得慢。咱们的太阳也在“银河系”里面，离“银河系”的中心大约有三万三千光年，每秒钟大约走二百五十公里，要二亿五千万年才绕“银河系”的中心转一个圈子。

因为所有的恒星都跟太阳一样，在绕着“银河系”的中心转圈子，而快慢又并不一样，所以咱们在地球上看，天空里的恒星并不是不动的，它们有的在渐渐接近咱们，有的在渐渐离开咱们。像“老人星”，每秒钟远离咱们二十公里；“织女星”和“牛郎星”却在渐渐接近咱们，“织女星”每秒钟接近咱们十四公里，“牛郎星”每秒钟接近咱们二十六公里。

前面说过，“恒星”是不动的。现在知道它们都在运动，并且动得这样快，为什么还叫它们做“恒星”呢？

“恒星”这个名字，本是古时候人定下来的。古时候人不知道它们在动，所以定了这么个名字。既然大家用惯了，现在不便更改。并且各个恒星之间的距离是那样遥远，它们虽然有的在靠近咱们，有的在离开咱们，但是在几十年、几百年内，人们还看不出它们在天空里的相互位置有什么显著的变动。恒星的运动，是经过非常精细的测量才知道的。

在“银河系”里，有些恒星彼此离得比较近，它们成为一个小集团，绕着“银河系”的中心转圈子。这样的小集团，咱们叫它“疏散星团”。“七姐妹星”就是一个“疏散星团”。咱们用眼睛可以看到六七颗比较亮的恒星，其实是几百颗恒星的小集团。“七姐妹星”旁边还有一个“毕宿星团”，也是个将近八十颗恒星的“疏散星团”。

在“银河系”的边缘上，还有许多由几万颗恒星抱成的团，好像一个绣球，咱们就管它们叫“球状星团”。“球状星团”的直径有几万光年。现在已经找到的“球状星团”有一百个左右，可惜都离咱们太远了，咱们用眼睛能看到的只有几个比较近一点儿的。它们在天空里也不过是很淡的模糊的斑点，尤其是中间部分，用了望远镜也分辨不出一颗一颗的星来。

除了恒星和恒星的小集团，“银河系”里还有许许多多亮的和暗的云一样的东西，咱们叫它们“星云”。有的“星云”是很稀薄的气体，也有的是一片很细的灰尘。有的“星云”因为受了恒星的光的刺激也自己发光；有的“星云”不能发光，只有遮在发光的“星云”前面，或者在很密集的恒星前面，咱们才能看得见它，样子就像一朵乌云。

十六、从没有边际的宇宙空间回到地球

那么“银河系”外面是不是什么东西都没有了呢？不是的。“银河系”外面还有许许多多、大大小小的、恒星的大集团。这些恒星的大集团，咱们叫它们“星系”。咱们的“银河系”其实也是一个星系。

星系的样子各有不同：有的是椭圆的，有的像一个旋涡，也有的形状不大整齐。它们有的直径在十万光年左右，包含一二千亿颗恒星；也有的直径不到一万光年，包含的恒星也就少得多。当然，除了恒星，也还有许多亮的和暗的星云。在各个星系里，所有的恒星也都绕着星系的中心在转圈子。

在咱们的“银河系”周围二百万光年以内，已经发现的星系有二十多个。其余的星系都至少在五百万光年以外。所以可以看出来，这二十多个星系，包括咱们的“银河系”在内，又结合成一个集团，咱们叫它“本星系群”。这样的星系集团，叫做“星系团”，在天空里也有许许多多。咱们的本星系群是一个比较小的星系团，包含的星系也很少。离咱们一亿六千万光年的天空里，有一个大星系团，包含三千个星系；还有一个更大的星系团，离咱们九亿光年，包含九千个星系。现在发现的星

系团有好几万个，最远的离咱们几十亿光年。每个星系团包含一百个到一万个以上的星系。

现在用最大的光学望远镜，可以观察到离咱们几十亿光年的天体；用射电望远镜，可以观察到离咱们一百亿光年的天体。在这样广阔的区域内，已经找到的星系超过了十亿个。那么在更遥远的宇宙空间中，还有没有别的天体呢？咱们现在虽然还没有观察到，但是可肯定，在一百亿光年以外还有无数的星系，无数的星系团。宇宙空间是没有边际的，星系的数目是多得数不清的。

现在让咱们来回想一下：咱们的地球在没有边际的空间里，占的是什么样的地位？

在咱们周围一百亿光年以内，有十亿个以上的星系。这些星系组成许多大大小小的星系团。里面有一个比较小的，就是咱们的星系团——本星系群。

咱们的本星系群占据了咱们周围二百万光年以内的空间，包含二十多个星系。里边有一个比较大的，就是咱们的“银河系”。

“银河系”的直径大约是十万光年，包含大约一千多亿颗恒星。这一千多亿颗恒星都绕着“银河系”的中心转圈子，它们有许多还带着行星。在离“银河系”中心三万三千光年的地方，有一颗中等大小的带行星的很普通的恒星，就是咱们的太阳。

在太阳周围，有无数行星在绕着它转圈子，其中有九个比较大的。在离太阳一亿五千万公里的地方，有一个带着一个卫星的大行星，这才是咱们的地球，咱们生活、劳动和创造美好的世界的地方。

后　记

这本小书，现在是第三次出版了。一九五七年，农村读物出版社成立，他们约我给农村青少年编写一本讲天文知识的科学小品集子。说是约稿，其实有点儿硬逼，而居然被逼了出来。我要是像现在这样忙，恐怕逼得再紧些也是逼不出来的。

后来成立了科学普及出版社。一九六五年，这本小书改由科学普及出版社出版。可是不久，十年“文化大革命”，科学普及出版社也在劫难逃，被解散了。

现在，科学普及出版社已经得到新生，出版社的同志跟我商量，又要重印我编写的这本小书。这怎么行呢？这本小书是二十二年前编写的，在这二十二年中间，天文方面的研究取得了很大的进展，有些进展还很惊人，怎么能一点也不讲呢？可是要讲又办不到。我只是个天文爱好者。亏得北京天文馆的卞德培同志帮了我一个大忙，给这本小书认真作了修订和补充。这本小书能以新的面目跟读者见面，应该感谢卞德培同志。

一本小书也有这样一段曲折的历史，回忆起来颇有趣味，所以把它记了下来。

一九七五年五月

梦魇

到人造月亮去

“铁生！铁生！快起来，快起来！人造月亮来电报了，请咱们去玩儿呢！”

我从梦中惊醒，原来是张老师叫我呢。我揉了揉眼睛，问：“上哪儿去玩儿呀？”

“人造月亮！”张老师兴高采烈地说，“你不是说希望将来到人造月亮上去玩儿一趟吗？哈哈，不是将来，而是现在！电报上说，要咱们马上动身！”

张老师一提我才想起来，今儿早上，我在张老师桌子上看到一张奇怪的画片：一个大轮子，悬空挂在布满星星的天空中。我看了半天，也猜不透这到底是个什么东西。于是我问：

“张老师，这是宇宙飞船吗？”

“不，是人造月亮。”

“什么？月亮还有人造的？”我越发奇怪了。

“为什么不可以呢？北京猿人把天然的山洞当作家。可是咱们呢？咱们住在房子里。咱们可以按照需要，造各种各样不同的房子，当然也可以在地球以外的天空里，造起一个能够满足咱们需要的人造月亮来。”

“可是这，这像一个大轮子，一点儿也不像月亮。”

“样子像不像有什么关系呢？最主要的是，它不会掉到地球上来，而是会像真的月亮一样，永远绕着地球转圈子。”

“造这么个奇形怪状的月亮有什么用处呢？”

“用处可多着哩！咱们不是想飞到月亮上去，飞到火星上去吗？可是地球以外的空间到底是个什么样子，咱们现在还没有彻底搞清楚。这个人造月亮就是个宇宙空间的科学研究院。将来宇宙飞行成功了，人造月亮又是宇宙飞行的第一个空间站。咱们的飞船可以在这个空间站上停下来休息一会儿，加点儿燃料，再继续向前飞。”

“啊，太好玩儿了！”我听得入了迷，“要是能上人造月亮去玩儿一趟，那才好呐！”

“现在还早，科学家们还在设计呐。可是将来，将来一定可能。”

想不到事情来得这样快，人造月亮不但已经造好了，还真的打电报来请我们去玩儿了。我一边披上衣服，一边问：

“张老师，就咱们俩吗？”

“还有李建志，他在运动场上等着呢。电报上说，因为你们俩是火箭模型设计小专家，所以特地邀请你们。”

我还没有把衣服扣好，张老师一把抓住我的肩膀就往运动场上跑。不知在什么时候，运动场中央造起了一条像滑梯一样的火箭起飞的跑道。跑道的一头儿停着一个灰绿色的大火箭，在月光下面闪闪发亮。这不是我跟李建志做的模型吗？怎么一下子变得像火车一样长了呢？不，这不是模型，是真的火箭。只见李建志站在火箭跟前向我们招手，一边喊：

“王铁生，快跑，快跑！一切都准备好了！”

张老师拉着我跑到火箭的门口，把我向门里一推。他和李建志也上了火箭，拉上门，把门关得严严的。

“好吧，咱们准备起飞！”张老师命令我和李建志：“坐在驾驶座后面的座位上！用皮带扣住身体，背贴紧后面的靠垫！”

张老师怎么说，我们就怎么做。看我们俩坐稳了，张老师坐上驾驶座，一按手边的电钮，只听见“嗖”的一声，我不由得身子往后一仰，火箭已经沿着跑道起飞了。

火箭离开了跑道越飞越快，我只觉得胸前好像压了一块石头，几乎透不过气来。张老师和李建志也一样，直挺挺地躺在座位后面的靠垫上，一点儿也不能动弹。还好，时间不太长，胸前的压力渐渐减小了。火箭开始很平稳地一直向前飞行。我深深地吸了一口气，转过头来跟李建志说：

“李建志，真想不到……”

“哈哈，我可是早就想到了!”李建志笑了，“这个火箭，还是我特地设计的哩!”

“你设计的？我才不信呢!”

“不信可以问张老师。我一接到电报，就马上设计了这个火箭。从外表来看，这个火箭跟咱们俩做过的模型没有什么不同，里面的构造可要复杂得多。主要是燃料。咱们那个模型用的是火药；这个是宇宙火箭呀，火药不顶事，所以用的是原子燃料——铀。还有，咱们的模型是纸做的壳子；这个宇宙火箭，外壳却是一种最最轻、最最坚固的金属。还有，……”

李建志还是那个老毛病，一讲起火箭，他就没完没了地一个“还有”又一个“还有”，他刚才说的这些话我听过也不止一遍了。不过以前他总是说“将来我设计的宇宙火箭”怎样怎样，现在却变成“这个宇宙火箭”怎样怎样了。我不耐烦再听下去，为了打断他的话，我问：

“李建志，咱们离开地面有多远了呀？”

“还不太远。”李建志拉开座位旁边的窗帘，指着下面说。“你看，那一个发亮的点儿，就是咱们的北京。东边靠近北京的一个亮点儿，是天津。还有，往南边看，上海就在这儿。”

我看清楚了，在明亮的月光下面，陆地是银灰色的。一条一条的山脉，都拖着深黑的影子。海洋却发出灰蓝色的闪光。渤海湾，山东半岛，清清楚楚，就像我们在沙盘里做的地形模型。陆地上有一个一个的亮点儿。我同意李建志的说法，这些亮点儿都是灯火辉煌的城市。

抬起头来看，天空更加黑了。星星变得更小，却更加明亮，并且不再闪闪烁烁地老是眨眼睛了。月亮也变得更亮了，上面的平原和山脉，看起来格外真切。可是我们的目的地——人造月亮在哪儿呢？

“李建志，人造月亮在哪儿呢？”我问。

“我也找不着。张老师，人造月亮在哪儿呀？”

“看，那不是？”张老师指着火箭正前方的天空。“看到没有：那颗一会儿亮一会儿暗的红星，就是人造月亮的信号灯。他们正在向咱们打信号呢!”

正前方真的有一颗忽亮忽暗的红星，先是一连亮三下，又一连亮两下，接着又亮了三下。张老师说：

“他们告诉咱们，已经知道咱们起飞了，已经做好了迎接咱们的准备!”

“他们怎么会知道的呢?”我问。

“用雷达!”李建志抢着回答。

“是的,用雷达。”张老师说。“我倒忘记了,让我把雷达打开吧!咱们可以仔仔细细地瞧一瞧人造月亮。”

张老师扭了一个电钮。在驾驶座前面,一块微微向外凸出的乳白色的玻璃亮起来了。像放映电影似的,玻璃上渐渐现出了一个大轮子,跟今儿早上在张老师那儿看到的画片一模一样。分明可以看出,那个大轮子在徐徐旋转。

“呀,人造月亮!”我不禁叫了起来。

“妙极了!”李建志也睁大了眼睛,“这样复杂的东西,是怎么造起来的呢?”

“造起来可不容易。”张老师说。“先得用许许多多的火箭,把各种金属材料带到天空中,再把这些材料拼在一起,一块一块地焊接起来,……”

“可是我不明白,人造月亮怎么能不掉回地球上去呢?”我问。

“这倒容易。”李建志一向觉得什么都是很容易的,“只要使人造月亮在离地球一定远近的天空中,以一定的快慢飞就成了。”

“什么是一定的远近,什么又是一定的快慢!你不能说得更清楚一点儿吗?”我有点儿不耐烦了。

李建志眨了半天眼睛,他被我问住了。还是张老师提醒他:

“想不上来了吗?为什么不举个例子来说明呢?譬如地球和太阳……”

“对,譬如地球和太阳。”李建志赶忙接下去,“地球为什么不会落到太阳上去呢?太阳对地球是有引力的,要把地球拉过去。可是地球呢?要是太阳没有引力,它就会以每秒钟三十公里的速度飞出去。地球要飞出去,太阳的引力却要拉住它,在地球离太阳一亿五千万公里的时候,地球飞出去的力量正好跟太阳拉住它的力量相等,所以地球就只能永远地绕着太阳转圈子了。人造月亮和地球的关系也是这样。人造月亮以一定的速度飞出去,地球的引力要把人造月亮拉回来,结果人造月亮就能在离地球一定远近的天空中,永远地绕着地球转圈子,再也不会落到地球上去了。”

“这样一解释果然清楚多了。可是我还不懂,人造月亮为什么自己还要旋转呢？老是这样转，在人造月亮上的人不会被弄得头昏脑胀吗？”

“完全相反。”张老师笑了笑说。“要是它不转，才会把人弄得头昏脑胀哩！”

“这是为什么？”我又给弄糊涂了。

“想一想吧：咱们在地球面上为什么能站得住？”

“因为有地球的引力。”李建志老爱抢先回答。

“是呀，因为有地球的引力。”张老师点点头，“地球的引力把一切东西都向地球的中心拉，所以一切东西都能停留在地球面上。你们看，人造月亮不是像个大轮子吗？这个轮圈是空心的，人就耽在这个空心的轮圈里。可是地球的引力已经被抵消了，人造月亮本身又太轻，没有足够的引力。所以在这个轮圈里，一切东西都几乎没有重量。人就会头昏脑胀？科学家就想了个办法，使人造月亮旋转起来。这一旋转就产生了一种力。谁来回答，这个力叫什么？”

“叫离心力。”这一回是我抢先了。

“是的，叫离心力。”张老师像上物理课一样继续往下说。“人造月亮一旋转，就产生了离心力，把一切东西向外抛。一切东西就有重量了，上和下的区别也有了。人就能够站在这个空心轮圈的靠外的内壁上了。……”

“好玩儿极啦！”李建志叫了出来。“在地球上，正对地球中心的方向叫做‘下’；人造月亮恰好相反，正对人造月亮中心的方向叫做‘上’。张老师，我说得对吗？”

“全说对了！”张老师点头赞许。

从雷达的玻璃上看，人造月亮越来越大了，几乎把整块玻璃都占满了。这说明我们离人造月亮越来越近了。张老师突然关上了雷达，说：

“不必再用雷达了。你们看窗子外面！”

的确不必用雷达了，从窗口望出去，已经可以看得很清楚：一个钢灰色的大轮子，好像漂浮在布满星星的天空里。大轮子的一旁还托着一个大碗一样的东西哩，——分明是一个大凹面镜，就像电筒头上的反射镜一样。

人造月亮越发近了。我看到了轮圈上有许多圆形的大玻璃窗，也看到了几个像蜘蛛网一样的无线电天线架。在轮子的中轴上，红色的信号灯又开始一闪一闪地放光了。

“看那信号!”张老师说，“要咱们马上准备着陆，不，不，准备着月!”

在信号灯旁边，一扇大门打开了，绿色的灯光从大门里射出来。张老师紧张地驾驶着火箭，对准了大门往里飞。火箭的速度渐渐减慢了，突然一阵剧烈的震动，我不由得向前一扑，亏得皮带扣住了身体。火箭已经停下来了，停在了一个一无所有的大房间里，接着“呼”的一声，后面的大门关上了。

我和李建志赶忙解开胸前的皮带。准备打开火箭的门。

“且慢!”张老师阻止我们，“外面没有空气!”

正在这时候，只听见外面一阵嗤嗤的声音。张老师说：

“你们听，他们在把空气放进来。这个房间就像运河上的船闸一样，上水的船要等船闸里放满了水，才能往上开。这个房间要放足了空气，咱们才能走出火箭。”

一会儿，嗤嗤的声音停止了。大房间左边的一扇小门打开了，走进两个人来。张老师赶忙打开火箭的门。

“欢迎，欢迎。张同志!”那两个人把张老师扶下火箭，“两位火箭模型设计小专家来了没有呀?”

“当然来喽！下来吧，铁生！建志！我给你们介绍介绍。”

我认清楚了，一位是天文学家。前两个星期，他到我们学校来讲过宇宙飞行。还有一位，留着米丘林那样的一把大胡子，李老师说是植物学家。

人造月亮上还用得上植物学？我心里有点儿纳闷。

“欢迎，欢迎！小朋友，咱们又见面啦。”天文学家说。“路上辛苦吧？是不是先休息一会儿?”

“不，一点也不辛苦。”李建志抢着回答。

“是呀！他设计的火箭舒服极啦，坐在里边就像坐软席火车一样。”张老师说，“我看不必休息吧，他们俩着急得很哩，只想先到处逛一遍。”

张老师真是摸透了我们的心思。我不由得拍手跳了起来。谁知一跳，头几乎碰到了天花板，天文学家赶忙把我拉住。

“轻一点儿，轻一点儿。”他说，“这儿靠近人造月亮的中心轴，离心力还不够大。只要脚一蹬，你就会跳个两三丈高。来，咱们先各处看一看吧，脚步可要轻一点儿”

植物学家也拉住了李建志，只怕他会跳到天花板上去。我们走进小门，来到一间大房间里。只见前后两边是两块很大的圆形的墙壁，左右两边的墙壁却跟天花板和地板连成一个大圆圈，整个房间就像一个扁扁的皮鞋油盒子，只是中间多了一根很粗的圆钢梁。

“这里是仓库。”天文学家说，“目前虽然空着，可是过不了几天，这儿就要堆满木箱和钢筒了。飞到月亮和火星去的宇宙飞船，将要在这里补充原子燃料，补充水、空气和粮食。这里将要成为宇宙飞行的第一个物资供应站。”

“可是为什么地板跟墙壁和天花板要连成一个大圆圈呢？这样弯溜溜的地板，东西怎么能放得稳呢?”我忍不住问。

“哈哈!”李建志笑起来了，“王铁生，你弄错了。这个房间根本就没有什么天花板。除了前后两片大圆墙，到处都是地板。”

“说得对，都是地板。”天文学家也点头称赞李建志。

“铁生，你可以试一试，顺着弯溜溜的地板向前走，你走到哪儿都能站得住脚。”

好，我正要试一试。说也奇怪，地板虽然是向上弯的，可是走到哪儿，哪儿都像平地一样，到处都很平稳。我抬头一看，嗳呀，张老师他们正好头朝上脚朝下的挂在我头顶上。我不由得吃了一惊。

“下来吧！下来吧!”张老师看着我，心里大概也有点儿害怕。

“张老师，你也说错了。”李建志说，“他那儿也是‘下’。只能叫他走过来，可不能叫他走下来。”

“对了，对了,”张老师说。“在这儿四面都是‘下’，只有中间的那根钢梁是‘上’。铁生，你明白了吗？这是什么缘故？我刚才讲过……”

我想起来了，赶忙说：

“明白了，张老师。人造月亮不停地旋转，产生了离心力，把一切东西都向外抛。所以向外的方向就是‘下’。在这个房间里，中间的钢梁就是旋转的中心轴，所以绕着中心轴的四壁都是地板。”

“所以，这样的仓库真是再理想也没有了。”天文学家接下去说，“你们看，四周围都是地板，到处可以堆东西。还有个好处，这儿离中心轴最近，离心力很小，所以东西在这儿都很轻，搬动非常方便。好吧，咱们再往前走，去看看我们的发电厂。”

又走进一个小门，只听得一阵很轻微的嗡嗡的响声，抬头一看，是两架连在一起的圆筒一样的大机器。除了一架机器有一头儿在发出微弱的蓝色的电火花外，几乎看不出它们在转动。

“这一架是汽轮机，那一架是发电机。”天文学家向我们解释，“有了电，我们就可以用电灯，用电炉，还可以用电来操纵各种仪器做实验。还有，人造月亮自己的旋转，也靠电来发动。我们把汽轮机和发电机都安装在了人造卫星的中心轴上，它们的重量是四面均等的，所以转起来又平稳又快，快得连眼睛都看不出来。”

“用什么力量呢？原子能吗？”李建志问。

“不，用日光能。我们有足够的太阳光可以利用。收集太阳光的机器装在人造月亮的那一头儿，等一会儿你们就会看到了。咱们先乘电梯到实验室去。”

电梯小巧玲珑，样子像只鸟笼。天文学家一按电钮，小门自动关上了。我只觉得身子一直往下沉。一会儿，电梯停住了，小门又自动打开。

“请吧！”天文学家说。

我们走进一个大房间。呀，这是一个什么样的房间呀，简直像一条大隧道。这儿分明是有天花板的。天花板上还装着两排日光灯，把房间照得雪亮。左右两边也的确是墙壁、地板，和刚才我们到过的仓库一样，也连成一个大圆圈。我明白了，我们已经到了方才看到的大轮圈里边了。错不了，房间的那一头儿不是比我们站的地方要高得多吗？

我们在弯溜溜的地板上一直向前走。

“这儿是化学实验室。人造月亮上主要有三个实验室：一个物理、一个化学、一个生物。三个实验室几乎占去了一半的地方。你们看，这些仪器都是自动操纵的，所以我们的工作人员很少，连电讯员、炊事员，一共只十二个人。化学方面，我们在分析宇宙尘。就是这个仪器，它会自动记录分析的结果。我们还在研究各种物质在高度真空下的物理性质和化学性质。这种高度真空，在地球上是没有办法得到的。物理方面，我们在研究宇宙射线。这种从遥远的天空里射过来的，能穿过一切东西的小质点，我们至今还没有搞明白它是从哪儿射出来的。我们还在研究宇宙力学，这是一门新学问哪！在地球上，做什么实验都避不开地球的引力。可是在这儿，地球的引力是不起作用了，我们总算从地球吸引力下面解放出来了。生物方面，我们主要在研究动物离开了地球之后，生理上会发生些什么变化。所有这些实验，都会给宇宙飞行提供有价值的科学资料。”

天文学家一边引着我们向前走，一边滔滔不绝地给我们讲解。许许多多又精致又复杂的仪器，我实在看也看不懂。最奇怪的是，实验室里所有的桌子都是两头高中间低，可是仪器放在上面，一样很平稳。再一想，这也没有什么可奇怪的：我们脚底下的地板不是像桌子一样，也是弧形的吗？

最后走进生物实验室，里边有许多笼子，养着鸡、鸽子、刺猬、兔子，都跟我们学校的小动物园里喂的一样活泼。显然，它们已经习惯了人造月亮上的生活环境了。

“再往前走就是我们的俱乐部、食堂和卧室了。”走出生物实验室的时候天文学家说。“咱们先到俱乐部去休息一会儿吧！”

“且慢！一直没有开过口的植物学家忽然说话了，我想先请客人参观一下我们的植物园。小朋友，你们同意吗？”

“当然同意！”我先拍手。真想不到，人造月亮上还有植物园哩。

“来吧，这儿有电梯！”

植物学家领我们乘了电梯，来到一个高大的圆顶玻璃下面。我从来没有看到过这样大的大温室，成排的果树，都有好儿丈高。一串一串的葡萄，每一颗都有乒乓球那么大。碗豆长得像小树一样，挂着刀豆那么长的豆荚。西瓜、番茄、白菜，都比地球上的大上三四倍。我们正啧啧称奇，植物学家摘了三串儿葡萄，给张老师和我们俩一人一串儿。

“吃吧！尝尝我们人造月亮上的葡萄。”植物学家得意地说，“等一会吃饭的时候，还要请你们尝一尝我们的番茄豌豆白菜汤哩！”

这样大的葡萄，我捧在手里真舍不得吃。

“这葡萄怎么会这样大呢？”李建志问。

“第一、是生活条件，我们这儿有充足的阳光。”植物学家说，“第二、我们已经培育出了人造月亮上的新品种。你们看，这儿的植物都有一个特点，茎比较细，叶子和果实都比较大。在人造月亮上，所有的东西都比在地球上要轻得多，所以植物用不着长很粗的茎来支持叶子和果实的重量。我们就改造植物的品种，尽量使植物的茎变细，叶子和果实变大。”

“真是个好办法。”张老师说，“这儿的植物也从地球的引力下解放出来了。有这样好的一个植物园，出产的东西一定够你们吃的了。”

“当然够了。蔬菜和水果我们都不再要求地球上供给，但是这还在其次。最主要的是，这个植物园供给了我们足够的空气。”

“空气？”我奇怪地问。

“是呀，空气。”植物学家说。“我们要呼吸。可是人造月亮上的空气都是从地球上带来的。日子一多，空气里的氧气渐渐减少，二氧化碳气渐渐多起来，这样的空气就不能再供给我们呼吸了。我们不得不从地球上重新运新鲜的空气来。有了这个植物园，植物就会吸收空气中的二氧化碳，放出氧气来。我们再也不必要求地球上的人为我们提供新鲜空气了。”

原来是这样。我恍然大悟，在人造月亮上，植物园是非有不可的。

“既然到了这里，咱们就顺便去看看天文台吧！”天文学家提议。

我们跟着他走过一条狭长的走廊，走廊的尽头是一间圆形的大房间，上面盖着浑圆的玻璃屋顶。房间中央有一架巨大的望远镜。从玻璃屋顶望出去，三分之二的天空布满了亮晶晶的星星，三分之一的天空却被一个闪着蓝色的光的大球遮住了。不用说，这就是咱们的老家——地球。

“我们这儿没有空气层的阻隔，观察星星比在地球上清楚得多。”天文学家说，“我们这儿也能测算星星的距离，结果会更加精确。目前我们正在校正星星距离的数字哩！”

我们走到玻璃屋顶的边沿上。向下面一望，只见一面很大很大的凹面镜，托住了整个植物园和天文台。地球的影子，正映在凹面镜的中央。

“这是什么呀？”李建志问。

“是聚光镜，就是专门收集太阳光的装置。你们看见没有，植物园的天棚周围有一圈黑色的水管。太阳光照在这面大镜子上全部反射出来，集中在这一圈水管上。水管里的水就立刻沸腾了，变成了蒸汽，我们把蒸汽贮存起来。虽然现在是夜晚，太阳被地球遮住了，我们还是可以用贮存起来的蒸汽转动发电机。”

“太阳被地球遮住了，这不是日食吗？”李建志又捉住岔子了。

“是的。应该说是日食。”天文学家说，“可是在人造月亮上，日食是家常便饭，几个小时就有一次。并且除了在日食的时候地球把太阳遮住了，天黑了，此外人造月亮就没有夜晚了。所以日食发生的时候就是我们的夜晚。你们看，天快要亮了，地球靠东边的边缘已经亮起来了，人造月亮就要飞出地球的影子了。”

我抬起头来望。地球蓝澄澄的，好像个半透明的玻璃球，只有靠东边的边缘，一闪一闪地放着紫红色的光。太阳虽然还在地球后面，它的光被地球的空气层折射，已经射到我们的眼帘里来了。

“当心！当心！”天文学家忽然叫起来。“在我们这儿，太阳光比在地球上强十几倍。快不要对着太阳看，眼睛会给射瞎的！”

可是我多么想看看太阳是怎样从地球后面钻出来呀！看日食，这机会多难得，我决不放过。

地球边缘上的红光越来越淡了，渐渐变成了珍珠一样的乳白色的光辉。突然，太阳出来了。一线雪亮的光，像箭一样地直刺进我的眼睛。只觉得眼睛里火辣辣的一阵痛，我忍不住大叫一声：

“哎哟！”

我连忙双手蒙住眼睛。等我再睁开眼睛来看，我已经躺在自己的床上了。红艳艳的太阳光从窗口射进来，正晒在我的脸上。天文台啦，望远镜啦，都不知道到哪儿去了。我定了定神才明白，原来我做了一场梦。

我赶忙起床，我要立刻把这个奇怪的梦告诉张老师和李建志夫，他们听了一定会羡慕我的。要是他们真能跟我一块儿上人造月亮去玩儿一趟，那该多美呀！

一九五五年七月

割掉鼻子的大象

戈壁滩上的新城市

一九七五年八月二十三日，我为了采访大戈壁国营农场丰收的新闻，来到了戈壁滩上的一个城市里。这个城市的名字可真特别，叫做“绿色的希望”。在五年前出版的地图上，还找不到这么个地名。可是现在，我已经在这个城市的中心区的旅馆里。服务员提着我的手提箱，把我引进了一个不很大的，但是布置得很精致的房间里。

“同志，路上辛苦了，先休息一下吧!”服务员给我倒了一杯水，又把窗帘拉开了。

“不，一点也不累。飞机又快又舒服。午饭还在北京吃的哩，想不到太阳还没有落山，我已经来到戈壁滩上了。”我走到窗子跟前。“你不忙招呼我，还是先把你们的城市给我介绍一下吧!”

“对了，我想起来了，您是北京来的记者同志。”服务员笑了笑说。“请看，前面就是中央广场。广场对面那座白色的大楼是市人民委员会。大剧院就在那一边，看见没有？就是那座淡黄色的大楼，还是去年国庆节落成的呢！那边是农林牧学院，就在那座小山上，一大堆房子。百货大楼，少年文化宫，工人俱乐部，都在我们的旅馆后面。你出了大门，向右首拐个弯，就都可以看到了。”

我站在窗口上往下望。这是个什么样的城市呀，简直跟花园一样!

马路又宽又清静，两旁的白杨树给马路镶上了两条浓绿色的边。每一个十字路口都有个白石砌的花坛，美人蕉，大理菊，五颜六色，开得正热闹。向远处望，茂密的树林像一片绿色的海洋。一座又一座的崭新的大楼，像海岛一样，浮在绿色的海洋上。这里不是戈壁滩吗？我在一本古老的地理书上看到，说这里黄沙连天，寸草不生。谁想得到今天的戈壁滩……

突然，一阵孩子的叫喊声打断了我的沉思。

“看大象去呀！看大象去呀！”

从马路的那一头，拥过来一大群孩子。他们一边喊，一边跑。许多大人跟在他们后面。

“什么？大象？哪儿有大象？”我问。

“不知道。我们这儿从来没有见过大象。”服务员回答。

“可能是动物园新到了大象。”我说。

“不会。这儿什么都全了，就是还没有动物园。”服务员回答。

街上的人愈来愈拥挤了，男的，女的，老的，小的，都朝着一个方向跑，真像过节日游行一样。到底是怎么回事呢？我真想不透。

“我得去看看！”

我一边说，一边跑出了房门。

割掉鼻子的大象

我挤到了人群里，拉住了一个红领巾问：

“上哪儿去呀，小朋友！”

“车站去！车站到了一大队大象哩！”

“大象？哪儿来的？”

“不知道。”他一边走，一边回答。

“来干什么？”

他不回答我，却指着前面叫：

“看哪，看哪，那不是来了吗！”

前面的人让开路来，大家都退到人行道上，可不是吗？十几只大象排成一队，在慢吞吞地走过来。

“都是一色的大白象呀！”一个孩子叫了出来。

“是呀，这种白里透红的大象，连我也没有看见过哩。北京动物园里的大象都是灰色的。看呀，它们慢慢地愈走愈近了。又粗又短的脚，“咚咚咚”地踏在水泥路面上，两只大耳朵一扇一扇，还发出“呼噜呼噜”的鼻息。胆小的孩子都把身子紧紧地靠在大人身上。

“呀，奇怪！”站在我跟前的一个小个子女孩突然惊讶地叫起来。“这些大象怎么没有长鼻子呢？”

经她这么一提，我也奇怪起来了。这群大象的鼻子都像割掉了一样，只看见两个黑洞洞的朝天鼻孔。还有奇怪的呢！……我不禁也叫了出来：

“咦！这些大象的大象牙到哪儿去了呢？”

“一定是亚洲母象，动物书上讲得很清楚，亚洲母象是没有大象牙的。”旁边的一个男孩说。

“不，”小女孩说。“我想它们可能是演马戏的。为了怕发生危险，所以把长鼻子和大象牙都锯掉了！”

“谁说是演马戏的！”

大家回头一看，说话的原来是骑在最后一头大象上的一个男人。他挥了挥鞭子，又说：

“它们是国营农场的。”

“国营农场的？农场养大象干吗？”一个抱小孩的女人问。

“一定是耕地用的。”一个老公公说。“古书上就说过，在四千多年前，我们的祖先曾经用大象耕地。”

“国营农场有的是拖拉机，还用得着大象？”小女孩说。

疑问一个接着一个。割掉鼻子的大象队伍慢慢地走过去了，我带着一连串疑问，回到旅馆里。

一封请帖

走到房门口，服务员同志递给我一封信：“同志，您的信。”

我坐下来，把信封拆开，里边是一张请帖：

悦森同志：

知道你要到我们的农场来采访，我非常欢迎。明天早上，我准备了一个奇迹来招待你。

李文建

8 月 23 日

李文建！真没有想到，他原来在这儿。自从中学毕业分手后，我跟他就没有见过面，他是多么有趣的一个人呀。在中学时代，我们俩都喜欢数学，喜欢物理，都参加了“巧手小组”。那时候，我们俩几乎每天都有新的幻想。有些幻想是实现了，凭我们自己的两只手。举例来说吧，我们就做成了一个只有手表大的半导体收音机。冬天把它安在毛皮耳罩上，带着倒是挺舒服，不但能听广播，还管预防耳朵生冻疮。也有些幻想落了空。有一回我们想：为什么不能给双轮铧犁安一个马达呢？我们就动手做了一个不太小的模型，可是犁头一插进泥里，轮子就只会打空转，再也走不动了。

后来我们快毕业了，我问他：

“李文建，你考上了大学念哪一科？”

“畜牧！”他好像早考虑停当了。

“畜牧？”我挺奇怪。“你不是最喜欢数学和物理吗？”

“畜牧就用不着数学和物理吗？”他反问我一句。“那么你呢？”

“进新闻系！”我其实也早就考虑停当了。

“新闻系？好，将来当记者，当编辑。可是对你来说，数学和物理可真用不着了！”李文建很惋惜地说。

“我才不这么想哩！看看报纸上吧，数目字和物理名词不是愈来愈多了？”这是我的回答。

后来我们就分别了，再没有见过面。这一段有趣的对话，却至今还在我的耳朵边上。我的话，我在自己的工作里边得到了证实，尤其在采访工业新闻的时候，数学和物理的基本知识的确帮了我不少忙。可是搞畜牧到底用不用得着数学和物理呢？这回见了面，我得好好地问他一问。还有哩，方才看到的大象不就是国营农场的吗？我倒要代那些可怜的大象质问这位聪明的畜牧专家：为什么要把它们自己最爱惜的鼻子连同大象牙一起割掉了？我知道他的脾气，这一定是他出的主意。

指象为猪

“北京人”牌子的小汽车把我送到大戈壁国营农场畜牧科的办公室门前。

办公室的玻璃门推开了，走出来的正是李文建。他张开了两只臂膀说：

“欢迎，欢迎，记者同志，我的老同学！”

来不及让我说话，李文建就把我紧紧地拥抱住了。他仍旧是那个老样子，热情，爽朗。

我几乎透不过气来，也不知道是太高兴了呢，还是他抱得太紧了。好一会儿我才挣脱了他的手臂，说：

“真想不到……”

“哈哈，想不到的事情多着哩！想不到戈壁滩上的早晨，空气会这样清新。想不到所谓黄沙连天的戈壁滩，会到处是一片希望的绿色。更想不到在这充满了奇迹的戈壁滩上，今天还会出现什么样的奇迹！”

“什么奇迹？”我记起了他给我的请帖。

“我们的相遇不就是奇迹吗？哈哈！我到这儿才不过一个月，而你，恰巧也赶到这儿来了！”

“你到这儿来的任务是……”

“你是记者，很明白，你的任务是采访新闻。我呢？也很明白，我是搞畜牧的，我的任务当然离不了喂牛，喂猪，喂羊。这么多年不见，咱们俩本应该谈谈家常。可是咱们还是先公后私，先让你的任务和我的任务结合起来。来吧，你不想采访一下我们的最新的工作成绩吗？”

李文建拉着我走过草地，来到一个大棚子前面。这个大棚子，样子有点像飞机库，单是一扇大门，就有四米多宽，五米多高。李文建一按电钮，这看去像钢板一样结实的大门，忽然像又薄又软的绸缎一样，立刻卷上去了。

“真是奇迹！”我不由得说。

“你说的是门吗?”李文建说。“这算不得奇迹。这门是用‘塑胶908号’做的。这种塑胶可以压成纸一样的薄片，软得可以卷起来，轻得几乎没有重量，可是又硬得连美洲野牛的角也顶不透。用来做牲畜棚子，真是最合适也没有了。这个大棚子的屋顶、墙壁、门，全部是用‘塑胶908’做的。我特地采用了这种材料，为了节省屋架的钢料。”

“这就是你所说的最新的工作成绩吗?”我问。

“不是，不是。”李文建笑笑说。“你忘了吗？我的专业是畜牧，不是建筑师。当然，有时候也不得不兼顾一下，但是算不得什么成绩。我们的新成绩在棚子里面呢！请进去吧!”

一走进门，我们被一垛白里透红的肉墙给挡住了。

只见一个又粗又短的尖尾巴，在我的鼻子前面晃来晃去，扇起了一阵微微的风。

“看吧！这才是我们的新成绩，昨天才运到的。”李文建说。

“跟你说了吧，我到这儿来的任务，就是在这戈壁滩上大量繁殖我们培育出来的这个新品种!”

“哈哈!”我笑起来了。“对一个新闻记者来说，这可不是新闻了。我早知道，这就是割掉鼻子的大象!”

“割掉鼻子的大象?”李文建诧异起来。“谁给起的这个古怪的名字?你难道没有看见木牌上写的吗?”

我抬头一看，木牌上写着一行大字：

白猪——奇迹72号

“哈哈，割掉了大象的鼻子就当猪，这就是你的新成绩吗?”我笑着说。“古时候有个赵高‘指鹿为马’，原来今天还有你这位‘指象为猪’的专家哩!”

“多愚蠢的笑话。我倒要向你提个意见。”李文建突然严肃起来。“像你这样粗枝大叶，是不适宜做新闻记者的。还是仔细观察一下吧，我的犯急性病的记者同志!”

正说话间，那个大家伙转过身子来了。它的面貌，虽然我昨天已经领教过了——两个黑洞洞的朝天鼻孔，两只眯着的小眼睛，大耳朵一扇一扇的，像两把大蒲扇——可是经李文建一提——这面貌与其说是大象，真不如说是猪。大象的额角要宽得多，两只眼睛要离得远些，再说，鼻梁上也没有这么多的皱纹。但是主要的不同，当然是这家伙没有长鼻子，也没有大象牙。我正在将信将疑，它忽然鼻子一掀，发出一阵“呼噜噜”的声音。这声音分明是猪的鼻息，不过比普通的猪要响上七八倍。我不由得倒退了两步。

李文建笑了出来：“害怕了吗？放心吧。它是猪，不会像大象那样的突然发起脾气来。你不信的话，再看看它的脚吧！”

我低头一看，果然不错，分明是四个大猪蹄子，只不过比例不大相称，显得又短又粗。可是绝不是大象那样的直统统的筒子腿。

在事实面前，我不能再怀疑了：

“我承认，的确是猪！真是个奇迹！猪怎么会变得像大象一般大了呢？”

“说来话长。我们回办公室里，坐下来慢慢说吧！”李文建说。

奇迹离不了科学

“我想，”我坐在沙发上，呷了一口加蜜糖的红茶，说，“你们的‘奇迹72号’，一定是大象和猪杂交的新品种。”

“杂交？当然，要培育新品种必须利用杂交。”李文建说。“但是要大象跟猪交配，目前似乎还有困难。所以我们用的，是咱们中国最优良的四川白毛猪和英国约克猪交配的杂种，同时，还采用了许多别的方法来改变杂种的体质。中学时代的解剖生理学，你大概还没有忘记吧？”

“当然不会忘记。”我一向是以我的记忆力强自豪的。

“那么你应该记得，脑髓下面有一个内分泌腺……”

“叫脑下垂体。”我抢着说。

“对了，叫脑下垂体。这个内分泌腺的功能是……？”他好像故意要考我一考。

“它的前部分泌一种促进生长的激素。有的人脑下垂体特别发达，分泌的激素过多，个儿就长得又高又大。我看到过照片，几乎比普通人高出半个身子。”

“对了，我们走的路就是想法子刺激杂种幼猪的脑下垂体，促使它特别发达。开头，我们把各种各样的化学药品喂给猪吃，还给猪注射，结果全没有用。后来我们找到了一个物理的方法，就是用一种一定波长的电波来刺激猪的脑下垂体。果然有效，杂种猪的个儿果然一代比一代长得大。如果你把‘奇迹 72 号’解剖来看，它的脑下垂体就有桃核那样大，足足有三克半重，比普通猪的大上七倍多。”

“原来是这样!”我连连点头。“可是我还记得，脑下垂体特别发达的人，个儿固然长得高大，智力却要差一些。”

“这一点你倒不必顾虑!”李文建笑了笑说。“我们喂的是猪。我们宁可它长得肥一点，并不希望它聪明过人，个儿却长得像瘦猴儿一样。问题倒在另一方面，猪的脑下垂体受了电波的刺激，是特别发达了，激素的分泌也大大增多了，猪的个儿也愈长愈大了，长里、宽里、高里，都比普通的猪大了 5 倍。普通的猪一头是一百来千克，‘奇迹 72 号’长足了，一头就有 12.5 吨，——12500 千克。小的时候，它还能到处乱跑。可是它长得很快，一天要长四五十千克。愈长得大，它就愈不能动弹。最后就像一大堆肉，瘫在地上，说什么也站不起来。还动不动就把骨头给折断了。一转身，就折了脊梁；一抬头，就折了颈项。”

“这是什么缘故?”

“哈哈！这是个挺简单的算术题。”他用食指在茶杯里醮了一下，在大理石桌面上写了两行算式：

$$5\times5\times5=125$$

$$5\times5=25$$

然后指着算式说：

“看吧！猪的长里、宽里、高里，都是原来的 5 倍，它的体重就是原来的 125 倍。可是骨头的粗细呢? 讲粗细只能算长里和宽里，因此，只有原来的 25 倍。25 倍粗的骨头，怎么担负得了 125 倍的体重呢? 结果，猪本身的重量就变成了它自己的致命伤。那是我们事先也没有预料到的。”

“那就得让骨头的粗细再加大 5 倍。”

“我起先也是这么个主意。可是常言说得好：‘喂猪吃肉’，猪骨头要它长得这么粗，有什么用处呢? 所以我想，应该使猪的骨头长得更加坚韧。在这方面，我们采用了一系列的办法。我们在猪的饲料里加进了一种新的化学药品，里面含有特别容易吸收的磷和钙，我们叫它做‘强骨素’。我们还经常给猪照射紫外线，使它的骨骼长得特别健壮。更重要的，我们还用电波来抑制某些部分的生长。譬如腿吧，就抑制它，不让它长得太长，因为愈长愈容易折断；而是尽可能让它长得粗一点，粗了顶得住重量。我们还让它锻炼，叫它跑，叫它跳。足足经过了四年，‘奇迹72号’白猪才培育成功。你方才不是看到了吗，它们都站得四平八稳，就像你所说的大象一样。昨天从车站到农场，十来里路，它们还是自己走来的哩!”

“这个场面，我倒亲眼看到了。真是个奇迹，了不起的创造!”我不住口的称赞。

“可是，奇迹离不了科学!”李文建严肃地说。

“是呀，科学创造了奇迹！我倒想起来了，你们的‘奇迹72号’倒有点像西游记上的猪八戒。猪八戒在驼罗庄为了要拱开山路，拈着诀，摇身一变，就变成了一头百来丈高的大猪……”

“这是不真实的。”李文建打断了我的话。“第一，猪不会思考，更不会要求自己的身子愈长愈大。第二，即使它有这样的要求，也无济于事。你难道忘记了，动物体质的改变是由于受了环境的影响，并不是由于它主观的愿望。”

“当然不会忘记。”我立刻声明。“你还没有听我说下去呢：猪八戒变成了大猪，驼罗庄派了七八百个人，三四百头牲口，不停地给他做饭送饭。我想‘奇迹72号’长得这样大，食量一定也不小。”

“的确不小。可是跟它长的肉比起来，饲料还是省得多。温血动物吃下去的食物，有许多消耗在维持体温上。个儿愈小，体温发散得愈快，消耗在维持体温上的食物也就愈多。现在老鼠早已绝种了，但是我还要举老鼠做个例子。5000只小老鼠只有一个人那么重，可是5000只小老鼠吃的粮食，却是一个人的17倍。你看老鼠有多么可恶！为什么它要吃这么多呢？就因为老鼠的个儿小，体温发散得快。反过来说，个儿越大，体温发散得越慢，消耗在维持体温上的食物就相对地减少。所以‘奇迹72号’虽然比普通的猪大了100多倍，饲料却只要加多50倍就足够了。”

丰盛的午餐

李文建留我在农场里吃饭，他一定要我尝一尝他们的“奇迹 72 号”。

我们走进食堂，在靠墙的一张小桌子旁边坐下来。桌子上放着一盆菊花，淡绿色花朵闪闪地放着银光。还有一大盘水果：小西瓜一样大的苹果，牛奶色的葡萄，最奇怪的，还有皮是完全透明的橘子，好像包着一层玻璃纸，可以看见里面黄澄澄的一片一片的瓤子。

李文建一按桌子边的电钮，墙上的小窗立刻打开了，推出一个大盘子来，窗立刻又自己关上了。我一看盘子里，大碟小碗，全堆得满满的：炸猪排，熘丸子，坛子肉，炖猪蹄，炒肝尖，拌腰花，熏猪脑，猪尾汤，——原来全是“奇迹 72 号”的成品。

“今天早上，我们特地宰了一头‘奇迹 72 号’。”李文建说。“一半是为了招待你。新闻记者嘛，不光是要用眼睛用耳朵采访，有时候还得用一下鼻子，舌头，甚至于牙齿。还有一半是为了坚定这个农场里的饲养员的信心。昨天‘奇迹 72 号’才运到，有些人看了说：这样大的猪，它的肉一定连咬都咬不动了。好吧，到底如何，就请你来尝一尝吧!”

我咬了一口炸猪排，肉比童子鸡还来得嫩，又酥，又脆。我从没有吃到过这么好的猪肉，就贪馋地咬了第二口。

“‘奇迹 72 号’绝不是老母猪。”李文建好像跟谁在争辩。“虽然它个儿长得大，可是不要忘记，它还是一头小猪，年纪并不大，生下娘胎来还不到十个月哩。它的每一个细胞都是很年轻的，不但吃起来又细又嫩，还营养丰富，容易消化。味儿不差吧？我的新闻记者同志!”

我嘴里塞满了肉，舌头都转不过来了，只得狼狈地点了点头。

本文与迟叔昌合作于一九五六年

没头脑和电脑的故事

做事没头没脑，
书本东丢西抛。
跨出大门摔一跤，
幸好不曾迟到。

——半首《西江月》

每天早晨，一到没头脑上学的时候，家里总像大祸临头似的，乱成一团。

“快，快快！历史！……算术本子！啊呀，自然哪儿去啦？……有啦，有啦！——啊呀，还有算盘呐？”

“算盘呢？噢，不是小弟昨天拿去当车子拉来着？书桌底下找找看！”

妈妈一边说，一边趴在地上帮没头脑找。书桌底下，柜子底下……找着了，在床底下哩！——原来这里是小弟的总车库。拴上了麻绳的算盘是昨天新入库的超巨型载重车。

“糟了，糟了！7 点 10 分了！快！快！哎呀，麻绳解不下来啦！”

小弟打的是死结，没头脑解不下来，妈妈也解不下来。

“算了吧，算了吧！就连着麻绳带去吧！快走！快走！”爸爸只顾催没头脑快走。

没头脑背上书包，夹起算盘，像冲锋似的冲了出去。没想到才出大门就摔了一大跤。原来拴在算盘上的麻绳像猫儿的尾巴一样，给夹在门缝里了。

这一跤摔得正好，妈妈追上来啦：

“帽子！帽子！这样大的风，怎么能不戴帽子！”

“要迟到了！要迟到了！”没头脑急得双脚直跳。

“快，快，把孩子的帽子递出来！”妈妈朝屋里的爸爸喊。

“帽子呢？帽子！”爸爸顺手从桌上抓起一顶帽子，一个箭步跑出来，往没头脑的脑袋上一扣。

这一扣，没头脑可真成了个没头脑啦，连眼睛都扣在帽子里了！

“怎么啦？你不管什么帽子就乱扣！”妈妈责怪起爸爸来。

“喔，是我的帽子。”爸爸才看清楚。“美化服装，美化服装！一股劲儿的宣传，你还是给孩子买干部帽。”

“你干吗自己不带头美化一下呢！现在没工夫跟你啰嗦！快找呀，你就快找呀！”

“唔，唔……快 7 点半了！”没头脑哭丧着脸。

“谁叫你没头没脑的，放东西没有个一定的地方！”爸爸火起来啦。

“现在不是教训儿子的时候！快，快找！帽子！”逢到紧急情况，妈妈可比爸爸能抓住主要关键。

三个人正急得团团转。幸亏还有个小弟，小弟头脑虽然简单，记性却最好：

“屋顶上！屋顶上！”

八只眼睛一齐朝屋顶上看。果然不错，帽子正挂在天线杆子上迎风飘呢！像一只风信鸡。——看起来，今儿早上刮的是西北风。

“唉！”没头脑叹了口气。“昨天给矿石机安装天线，把它给忘在上头啦！”

“快，快！借梯子！”妈妈指挥全局。

爸爸于是“嘭嘭嘭”地，敲开了隔壁邻居的门，借来了梯子。又“噔噔噔”地爬上了屋顶，取下了挂在天线杆子上的帽子。马上“刷”的一下，像抛绳圈似的把帽子抛了下来，正好落在没头脑的脑袋上。

“来不及了，坐三轮车去吧！”妈妈从身边掏出一张票子。

“给你一毛钱！”

养不教，

父之过。

——摘自《三字经》

亏得妈妈这一着，——这也是她多年总结出来的经验，——没头脑到学校总算没迟到。可是同学们说起闲话来啦：

“看哪！没头脑又坐三轮车来上学啦！”

“真是太娇气了！”那个绰号叫小黄蜂的说。

“没有劳动习惯！”绰号叫小刺猬的也凑上一句。

没头脑听了，心里当然不受用，可是更不愉快的是在课堂上。

老师问他：“$\frac{6}{10}$比$\frac{3}{5}$哪个大？”

他回答说：“当然是$\frac{6}{10}$大啰！”

老师问他：“煤从哪儿来的？”

他回答说：“合作社买来的！”

老师气又不是，笑又不是，只好从头到尾，再给他详详细细讲解一遍。没头脑一面听，一面点头。可是话从左耳朵进，早打右耳朵出来了，没头脑的头脑里可没有留下一点儿印象。

学期终了，要不是那个名叫孙山的考了倒数第一，没头脑下边就再没有别的人啦。

老师来找没头脑的爸爸妈妈，说他们的孩子别的都不差：小皮球踢得挺好；种个花儿草儿的，也有他的一手；矿石收音机也装得蛮灵。这些都说明，这孩子的头脑并不比别人差。可是对功课，他简直漫不经心，上课的时候，他注意力分散；放学回家，似乎从没复习过。老师最后说，他希望做父母的能好好督促他们的孩子。

妈妈听着不作声，火早就上来啦。等老师一走，她哼了一声，对爸爸说：“凭咱们家的孩子，考倒数第二？”

“这，这得怨他自己。谁叫他老是这样没头没脑的！”

“‘养不教，父之过。’你逃避不了责任！”

“呵呵！”爸爸无可奈何地笑着说。“你不要光讲批评，把自我批评忘得一干二净。要不是你老惯着孩子，孩子能变成这样？唉，父之过欤？

母之过欤?”

“得啦，得啦，咱们且慢追究责任！你不是出名的‘办法多’吗？你就不能给他想个办法?”

“想办法？对，得想个办法。我一定给他想个办法！”

经妈妈这一通连批评带鼓动，办法多的爸爸就大动起脑筋来。

人的大脑的皮层发达，

据估计，约有神经细胞 140 亿。

——摘自《人体解剖生理学》

没头脑的爸爸是个电机工程师，这一回，他却利用业余时间搞起服装设计来。他给没头脑设计了一套新装，不但式样新奇，其中还大有奥妙。

先说帽子。

从外表看，这是一顶高帽子。可是真不简单，就在这顶高帽子里，藏着 20 万个半导体电子管。一个电子管只有一颗火柴头那么大。

那一天，没头脑看爸爸忙得不可开交，忍不住问：

“把这许多火柴头装在帽子里干什么呀?”

“火柴头！唉，傻孩子。这是电子管哩，作用跟真空管一个样——收音机里的真空管，你看见过没有?”

“看见过，可不是这个样子。”

“这是半导体做的呀！又小巧，又省电，又坚固，又经用，又……你知道吗，有一种元素叫作锗？……哎呀，你不会知道。你还是个小学生哩，讲了你也不懂！”

“他不懂，我可懂呀！”妈妈不服气啦。——本来嘛，妈妈又不是小学生。“我倒要问你：干吗要在他的帽子里安装收音机?”

“收音机？谁说的收音机。我在给他安电脑呢！”

“电脑?”

“电脑！哈哈！电脑！”——看爸爸笑得多么得意！——“不是大家都叫他没头脑吗？所以我想了个办法，给他安一个电脑。看吧，一个小小的半导体电子管，就抵得上大脑皮层上的一个神经细胞。”

“可是神经细胞还要小得多!”

“你说得对，神经细胞要小得多！可是能做得跟神经细胞的作用一样，也就很不容易啦。我讲给你听：这种电子管有电流通过的时候，就等于大脑神经细胞处在兴奋的状态；电流一切断，就等于神经细胞处在抑制的状态。生理书上说：我们的大脑皮层上大约有140亿个神经细胞。我们听到什么，看到什么，总之一句话，不论受到外界什么刺激，就有许多神经细胞兴奋起来，另外又有许多神经细胞抑制了。靠着大脑皮层神经细胞的兴奋和抑制，我们就能把许多事情记住，就能考虑各种问题，做出各种结论。”

“够了，够了！别多啰唆。”妈妈可不耐烦了。“你也不用再抑制，再兴奋了。你的大脑神经细胞的活动，我早就了如指掌。我完全明白，你是想用电子管代替神经细胞，要给咱们的孩子做一个电脑，对不对?”

“对，完全对。你简直比得上一具最新型的脑电波检查器。”爸爸搓一搓手。“可是我要指出，这个结论是你的大脑皮层神经细胞兴奋和抑制的结果。”

“别扯淡，你做的电脑有多少个电子管呀?”

“足足20万个!”

“20万个，那就等于20万个神经细胞!”

“计算非常正确。这又一度证明你的神经细胞活动极其正常。”

“咱们的孩子，虽然人家都叫他没头脑，他大脑皮层上的神经细胞大概不会比别人少吧?”

“当然不会少，应该也有140亿左右吧！可是不管用，这有什么办法呢?”

“他的头脑管不管用，我倒不去管它！我只怕你给他做的电脑不管用。你想一想：20万个电子管，怎么抵得上140亿个神经细胞?”

“足够了。你不要忘记，他还是个五年级的小学生呀！记牢一些简单的知识，回答一些简单的问题，计算一下加减乘除，20万个神经细胞，——不，20万个电子管包管够用了。”

话休烦絮，爸爸整整忙了一个月，才把电脑做好了，就安装在那顶高帽子里。只要把高帽子一戴在脑袋上，没头脑看见什么，听见什么，电脑立刻起反应，立刻指挥他的嘴怎么说话，手怎么写，再也用不着他动脑筋。

旧瓶装新酒：
古老的形式，
崭新的内容。
——摘自无名氏：《创作要诀大全》

可是既然叫电脑，总得用电呀！

爸爸当然不会忘记这一点。他并没有在高帽子里安装什么原子能电池，却给没头脑设计了一个新型的项圈。

从外表看，这个项圈十足是“复古主义”。十六七世纪，在欧洲曾经风行一时，男女老少都戴。我们至今还可以从一九五六年纪念的十大世界文化名人之一——荷兰画家伦勃朗的肖像画上看到这样的项圈。

当没头脑戴上这古色古香的项圈的时候，妈妈可反对了：

“干吗给孩子戴枷呀！”

“戴枷？谁说的！这是半导体发电机。我把它做成了十六七世纪欧洲人戴的项圈的模样。古老的形式，崭新的内容，这叫做‘旧瓶装新酒’。哈哈！”——这项圈原来又是爸爸的得意之作。

话说半导体用处真多。做电脑的事，前面已经交代；做发电机，也不得不在这儿捎带补述几句。原来两小片不同的半导体焊接在一起，只要焊接的地方温度比较高，就会产生很微弱的电流。这两小片焊接在一起的不同的半导体就成了一个小小的电池。一个小电池的电流虽然很弱，把许多个小电池连接起来，就可以得到比较强的电流。爸爸做的那个项圈，里层就是许多个半导体小电池。外层呢，却是用很细的很软的铜丝织成的布做的散热器。

没头脑的学习热情虽然不高，总算是温血动物，在健康的状况下，体温经常保持在36.5℃上下。冬天不用说，就是在夏天最热的时刻，他的体温也比外界高出两度三度。凭这一点儿温度差，半导体发电机产生的电流就足够开动这个用电很省的电脑了。爸爸说，这叫做“能尽其用，自给自足”。

虽然爸爸把这个项圈当作他自己的得意之作，可是在我们看来，却不是什么太了不起的发明。我们早就看到过一种跟这项圈大同小异的半导体发电机，是套在煤油灯罩上的，用煤油灯的废热来发电。爸爸不过用没头脑的脖子代替了煤油灯，用没头脑的体温代替了煤油灯的废热罢了。说来说去，跳不出“旧瓶装新酒”这个圈子。

寒假过后，没头脑又去上学了。他戴着高帽子和古色古香的项圈，活像一个刚从台上跳下来的芭蕾舞剧的小演员。至于把发电机跟电脑连接起来的，是两根细得像头发一样的漆着黑漆的电线。

不动脑筋的故事

——摘自中国少年儿童出版社《新书目录》

新的学期一开始，没头脑的功课就大有起色，不，应该说完全改观。

他最拿手的是算术。

有一回，老师在黑板上出了道题：

12345678887654321÷123456789＝

等号的第二笔还没开始画，没头脑就像念绕口令一样地脱口而出：

“九亿九千九百九十九万九千九百九十九。”

原来这电脑非常灵巧：加法减法，一秒钟能算几万道；乘法除法，一秒钟也能算几百上千道。

电脑还能记住老师讲过的一切的话。老师问个什么，没头脑总是对答如流。

例如，老师问：

“从满洲里乘火车到广州，要经过哪些重要城市?”

没头脑不假思索——他现在根本用不着思索，——立刻回答：

“哈尔滨、长春、沈阳、天津、北京、保定、石家庄、郑州、武汉、长沙。”——10 个城市，不但一个不漏，连次序也不颠倒，跟老师讲的一字不差。

老师不断地夸奖他，说他这个学期像变了个人似的，变得有头有脑，聪明伶俐。没头脑的高帽子上又让老师戴上了一顶又一顶的高帽子，情绪甭提多高了。他完全忘记了应该受到称赞的，是他的那位办法多、会动脑筋的爸爸。

每天放学回家，没头脑总是高高兴兴的。爸爸妈妈看他，心里当然高兴极了。

可惜好景不常，有一天……

桶里还有几条鱼？

树上还有几只鸟？

——选自《动脑筋难题选》的目录

有一天下午，没头脑放学回家，红着脸，撅着嘴，一走进门就摘下高帽子，往桌上一抛。

“怎么啦？身体不舒服吗？”爸爸着急起来。

“有谁欺侮你啦？”妈妈的考虑往往更深一层。

没头脑身体倒挺舒服，也没有谁欺侮了他。可是这一天，他接二连三，碰上了几桩倒霉事儿。

第一桩是地理考试，他交了白卷。老师只出了一道题：“从广州乘火车到满洲里，要经过哪些大城市？”没头脑竟答不上来。

这不能怪他，他自己的头脑里根本什么答案也没有。而电脑呢？电脑里面也没有从广州到满洲里的答案，它只记得从满洲里到广州，这是老师讲过的。

第二桩是在和同学们做游戏的时候，有一个同学问：

“星期天，我钓到了 7 条鱼，放在水桶里，拿回家一看，死了 4 条。桶里还有几条鱼？”

“3 条。”没头脑抢先回答。——电脑就有这样灵敏。

谁想到这个非常正确的答案，引起了一阵哄堂大笑。

又有一个同学问：

“树上有 8 只鸟，我‘砰’的一枪，打死了 3 只。树上还有几只鸟？”

没头脑怕又出错，连忙用手捂住嘴。可是在电脑的指挥下，他的嘴早已说出了答案：

“5 只！”

“哈哈哈哈哈！”

同学们都捧住了肚子，连眼泪也笑出来啦！

“这大概是5只没头脑的呆鸟吧!”小黄蜂说。

“鸟怎么会没头脑?人家都说,麻雀虽小,五脏俱全!”小刺猬故意反驳说。

“那真是有了头脑不管用了!”小黄蜂说。

“哈哈哈哈哈!”

同学们笑得气都透不过来了。

大概没头脑受的刺激太深,所以摘下了高帽子,也就是说离开了电脑,他还能一五一十地把这几桩倒霉事儿一一讲给爸爸妈妈听。讲完之后,他气呼呼地说:

“这个电脑不管用!我不要它了!”

经一事,
长一智。

——古谚语

“怎么啦?你不是说你做的电脑挺灵吗?”妈妈向爸爸提出责问。

“唉!唉!是挺灵啦!只是遇到了特殊情况……”

“甭强调什么特殊啦!”妈妈可不以为然。

“怎么不特殊?我做电脑的时候,把计算加减乘除的活动过程全部安装进去了。所以同学一提出问题,它立刻算出正确的答案。”

“还正确哩!亏你说得出!”妈妈冷笑一声。

“不能说不正确。”爸爸好像故意逗妈妈似的。“7减去了4等于3,8减去了3等于5,丝毫没有错。这两个简单的问题形式上虽然是减法,可惜不是减法能解决得了的。”

“别可惜了吧。这些玩儿不当正经的问题,咱们暂且搁在一边。对于地理考试事件,你怎样解释?”

“这,这……”爸爸不免怨起老师来了。“从满洲里到广州,就从满洲里到广州得了。干吗偏偏心血来潮,要来个从广州到满洲里呢!”

“嗄,照你这么说,咱们的孩子到了广州,就不打算回来了?”

“这是在教室里出的题目啦,又不是真事!”爸爸急忙申辩。

“真事!若是真事,就更变化多端了,特殊情况就更多了,就更需要动脑筋了。看你这个电脑怎么对付得了！我现在完全明白了，你做的电脑只能顺着次序，把老师的话背下来！连把老师的话颠倒一下的活动过程，你都没有给它安装进去！”

“是呀！是呀！要电脑自己学会思考，恐怕办不到。我怎么安装的，它就只能怎么活动。可是你也不必激动，我可以把它重新安装一下，再增添 20 万个半导体电子管进去。”

“这样一改装，就一切问题都能解决了？”

“解决一切问题？当然不可能。将来他进了中学，学到代数，我还得把解方程式的过程给它装进去；学到几何，我还得把证题的过程给它装进去。”

“那么又得增添电子管？”

爸爸“嗯”了一声。他看出，妈妈对电脑已经决定投不信任票了。

“算了吧，算了吧！40 万个，400 万个，就算你给他装上了 140 亿个电子管，把电脑做得像‘复古主义’建筑家设计的大屋顶一样，它也只能按照你安装的活动过程来活动，也不过是一个机械脑筋。”

“本来嘛，电脑本来就是个机械！”爸爸不得不承认。

“咱们可不希望咱们的孩子变成个机械脑筋。”

“当然啰，咱们应该希望孩子能独立思考，能比我办法多还办法多，希望孩子能打破陈规，有新的发明，新的创造。”

“这样说来，电脑对咱们的孩子来说，是没有什么好处的。”

“现在——我也这样想。”爸爸不作声了。

一场争吵，终于在思想趋于一致的情况下自然而然地结束了。这叫做“经一事，长一智”，完全是爸爸和妈妈的大脑皮层的神经细胞活动的结果。如果他们也依靠电脑，就无论如何不会从经验中总结出这样的教训来。

要作电脑的主人，
不要作电脑的奴隶。

——简要的结论

第二天，没头脑去上学，头上不再戴高帽子，古色古香的项圈也相应取消了。没头脑的大脑的构造，本来跟古今中外的伟大的政治家、思想家、文学家、科学家、发明家都没有什么区别，大脑皮层的神经细胞不比他们少，只是他不去运用它锻炼它罢了。受了老师和爸爸妈妈的督促和启发，他学会了独立思考，学会了锻炼大脑。他刻苦地学习各门功课，成绩就渐渐好起来。他做事情也养成了有条有理的习惯，不再漫不经心，丢三落四，没头没脑了。本来嘛，现在已经不应该再叫他“没头脑”了。

可是对电脑，他还是有莫大的兴趣。他把爸爸给他做的高帽子和古色古香的项圈藏在他自己的抽屉里，有空就拿出来拆拆装装，研究研究。他说他要像爸爸一样，将来造出各式各样的电脑来帮助人计算算题，保存资料，翻译书籍，管理机器。但是有一点，他已经完全认识清楚：绝不能希望用电脑代替人的大脑来学习，代替人的大脑来发明和创造。因为他已经有过这样一段想起来很辛酸的，但是又很值得回味的亲身经历。

原题《电脑》·与迟叔昌合作

一九五六年七月刊于《中学生》

史前探险记

出　发

我叫彼得，是捷克斯洛伐克的一个中学生。在假期里，我和三个同学到史前时代去作了一次有趣的探险旅行。

耶尔卡是我们旅行团中年纪最小的一个。他在一个山洞旁边找到了一块石片。这不是普通的石片，而是一条三叶虫的完整的化石。三叶虫在五亿年以前已经绝种了。它的样子有点儿像甲虫，从头到尾有两条深沟，好像把身子分成了三片，所以人们叫它三叶虫。它当时生活在海底。我们因而知道，这个山洞附近曾经是一片大海。

小耶尔卡不知道三叶虫已经绝种了，他一定要找一条活的来看看。旅行团于是出发了。另外两个团员是任达和顿尼克。我们乘的小船就是任达的。顿尼克有一架照相机，他是旅行团的摄影员。

旅程非常遥远，我们必须经过许多长得可怕的时代：先经过冰川时代，到 100 万年以前的第三纪，再到 7000 万年以前的中生代和 1.7 亿年以前的古生代，直到五亿年以前的古生代的志留纪。三叶虫就生活在志留纪的海洋里。

穿过冰川时代

我们顺着河流把小船划进山洞。渐渐的，前面隐约出现了亮光。我们朝着亮光使劲划，终于划出了山洞。

远处是积雪的山峰。忽听得咔嚓一声，原来河面上出现了薄冰。我们一直向前划。冰越来越多了，到处是庞大的冰块，好像北极一样，四周围白茫茫的一片。我们真的到了冰川时代了。

“我们过不去了，”顿尼克说。“就是有破冰船也不成。”

“我们一定要过去。”任达说。“大家穿暖和一点，不要冻坏了。”

大家把带着的衣服全穿上了。天气真冷，我们的鼻子都冻红了，手指头也冻僵了。我们不管那些，还是继续向前划。可是越往前进越发困难，最后，船卡在冰块之间。耶尔卡用木棒敲打冰块，冰块却硬得像石头一样。他跳到了冰上。

“耶尔卡，小心!”任达喊住他。

“不要紧!”耶尔卡说。“冰厚得很哩！大家上来吧！我们把船在冰上拖过去!”

“好主意!”我们三个也跳到了冰上，把船拖了上来，连拖带推，继续向前进。

“使劲呀！使劲呀!”我们喊。船底在冰上擦出沙沙的声音。

当晚，我们就在冰上宿营。我们搭了个帐篷，生起了篝火。天气虽然很冷，我们心里却很高兴。最高兴的是耶尔卡，他的理想实现了，亲身参加了到未知世界去的——史前时代的探险。

一清早，我们又出发了。越往前冰越少，船下了水，又可以向前划了。冰川时代已经落在我们的后面。河的两岸出现了一丛一丛的草和灌木，也有高大的树木，景色跟我们家乡没有什么不同。耶尔卡忽然叫了起来:

“嘿，你们看，那棵杉树旁边，不是一头猛犸吗?”

我抬头一看，正是猛犸。它的样子跟象差不多，也有一个长鼻子和两只又粗又长的牙齿。牙齿却是弯溜溜的，好像挂在鼻子两旁的两个大环。它全身披着长毛。现在的象是不长毛的。

猛犸不停地用鼻子卷草，往自己的嘴里塞。我们在博物馆里，曾经看到过猛犸的整副骨骼，这一头猛犸却是真的，活的，是史前时代的动物。耶尔卡高兴得喊起来:

“喂，喂！猛犸先生，我们真的到了史前时代吗?”

猛犸好像看见我们了。它对着我们掀起了鼻子，张开大嘴，发出了可怕的吼声。

史前猎人的家

我们继续前进。河水很急，我们不得不在岸上用纤绳拉着船走，只留耶尔卡一个人在船上掌舵。到处都是绿色，草和灌木长得越发茂盛了。

走在前头的顿尼克突然停住了。

“你们看，”顿尼克说，“这儿不是一条路吗？”

的确是一条路，草都给踏平了。是猛犸走过的路？不像，没有猛犸的大脚印。也许是什么野兽到河边来喝水的路吧？我们决定去探个究竟。

耶尔卡也上了岸，我们四个顺着弯弯曲曲的小路向前走，穿过了一丛又一丛的灌木和芦苇，来到一个狭窄的山洞前面。

“别进去，”任达说。“洞里黑魆魆的，说不定有个什么。”

“里边有火塘哩！”耶尔卡已经看清楚了。

“里边有人住，”我说。“一定是史前时代的猎人了。”

但是再仔细一看，洞口已经长满青草，里边不会再有人了。任达砍了根树枝作火把。有了亮光，我们放大胆子走进洞去。洞里有个石块围成的火塘，火早已熄灭了，旁边堆着许多野兽的骨头。有一只鹿角，总有 50 千克重吧，我们两个人也抬不起来；还找到两段猛犸的牙齿。可是最重要的收获，是耶尔卡找到了一柄石斧。

石斧是一块长方形的石片，用藤皮绑牢在短木柄上。石片的一边比较薄，显然是打击出来的刃口。

“史前的猎人就用这个来猎取猛犸吗？”顿尼克惊奇地看着石斧说。“他一定厉害极了。”

“他一定很野蛮。幸亏他不在这儿。”耶尔卡有点害怕起来。

“要是他突然跑回来，那怎么办呢？我真想也不敢想。”任达说。“咦，里边还有个洞。”

在里边的洞里，我们发现了最出人意外的事。洞里的石壁上画着好几头野兽：一头红色的野牛，低着头正要向前冲过去；一头鹿，它的角好像树枝；还有一对猛犸，面对面，好像在谈话。史前时代的猎人把这些动物画得像真的一样。我们也看见过猛犸了，但是谁也不能画得像他们画的那样生动。史前时代的猎人呀！你们已经不是野蛮人了，我们不再怕你了。

走出洞来的时候，耶尔卡一定要把鹿角和猛犸牙齿带回去。这样重的东西怎么带呢？我们的旅程还长得很哪。

出了山洞，我们发觉顿尼克不见了。

“顿尼克！你在哪儿呀？”我喊。

“你们先走吧！我还要照几张相哩。”顿尼克在灌木丛后面喊。我们不再等他。回到河边，我们看到河对岸有两头大野兽在打架。它们满身长毛，鼻子尖上长着一个很尖的往上翘的角。

“彼得，这是什么呀！”耶尔卡问。

“大概是披毛犀。”我说。

两头披毛犀牛抵着头，用角互相挑。一会儿又各自退后几步，低着头再使劲向前冲。最后，一头披毛犀给对方撞了一下，脚下一滑，滚到河里。它并没有受伤，却朝我们这边游过来了。

“看呀，披毛犀游过来啦！”耶尔卡高兴地跑下河滩去迎接。才跑了几步，他突然收住脚，把身子贴在河岸边，害怕地轻轻地说：

“别作声！他来了！”

“谁呀？”任达问。

“史前时代的猎人，他还拿着支长矛呢！”

我也看见了，在河岸上，一个墨黑的人，手里拿着长矛，探头探脑的，正向我们这边走过来。他看见我们了！他跳下了河滩！

“呀！顿尼克！”耶尔卡吃惊地喊出来。

来的真是顿尼克，他浑身泥浆，就像个黑人一样。我们让他在河里洗了个澡，还生了火，把他洗干净的衣服烤干。在我记日记的时候，顿尼克把他的经历说给大家听。

他沿着小路去找史前时代的猎人，一心想给猎人照几张相。灌木丛里到处是奇怪的叫声，听了叫人害怕。一群野鸭、一群野鸽飞起来，都叫他吃了一惊。他还看见一群野牛，样子跟山洞里画着的一样。最后他一个不小心，落进了猎人捕捉猛犸的大陷阱里，弄得浑身都是泥浆。那支长矛，就是在陷阱旁边找到的。

长矛的头是一片很薄很锐利的石片，绑在一根又细又长的树干上。想不到史前时代的猎人，手艺有这样精巧。

野兽的天堂

天气越来越热，我们好像来到了热带。我们望见了峰顶尖尖的坡度平缓的火山。河岸上长着高大的棕榈树。我们已经到了 100 万年以前的第三纪了。

在河岸上，我们看到一群火鹤。它们身子像鹤，颈子却还要长，弯曲得像蛇一样。最奇怪的是它们的嘴，又阔又大，竟像一把大钳子。

这里真是野兽的天堂。一群小羚羊在草原上跑过，它们连奔带窜，一会儿就无影无踪了。除了两只又尖又长的角，我们什么也没有看清楚。跟着又跑过一群长颈鹿，它们的脖子比我们在动物园里看到的稍短一点儿，腿也稍短一点儿。它们可能是现代的长颈鹿的祖先。

它们为什么跑得这样快呢？原来剑齿虎在后面追赶它们。剑齿虎是第三纪最凶猛的野兽。它的样子很像老虎，所不同的就是嘴上露出两只剑一样的长牙。

我们也看到了古象。它们跟现代的大象也不一样，长牙是从下边的牙床上长出来的。说不定掘起植物的根来，长牙长在下边更加方便。

船靠了岸，耶尔卡钓到了一条大鲤鱼，至少有 10 千克重。我们饱饱的吃了一顿。为了纪念耶尔卡的功绩，我们把这里叫做“鲤鱼湾”。我们像真正的探险家一样，把一路上的港湾和山峰都给起上了名字。

在经过“雷山”的时候，我们遇上了一场可怕的大雷雨。天上乌云密布，一霎时电光闪闪，雷声隆隆，狂风挟着急雨，把河面打得像沸腾了似的。小船给波涛拨弄着，差一点儿给打翻了。好容易，我们把船划进一个长满了芦苇的小港。

雷雨过去，天已经黑了。我们就在船里过夜，因为岸上到处湿漉漉的，生不着火。没有火，露宿是很危险的。他们三个先睡，留下我一个人守夜。四周围非常静，只听见青蛙的叫声，“咯咯咯咯”地，使我想起了家。

忽然我听到水里有声音，好像谁在向我们的小船游过来。提起马灯一看，一群鳄鱼，约摸有十来条，都张开了大嘴，露出雪白的尖利的牙齿，已经游到小船旁边了。我提着马灯使劲向着它们摇晃，做出要扔过去的姿势。它们愣住了，对我看了一会，才游回芦苇丛里。一点火光，对我们说来就是安全。

他们三个都没受惊，睡得很香。我就在马灯下面继续记我们的探险日记。我们看到在第三纪，有些动物跟现在的没有什么差别，像鳄鱼、青蛙、蟒蛇、野鸭、野鸽、秃鹰。马可跟现在的不同，个子只有驴那么大。还有更多的奇奇怪怪的动物，我们从来没有看见过。有一种巨兽，头的样子有点像河马，还长了好几对大的小的角，真是奇丑无比。据古生物的书上说，它叫做“尤因太兽”。

早晨，我们又要向前出发了，但是我还舍不得离开，独自一个人走进灌木丛，希望再能看到一些什么奇怪的动物。忽然听见“刮呀，刮呀”的怪叫。我从树丛中看出去，荒地上有一只大鸟，样子像鸵鸟，身子比鸵鸟还要大，正用坚硬的喙在啄什么野兽的尸体。我不敢作声，它已经看见我了，立刻对着我跑过来。原来它不能飞，跑得可比马还快。我转身就逃，它紧紧跟着我不放。亏得我跑到河边，纵身跳进水里，游到了小船上。他们三个赶快把船划开。大鸟拿我们无可奈何，站在河岸上，好像生气似的，对着我们“刮呀，刮呀”地叫。

后来我在书上查到，这种凶恶的大鸟名叫“福禄拉柯鸟”。

龙的世界

我们到了 7000 万年以前的中生代。两岸没有一棵草，只有岩石和泥沙。树的样子完全改变了，好像铁树和棕树。

“快看，快看，翼手龙!”顿尼克忽然喊起来。

天呀，真像飞机演习一样，好几只大蝙蝠一样的翼手龙，在天空里飞翔盘旋。它们张大了长满牙齿的尖嘴，向我们俯冲下来。耶尔卡急忙举起一支桨来抵抗。翼手龙咬住了他的桨，把他拖到了河里。幸亏它们打了个圈子就飞走了。

耶尔卡像只落汤鸡，爬上船来。我安慰他说：

“不要怕，翼手龙专吃鱼，不吃别的。”

“是呀!”耶尔卡说。“可是那时候还没有人哩!”

耶尔卡说得不错，要是那时候有人，谁知道它吃不吃人呢。

我们看到了许多奇奇怪怪的龙。角龙头上长着好几对尖角，样子很凶恶。可是它是个大蠢物，光一个脑袋就有两米长，脑子却比猫的还小。剑龙好像大坦克车，背上竖着两行骨板，尾巴上长着四个剑一样的尖刺。鸭嘴龙身子像袋鼠，头却像鸭子。它喜欢蹲在河里，用它的扁嘴在河底上掘水草吃。最大的是雷龙，真像一座小山一样。它可能是自古以来最大的动物。但是它并不可怕，它那小得可怜的脑子控制不了它的庞大的身躯。它也喜欢蹲在水里，水的浮力能帮助它支持身体的重量。

傍晚，我们看到河对岸有两条龙在打架。一条是剑龙，一条是暴龙。暴龙的尾巴又粗又大，能用后腿和尾巴直立起来。它张开了长满尖齿的大嘴，直咬剑龙的脖子。剑龙一边挣扎，一边挥动尾巴。最后，暴龙的胸口给剑龙的尾巴打着了两下，狼狈地逃开了。可是剑龙受伤太重，爬了几步就不动了。

第二天一清早，我们划到对岸，去看那头死了的剑龙。我们量了一下，它从头到尾足足有 8 米长，背上的一片骨板有 60 厘米宽。它的皮比牛皮还要厚，还长着一个一个疙瘩。

谁知道不幸的事情发生了。我们回到河边，发现小船给不知什么龙踩得稀烂，河滩上还留着一个个三个脚趾的大脚印。小耶尔卡急得哭了出来，没有了船，我们怎么再前进呢？不要紧，我们可以扎一个木筏，好在这儿树很多。

更古老的年代

我们撑着木筏，穿过浓雾，来到 1.7 亿万年以前的古生代。这是一片茂密的原始森林，树木奇怪而高大，都是巨大的蕨类植物。煤就是在这儿形成的。将来，这儿会变成煤矿的坑道，矿工们会坐着升降机到这儿来采煤。不过，那是很久很久以后的事了。

周围静得好像在梦里。河里到处是倒下来的树干和腐烂的树根。木筏撑不过去了，我们只好上岸步行。路非常难走，我们跨过一个个水塘，绕过一个个泥沼。

耶尔卡找到了一条蜈蚣，一条普通的红色的蜈蚣。他说他听到了蟋蟀打鸣，一定要捉一只来看看，独自一个人离开了我们。我们叫他也叫不住。

天渐渐暗下来了，耶尔卡还不回来。我们到处找，使劲喊，担心他掉进泥沼里。我们吹起了口哨，幸好在树林深处传来了耶尔卡回答的口哨声。我们跟着声音去找，他却从树丛后面钻了出来。

“嗨!”他还很得意哩。“我跟水蜥蜴打了一仗哩。”

“算了吧!”我说。“你完全不像一个探险队员，你只是个贪玩的孩子。”

给我这样一呵斥，耶尔卡生气了，直到宿营的时候，他还堵起嘴不作声。我忽然发现，我们的日记本丢了，急得什么似的。

“日记吗?”耶尔卡忽然说话了。“在这儿呢!”

他从胸口摸出日记本来，已经被水浸透了。原来他在森林里看到一只大蜻蜓，张开翅膀总有 1 米来宽。为了追赶蜻蜓，他迷了路，却在池沿旁边发现了我们的日记。大概是我爬树的时候落在那里的。一只可怕的大蜥蜴爬在日记本旁边，“咯咯咯”地对着耶尔卡叫。耶尔卡好容易赶开了它，才把日记捡了回来。听耶尔卡的描述，那只大蜥蜴大概是原蜥，是两栖类和爬行类之间的动物。

最后，我们来到了 5 亿年前的志留纪，这儿除了荒凉的岩石之外，什么都没有，没有一棵树，没有一根草，也没有一条虫。

前面是一片大海，波浪一阵又一阵地涌上海滩。在海滩上，我们找到一些被波浪冲上来的海藻。海藻离开了海，有的死了，有的却活了下来，经过漫长的时间，对空气渐渐习惯了，成为最早生长在陆地上的植物。海滩上还有一些蛤蚌一类的软体动物的壳。

“看呀！这是什么?”耶尔卡高兴地喊起来。

原来他在海水里捞到了一个活的三叶虫。他从衣袋里摸出三叶虫化石来一对，真是一模一样。多有趣呀，两个三叶虫，它们相隔了 5 亿年。

我们望着辽阔无边的波涛滚滚的海洋。海洋呀！你是生命的老家。你永远不停地在运动，生命也永远不停地在演变，在发展。我们再也不会忘记这次有趣的探险。

《史前探险记》是根据捷克斯洛伐克的彩色影片编写的故事
一九五六年十月刊于《中学生》

失踪的哥哥

公安局来的电话

“喂！喂！是东山路 16 号张家吗？”

“是呀！你找谁？”

“你是谁？”

“我是张春华。”

“好极了。这是公安局。你们家里走失了小孩儿吗？”

“小孩儿？没有的事！你们是公安局，就应该知道我还没有结婚。”

“真是这样吗？请你想一想：有没有一个小男孩儿，叫张建华的？”

“张建华？是我的哥哥呀！你们找到他啦？”

“好极了，那就对了！”

“不对，你们一定搞错了。我今年 22 啦，哥哥还比我大 3 岁哩！”

“这，这，……不过，这小孩儿的确叫张建华。”

“是他自己说的？”

“不，不是他说的。我们在他身上找到了一件可靠的证据。”

“为什么不问问他自己？”

“这有什么办法呢？他不能说话啦！”

“难道说，你们找到的是我哥哥的尸体？”

“现在还不能这样说。”

“什么？连死的还是活的，你们都没搞清楚？”

“实际情况正是这样。张春华同志，你不忙着急。请你马上到我们局里来，我先陪你到现场去认一认，看这个小孩儿到底是不是你们家的。”

张春华再要问，只听得“咔嗒”一声，对方已经把电话挂断了。

15　年

张春华的确有个哥哥叫张建华，失踪已经15年了。这件不幸的事发生的时候，张春华还不满7岁；他哥哥也只有10岁，是个三年级的小学生。

一个初夏的黄昏，晚饭已经摆在桌子上了。张春华坐在桌子旁边等哥哥回来。屋子里静悄悄地，使他困得连眼皮也抬不起来了。爸爸跟平日一样，坐在大藤椅上看报。

“当，当，当……”时钟突然敲了，惊醒了张春华，也惊动了他的爸爸。爸爸推开报纸，站起来说：

“都7点啦！小春，你哥哥怎么还不回来？”

哥哥为什么还不回来，张春华怎么会知道呢？他睁大了眼睛望着爸爸。爸爸也明白从他那里是得不到答案的，只有打电话去问学校。学校里管门的回答说：今天是5点钟放的学；5点半，所有的学生都离开学校了。并且他亲眼看见张建华背着书包，走出校门去的。

“唉，这孩子，不知又晃荡到哪儿去了！”爸爸叹了口气，对张春华说：“小春，你先吃吧，我找你哥哥去。吃完了饭就上床睡觉，不用等我们。”

爸爸披上外套，戴上帽子，匆匆忙忙出门去了。

饭凉了，菜也凉了。张春华故意慢吞吞地吃，一碗饭足足扒了一个钟头，可是爸爸还没回来。屋子里更静得可怕，只有“滴答滴答”的时钟的声音。睡吧，不，他还要等。他把大藤椅搬到窗子跟前，爬在椅子上向窗外探望。路灯亮得刺眼睛，大街上空荡荡的，连个人影儿也没有。望着，望着，他不知不觉脸贴在玻璃窗上睡着了。

惊醒张春华的，是推门的声音。他睁开眼睛，只看见爸爸独自一个人站在他面前，头发蓬蓬松松，帽子提在手里。

“哥哥呢？”张春华问。

“还没找着。”爸爸有气无力地回答。

爸爸在外面已经跑了一夜，几乎走遍了全城的大街小巷，车站码头。他只怕在电话里没说清楚，先到学校去问；又想可能谁家把这位小客人留住了，敲了许多人家的大门，惊醒了熟睡的亲戚和朋友；最后，他只有去问公安局了。公安局还没得到有人捡到小孩儿的报告，他们答应尽一切可能，派人分头寻找。

一直盼到中午，公安局才来电话说有了线索：有人在 6 号渔业码头上捡着一个书包，书包里的课本上有张建华的名字。是游泳淹死在海里了吗？爸爸忘记了疲倦，立刻赶到码头上去。可是除了书包，连一只鞋子也没找着。难道这孩子连鞋子也不脱，就跳进海里去了？决不会的。爸爸茫茫然地望着波涛滚滚的海面，只见那水天相连的远方，飘着几缕纱一样的青烟，一队渔轮正趁着退潮驶出港口。对了，这孩子一定偷偷地爬上渔轮，到海洋上去过他那一心向往的“冒险生活”了。爸爸又连忙赶到渔业公司，请求他们打无线电报询问出海的渔轮。各条渔轮的回电傍晚就到齐了，都说船上没有小孩儿的踪迹。

1 个月，2 个月；1 年，2 年；张春华的哥哥仍旧没有消息。希望看来已经断了，爸爸不愿意这样想。他常常沉默地陷入深思，有时候又似乎自言自语地说：“小春，你哥哥不知这时候在做什么？”无法摆脱的忧伤使他头上的白发一年比一年增多了。直到今年临死的时候，他还梦想大门突然“呀”的一声推开了，一个漂亮的陌生小伙子突然扑到他怀里来：“爸爸，你不认识了吗？我就是你的失踪了 15 年的小建呀！”

推理和证据

张春华放下电话，急忙拉开抽屉，取出一本相片簿，从里面揭下一张旧相片来，塞在口袋里。然后跑出大门，骑上自行车。他一面蹬一面想：

“哥哥比我大 3 岁，假设现在还活着，应该是 25 岁。但是公安局找到的张建华，是一个小孩儿。”

“假设这个小孩儿的确是我的哥哥，那么只可能是我哥哥的尸体。同时也证明了，我的哥哥的确在 15 年前死去了。”

“假设这个小孩儿不是死的，而是活的，那就一定不是我的哥哥。因为哥哥如果活着，应该是25岁，绝不可能仍旧是一个小孩儿。”

“同名同姓是常有的事。可是我宁愿这个张建华不是我的哥哥。问题的关键就在这儿了：他们找到的小孩到底是死的，还是活的呢？……”

张春华念的是数学系，他习惯于运用数学的推理形式来思考问题。死的还是活的，的确是这个问题的关键，也是最容易判断的事实。可是最叫人不能理解的是公安局，愈是问题的关键，他们愈是说得含含糊糊，模棱两可。

“嘟！嘟！”一辆汽车在前面的横路上疾驰而过。张春华本能地捏紧刹车，抬头一看，已经到了公安局门口。

传达室的同志把张春华引进办公室：

“陈科长，张春华同志来了！”

“来啦？好极了。”坐在写字桌后面的一个中年人站起来说。“你是张同志？请坐吧！”

“我是张春华。陈科长，我……”

“方才我们又打电话到你家里去了，铃儿响了半天也没有人接。”

“我一接到电话就赶来了，家里没有旁的人。”

“好极了！”陈科长颇有点得意似的说。“我打第二个电话是为了要告诉你，我们已经完全证实了，这个小孩儿的确是你的哥哥。”

“证实了？”张春华不由得冷了半截。“你们又找到了新的证据？”

“证据仍旧是这一件，从你哥哥身上找到的一本学生证。你想，还有什么证据比这本学生证更加可靠呢？”

陈科长拿起桌上的一本硬面小册子，打开来，兴致勃勃地念道：

“‘第四中心小学学生证。姓名：张建华。年龄：10岁。班次：三年乙班。’我们于是打电话到第四中心小学去问，他们回答说，三年级乙班没有这么个学生。亏得上面还有家庭地址和电话号码。我们又马上给你打电话。可是你的回答，把我们完全给搞糊涂了……”

“你们的回答，才把我完全搞糊涂了。”

“应该说，把咱们搞糊涂的，是这个案件的本身。可是我们终于抓住了问题的关键。你看，”陈科长把学生证送到张春华面前。“‘填写日期：19××年2月。’这一大滴墨水渍，恰好把‘19’后面这两个数目字盖住了。我们综合分析了案情和两个电话的记录，考虑到关键可能就隐藏在这滴墨水渍下面。我们把它送到光学侦查室去拍了一张红外光照相。果然，在照相底片上，墨水渍下面的字完全显露出来了，原来不是‘75’，而是‘60’。这本学生证还是15年前的。再翻出1960年的档案来一查，丝毫不差：东山路16号张家，在那年5月里走失了一个小男孩儿，名字叫张建华。想不到无意之中倒了结了这一件15年没作结论的悬案。”

“那么你们已经肯定，这小孩儿一定是我的哥哥？”

“不会错了。学生证，案卷，还有你提供的材料，三方面对证，完全一致。”

张春华用颤抖的手，摸出口袋里的相片。他几乎恳求地说：“是这个小孩儿吗？请你再认一认。”

“好极了，你真是个精细人，把相片也带来了。是15年前的吗？让我看，完全对，就是这个小孩儿。身上穿的，就是这一件蓝柳条的翻领衬衫。”

“这样说起来，我的哥哥早就死了！”张春华完全绝望了。

“非常抱歉，我只能说老实话。当初我的确是这样肯定的。可是那位陆工程师硬要跟我争，说你的哥哥还有活的希望。……”

“还有活的希望？”张春华信不过自己的耳朵。“你说的哪一位陆工程师？”

“第一冷藏厂的陆工程师。我想，如果他知道了案情的新的发展——已经15年了，他一定会改变当初的看法。张同志，你也不用难过，不幸固然是不幸，已经过去15年了，并不是现在才发生的。咱们到现场去看一看吧！陆工程师还在等候咱们哩！”

人不是鱼

“6号渔业码头，第一冷藏厂。”陈科长吩咐了司机一声。汽车开出了公安局的大门，直向海滨驶去。

张春华有点迷惘，他近乎自言自语地说：“还有活的希望，陆工程师真是这么说的吗？……”

“就是这么说的。”陈科长用手指头弹了弹放在膝盖上的皮包。“两个钟头以前，我接到他的电话，说他们厂里发现了一个冻得失去了知觉的小孩儿——他认为是冻得失去了知觉，并没有冻死——要我们立刻派人去。我赶去一看，只见你哥哥躺在速冻车间的一个角落里，身上盖满了雪白的霜……”

“速冻车间?”

“是呀，‘迅速’的‘速’，‘冰冻’的‘冻’，就是这么个古里古怪的名词。我隔着手套，摸了摸你哥哥的额角，哎呀，简直比冰还冷，冻得我指头都发木了。但是奇怪，他的身子还是软的，脸色也还红润。也许就凭这些表面现象，陆工程师以为他才冻僵不久，还有活过来的希望。他哪里会想到，你哥哥已经冻僵了15年了呢? 15年，请原谅我说老实话，一个尸体能保存这么久，已经不是一件容易的事儿，还要他活过来，我看……”

陈科长说到这儿就打住了，他瞥了张春华一眼。张春华皱紧了眉头，不断地咬着嘴唇。虽然陈科长没有把话说下去，张春华也知道结论已经明摆着了。但是除了这个一般性的结论，会不会有特殊的例外呢? 特殊的例外，得根据各种不同的情况来探讨。想到这儿，他抬起头来问：

“陆工程师遇到过这样的情况没有呢：一个人冻僵了十天半个月，后来又活过来了?”

“我敢肯定，他从来没有遇到过。第一冷藏厂是以冻活鱼、冻活虾出名的，想来你也知道。可是他们从来不曾冻过小孩儿呀。鱼虾冻了一年半载能活过来，当然也不是一件容易的事儿。陆工程师凭他冻鱼冻虾的老经验，说人冻僵了也有……”

“活过来的可能?”

“是呀，他就是这么说的。他还不让我们把你的哥哥搬出来，说一搬出来就没有希望了，除非预先做好使你哥哥活过来的准备。当然，我也希望你的哥哥能活过来。但是人不是鱼，何况又冻僵了15年了。”

张春华又沉默起来。他想起有一年冬天，金鱼缸里结了冰，把金鱼都给冻住了。他把鱼缸搬到火炉旁边烤了一会儿，等到冰化了，金鱼又慢慢地游动起来。但是，陈科长说得对，人不是鱼……

汽车停下了，停在码头旁边一座没有窗子的白色大楼前面。

哥哥和弟弟

陈科长和张春华在会客室里才坐下来，门口进来了一位胡须花白的小老头儿。他穿着一件白罩衫，看打扮好像是大夫。

陈科长立刻站起来招呼说："陆工程师，我们把那个小孩儿的家属给找到了，就是这位张春华同志。"

"好呀，你们的工作效率真叫人钦佩。"老工程师拍了拍陈科长的臂膀，又握住张春华的手说："张同志，你的小弟弟失踪了多……"

"嘻嘻……"陈科长连忙忍住了笑。"您完全弄错了，工程师同志。这位张春华同志，才是您认为冻得暂时失去了知觉的那个小孩儿的弟弟哩!"

"什么?"老工程师吃了一惊。"你不是开玩笑吧?"

"不是开玩笑，陈科长说的是真话。他……"张春华的声音有点哽住了。"他的的确确是我的哥哥。失踪已经有 15 年了。"

"张同志，请冷静一点。"老工程师仍旧不相信。"你还没有去看过，怎么就肯定是你的哥哥呢?"

"看当然要去看的，"陈科长代替张春华回答。他很有把握似的打开皮包，取出一叠证件来。"可是案情已经全部得到证实。这就是那张学生证的红外光照相底片。您看，墨水渍下面的字完全显出来了，原来是'60'，不是'75'。说明这个小孩儿是个 15 年前——1960 年的小学生。再看这张相片，也是 15 年前的。不但面貌完全一样，连身上的衬衫也就是这一件。我把 15 年前的档案也带来了，您可以看一看摘要。"

老工程师戴上眼镜，映着灯光仔细看了照相底片，又把相片端详了一会儿，最后拿起档案，轻轻地念起来：

"'走失男孩一名，张建华，10 岁，第四中心小学三年级学生，住东山路 16 号。失踪日期：1960 年 5 月 20 日。'哎呀天哪，今天正好是 5 月 20，他在我们厂里整整冻了 15 年啦!"

"是呀，整整 15 年啦!"陈科长接过档案，把全部证件塞进皮包里。

"可是我有点儿不明白，"张春华问老工程师说。"我哥哥在你们厂里 15 年了，怎么会直到今天才发现呢?"

“这倒没有什么可奇怪的。”老工程师恢复了平静。“你要知道，我们的速冻车间是全部自动化的。开工那一天，我们把大门锁上了，16 年来从没打开过。今天的事也非常偶然，要不是自动传送带出了点儿小毛病，我们还不打算进去哩!”

“既然大门从来没有打开过，我的哥哥又是怎么进去的呢?”

“一定是自动传送带把他带进去的。”老工程师说。“我领你到速冻车间去看一看吧。看了之后，你就会明白这可能是怎么一回事了。陈科长，你也再去看一看，好吗?”

“好极了,”陈科长从椅子上站起来。“我正想听一听，您对这个案件的发生经过的解释。”

在速冻车间里

三个人来到速冻车间门前。他们戴上了防冻面具、防冻手套，穿上了防冻衣，防冻靴。这样打扮，颇有点儿像准备下海去的潜水员。

从外表看，速冻车间很像一座银行里的保险库。陆工程师转动把手，打开了大门。这扇大门又厚又结实，可是分量很轻，原来全部用软木做的。三个人走了进去，工程师立刻把大门关严了。里面是一条短短的笔直的甬道，借着淡紫色的灯光，可以看到甬道的那一头也是一扇同样的大门。

“我们是轻易不肯进来的。”老工程师说。“大门虽然有两重，可是打开一次，总要损失不少冷气，得多耗费许多电力来保持车间里的低温。谁也没有想到 16 年没有打开过的门，在今天这一天里，却已经打开第三次了。”

“不是第三次。”张春华纠正老工程师说。“您已经进来过两次，出去过两次，现在应该是第五次了。所以我更加觉得抱歉……”

“抱歉的应该是我们!”老工程师打开了第二扇大门。“请进去吧!”

第二扇大门又关上了。一道笔直的小巷横在前面，很像煤矿里的坑道。墙壁，地板，天花板，全是白色的泡沫塑胶做的。一条自动传送带，跟煤矿坑道里的铁轨一样，从小巷的这一头直通到那一头，上面一个挨一个地排满了白色的搪瓷铁箱。

“跟我来，你哥哥就在那边角落里。”老工程师抓住了张春华的臂膀。

三个人沿着传送带往前走。紫色的灯光虽然很暗淡，张春华已经分明看见，有个小孩儿躺在小巷的尽头。他走到跟前俯下身子来一看，正是他的哥哥，简直跟相片上一模一样：脸上的白霜已经拂除了，露出了红润的双颊；眼睛很自然地闭着，好像在沉睡，只是没有鼻息。张春华忽然想：要是父亲还活着，他看到了这样的情景是喜欢呢，还是悲伤呢？失踪了15年的儿子突然找到了，可是找到的儿子已经失去了生命……就说自己吧，也辨不清心里头到底是喜欢还是悲伤。张春华只觉得鼻子一阵酸，眼角上凉飕飕地，眼泪忍不住流出来了。

“陈科长，”张春华听得老工程师在他背后说，“这一头是传送带的进口，有两道自动开关的门，外边就是渔业码头。渔轮一靠码头，自动起重机把活鱼活虾放进传送带上的铁箱里。铁箱经过两道门，从这儿进来。不到一分钟，活鱼活虾就冻透了，再随着自动传送带穿过车间，送到冷藏库里去贮存。我想这个小孩儿一定以为我们厂里有什么好玩的，趁没有人看见的时候，偷偷地躲在空铁箱里，让传送带给带了进来。可是一进车间，他就冻得受不住了，只想逃出去。哪儿知道才爬出铁箱，他已经冻得失去了知觉。”

“好极了，您的解释可以说合情合理。”陈科长说。“可是要得到证实，只有让这个小孩儿活过来，再问他自己了。”

“也许有这样的可能……”

张春华听到这里，立刻跳起来问：

“什么？您说我哥哥冻了15年，还有活过来的希望？”

“是的。我说的仅仅是可能。”老工程师很平静地回答。“咱们出去再谈吧。在这儿待得太久是不相宜的。至于你的哥哥，再让他在这儿多待几天吧，咱们不要去动他。好在他在这儿已经待了15年了。”

生命的暂停

回到会客室里，张春华才坐下来，就性急地问：

“陆工程师，您有没有遇到过这样的事情：一个人冻得失去了知觉，隔了很长的时间，后来又恢复了生命？”

“我吗？当然没有遇到过。可是听我的朋友王大夫说，在1957年，苏联曾经有过那么一回事：一个人在雪地里冻僵了18个小时，后来让大夫给救活了。”

“仅仅18个小时吗？”张春华感到希望又断绝了。

“是的，18个小时。据王大夫说，这是冻僵时间最长的记录。可是他又说，并不是1957年以后，医学在这方面没有一点儿进展，而是救护工作越来越迅速了，所以18年来，没有再遇到过冻僵得更久的病例。”

“现在可遇到了，”陈科长似乎故意提醒陆工程师。“您应该通知您的朋友：遇到了一个足足冻僵了——不，照您的说法，是冻得失去了知觉整整15年的病例。”

“是呀，真是个特殊的病例。”老工程师捋了捋胡须，一本正经地说，“别的病人都是在露天——都是在冰天雪地里冻僵的。而张同志的哥哥，却是在我们的速冻车间里……”

“难道这也有什么不同吗？”陈科长奇怪起来。

“当然不同。”老工程师说。“我们厂的冻活鱼和冻活虾，就是速冻车间的出品。活鱼活虾进了车间，经过超冷速冻，它们的生命现象停止了，可是并没有死去。在冷藏库里贮存了一年半载，把它们取出来，放在十摄氏度左右的水里，它们就会苏醒过来，恢复生命。”

“这是什么道理呢？”张春华又活跃起来。

“道理很简单。破坏身体组织的不是冷，而是冰。身体组织一被冰破坏，生命当然也就完结了。我们用超冷速冻的方法，只是暂时停止活鱼活虾的生命现象，并不让它们的身体组织结冰。”

“那么据您看，我的哥哥……”张春华两只眼睛盯住了老工程师的脸。

“你的哥哥，看起来似乎也不曾结冰。结了冰，身体就僵硬了，你哥哥的身体不是仍旧很软吗？可是我只懂得鱼虾，对于人，我不敢贸然下判断。这是大夫的事。况且救活一个人，也绝不像使冻鱼冻虾恢复生命那样简单。许多困难都不是我能预料得到的。所以我想请王大夫来看一看，跟他仔细商量一下，看应该怎么办。”

“哪一位王大夫？让我们去请吧！”陈科长热心地说。

“不用了。就是市立第二医院的院长，我跟他是老朋友，等会儿打个电话去通知他就成了。张同志，空着急没有用，你应该冷静一点，现在回去吧。我跟王大夫商量之后，不管有没有办法，都马上通知你。到那时候，陈科长，恐怕还得劳你一次驾。”

“好极了，”陈科长满口答应，“我当然要来的，这是我的责任。”

养分和滋味

市立第二医院院长王大夫跟陆工程师是老朋友。他们相熟的经过非常有趣，那是二十多年前的一天，陆工程师突然跑到医院去找王大夫，冒冒失失地说：

“王大夫，让我自己介绍吧：我姓陆，第一冷藏厂的工程师。我请求您帮个忙，希望您答应。”

“是身体不舒服吗？”王院长看他神色沮丧，以为他得了什么病。

“不是，我想请您写篇文章。不，不是我，是我们冷藏厂想请您写篇文章。”

“哎哟，这件事我可办不了。”

“一定办得了。王大夫，您知道最近一年来，我们冷藏厂的营业很不景气，冻鱼冻虾在菜市场上简直卖不出去。这两个月鱼虾是淡季，人们还是宁愿出两倍三倍的价钱去买鲜鱼鲜虾，不愿意买我们的‘冷气货’。所以我们想请您写一篇文章发表在报刊上，说明冰冻不会损坏食品的养分，说明冻过的鱼虾跟鲜鱼鲜虾有同样的营养价值。凭您在医学方面的成绩和威信，您一定能扭转人们对待‘冷气货’的偏见。”

“真是这样吗？那么我就试一试看。”王大夫答应了陆工程师的要求。

文章写好了，不但在报刊上发表，广播电台还播讲了好几遍。一个星期之后，陆工程师又来找王大夫，他更显得垂头丧气了。

“怎么啦？”王大夫关心地问。“我的文章怕没有什么反应吧？”

“唉，反应倒是有的。报社给我们转来了许多读者的意见，他们说读了您的文章，都相信您的话是对的。可是他们又说，鱼虾冻过以后，养分虽然没变，味道却的确不同啦！吃在嘴里发死发实，完全不像新鲜的那么活泛，完全失掉了鱼虾那种甜津津的鲜味……”

“所以他们不愿意买？”

“结论就是如此。”陆工程师颇有点痛心地说。“想不到人们对滋味的要求，有时候竟比养分还来得苛刻。”

“依我看，这种要求是正常的，正是人民生活提高的表现。”

“您的话有点儿道理。”陆工程师茫然若失地点了点头。

“那就用不着垂头丧气啦。”王大夫鼓励陆工程师说。“您就应该想法子来满足人们对滋味的要求，尽一切可能使冷藏不损坏鱼虾的滋味。”

陆工程师沉思了一会儿，抬起头来，握住王大夫的手，目光炯炯地说：

“谢谢您的指点。您说得对，我应该这样做。”

在往后的日子里，陆工程师常常邀王大夫去吃便饭。菜经常是四碗：两碗鱼，做法完全一样，要醋熘都是醋熘，要红烧都是红烧；还有两碗虾，或者是焖虾段，或者是炒虾片，做法也完全相同。

“大夫同志，请尝一尝吧！”陆工程师说。“这里是两碗鱼，两碗虾；一碗是新鲜的，一碗是冰冻过的。我不告诉您是哪一碗，看您尝得出来不。”

王大夫在动筷之前，总要问：“这一回您采用的，又是什么新的冰冻方法呢？”

陆工程师的回答回回不同：这一回，他把冰冻的温度降低了十度；下一回，又把冰冻的温度提高了二度；还有一回，在冰冻之前，他把鱼虾进行了低温干燥；他甚至还试验过，把鱼虾先用开水烫熟之后再进行冰冻……可是各种各样的努力都失败了，王大夫只要尝一口，就能正确地回答陆工程师提出来的问题。

有一回，王大夫尝了鱼和虾之后，又摇了摇头，严肃地对陆工程师说：

“我看，您是在瞎撞。固然，瞎撞也有碰巧撞对的可能，可是这样的机会究竟太少了。科学研究不能靠侥幸，瞎撞绝不是办法。”

“我也在这样想。”陆工程师沉思地说。“有时候，我觉得我简直像一只急于要飞出屋子去的蜜蜂，一味地蒙着头向窗玻璃上乱撞……”

“终于撞得头昏眼花了，是不是？那么就应该歇下来静静地想一想了。至少得先找出一条路子来，或者说，先认定一个方向。希望我的批评不会影响您研究的决心。”

“那是绝不会的。”陆工程师的态度非常认真。“我沉得住气，请您放心吧！”

冻豆腐里的小窟窿

自从那一回以后，陆工程师一连半年多没有信息。他是不是放弃了研究呢？王大夫正在这样想的时候，陆工程师又来电话请他去吃便饭了。

桌上仍旧摆着四碗菜。这一回既不是虾，又不是鱼，却是两碗清蒸豆腐，还有两碗红烧冻豆腐。

“真有意思，”王院长打趣说。“今天请我吃起素斋来了。”

“怠慢得很。”陆工程师从来没有像今天这样兴奋。“不过您一定会替我高兴，我已经找到了路子了！”

“什么路子？”

“忘记了吗，我的大夫同志，就是冷藏不损坏滋味的路子呀！您说：冻豆腐的滋味为什么会跟豆腐不一样呢？”

“哈哈，就因为冻豆腐已经冻过啦！”

“对，可是您的文章写得很清楚，冰冻不会损坏食品的养分。豆腐原来含的什么样的蛋白质，冻过以后还是含什么样的蛋白质，成分一点儿也没改变。可以得见食品冻过以后滋味所以改变，绝不是由于什么化学变化，而是由于冰的物理作用。”

“路子摸对了，应该从这方面设想。”王大夫伸出一个指头，点了两下。

“不是设想，而是事实。豆腐一冻，里面的水结成了许多小冰块。冰块要膨胀，就把蛋白质挤紧了。冻豆腐煮过以后，冰是化了，蛋白质却不能复原，因此留下了许许多多小窟窿，吃起来滋味也就不同了。我想鱼虾经过冷藏所以会变味，一定也是这个道理。所以我改换了材料，研究起冻豆腐来。结果我发现：温度越低，冻得越快，冻豆腐里面的窟窿就越多，越小。”

“原因找到没有呢？”王大夫听得出了神。

“当然找到啦！”陆工程师得意地说。“原来冻得慢的时候，豆腐里一部分水的分子先聚在一起，结成少数冰粒，其余的水分子再慢慢地附着在这少数冰粒上冻结，所以最后结成的冰块比较大。要是温度降低，冻得快一点，先结成的冰粒就很多，最后结成的冰块反而小得多了。您尝一尝我的冻豆腐吧！这一碗是冻得比较快的，窟窿就比那一碗冻得慢的小而且多。”

王大夫拿起筷子来尝了两块。陆工程师接着滔滔不绝地讲下去：

“如果冻得更快一些，情形又怎样呢？我开始作进一步的试验。我把温度降得越低，冻豆腐里的冰块就越多越小。最后，到了－120℃的时候，奇怪，豆腐里简直找不到冰块了。就是在显微镜下面，也看不见冰所造成的小窟窿。原来温度太低，冻得太快，水分子来不及聚集在一起，来不及结成冰粒已经停止了活动。于是出现了一个奇迹——冻而不冰！”

“冻而不冰？您真的做到了冻而不冰？”王大夫惊异地问。

“要是不信，您就尝一尝蒸豆腐吧！这两碗里面，有一碗就是在－120℃冻过的，可是保证您尝不出来，不但样子一点儿没变，连滋味也跟没冻过的完全一样。”

“我告诉您，您也许还没有充分认识您的研究的价值。”王大夫兴致勃勃地说。“人所以会冻死，就因为细胞里的水结成了冰。冰要膨胀，它不但破坏了细胞内的蛋白质的物理性，还把细胞膜给胀破了。全身的细胞遭到了这样的彻底破坏，人的生命当然就完了。如果您真的能做到冻而不冰，那么活的鱼虾冻过之后，不但滋味不会变，还可能恢复生命。”

“真的吗？”陆工程师张大了眼睛。

“我是个大夫，您还不相信我的话吗？祝您早日成功！”

过了两个月，陆工程师又把王大夫请去了。他准备了一大盆盐水，从超冷冰箱中取出一对冻虾来，放在盐水里。不一会儿，只见虾的胡须摆动起来，像戏台上吕布头上的野鸡毛一样飘逸，肚子底下的小脚也一齐划动起来，忽然尾巴一弹，几乎跳出了水盆。

又过了半年，陆工程师设计的自动化速冻车间开工了。冷藏厂从此一年到头把大量的冻活鱼和冻活虾供给鱼市场。不用说，人们都很赞赏第一冷藏厂的这种奇异的新产品，甚至认为是中国在冷藏技术方面的骄傲。

在事实前面，人们对“冷气货”的看法终于彻底改变了。往后的这些年里，新建的第二、第三、第四冷藏厂也陆续开工。这些新厂，有的专贮藏瓜果，有的专贮藏蔬菜，都采用了陆工程师设计的速冻装备。许多既容易腐烂，又害怕冰冻的瓜果蔬菜，在市场上终年可以买到，不但丰富了食品的供应，更大大鼓舞了农民增加生产的积极性。

好心的假定

可是现在遇到的问题不是什么冻鱼冻虾，而是要使一个冻了整整十五年的小孩儿恢复生命。陆工程师只知道鱼虾，对于人，他一点儿经验也没有。送走了张春华和陈科长，他立刻拿起电话来拨了号码。

“是第二医院吗？接院长办公室，我找院长王大夫。是王大夫吗？我是冷藏厂陆……”

“嗄，陆工程师！”话筒里传来熟悉的声音。“好久不见啦，您今儿又打算请我吃什么冻活鱼冻活虾吗？”

“不，不是什么鱼呀虾的，是一个人，——一个小孩儿。”

“小孩儿？谁家的小孩儿病啦？”

“不，没有人闹病。我们的速冻车间里发现了一个小孩儿，想请您来看一看，该怎么治。”

“小孩儿怎么跑进那个冷地方去啦！冻了多久了？”

“15 年。”

“15 年？”王大夫大吃一惊。

“是的，足足 15 年。记得您曾经说过：人所以会死，就因为细胞里的水结成了冰。这个小孩儿好像还没结冰。”

“您这是凭什么判断的？”

“第一，他是在我们的速冻车间里；第二，他的身体至今还是软的。不管怎样吧，您总得来看一看。”

“我当然要来看的。可是冻了 15 年，怕没有什么希望了。这小孩儿现在放在什么地方？”

“还在速冻车间里。在您诊断之前，我不敢移动他。”

“您做得对。我马上就来！”

不过半个钟头，王大夫已经来到第一冷藏厂。陆工程师陪他到速冻车间去看了一遍，两个人回到会客室里。

“对这样的病人，”王大夫叹了口气说。“说句老实话，我也没法诊断。您想：听诊器，体温表，血压计，这几件做大夫的随身法宝，对他来说都使用不上。从表面看，您的估计似乎是对的，他可能还没结冰。但是您能说，他的心脏和大脑也一点儿没结冰？”

“我不敢说。”陆工程师用商量的眼光看着王大夫，“可是，咱们能不能这样假定呢？”

“假定当然是可行的，何况这是个好心的假定。”王大夫点了点头，似乎自言自语地说。“即使他的心脏和大脑都没有结冰，咱们有没有力量使一个静止了15年的心脏恢复跳动呢？有没有力量使一个停止工作了15年的大脑重新对全身发号施令呢？”

“只要心脏和大脑没有损坏，就不会有什么太大的困难了。冻活鱼，冻活虾，不都是例子吗？我认为，咱们只要设法使这个小孩儿恢复正常的体温……”

“问题的关键就在这里。”王大夫打断了陆工程师的话。“您也明白，冻的时候因为是超冷速冻，所以他的身体才没结冰。如果咱们把他搬了出来，让他的体温在温暖的空气中自然而然地渐渐升高，在升到接近冰点的时候，他很可能全身突然结起冰来。如果这样，您的好心的假定就全部落空了。”

“绝不会发生这样的事。”陆工程师争辩地说。“在使冻活鱼冻活虾恢复生命的时候，我从来没遇到过这种情形。”

“鱼虾是一回事，人又是一回事。鱼虾是冷血动物，能忍受短暂的结冰。人呢，就是四肢冻伤了，也得很久才能复原，如果心脏和大脑结了冰，那就没有什么挽救的办法了。”

“那么，您认为无论如何是没有希望的了？”陆工程师逼紧一步问。

“倒不是这个意思。”王大夫冷静地说。“咱们必须预先想好办法，使这个小孩儿的体温很快地升到冰点以上，使他身体里的水来不及结冰。过了这个危险的阶段，才敢说可能有希望。当然，这个希望还建立在您的好心的假定上：假定他的心脏和大脑也一点儿没结冰。”

“只要有一丝希望，咱们就应该尽一切可能来试一试。”陆工程师只怕王大夫撒手不管。

“当然要尽一切的可能来试一试，这是做大夫的责任。总而言之，咱们不能就这样把他从速冻车间里搬出来，不能让他的体温自然而然地升高。咱们得做好一切准备，使他的体温尽可能迅速上升，闯过接近冰点的这个危险的关口。”

手术的把握

张春华做什么事情也安不下心来，他每天至少要打两次电话给陆工程师，探听哥哥的消息。陆工程师的回答却摇摆不定：有时候好像一切都不成问题，一再劝张春华放心；有时候好像困难重重，语气不再那么肯定，只是说他跟王大夫一定尽最大的努力来试一试。这样过了半个月，陆工程师才通知张春华说：一切都准备妥当了，手术在明天上午 8 点钟开始，仍旧不过是试一试，没有绝对的把握，请他明天一早就上冷藏厂去。

这一夜，教张春华如何睡得着呢？哥哥能不能活过来？明天就要见分晓，可是现在，连陆工程师也说没有绝对的把握。他开头不是挺乐观的吗？本来么，哥哥已经冻了 15 年，保不定早已冻死了。如果是这样，那么任何手术也只是枉费心机。谁敢肯定地说，一个人冻了 15 年还没有冻死呢？王大夫说得很坦白，对这样的病人，他没法作直接的诊断。陆工程师虽然说可能还有希望，他的假设是用鱼和虾作根据的。但是人怎么能跟鱼虾相比呢？就算哥哥还没有冻死吧，也很难担保在手术进行的过程中不发生什么意外。陆工程师说没有绝对的把握，那么到底有几成把握呢？七成八成呢，还是一成二成呢？按理说，不是死就是活，要说有没有把握，应该是五成对五成。但是这又不是什么数学问题，绝不能作这样机械的估计……

张春华翻来覆去地折腾了一夜，看看窗子外面渐渐发白了，才自言自语地说：“好吧，要发生的事就让它发生吧！”他跳下床来，胡乱洗了个脸，骑上自行车，迎着清晨的凉飕飕的海风，向渔业码头驶去。

第一冷藏厂的大门还关得紧紧的。张春华按了一下门铃，却听得背后有人在叫：

“张同志，你来得真早！大概一夜没有睡好吧？”

张春华回头一看，原来是公安局的陈科长：

“陈科长，你怎么也这样早?”

陈科长握了握张春华的手：“跟你一样，我也睡不着呀！陆工程师打电话给我，说8点钟给你哥哥动手术，一定要我到场。我当然非来不可，这是我的责任。并且我衷心希望，这件15年的悬案，今天能有个令人满意的结局。”

“谢谢你的好心……”张春华的喉咙又哽住了。

这时候，大门打开了，来开门的正是陆工程师。他一看见两位客人，就显得很兴奋：

“呀，你们都来得这么早，是一同来的吗？张同志，我们已经把你的哥哥搬出来啦，咱们去看看吧!”

原来他们把会客室当作了临时的手术室。会客室中央放着一个崭新的大玻璃柜子。张春华的哥哥就躺在玻璃柜子里。他胸前绑着个航海用的救生马甲一样的东西。陆工程师说，这是人工呼吸机。柜子的玻璃是双层的，两层玻璃之间的空气已经全部抽掉了，这是为了保持柜子里的低温。陆工程师说，张春华的哥哥现在体温仍旧是－120℃，跟在速冻车间里完全一样。在手术开始之前，最好不让他的体温增高。

柜子旁边有五盏大灯，好像是太阳灯。还有一钢筒氧气，有一根橡皮管通到柜子里面。在柜子旁边的小桌子上，放着自动的体温记录器和脉搏记录器，都有电线接到躺在柜子里的张建华的身上。

“你们看，”陆工程师把手一摊，“一切都准备好了。等王大夫一到，手术就立刻可以开始。”

“好极了。”陈科长早就想问了。“我想打听一下，这次手术到底有几成把握?”

“把握么，那就很难说了。”陆工程师微微地摇了摇头。“从表面看，张同志的哥哥好像还没结冰。但是现在没法诊断他的心脏和大脑到底结了冰没有。即使也没结冰吧，王大夫说，也难保在手术进行的过程中不突然结起冰来。”

“那怎么办呢?”张春华更加着急了。

“就为了这个，我们想尽了办法。王大夫说，在体温升高到接近冰点的时候，是个最危险的关口，要结冰就在这个时候。闯过了这个关口，就可以说有了九成的把握。我们又考虑到，你哥哥虽然是个小孩儿，身体到底比鱼和虾要大得多，如果单从外面加热，里外的温度就不会一致，身体内部停留在接近冰点的时间就会延长。所以我们采用了五盏热波灯。这种灯能放射出透过性非常强的热波来，使你哥哥身体里里外外的温度同时迅速升高。张同志，凡是我们能考虑到的地方，我们都尽可能采取了最周到的措施。但是王大夫说，像这样没经过诊断的手术，他还是第一次做，因而不敢说到底有多大的把握。”

张春华默不作声，只是低着头，看着直挺挺地躺在柜子里面的哥哥。

满意的结局

时钟打了 8 下，王大夫准时走进了临时手术室，背后跟着两位女护士。

“张同志，”陆工程师迎上去说。“我给你介绍一下，这位就是王大夫。这位就是那个张建华的弟弟——张春华同志。”

“哈哈，弟弟倒比哥哥大，真是天下奇闻哩！”王大夫开玩笑地说。“陈科长，您也来了。”

“这样特殊的户籍问题，我不能不亲自来看看。王大夫。那位哥哥要是真能活过来，就成了轰动世界的天下奇闻了。”

“是呀，”王大夫点点头说。“所以应该尽一切努力来试一试！”

“谢谢王大夫！”张春华握住了王大夫的手。

“也应该谢谢我的老朋友陆工程师。但是现在不忙谢，你的哥哥到底能不能活过来，说实话我们两个现在都还没有把握。让我再把各种装置检查一遍吧。”

王大夫检查了一下玻璃柜子，打开了体温记录器，记录器的笔尖指在“－120”上。他又试了试脉搏记录器，再把热波灯、人工呼吸机的各个电线接头仔细检查了一遍，最后还试了试氧气筒的开关。

“一切都很好。现在开始吧！”王大夫向护士挥了一下手。

护士转动热波灯的电键，五盏热波灯都“嗡嗡”地响起来，把暗红色的光射在玻璃柜子里面的张建华的身上。体温记录器的笔尖画出了一条笔直上升的斜线，“－100，－80，－60，……0”

“零度！”张春华轻轻地喊了一声，问身边的陆工程师说：“您说的这个危险的关口，是不是已经过去了？”

“过去是过去了，”陆工程师说。“但是现在还没法断定，在度过这个危险的关口的时候，是否已经发生了意外。一切都得看结局如何。耐心一点儿吧，结局很快就能看到了。”

体温上升到冰点以上30度了。张春华看他哥哥仍旧直挺挺地躺着，心里焦急得什么似的。王大夫命令把热波灯关上，开始进行人工呼吸。

护士扭开了氧气筒上的开关。人工呼吸机开始有节奏地压迫张建华的胸部。所有的人的视线都跟着王大夫集中在脉搏记录器上。记录器的笔尖画出了一条水平的直线。大家都怀着等待的心情，觉得这条直线好像要无限制地延长。

“看！”王院长突然兴奋地压低了声音叫。

笔尖跳动了一下。虽然跳动非常细微，却是真正的生命的信号。

最初，脉搏的跳动不但微弱，并且是间歇的，跳了几下，又得停一小会儿。慢慢地，笔尖画出了连续的曲线，摆动的幅度也越来越大了。再看体温记录器，斜线又开始缓缓地上升。热波灯早关上了，现在体温的每一分上升，都是生命的活力的表现。

大家都舒了一口气，紧张的空气已经缓和下来了。王大夫关上了氧气筒，打开柜子，轻轻地解下了绑在张建华胸前的人工呼吸机。现在可以看到，张建华的胸口在自然地一起一伏，就像沉睡一样，发出轻微的鼻息。

张春华握了握陆工程师的手，又握了握王大夫的手：

“谢谢你们两位，真是谢谢！”他再也想不出别的感激的话来。“张同志，你哥哥醒过来了！”陈科长喊。

张建华真的醒过来了，小眼睛睁得圆圆的。他看见周围尽是陌生人，害怕得叫起来：

“爸爸！爸爸！”

张春华扑上去，眼眶里含满了泪水。他像抱一个小弟弟一样，把哥哥抱了起来。这位哥哥却还死劲地推开他的弟弟：

“我要爸爸！我要爸爸！”

“不要怕，不要怕。”王大夫拍了拍张建华的小肩膀。“他会带你回家去的。”

这 15 年，对张建华来说，完全是一片空白。要跟他把每一件事情解释明白，绝不是三言两语能办得到的。何况他还是个三年级的小学生，他还缺乏理解自己这段经历的必要的知识。

原题《失去的十五年》
一九五七年七月刊于《中学生》

兄弟俩

甲：今儿个举行晚会，我们俩给各位……

乙：〔接碴〕说段相声。

甲：不，介绍两位朋友。

乙：介绍朋友？

甲：对啰。这两位朋友，说起来大家都面熟，天天见面。

乙：谁呀？

甲：一位是瘦长条儿，一位是圆圆的脸儿。

乙：到底是谁呀？

甲：他们俩不但长相不同，脾气还很不一样。

乙：你倒先说说。

甲：一个最老实，一个爱捣蛋；一个挺灵活，一个挺古板；一个说了算，一个老爱变；一个摸不着，一个看得见。

乙：什么乱七八糟的！

甲：说起来，他们俩还是兄弟。

乙：那大哥是？

甲：你问的是最老实、挺古板、看得见、说了算的那一位。

乙：谁知道你说的是哪一位呀！

甲：就是那个瘦长条儿。

乙：到底是谁呀！

甲：〔伸出一个指头〕就是他。

乙：〔顺着甲的指头找〕哪一位呀？

甲：〔晃动指头，大声〕是他。

乙：是指头呀？

甲：几个指头呀？

乙：一个。

甲：对啦，就是这个“1”。你说，这个“1”是不是个瘦长条儿？

乙：是呀！

甲：俗话说得好：“一是一，二是二”，“说一不二”，这个“1”，不是最老实、挺古板、说了算、看得见嘛？

乙：对呀！

甲：那就得啦！再说你总该知道：一加一等于二，二加一等于三……

乙：你当我是一年级小学生呀！

甲：虽然小学生都能算，这里面却包含着一个真理：你别小看了这个“1”，它虽然是最小的整数，但是随你多么大的整数，都是这么一个一个加起来的。百尺高楼，就得一块砖一块砖往上砌；万里长征，就得一步又一步地往前走。

乙：不错，万事都要脚踏实地。

甲：对啰！反过来，随你多大的整数，总是减了一个一，少了一个一，一个一个减下去，总有减完的时候。

乙：这也谁都知道。

甲：这里边也有真理呀！咱们爱惜物资，不能浪费一针一线；爱惜时间，不能放过一分一秒。

乙：倒是真不能小看这个“1”，作用是挺大。

甲：可是也有时候，它完全不起作用，有了它等于没有。

乙：这话怎么说？

甲：情况变啦！条件不同啦！你倒算一算，十乘以一等于几？

乙：等于十。

甲：一百乘以一？

乙：等于一百。

甲：一千乘以……

乙：你还有完没有？

甲：你甭着急呀！这里又有一个真理：在乘法里面，“1”不起作用。

乙：那还用你说。

甲：还有除法……

乙：除法嘛，除数是“1”，也不起作用。十被一除还是十，一百被一除，仍旧是一百。

甲：真理，真理，说得完全对。在这一点上，他兄弟跟他就大不相同。

乙：他兄弟是谁呀？

甲：就是那个圆脸蛋儿。他爱捣蛋，挺灵活，老爱变，还摸不着。

乙：你明说了吧，别叫人猜谜儿啦！

甲：就是那个一减一，二减二，三减三，四减四……

乙：你说的是“0”呀？

甲：对，就是这个什么也“没有”。你能摸得着吗？

乙：是摸不着。

甲：这个“摸不着”倒也是一个数。不但是一个数，还是整数，不带零头。

乙：废话，带了零头还能是“0”吗？

甲：不但是整数，还是个偶数，就是俗语所说的双数。

乙：啊，这“没有”还是个双数？

甲：一点儿不奇怪，我可以证明。你说，“4”是双数是单数？

乙：当然是双数。

甲：“3”呢？

乙：单数。

甲：“2”呢？

乙：双数。

甲：“1”呢？

乙：单数。

甲：这就是一条规律：整数就是一个单，一个双，这么排下来的。“1”既然是单数，那么它下面的“0”呢？

乙：嗨，倒真是个双数。

甲：这个真理，可叫你给发现了。

乙：还发现了真理哪？我还以为我的脑袋起不了什么作用，有了跟没有一个样，等于“0”呢。

甲：什么！你说“0”起不了作用？

乙：当然啰，一加上“0”还是一，一减去“0”，也还是一，一点儿不起作用，有了它等于没有它。

甲：老弟此言差矣。这回考算术，你总算得了个“60”分——“6”字后面带个“0”。你不是说“0”起不了作用吗？我把你那个不起作用的“0”抹掉，你肯干吗？

乙：那不剩了“6”分了？

甲：就是嘛。作为加数，减数，“0”是不起作用；一旦变成了乘数，它就会起极大的破坏作用。随你几万几亿，乘上个“0”，马上全部报销。这个“0”简直成了捣蛋鬼，破坏分子，取消派。

乙：那么在除法里边呢？

甲：又得看情况啦！“0”被十除是“0”，被一百除，还是“0”。反正它什么都没有，随你分成多少份，结果还是什么也没有。

乙：以不变应万变，倒也干脆。

甲：要是“0”是除数，那可要吓死人。

乙：这不好除呀！

甲：不好除，我们就来打个比方。比如你口袋里有一块钱……

乙：我身上没带钱。

甲：咱们来个假设嘛，假设你身边有一块钱。

乙：好吧，假设我有一块钱。

甲：每天花一毛，能花几天？

乙：十天。

甲：每天花一分呢？

乙：一百天。

甲：花一厘呢？

乙：这没法花呀！

甲：假设的嘛。

乙：花一千天。

甲：每天花一毫呢？花一丝呢？花一忽呢？……

乙：〔同时〕花一千天，一万天，十万天，……

甲：甚至简直一点儿也不花呢？

乙：那么这一块假设的钱就永远永远地留在我的口袋里。

甲：对。你这块假设的钱，又说明了一条真理：除数越小，商数越大。

乙：倒是这么回事。

甲：要是除数小、小、小，小到没有影儿，小到等于“0”？

乙：那么商数就大、大、大，大到没有边儿，大到等于……

甲：等于什么？

乙：我可说不上来。

甲：这个商数其大无穷，就等于无穷大。

乙：这“无穷大’也算是个数吗？

甲：当然是个数呀！

乙：这算哪门子数呀？

甲：这，这，这……我也说不上来，咱们去问问数学老师得啦。〔拉乙下〕

一九六一年十二月刊于《我们爱科学》

一对好伴侣

甲：今儿咱们哥儿俩来段相声。

乙：是呀，要说相声，总离不开咱们哥儿俩。

甲：这倒好有一比。

乙：比从何来？

甲：我好比“作用力”，你好比“反作用力”。咱们俩是一对好伴侣，谁也离不开谁，要来就一起来。

乙：废话，少了一个还上得了场吗？

甲：所以我这个比方打得非常确切。两个物体相互一作用，“作用力”和“反作用力”就一齐上场。

乙：一上场就说相声。

甲：去你的。它们一上场，就……就……就……

乙：“就”个什么呀？

甲：这又得打比方。比方一辆马车：马用蹄子把地面往后使劲这么一蹬，这是“作用力”。地面同时用同样大的力量把马的蹄子往前这么一推，这就是“反作用力”。马蹄子和地面这么相互一作用，马就拉着车往前走了。嗄许！啪！的笃的笃的笃的笃，……

乙：慢来，你这辆马车可走不成。

甲：为什么走不成？我又没违犯交通规则。

乙：交通规则没违犯，可违犯了物理学定律。

甲：多新鲜哪！这倒要请教。

乙：你听着："作用力"和"反作用力"同时发生。

甲：对。

乙：它们大小相等。

甲：不错。

乙：方向相反。

甲：既全面，又正确。

乙：得！马拉车，这是"作用力"，反过来说，车也拉马，这是"反作用力"。"作用力"和"反作用力"大小相等，方向相反。马要把车向前拉，车却把马往后拖，这不是谁也动不了谁吗？

甲：照你这么说，马车这件交通工具根本就行不通？

乙：这，这我也有点儿纳闷呀！自古道："车水马龙"，马车明明在大街上来来去去；可是物理学定律又明明说它走不成。什么"作用力"，"反作用力"，大小相等，方向相反，归根结底，互相抵消了事。

甲：真是理论和实际脱节。

乙：是呀，我对物理学就有这么个意见。

甲：多新鲜哪，物理学还能跟实际脱节！我说的是你！

乙：说我？

甲：对不起！

乙：这没有关系。只要你解释清楚，我一定虚心接受批评。

甲：那你就听着：两个力大小相等，方向相反，就会互相抵消，……

乙：我可没有说错！

甲：算你说对了，可是得有个条件，……

乙：还得讲条件？

甲：条件再简单不过，就是这两个力必须作用在同一个物体上。

乙：这话怎讲？

甲：又得打个比方：比方这张桌子，是一个物体。

乙：桌子本来就是个物体嘛！

甲：我在这一头，用十斤力气把桌子向左边推；你在那一头，也用十斤力气把桌子向右边推。咱们俩用的力大小相同，十斤对十斤；方向相反，我朝左，你朝右。桌子还动得了吗？

乙：当然动不了。

甲：所以呀，两个力大小相同，方向相反，作用在同一个物体上，正好互相平衡，互相抵消，这个物体就根本移动不了。

乙：照你这么说，马拉车、车拉马，就因为马和车是两个物体，情形也就不同。

甲：说个正着，就像……〔把乙推一下〕

乙：〔几乎摔跤〕干吗推人呀？

甲：这又是打比方：……

乙：打比方还有动手动脚的！

甲：我是一个物体，你也是一个物体，……

乙：嗄，咱们俩都变成了物体了？

甲：我推你一把，这是“作用力”；同时你对我就产生了“反作用力”。这两个力大小相等，方向相反，可是决不会互相抵消。我手上觉得沉重，你就一个踉跄，差点儿摔了一跤。

乙：要是我知道你要推，预先摆好把式：两脚叉开，两腿八分弯，上身凛直，〔一边说，一边摆架势〕哼，怕你还推得动我。

甲：我就把你这么一推，〔推乙，自己向后一仰〕我推你，这是“作用力”。你不愿意摔跤，预先摆好架势，使出力气来抵消我这个“作用力”，我的身子就不由得往后一仰，就像你推了我一下一样。

乙：你这样一比方，我倒明白过来了。“作用力”和“反作用力”一定产生在两个物体之间。

甲：本来嘛，定律一开头就把条件说得一清二楚：“甲乙两个物体在互相作用的时候”！“作用力”和“反作用力”当然必定产生在两个物体之间，所以它们大小相等，方向相反，却不能互相抵消。

乙：要是咱们这两个物体，你不推我，我不推你，……

甲：那就既没有“作用力”，也没有“反作用力”。

乙：可是咱们俩走路都不长眼睛，随便这么一撞，〔装出相撞的样子〕……

甲：“作用力”和“反作用力”应该同时产生。

乙：问题又来啦，我没存心要撞你，你也没存心要撞我，……

甲：大家说声对不起，不就算了吗？

乙：不成，咱们还得弄弄清楚：到底谁是“作用力”，谁是“反作用力”？

甲：这个好办。就我来说，我撞你，这是“作用力”；我同时被你撞了一下，这是“反作用力”。就你来说，你撞我，这是“作用力”；你同时被我撞了一下，这是“反作用力”。两个力同时产生，这一个是“作用力”，那一个就是“反作用力”；反正两个力大小相等，方向相反，你怎么叫方便就怎么叫吧！

乙：这倒是掌握原则，灵活运用。

甲：本来嘛，物理学定律就该灵活运用。再说那“作用力”和“反作用力”，它们俩本来是一对好伴侣，还分什么彼此！

乙：就像咱们俩说相声的一样。

甲：说得对！〔唱快板〕

咱们俩是一对好伴侣！
要来一齐来，要去一同去；
站在面对面，一刻不分离。
论性格，一模样，
论力气，没高低。
可以把你当作我，
也可以把我看成你。
虽然你向东来我朝西，
力气相当，作用却不相抵。
比得上桃园结义好兄弟，
不但同年同月同日同时同分同秒生，
而且同年同月同日同时同分同秒灭。

乙：这，这我可不能保证。

甲：我根本没有这样要求你。

乙：那你唱的是谁呀？

甲：唱的是“作用力”和“反作用力”嘛！

一九六三年与顾均正合作

查理·达尔文（1809—1882）
1858**年**6**月**
英国·伦敦·唐恩村

梦　魇

查理·达尔文坐在书房里的靠背椅上。几声雏燕的啁啾吸引了他的注意。他眯着深藏在眉棱下的眼睛，分辨屋檐下的燕子窝里有几只张着黄嘴的小生命刚钻出蛋壳。

从楼上育儿室传来小儿子查尔斯的哭声。达尔文痛苦地皱起眉头。七年前，死亡攫走了他心爱的女儿安妮。现在，猩红热的魔影又威胁着他的家。在唐恩村，新近有四个活蹦欢跳的孩子失去了生命，现在可能要轮到他的最小的儿子了。他彻夜抱着浑身滚烫的孩子，看着红点子已经连成了片的小脸，看着孩子用小手乱搔自己的胸脯，可是他没有办法减轻孩子的痛苦，没有办法挽救心爱的小查尔斯。他想起舒伯特的长歌《魔王》，想起那位跟死亡争夺孩子而终于失败的父亲，眼角上不禁渗出了泪珠。他站起来，从书架上抽出一个文件夹，坐在书桌前面，像往常一样记录他每天观察到的现象：

“孩子高声哭喊，一半为了呼唤父母来援助，一半为了用巨大的努力来减轻自己的痛苦。长时间的尖叫必然引起眼球上的血管充血。为了保护眼睛，眼睛周围的肌肉就会收缩……”

达尔文点燃了一支雪茄，望着自己喷出来的烟，在头脑里搜索最准确的字眼。楼上又传来他妻子的声音。她在轻轻地哼一支苏格兰渔村的摇篮曲：

微风从西边吹来，
月光抚弄着浪花儿。
爸爸就要从海上归来，
来看他心上的小宝贝儿。
小宝贝睡在妈妈怀里，
就像睡在窝里的小鸟儿。
安静地睡吧，小不点儿，
快睡着吧，我的小心肝儿。

听着妻子的近于呜咽的声调，达尔文叹了口气，拿起羽毛笔继续写下去：

“眉毛向下挂。人在严重的沮丧或忧虑的时候，眉毛就会向下挂。我曾经观察过一位母亲：她跟生病的儿子说话的时候，两条眉毛就向下挂了。眉毛所以会这样，就在于额肌中央筋膜的强烈的作用……这些中央筋膜由于本身收缩，尽把眉毛的内端向上拉……”

达尔文感到桌子下面有谁在抓他的腿，这是他心爱的猎狐犬宝丽。他把左手伸到桌子下面。宝丽立刻把毛茸茸的脸凑上来，用冰凉的湿滋滋的鼻子碰了碰他的手掌，又伸出温暖而粗糙的舌头舔起来，发出啧啧的声音。达尔文放下笔，身子靠向椅背，宝丽就用两只前爪搭上了他的膝盖。他双手捧着宝丽那右侧长着一丛黑毛的脑袋，喃喃地说：“唉，你呀，宝丽，你的小狗不在身边了，只好跟我做伴，舔我的手……瞧，我跟你一个样，又要失去一个心爱的孩子了……”

宝丽爬下膝盖，用身子擦他的裤腿。达尔文回头看了一眼挂在大镜子旁边的时钟，站起来对宝丽点头说：“是休息的时候了！好，宝丽，咱们到屋外走走去。”

宝丽好像得到了命令，摇着尾巴跑在前头。走过楼梯口，达尔文停住脚步，侧着耳朵听了一下，楼上没有声响，孩子似乎暂时睡着了。他踮着脚尖走到门口。长纱窗旁边的小圆桌上放着一叠刚送来的信。达尔文打消了散步的念头。他轻轻地推开长纱窗，发了个口令让宝丽独自出去。

跟往日一个样，达尔文拿起这一叠信，回到书桌旁边坐下来，像玩纸牌似的翻弄着："伦敦来的，曼彻斯特，巴黎……马来亚多伦特岛，啊，华莱士寄来的！"这是一封很厚的信，信封已经弄脏了，还擦破了角。看着邮票上的荷兰国王像，他的思想飞到了太平洋上的那个小岛，那个完全陌生的而又好像非常熟悉的热带小岛。那儿一定跟他流连忘返的加拉帕戈斯群岛一个样，连一只蝴蝶都会使人惊讶不止。"这个年轻人又观察到什么了呢？他无牵无挂，想做什么就可以做什么。可是我，"他摸了摸两颊上的胡须，"跟蜗牛背着壳一个样，背上了一个分量不轻的家……"

达尔文打开了信。华莱士在信中说他得了热病。"是的，在那些闷热的海岛上最容易得热病。"达尔文想起自己在西印度群岛上的那场大病。"一定要关照他注意饮食，注意休息，尤其不能忘记，每天晚上必须用烟熏走帐篷里的蚊子。"

"我在床上翻来覆去，难以入睡。"华莱士在信中接着写。"我回忆了几年来观察和研究的结果，写成了一篇论文，请您看看是否有发表的价值。论文的题目是《论变种无限偏离原始类型的歧化倾向》，不知是否妥当，——是探讨物种起源的。"

"物种起源！"达尔文全身一震，"难道，难道华莱士也在研究物种起源！"他把信纸扔在一边，拿起那叠抄得整整齐齐的稿子，一口气读下去。他那蓝灰色的眼睛眯了起来，浓密的眉毛不停地抖动。起初他还小声读着，后来紧闭嘴唇，屏住呼吸，目光飞快地在稿子上掠过。

太阳躲到了两棵老栎树背后，书房里渐渐暗下来了。他一点没有察觉，只是稿子离他的眼睛越来越近了。他觉得那一行又一行的字，像被狂风驱赶着的波涛，翻着鬃毛似的浪花，一排紧跟着一排，直向他扑过来。他好像站在调查舰贝格尔号上，而这艘三桅船，如今只剩下他孤零零的一个人。他完全失去了控制的力量，失去了对自己的控制的力量。他闭上眼睛，身子靠在椅背上，两臂无力地垂了下来，让一张张稿子散落在他的膝盖上，他的脚边。

过了好一会儿，达尔文才自言自语地说："这是怎样的巧合呵！唉，赖尔，你简直成了个预言家，一切都让你说中了！"他周身无力，好像瘫痪了似的，好像堕入了一场梦魇。

洛日的最后的光辉，透过老栎树的枝叶，闪闪烁烁地映在天花板上。

一个月前，就在这个时候，他的两位老朋友——地质学家赖尔和植物学家胡克还在这里说起这件事。他们每次从伦敦来到唐恩，总跟逼债似的催促他，叫他快点把《物种起源》写出来。

胡克睁圆了眼睛认真地问："你的宝贝要什么时候才诞生呢？这样漫长的怀孕期，等得我们的胡须都要白了！"

"不用着急，我只是想把论据准备得更充分些，更全面些。"达尔文老是这样不慌不忙。"宴会总要举行的。每一道菜都要丰盛，精美，这才像个宴会的样子啊！在如今这个世界上，女士们先生们没有不爱挑剔的，我得把他们的嘴全都堵住……"

"天真极了。头都秃了还像个孩子！"赖尔笑着说。"能使人人满意的筵席恐怕从来不曾有过。评头品足的人随处皆是。"

"尤其是你要写的那本书。"胡克用手指击了一下桌子。"那些不仅在肉体上，而且在心灵上都穿上了黑色道袍的人，看了你的书一定先倒抽一口凉气，然后暴跳如雷。要叫他们满意，简直不可能。"

达尔文看老朋友这样激动，忍不住笑了。"那是当然。"他说。"可是我越观察越研究，越觉得有些必要的论证，我还没拿到手。就像当年在贝格尔号上测绘加拉帕戈斯群岛一样，我还没有走遍这个群岛的所有岛屿，怎么能就拿起笔来绘制这个群岛的全图呢？再等些日子，等到我把应该有的论据都拿到了手，这本书就可以写得更加充实，也更加完整。"

"又是个天真的想法。"赖尔显然不耐烦了。"天下没有绝对的完整。要等到把地球上所有的岩层都调查得一清二楚，再来编写地质学讲义，那么大学的地质系只好关门了。你真的不知道你这本书的历史使命吗？你有责任把它尽快写出来。我们不许你这样一再拖延！"

"真是高利贷者的口吻！"达尔文笑着耸了耸肩膀。"请再宽限我这一回吧！我新近发现，人的表情和动物的表情有许多相似的地方。我得先研究这个课题。写书的计划，我不得不再往后推一下。因为我相信，我可能又会得到一些有力的论证。论证总是越多越好嘛。你们会理解我的。就跟当初在加拉帕戈斯群岛作调查，如果有个小岛已经让我望见了，我怎么能不上去看个究竟呢？"

"你能肯定这是最后的一个小岛吗？"胡克的眼睛睁得更圆了。"如果到了这个岛上，发现旁边还有一个小岛，你怎么办呢？"

“还是非上去不可!”达尔文一点儿不假思索。“即使耽误航程，我也在所不惜。”

“老这样耽误下去可不成啊!”胡克改变了口气。“知识没有止境，我们的生命却是有限的。记得第一次看到你写的提纲是一八四四年，我耐心等待了十四年，还没见书的影子，唉，你这条拉着木犁的老牛。”

“是的，我走得慢，是条老牛。可是我从没有停步不前，即使在我女儿死去的那些伤心的日子里。”达尔文望了望挂在墙上的他的安妮和查尔斯的相片，两个孩子的眼睛都那么明亮，多像他们的母亲啊。照片左侧的书架上，排列着上百个大大小小的文件夹，分门别类地夹满了达尔文写的摘记和画的标本图。

书房里暗下来了，谁都不说话。胡克两手交叉在胸前，只是来回踱步。赖尔坐在那张高高的橡木椅子上，用手指轻轻敲打着雕花扶手。

“我在想，”赖尔打破了尴尬的沉默。“马是会跑到老牛前头去的。很可能有人跑到你前头……”

“比我先发表物种起源?”达尔文愣了一下，接着开朗地笑了。他站起来说：“科学不是小巷子，只能容一条老牛穿过！让骏马超过我吧，跑到我这条老牛的前头去吧！这有什么不好呢？我不必再急于写我的《物种起源》了！你们也不必再来逼债了。我可以安下心来为物种起源寻找更多的更有力的论证了！任凭小岛一个接着一个出现在我的前面，我都不必担忧了。”

达尔文笑得那么坦率，那么爽快，竟使胡克吃了一惊。他呆呆地望着达尔文，好像初次相识似的。赖尔似乎也有点儿意外。他不动声色，只嘴角上挂了一丝不可捉摸的微笑。

达尔文那时颇有点儿自得，可是才一个多月……

“赖尔呵，你真是个可怕的预言家!”达尔文低着脑袋，用左手支着他那已经秃了的颅顶，似乎赖尔还坐在他对面。那个只通过信未见过面的年轻人华莱士，已经用精确的语言，把他达尔文二十多年来研究所得，有条不紊地全部写出来了。这个青年像一匹长着翅膀的骏马，从遥远的马来群岛飞奔而来，闯进了他达尔文的宁静的生活。那奔腾的铁蹄，把他将近二十年的摘要和记录踩得粉碎，把他的思路搅得像一团理不清的乱麻。科学的天地无限广阔，不是只容一条老牛穿过的小巷子，这话没说错，可是为什么那匹骏马偏要紧跟在老牛后头，而且跃过了老牛的头顶?

达尔文感到一只温暖的潮湿的手在抚摩他脑后的短发。他知道，这是妻子埃玛的沾着泪水的手。他不由自主地把脑袋靠在她的怀里，闻着她的气息，感到她的心跳。他觉得这一辈子从来没有像现在这样需要温暖和依靠。

“咱们的小查尔斯呢?”达尔文握住妻子的手。

“可怜的，他睡着了。”埃玛呜咽着说。“看他睡着的样儿，我就想起了安妮，她最后……噢，查理，我真的受不了了!”

“亲爱的，一切都会好起来的，会好起来的……”达尔文无力地安慰着妻子。其实呢，他觉得自己更需要安慰，因为他将要失去的不止是一个孩子。

埃玛弯下腰，要去捡那些散落在地上的稿纸。达尔文立刻站起身来说：“我自己捡，你帮我把灯点上。趁查尔斯才睡着，你去休息一会儿吧!”

埃玛点着了书桌上的煤油灯，昏暗的书房里一下子明亮起来。她拉上了窗帘，提起裙子走了。

达尔文整理好华莱士的稿子。他拿起半截抽残的雪茄，点着了猛抽了两口，把它又扔进桌子上的陶土盘里。他觉得胸部隐隐作痛，心里好像充满了依依惜别的感情，仿佛就要去作一次永不归来的旅行。他深深地吸了口气，用低沉的声音自言自语：“呵，从今以后，永别了，和平的幸福！永别了，永别了！长嘶的骏马，嘹亮的号角，动魄的鼙鼓，庄严的大旗，一切战阵上的威仪！……奥赛罗的事业已经完了!”

在贝格尔号的环球航行中，袖珍本《莎士比亚全集》是他的亲密旅伴。将近五年，他跟莎翁笔下的各种人物朝夕相处；好些台词，他能整段背诵。但是使他惊奇的是，为什么他突然会背诵起那个被妒火烧得绝望的摩尔将军的独白。他抬起头来好像要寻找什么，突然在壁炉上面的大镜子里瞥见了自己，奇怪，这副模样，他从来不曾有过：脸色苍白，双眉倒垂，眼珠变得晦暗，眼角还闪着泪花，面颊唇角和下腭都耷拉着，面部显得很长……

他拿起煤油灯，走近壁炉，朝着镜子仔细观察自己的脸，就像观察一个新采集到的标本。等到把所有的特征都记住了，他才从书架上抽出标有“人类表情”的那个文件夹，回到书桌边。他摊开夹子，回头瞥了一眼镜子里的自己，立刻坐下来记录：

“眉毛靠里的一端向上升起，前额形成特殊的皱纹，和通常的皱纹不同，同时嘴角向下牵，这是精神沮丧的表征。这种痉挛会影响呼吸肌肉，因而他感觉仿佛喉咙里有一种东西在向上升。这种痉挛的动作和小孩啜泣时的痉挛相似。这是一个人由于过度悲哀而窒息时所发生的严重痉挛……”

他记录完自己的表情，放下笔，合上文件夹，心头觉得轻松了些。他自言自语说：“一副被打垮了的神气！我被什么打垮了呢？绝望？沮丧？还是嫉妒？对，是嫉妒。要不然，奥赛罗的台词怎么会脱口而出呢？嫉妒，那是自私的心灵才有的感情！我从小就蔑视和痛恨这种卑劣的感情！”

“一个月前，”他继续回想那个傍晚，“赖尔就坐在这把橡木椅子上；胡克交叉着手臂，站在壁炉前面。我突然站起来，像个英雄似的昂着头说：‘科学不是小巷子，只能容一条老牛穿过！’我当时还笑了，笑声多么洒脱。我还说哩：‘让骏马超过我吧！跑到我前头去吧！这有什么不好呢？’那时候，话从嘴里吐出来，真是轻快极了，流利极了。我像一个梦幻者，自以为拥有百万家产，所以表现得无私，善良，宽宏，慷慨，如今却像赌徒一个样，一夜之间，把仅有的一点儿家当全部输光了。那些高尚的精神，那些我曾经引以为自豪的高尚精神，如今到哪儿去了呢？消失得无影无踪了。也许根本就什么也没有过，有的只是绝顶的虚伪！在赖尔和胡克面前装扮得胸襟那么开阔，完全是拙劣的骗局！可耻的表演！”

达尔文觉得脸上烧得发烫。他旋亮了煤油灯，重新翻开华莱士的论文，跟吃苦药似的再从头往下读。

第二天清晨，朝阳照到书桌上。达尔文写好信封，拿起信纸来再看一遍。信是写给赖尔的，有几行字的笔画显得特别重：

“据我看，这篇东西很值得一读。你的预言惊人地实现了——那就是别人会跑到我的前头。……我从来没见过比这件事更显著的巧合了。即使华莱士手里有我在一八四二年写成的那篇提纲，他也不会写出比这一篇更好的摘要来的。……当然，我要立即写信给他，建议把他的草稿寄给任何刊物去发表。因此，我的创造——不论它的价值怎样——将被粉碎了。……希望你会赞同华莱士的草稿。这样，我就可以把你说的转告给他。”

达尔文拿起羽毛笔，在签名后面补上了日期：一八五八年六月十八日。

达尔文的耳边一片哗哗的水声。他弯着腰，双手高捧瓦罐，用凉水冲自己的昏昏沉沉的脑袋。他真想把这一夜的梦魇全都冲得干干净净。正要从水桶里舀第二罐水，他的手被人按住了，侧过脸一看，是他的妻子埃玛。

“查理，这样会得病的。哎呀，你眼球上全是蛛网一样的血丝！”

“是吗？亲爱的！”达尔文用毛巾擦干脑袋。“你也不比我强，眼睛都肿了。查尔斯还没醒吗？叫人去请医生了吗？别忘了，把桌上给赖尔的信顺便带去发了。”

“查尔斯才安定下来，又折腾了一宿。医生去请了，信也带去发了，赶得上头班邮车。我对医生已经不抱什么希望了。看查尔斯烦躁成这样，医生只会摇头叹气，一点办法也没有。”

“不会老是这样的。”达尔文明知什么话也宽不了妻子的心，可是还得装得像个传教士似的一本正经地说。“人类一定能战胜疾病，一定能战胜！一定有人不声不响地在那里研究，只是咱们不知道罢了。应该有这样的信念，人类总有一天会战胜猩红热！”

“要到哪年哪月呢？我们的查尔斯总之赶不上那一天了！”

达尔文料到妻子会这样说的。他叹了口气，轻轻嘀咕着，“说得对呵，时间……时间……假如能早一点儿战胜猩红热，……是呵，假如能早一点儿，假如能早一点儿……”

达尔文扶着妻子，送她到楼上的卧室。等妻子上了床，他替她拉上窗帘，快步下楼来走进书房，一边不停地嘀咕：“假如能早一点儿，假如能早一点儿……”一边取下书架上的一个大文件夹，从里面抽出一叠发黄的稿纸，扔在桌上。

这是达尔文在十四年前写下的《物种起源》的提纲——生物进化的

基本原理。稿子上的字迹浓淡不一，连边上也写得满满的，那是随时加上的补充和修改。看着自己十四年来的心血，达尔文感到从未有过的激动。他额角两侧的血管突突地直跳，好像被什么牵着似的。“快，一分钟也不能再耽搁了！”他摊开稿纸，削好羽毛笔。他知道，按原来的计划写是无论如何来不及了，可是能写出一篇比较详细的概论来也好啊。“快，快！”他催促自己。“可是从哪儿写起呢？怎样提出问题呢？我不能跟华莱士一样开头！”

瞧着饱蘸着墨水的羽毛笔，达尔文又踌躇起来了。华莱士的论文已经随着给赖尔的信寄走了，他眼睛前面却老浮现出那稿纸的格式和稿纸上的字迹。他觉得手里的羽毛笔变得跟铁铸的一般重。“会有人指责我抄袭了华莱士的论文吗？会吗？”他仿佛感到有好些人站在他的背后，举起华莱士的稿子，讥笑他，奚落他，指摘他剽窃了别人的著作。他烦躁不安地扔下羽毛笔，使劲挥了一下右手，似乎想努力把梦魇驱散。

“我的提纲早在十四年前就写好了。”达尔文低着头，不出声地为自己辩护。“胡克和赖尔当时就看过。两个人又是赞赏，又是惊叹，看得非常认真。我相信，我的全部论点，他们都记得清清楚楚。还有在一年前，我把这个提纲的副本寄给了在美国的阿沙·格雷。他们都是高尚的人，公正的人，都是献身于科学的人。他们都会站出来为我作证，证明我没有一句话一个字是抄袭华莱士的。这就足够了，足以向全世界说明我达尔文……嗳！我简直在寻找证人了！难道真个要上法庭对证吗？真得跟一个母亲证明自己的儿女确实是自己带到世界上来的那样，竭力证明自己的提纲确实出于自己的思想吗？……”

达尔文埋怨自己为什么早不听胡克和赖尔的话。“假如能早一点儿，哪怕在一个月前把书写出来交给出版商，不就什么事儿也没有了吗？现在懊悔已经晚了。如果是一项技术上的发明，专利权就让人家给抢去了。科学理论固然没有什么专利权，可是谁走在前头，先找到真理，谁就应该受到尊敬，得到荣誉。这完全是公正的。我开始研究物种起源的时候，华莱士还是个才背上书包的小学生。就是我在一八四四年写出提纲来的时候，他也中学还没有毕业。现在还来得及，我得赶快写，得抢在华莱士前头发表。这没有什么对不起华莱士的。我本来就走在他的前头嘛。我只是在收割我自己种的庄稼——自己的劳动成果。”

达尔文长长地嘘了一口气，坐下来按十四年前的提纲写详细的概论。开始似乎还顺利，只不过一会儿，他越写越慢，终于笔好像凝住了，再也写不下去。华莱士的那份稿子又浮现在他眼前，好像无法驱开的一片乌云。

“我在对付谁呢?”达尔文这样问自己。“华莱士可没有罪过。他尊敬我，信任我。这个年轻人离乡背井，去到异常艰苦的马来群岛上，在那儿观察生物的变异。他可并不知道我达尔文半辈子研究的也是物种起源这个课题。我在信里从来没提到过。他和我，就像两条在两个大陆上的大河，最后都流进了海洋。这样惊人的不约而同，正好相互印证两个人的发现是完全正确的。是的，事实就是这样。我应该高兴才对，我应该欣慰才对。我有什么权力排斥一个跟我观点相同的、也跑到生物进化论的大旗下面来的青年人呢？……”

这个跟自己跑到同一面大旗下来的，是个什么样的青年人呢？达尔文描摹不出，他没见过华莱士。可是他耳边仿佛有一个人的声音，准是华莱士的声音：“在接到我的信之前，你并没有想到要立刻发表什么详细的概论呀！我无限地信任你，把我的观点毫无保留地全都告诉了你。没想到你一知道就急忙写你那详细的概论，为了不让我跑在你的前头。你这样做，可缺乏竞技的风度哇!”

“是呵，缺乏竞技的风度，不像个绅士。”达尔文皱起了眉头。“我急急忙忙摊开稿纸，急急忙忙提起笔来就写，几乎不假思索，完全像一个赛跑选手，心里想的只是怎样抢到对手的前头去。但是这场比赛并不公平，华莱士并不知道我要超过他。他没作任何准备，也没听到起跑的哨子声，我却偷偷地抢先冲出了起跑线。如果真的在运动场上，我得到的将会是什么呢？一定是一片嘘声，一片唾骂。”

达尔文的耳朵里轰轰发响。他把羽毛笔往桌上一戳，笔尖马上裂成了几瓣。“这不但没有风度，简直可耻，简直卑鄙!”他一把拿起桌上的稿纸，使劲撕得粉碎，好像急忙毁掉罪证一个样。他双手掩着脸，坐在那儿一动也不动，不敢抬起头来从镜子里看自己一眼。

宝丽在书桌下扯他的裤腿，催他去作午前的散步。他厌烦地踢开了宝丽，站起来走到窗前。初夏的风吹着他秃了的颅顶。一群雪白的信鸽在蓝天里打着回旋。映着灿烂的阳光，老栎树的新叶绿得特别耀眼。他想起该去花房看一看了，该把帘子挡上，别让那些喜欢阴湿的食虫植物叫太阳给晒蔫了。北美的捕蝇草、瓶子草，南亚的猪笼草、茅膏菜，在英国还是很稀罕的品种呐，是胡克特地觅了来送给他的。多好的朋友哇！为达尔文收集奇花异草，成了这位植物学家的经常的任务，主要不是让他观赏，而是给他提供遗传和变异的证据。还有赖尔这位地质学家，无论到哪儿去考察，只要发现古生物的化石就立刻写信告诉他，每次回伦敦都要给他带来一些化石标本。何止他们两位呢？在书架上的上百个文件夹里，就有成千封从世界各地寄来的信，给他提供数不清的各种动物和植物的观察笔记，里面也有在马来亚的那个华莱士的。

“可怕的自私！可怕的占有欲！”达尔文摇了摇脑袋，用拳头敲了两下额角。“我很欣赏伽利略，因为他说过，科学不可能是一个人的事业。难道物种起源不是一门科学吗？胡克，赖尔，还有许许多多相识的和不相识的朋友，他们支持我，鼓励我，只因为我在做的是一项科学研究。他们连想都没有想过，我将来的著作中会不会写上他们的名字。拉马克一生贫困，他的遗传和变异的学说给了我很大的启发。居维叶是可笑的，他硬不承认变异，可是他的比较解剖学成了我的物种起源的重要依据。哎呀，还是忘不了这个‘我的’！什么时候才改得过来呢！伽利略的话，又让我给丢在脑后了！”

达尔文决定先不去花房，马上坐下来给华莱士写信。写一封合乎自己的年龄和身份的祝贺信。把信写完，他还得上楼去看看可怜的孩子。奇怪，好像半天没听我小查尔斯的声音了。

赖尔和胡克收到达尔文的信，在伦敦作了必要的安排。他们赶到唐恩村来，已经是第十天的午后。俩人走进大门，摘下礼帽，和手杖一同挂在衣架上。达尔文站在客厅中央迎接他们，还有那窜来窜去的宝丽。

达尔文说：“我听到马车铃响，知道一定是你们两位，就忙不迭跑下楼来迎接。这几天，我无时无刻不在盼望……”

“查理，”胡克的眼睛又瞪圆了。“你的面色很不好，苍白，消瘦，好像才生过一场大病。”

“没病，我很健康。”达尔文神态不大自然。“我的小儿子病得很重，得了猩红热。在我们唐恩，猩红热又夺去了两个可爱的小生命。我是请你们……”

“看你愁云满面。你真的不再相信医生，要请教我这个预言家了?”赖尔用探询的眼光看着达尔文。

“别再提那倒霉的预言了，我是请你们来当法官的。”达尔文脸拉得很长。

“法官？你要告谁?”胡克和赖尔互相看了一眼。

“告我自己。”达尔文低下脑袋，眼睛在眉棱下面看着两位朋友。“我一向认为，你们可以成为第一流的法官。”

“我明白了，”赖尔笑着说。“你要我们当神父，你想忏悔！难道你把孩子的病当成了上帝给你的惩罚?”

“完全不是这么回事。”达尔文指着胸口认真辩白。“你们真个不明白吗，折磨我的，还有比孩子的病更大的痛苦。我要把自己的思想毫不掩饰地全部告诉你们，请你们不偏不倚地作出最公正的裁判。”

“那么请吧!”赖尔让了一下胡克。“假发和大袍就免了吧，这些形式主义！在哪儿开庭呢？对了，还是你的书房合适。”

三个人穿过客厅，走进书房。像往常一样，赖尔坐在高高的橡木椅子上，胡克两条手臂交叉在胸前，靠在椅背旁边。

达尔文坐在书桌前面，看着自己的手，不敢正视两位朋友的眼睛。他用沉重的低音叙述这几天压在他心头的梦魇。

他谈到他看了华莱士的稿子，如何下意识地背诵起奥赛罗的内心独白；谈到为了抢先发表《物种起源》，怎样准备匆忙地赶写详细的概论；谈到他怎样把稿纸撕得粉碎，怎样想起了伽利略的话……他抬起头来，眼睛闪着泪花，声音又低又轻，好像只对自己说：“我很痛苦，不是因为华莱士跑到我前头去了，我望着他的背影无可奈何，而是因为在这几天里，我才真正认识了自己，认识了查理·达尔文。华莱士这封信像一道闪电，把查理·达尔文一下子照得通明透亮。我一向以为查理·达尔文的精神是高尚的，我还以此感到骄傲。如今我完全看清楚了，他自私，嫉妒，吝啬，卑鄙，什么破烂，他都占全了，就像个泰晤士河边的杂货铺。”

达尔文突然站起身来，憎恶地看着站在镜子里的自己。他一动也不动，就像面对着一个可耻的罪犯。

“完了吗，你的上诉?”胡克的声音颇有点儿严肃。“不过我认为，你是在忏悔，不是上诉。”

“是上诉。”达尔文回过头来申辩。“听了我的判决书，你们就会明白的。”

“判决书都有了？这可侵犯了法官的职权。”赖尔微笑着。“那就把你的判决书念给我们听听吧。”

达尔文从文件夹里拿出写给华莱士的祝贺信的草稿，用不动感情的声音念：“我以最诚恳的心情祝你身体健康，诸事成功！上帝知道，如果具有可钦佩的热情和精力的人应该得到成功的话，那么您就是最应该得到成功的人。……我通知您，我的一切研究观察的记录，我的一切标本，对您都是公开的，您可以随意使用。……据我看，我自己的事业似乎到了终点；我认为，我的行程已经走完了……”

“行程已经走完了?”胡克着急地问。“这是什么意思?”

达尔文平静地回答：“我决定《物种起源》由华莱士去发表，我尽我的力量帮助他。至于属于我的一切，不要留下一点儿痕迹。我厌恶‘我的’这个词。”

“要挣脱‘我的’这个枷锁可不容易呀。”赖尔脸色突然严肃起来。“听你说的，‘我的’事业似乎到了终点，‘我的’行程已经走完了，句句离不开‘我的’，把自己弄得垂头丧气，活像一只斗败了的公鸡。你被谁斗败了呢？就是这个‘我的’。本来认为荣誉是‘我的’，现在眼看要被别人抢跑了，于是宣布属于‘我的’一切，我全都放弃。这难道是真诚的吗？在这样的感情的支配下，你对华莱士突然如此慷慨，我认为很难说是真诚的。”

“我……我……”达尔文嘴唇颤抖着。“我完全是真诚的。我心甘情愿把我收集到的一切材料全部交给华莱士。这个青年人比我有出息，至少不像我这样拖沓。有……有了他，我……就……”

“就用不着你达尔文了?”赖尔哧的一声笑。“你达尔文就可以撒手了？不要再为自己掩饰了。你完全可以相信，我们丝毫不怀疑查理·达尔文的精神是高尚的。胡克，你同意吗?”

“那是当然。”胡克怜悯地看着达尔文。“我还相信，你不会就此撒手。因为你完全知道，生物进化论这面大旗一打出去，将会面临多么大的一场风暴。为了压倒这场风暴，赫胥黎和我们正在积聚力量，你达尔文怎么反倒撒手了呢？”

“不必担心，不会撒手的。查理，你说是不是？”赖尔的嘴角又露出笑意。“尽力帮助华莱士，他需要什么材料，只要有，就无条件供给他——科学不可能是一个人的事业嘛。可是，不留下你的一点痕迹，即使你真的这样慷慨，也不能这么办。十四年前，你已经写出了《物种起源》的提纲……”

“这是历史的真实，”胡克抢着说。“不是什么可以谦让的荣誉问题。我们可以作证，十四年前，我们就看了你的提纲，华莱士的主要论点，你全都有了。两个人一先一后，殊途同归。”

“不，不，”达尔文惊慌起来。“我宁可把我的提纲烧掉，也不能让人们说我达尔文剽窃了别人的研究成果。我把这件事写信告诉你们，决不是要你们当我的证人。”

“我们不是为你作证，而是为进化论作证。”赖尔笑着说。“三叶虫，恐龙，剑齿虎，许许多多早已绝灭了的古生物，它们并不想留下痕迹，可是咱们也得想尽办法把它们的化石找出来，证明它们曾经存在过，还用它们的发生和发展来为进化论作证。对于进化论本身的发生和发展，我们怎么能反倒隐瞒事实和真相呢？”

“这由不得你，”胡克的语气异常坚决。“这是我和赖尔的责任。来这儿之前，我们商量定了，由我们两个联名写信给华莱士，向他说明情况，催他尽快发表他的论文，并且把你在十四年前写的提纲放在后面，跟他的论文一同出版。华莱士一定会同意的。我们看了他写给你的感情真挚的信，我们完全有这个把握。大后天就是七月一日，我们还要在林耐学会上，同时宣读你的提纲和他的论文。”

达尔文完全处在任人摆布的地位，面对着两位好朋友，他找不出一句适当的话来跟他们说。这个热衷于分析人和动物的感情的人，这时候却按不准自己的感情的脉搏。

“怎么样，查理·达尔文？”赖尔坐正了身子。“我们是你请来的法官。你得服从我们的宣判。”

达尔文闭上眼睛，努力使自己镇静下来。沉默了一会儿，他深深一鞠躬，才说：“谢谢两位法官先生，谢谢两位所作的公正的宣判。”

“到底是我们的查理·达尔文。”赖尔站起身来握了握达尔文的手。“请给我们几张纸，我跟胡克马上给华莱士写信。”

达尔文把信纸端端正正放在书桌上。“请吧。”他摊开手掌向老朋友示意，然后拍了拍一直蹲在他身旁的宝丽，说了声“我去去就来”，带着宝丽走出书房。他长长地舒了一口气。自从接到了华莱士的信，他第一次感到自己是着着实实地踩在地上。

可是真正的不幸向达尔文扑了过来。埃玛的哭声突然像利剑一样刺进他的心。意料要发生而又担心它发生的事，终于不可避免地发生了。“埃玛！可怜的埃玛！”达尔文呼唤着，急忙奔向楼上的育儿室。

一九八零年四月初稿
刊于《雨花》一九八零年第八期
一九八四年十月修改
一九九七年十二月再修改

让·巴蒂斯特·拉马克（1744—1829）
1829 **年** 12 **月** 28 **日**
法国·巴黎

夕 照

拉马克仰卧在躺椅上。他什么也看不见，只觉得今天屋子里比前几天亮得多。震撼窗子的风早已静下来了。雪大概也住了，可能还出了太阳。要不，眼前怎么会这样亮呢？一阵窸窸窣窣的声音——女儿柯尼莉亚站在他身边的小桌子旁，她铺开厚纸，在包扎她誊正的稿本。这七大厚册《无脊椎动物志》的原稿，摞在一起竟有半米来高。

“你该走了，柯尼莉亚，”拉马克轻轻拍了一下躺椅的扶手。“你要亲手把稿本交给居维叶院长。最好在大门口迎着他，省得央人通报。今天下午博物院开研究员会议，两点半以前他准到。科学家都是恪守时刻的。”

“我知道。”柯尼莉亚把稿本整了整齐。“我这就走。”

“知道就好。”拉马克满意地舒了口气。“柯尼莉亚，要是我没听错的话，风停了，雪也住了。外头的积雪一定很深，你路上可得多加小心。”

“放心吧，我的好爸爸。”柯尼莉亚笑了。“您还把我当成个孩子。”

“本来是个孩子嘛。”拉马克自己也笑了。他那蒙着白翳的眼珠稍往上翻，好像想起了什么有趣的往事。忽听得咔嚓一声，是剪刀铰断麻绳的声音——他使劲撑起上身。

“包扎好啦？”老人颇有点儿兴奋。“快拿给我，我得检查一遍。”

“好，您摸吧，摸了好让您放心。”柯尼莉亚笑着，双手捧起这个大纸包，轻轻地放在她爸爸的膝盖上。

拉马克张开又枯又瘦的手指，哆哆嗦嗦地抚摸着大纸包。纸包有棱有角，平平整整，麻绳扎得挺紧，结打得平贴扎实，真挑不出一点儿毛病。老人双手把纸包捧起来，掂了掂分量。

“没想到这么沉。是呀，两千多页稿纸。”拉马克侧过脸来朝着女儿。“柯尼莉亚，用你的头巾把它包起来。提着总比捧着轻松点儿。”

“您想得真周到，爸爸。”柯尼莉亚伸过手去接，她爸爸却双手把纸包按在膝盖上。

“插图包进去了没有？”老人问。

“包进去了。我核对过了，一幅也不少。”

“昨天抄的最后一节，记得中间有几个拉丁字，你校过没有？”

“爸爸放心吧，都校过了。我给爸爸当了十几年的书记，还能不知道爸爸的脾气？”

“眼睛看不见，只好多问几句。”老人的语气带点儿歉意。“记得不知哪位作家说过，一部作品问世，就像嫁出一个亲生女儿一样，又是高兴，又是不放心。我这时候的心情就是这样——就像你姊姊出嫁那天，我扶着她的胳膊上教堂，把她交给你的姊夫。小柯尼莉亚，这种心情你是不可能理解的。”

“我能理解，我的好爸爸。”柯尼莉亚真要笑出来。她从爸爸手里接过纸包，端端正正放在铺在小桌上的头巾中央。头巾是细羊毛织的，玫瑰红早已褪了色，还是姊姊罗莎丽在出嫁的时候留给她的。可怜的罗莎丽，她离开了这个家，不久又离开了人世，照料爸爸的担子就全部落在了柯尼莉亚的肩膀上。

“真能理解？那好。”拉马克继续唠叨。“《无脊椎动物志》今天装装扮扮，总算要嫁出去了。下一个可以轮到你了，小柯尼莉亚。”

“爸爸，您还想把我嫁出去？”柯尼莉亚若无其事，往火炉里加了两铲煤。

“你没有这个打算？”拉马克侧过头来问。

“曾经有过，后来打消了。”柯尼莉亚到底过四十了，她用不着再害臊。

“这是为什么？”拉马克惊愕地眨着什么也看不见的眼睛。

“您忘了罗莎丽在去世之前给您的那封信？她说：‘您未完成的事业，后人总会替您继续下去的，您已经成就的功绩，后世也总该有人赞赏吧！’……”

“罗莎丽这是安慰我。”拉马克微微一笑。“后世怎么说，我反正管不着，重要的倒是前面这一句。”

“所以打那时候起，我就决定留在爸爸您身边。”柯尼莉亚看了她爸爸一眼。

“真难为你了，我的小柯尼莉亚。”拉马克激动得嘴唇有点儿哆嗦。他把右手伸向心爱的女儿。

柯尼莉亚连忙解下围裙，把手擦了擦。她走到爸爸身边，双手捧住爸爸的发抖的右手，俯下身子，把瘦削的脸庞紧贴在爸爸的干枯的手背上。

“难道我不应该这样做吗？”柯尼莉亚声音很轻，好像在问自己。

“这叫我怎么说呢？”拉马克叹了口气。“牺牲未免太大了，我的孩子。可是现在，《无脊椎动物志》已经整理完毕，如果居维叶同意由博物院出版，你只要再代我看一遍校样就可以了。”

“别的就用不着我啦？”柯尼莉亚笑着说。“这么说，真可以把我打发走了。”

“不是这个意思，”拉马克用左手抚摸着女儿的头发。“我总……总不能……”

“不是这个意思，那就甭说了。我得走啦！”柯尼莉亚给爸爸掖好盖在胸前的打着补丁的毛毯。“您想喝水吗？”

“快走吧，我什么都不需要。”拉马克轻轻挥了挥手。“外头冷，把头巾包上。”

“头巾给了您那位就要出嫁的女儿啦。”柯尼莉亚又笑了。

“你说什么？”

“您的主意嘛，头巾已经包了稿本。”

“我倒忘了。”拉马克自己也觉得好笑。“你用我的围巾吧。好久没用它了，你藏在哪儿啦？——颜色可不太漂亮。”

“就在柜子里。”柯尼莉亚取出爸爸的灰色围巾，紧紧包住了头，穿上了深蓝色的旧呢外套，然后提起那用头巾包着的沉甸甸的稿本。

“我走啦，爸爸！您闭上眼睛打个盹，等您醒过来，我也回家了。今天您太兴奋啦，爸爸！”

“甭管我了，你走吧。”拉马克又挥了挥手。“快去快回。小心路上滑。”

拉马克皱起眉头，侧着耳朵仔细听。他听到女儿在墙外的小路上走过，皮鞋踩在积雪上，发出咯吱咯吱的声音。在窗子前面，女儿站住了一小会儿，一定往屋里看了一遍，后来脚步声渐渐远去，终于听不见了。屋子里冷极了，似乎空气都凝固了。小小的铁皮火炉抗不住雪后的寒气。时钟管自嘀嗒嘀嗒地响。它并不想提醒这位躺椅上的老人，时光在不停地向前推移。

雪后放晴，又过了晌午，屋子里亮得厉害。拉马克只感到眼前一片白蒙蒙的光。躺椅右边的旧书柜里陈列着各种参考书，从亚里士多德的著作到狄德罗主编的《百科全书》。拉马克真想随手抽出一本来，一边读一边等他女儿回来。可是他办不到，这倒霉的眼睛，如果没有女儿给他念，书对他来说已经是无用之物。真是什么都得依靠柯尼莉亚了。他的实验笔记和读书摘记，他亲手绘制的几千幅植物图动物图，柯尼莉亚分门别类，有条不紊地放在他身后的书架上。他要查什么，只消说一声，柯尼莉亚立刻就能找出来。还有那放在一个个木匣里的和泡在一个个玻璃瓶里的无脊椎动物标本，他可以想象，一定仍旧整整齐齐地陈列在窗子两旁的架子上——柯尼莉亚干什么都干净利落。

拉马克回想起带着女儿一同去郊外采集标本的情景。先是罗莎丽。日子过得真快，一转眼罗莎丽成了个大姑娘，不便再跟着爸爸在田野里到处乱跑，幸亏柯尼莉亚接上了。这孩子矮小灵活，总是蹦蹦跳跳地跑在爸爸前头，两条细细的小辫子好像飞起来似的。好些人见了都把她当作拉马克的孙女儿。真也像，拉马克才六十就白发萧疏了嘛。等到罗莎丽嫁了出去，拉马克身边只剩下柯尼莉亚一个人了。她学会了制作标本的手艺，这项工作很自然地落到了她身上；又学会了绘标本图，只要爸爸稍加指点，就能抓住标本的特点，惟妙惟肖地画下来。整理资料，抄写稿件，都渐渐成了柯尼莉亚的日常工作。看着爸爸的眼睛越来越坏，柯尼莉亚不能不一一继承下来。

拉马克不止一次想过，柯尼莉亚这点儿能耐，在博物院里当一名助理研究员是满够格的了。这话他跟谁也没提过，事实上，他越来越离不开柯尼莉亚了。白内障一年比一年加重，先是看不清书上的字，后来连人的影子也越来越模糊，到了七十五岁那年冬天，他什么也看不见了。这十年来，想读些什么，只好让女儿念给他听，想写些什么，他只好口说，让女儿笔录。能把《无脊椎动物志》写完，真不是一件容易的事，要是没有柯尼莉亚在身边，简直不可想象。但愿这部著作的出版能跟《法兰西植物志》一样顺利。就看居维叶肯不肯点头了，这是个关键。

只要一想起那部《法兰西植物志》，拉马克就免不了有些激动。真是巧遇！六十年过去了，当时的情景还在眼前。那夏日傍晚的夕阳，那开满鲜花的花坛……他似乎又闻到了随着晚风飘溢的幽香。

那一天，从银行下了班，拉马克带着画本匆匆忙忙赶到皇家花园，去给新从墨西哥运来的晚香玉作写生。不出他所料，那第一支花穗上，果然有两个并排的骨朵在昨夜晚开放了。得赶在发蔫之前把这两朵花画下来。他蹲在花盆前面不多一会儿，这一对雪白的口子裂成六瓣的筒形花，连同玉雕似的一嘟噜花穗，都留在他的画本上了。拉马克合上画本正要站起来，忽听得背后有人喊他：“年轻人，画得不错呀。快让我瞧瞧。”

拉马克回头一看，是一位头发花白额角开阔的老人，弯着腰，拄着手杖，看模样是一位教授。他立刻挺直身子，脚跟并拢，双手递过画本，恭恭敬敬地说：“请看吧，先生。不过是些花花草草。”

老人接过画本，微笑着说：“你当过兵，是不是？对我可用不着立正。”

拉马克马上改成稍息的姿势，这一来反显得更不自然了。

“是的，先生。”他说。“我十七岁当志愿兵，跟普鲁士打过仗，立过战功，取得了中尉军衔。后来因为有病，才退了伍。”

“于是当了公务员？”老人继续翻阅画本。

“不，现在是银行职员。”拉马克回答说。

“为什么说‘现在是’呢？”老人机灵地打量了拉马克一眼。“对现在这个工作，你大概不太称心吧？”

“是的，不太称心。”拉马克一向直率。“替有钱人看守保险柜，没多大出息。”

“来吧，咱们坐下来谈谈。”老人自己先在林荫道旁边的椅子上坐下了。“这样说来，你喜欢绘画？”

“我喜欢的可多了。”拉马克也坐了下来，他不再感到拘束了。“我喜欢当兵，为了祖国的荣耀。退伍以后，我没有什么可干的，整天抬着头看天上的云。云千变万化，有趣极了。我画下了不少云图。有人说，我应该去学气象，可是哥哥要我学医。学医也挺有趣，再说，人们有了病总不能老去请理发师放血呀！才学了四年，哥哥去世了，我只好自己谋生，在银行里找了个小差使。幸亏下了班我是自由的，爱干什么就可以干什么。我每星期抽出两个晚上学小提琴，还常常到皇家花园来画这些花花草草。”

事情过去几十年了，拉马克回想起来自己也觉得奇怪：跟这位老人才第一次见面，他就什么都说，好像见着了一位多年不见的亲人。这位老人有什么吸引他的魅力呢？不，不是魅力，而是那双和蔼的真诚的眼睛，富有洞察力的眼睛。对着这样一双眼睛，他不得不把心里话全掏出来。

“我猜着了，年轻人，”老人面对夕阳，眼珠闪着光。“你没有进过艺术学校，因为你画得太逼真了。晚香玉有六个雄蕊，你一个也没有漏掉。看得出来，你的每一条线都是看准了才下笔的。你为什么这样喜欢画花呢？”

“这叫我怎么说呢？”拉马克望着前面的花坛。“凡是美好的东西，我都喜欢。”

花坛上栽满了菖兰。一丛丛翠绿的剑一样的叶片显得多精神，一串串花穗都争着往上蹿。花穗下部的花朵都已经开放，红的、紫的、白的、黄的、绯色的、橙色的，瓣儿这样轻盈，朵儿这样丰满。夕阳好像给它们洒上了一层薄薄的金粉。难怪几只蜜蜂还在那儿嗡嗡，到这个时候了，它们还舍不得离去。

“您说不是吗？”拉马克接着说。“中国的菖兰，墨西哥的晚香玉，栽下去的都像葱头，有人以为它们是同类的东西，可是开出来的花这样不同。向日葵那样粗放，波斯菊那样纤弱，又很难让人相信它们是同一科的植物。真是一种花一个模样。大片的罂粟，那才叫好看哩，就像各色的蝴蝶在迎风翻飞；还有那石竹，一朵花一个图案，像雪花一样，没有两朵相同的，不知您仔细观察过没有……”

老人有滋有味地听着，还不住地点头。拉马克滔滔不绝地，也记不清一连描摹了多少种花。直到他觉察到自己似乎说得太多了，才突然闭上了嘴。

“是呵！”老人感慨地说。“大自然给人们创造了这么多美好的东西，咱们知道的实在太少了。年轻人，要是有一部书，能把你刚才谈的都记下来，该多好哇！”

“这有什么用呢？”年轻的拉马克问。

“引导人们去追求知识，好从愚昧中解放出来，让人们认识大自然的和谐的美，不都是用处吗？”老人接着摇了摇头。“可惜咱们法国还没有一部像个样儿的《植物志》。狄德罗也老在抱怨，说《百科全书》中的植物部分显得太贫乏……”

“您认识狄德罗先生？”拉马克好像吓了一跳。“您是……”

“狄德罗的朋友，让·雅克·卢梭。”老人微笑着说。“年轻人，不要这样盯着我看，我不是陈列在罗浮宫里的雕像。”

“我，我、我……”拉马克站起来，使劲抓自己的头发。“我真运气。卢梭先生，我叫拉马克——让·巴蒂斯特·拉马克。”

“真是幸会。”老人也站了起来，伸出他的右手。“我得回去了。拉马克，你不是不满意现在的工作吗？听说这儿皇家花园的实验室需要人，我替你去问问。后天下午你来找我。”

拉马克高兴得有点儿发晕。他接过卢梭递给他的名片，看了一眼上面的地址。他忘了是怎么道别的，总之老人一定不让他送。他分明记得老人拄着手杖，在洒满夕阳的林荫道上越走越远，双鬓的白发像银丝一般发亮。嗨，这位他一向尊敬的《民约论》和《爱弥儿》的作者。

这次巧遇对年轻的拉马克来说，真个像传说中的灰姑娘遇见了仙姑，他的生活立刻完全变了样。他得到卢梭的推荐，在皇家花园当了一名研究员。他的观察才能，叙述才能，绘画才能，从此在各方面受到历练，得到了发挥的机会。他没忘记卢梭的启示，花了整整十年工夫到各地去调查植物，把收集到的资料编纂成了三大卷《法兰西植物志》。好容易盼到这部巨著出版，三大厚册样本到手，他立刻想到应该把这个喜信赶紧告诉给卢梭知道，可是这位可尊敬的老人不幸遭了车祸，让德吉哈尔丹侯爵接到艾莫农维尔的杨树岛上去休养了。

拉马克雇了一辆马车，抱着他的三大厚册《法兰西植物志》，赶了五十公里路，去到隐在杨树丛中的那座古堡，去到卢梭的病床前。他帮老人把书打开，一页一页地翻给老人看。老人满意地点着头，说这是一部植物界的百科全书，别国还没有过，称赞拉马克给法国增添了荣耀。没过多少日子，卢梭去世了，骨灰就葬在他养病的杨树岛上。后来经民众要求，才把这位伟大的思想家的坟墓搬进了巴黎的伟人祠，还在伟人祠大门的右边给他立了一座全身的雕像。伟人祠那里就成了拉马克经常流连的地方。对着卢梭的雕像，对着那双和蔼的真诚的眼睛，拉马克总要回想起那个夏日的傍晚；他坐在这位老人身旁，一同沐浴着夕阳的余晖。这幸福的时光，在拉马克的心头永远不会消逝。

“当……当……”墙上的时钟突然打了两下，把拉马克从沉思中唤了回来。

“两点了。”拉马克嘀咕着。他想：居维叶该到了，柯尼莉亚可能已经见着他了。

柯尼莉亚早等得不耐烦了。她局促不安地坐在过道里的长木椅上。大门不时被推开，进来的人都带着一团寒气。他们是来参加会议的研究员，从年龄看都是拉马克的后辈，柯尼莉亚大多认识。他们有的跟柯尼莉亚点点头，说声“您好”，有的就匆匆地走上楼梯去了，好像没瞧见过道里还坐着个衣着寒碜的老姑娘，更不用说放在她身旁的用旧头巾包着的那一大包稿本了。

研究员大概到齐了，大门不再被推开，可是还不见居维叶院长的影子。柯尼莉亚走到大门边，透过结满霜花的玻璃向外张望。院子里静悄悄的，偶尔扑的一声，一大团积雪从树上掉下来。路对面的小屋盖上了厚厚的雪，屋顶年久失修了，真叫人担心会让过重的负担压垮。这所被废弃的小屋本来是拉马克的工作室，柯尼莉亚小时候经常来的，先是来玩，后来逐渐成了爸爸的帮手。工作室跟家里一样简陋，只不过宽敞得多，也摆满了标本，最好看的当然数那些昆虫和贝壳。拉马克年过半百才开始摆弄这些玩意儿。倒不是他对植物感到厌倦了，而是因为当时博物院里没有研究无脊椎动物的人，他就自告奋勇搞起这一门来。好在他干什么都容易入迷。一直到眼睛看不见了，他才跟这所小屋告别。

柯尼莉亚听说居维叶有好几间工作室，都在这座大楼里。她没有进去过，想起来一定很讲究，居维叶是院长嘛。她不大愿意踏上这高高的大理石台阶。她爸爸也只有参加会议才走进这座大楼。老人一向把研究员会议看作盛典似的，来之前总要对着镜子穿着得整整齐齐，至少穿上一件燕尾礼服。后来他眼睛看不见了，不能再天天来上班，但是研究员会议仍旧不肯放过，一定要女儿扶着他来参加。柯尼莉亚总算有机会看到了世态炎凉，就在这个科学研究机构里。居维叶随便说些什么，大家都竖起了耳朵听着，至少从外表上看是这样；说完了大家还得鼓掌，似乎他说的句句是至理名言。她爸爸挺直了身子坐在角落里，两腿分开，两手支在手杖上，一言不发，那股子严肃的劲头真像个军人。

在这座华丽的会议厅里，几乎没有人跟老人打招呼。反正老人什么也看不见。柯尼莉亚早听说了，居维叶不同意她爸爸的观点，说她爸爸的理论建立在云端里，完全是幻想，一定会摔得粉碎。那些研究员大多跟着居维叶，用一个腔调说话。这是为什么呢？她爸爸可从来没有这样想过，总是说居维叶严谨，坦率，还说科学家应该有这样的风度。爸爸呀爸爸，您什么都往好里看，对人对事都一无恚恨。也亏得这样，要不然，怎么度得过这后半世的逆境呢？真是个天真的老爸爸！

一辆铜饰擦得锃亮的黑色马车驶进博物院的铁门，在大楼前面停住。从柯尼莉亚背后的什么地方钻出个仆役来。他冲出门去，皮球似的滚下台阶，急忙拉开车门，放下踏蹬，扶出一个身材高大的人来——居维叶院长到了！他戴着礼帽，披着大氅，拄着手杖。仆役扶着他一步步走上台阶。其实他步履很健，台阶上的雪又早已扫干净了。进了大门，居维叶脱下礼帽手套，连同手杖，都由仆役接了过去；接着又脱下大氅，交给了仆役。似乎这时候他才看见，面前站着个又瘦又小的女人。

“您好，居维叶先生。”柯尼莉亚屈了一下膝盖。

“喔，拉马克小姐，是您呀！”居维叶的两条浓眉毛好像要飞起来。“好久没见着您爸爸了，总是抽不出时间去看望他。他近来怎么样？八十了吧？愿上帝保佑他！”

“是的，过八十了。”柯尼莉亚真有点儿无可奈何。“父亲让我来见您……”

“有事找我?”居维叶从坎肩口袋里掏出一只闪闪发光的金表。他打开表盖看了一下，回头对毕恭毕敬地站在他身后的仆役说，“请你到会议室去通知一声，说我过十分钟就到。”

“对不起，拉马克小姐。”居维叶胖胖的面颊上堆着笑。“我实在太忙——时间不多。有什么事，您尽管说吧。我一定效劳。”

“我父亲把《无脊椎动物志》整理完毕了。他叫我把稿本送来，亲手交给您。”

柯尼莉亚解开头巾，双手把这一大包稿本捧到居维叶前面。

“这……这这……”居维叶两个手掌一摊，耸了耸肩膀，做出个毫无办法的模样。“这么大一包哇！你放在椅子上吧，待会儿我叫人送到我办公室去。”

柯尼莉亚只好把大纸包放回长椅上。

“真不容易，”居维叶觉察出老小姐的脸色不大好看。

“你爸爸这么大年纪，还非把应承下来的事儿做完不可，真让人佩服。对，也算了却一桩心事嘛！多亏有你这么一个好女儿做助手。一共多少卷?”

“七大卷。”柯尼莉亚回答说。“我父亲改变了无脊椎动物的分类系统，把它们分成了十个纲。他把甲壳类和蜘蛛类从昆虫类里分了出来……”

“为了描述方便，分得细一点儿倒也无所谓。”居维叶只想谈话快点儿结束。

“不过我父亲说，根据进化的观点来看，这样分类比较符合实际。”柯尼莉亚一本正经地说，两只眼睛看着自己的鼻尖。

“还是他那篇《动物的哲学》的观点?”居维叶吃了一惊似的。“什么生物是可变的！生命是发展的！环境和习性会影响变异！二十年了，他自己倒一点儿没改变?”

“我父亲从没想过要改变。”柯尼莉亚态度很平静。“他说，生物千差万别，各有各的形态，各有各的习性，只有用进化的观点来描述，才能做到有条不紊，成为一门科学。”

“这样说来，”居维叶瞪大了眼睛，“在这部《无脊椎动物志》里，你爸爸还在鼓吹他所谓的进化的观点?”

“也可以这样说。”柯尼莉亚好像在替爸爸进行答辩。“可是他说，他不过运用了进化的观点。”

“拉马克小姐，”居维叶改用规劝的口气。“我不是说您爸爸，写动物志嘛，能把它们的形态和习性一一描述清楚，就很不错了。正如你爸爸说的，生物千差万别，各不相同，科学研究就是把它们相互作比较，分辨它们的差别。至于它们之间的关系，人是没法弄清楚的。看那些从地下挖出来的化石，在漫长的年代中，这种动物突然出现了，那种动物突然灭绝了，这到底是谁的意志呢？唉，不信上帝成了时代的风尚。可是生物的变化如此巨大，如此突然，谁能解释清楚呢？物种从哪儿来的，这是不必研究的，也是不能研究的，因为这个问题超出了科学研究的范围。请原谅，小姐，一说到这些，我就免不了激动。”

柯尼莉亚闭紧了嘴唇。这一大篇话，她陪爸爸来开会的时候听过不知多少遍了，爸爸也总是绷着脸，什么也不说。

居维叶自己打破了这尴尬的沉默。他又掏出金表来看了看。“对不起，我得开会去了，大家等着我呐。拉马克小姐，代我问您爸爸好，愿上帝保佑他。稿本就放在那儿吧，我等会儿就叫人来取。”

居维叶说完话就噔噔噔上楼去了。柯尼莉亚回过头来看看稿本。这个方棱出角的大纸包放在长木椅的一头，孤零零的，像个蹲在路边的弃儿，眼巴巴地等待哪位慈善家来收留他似的。柯尼莉亚真想抱起稿本就朝外走。可是，这怎么可以呢？

柯尼莉亚轻轻把门推上，蹑手蹑脚地走到火炉跟前。屋子里跟外头差不多一样冷。她得把火炉先捅一捅，让火蹿上来了好加煤。他爸爸好像睡着了，按在胸前的手微微地一起一落。她不想把爸爸吵醒。

尽管柯尼莉亚怎样小心，还是无济于事，老人转过头来了。也许他本来就没睡着。

“柯尼莉亚，你回来啦？”老人睁开蒙着白翳的眼睛朝着门的方向寻找。“稿本……”

“才到家，爸爸。”柯尼莉亚不怕出声了，索性使劲地捅了两下火炉。“稿本我亲手交给您那位尊敬的居维叶院长了。”

“还这么调皮！”拉马克满是皱纹的脸上漾起了微笑。一个人只有了却了巨大的心愿，才可能有这种满足的微笑。“过来，快跟我说说，居维叶他说了些什么。”

柯尼莉亚还免不了一惊，虽然她在回家的路上已经揣摩过好几遍，爸爸将会怎样盘问她。

“他说……”柯尼莉亚搓着双手。她走到爸爸跟前，坐在躺椅左边的小木凳上。“他说您真不容易。这么大年纪……眼睛又看不见……真不容易。他说……他说他代表博物院向您表示敬意。”

“居维叶也学会了客套?”拉马克笑着。“也不奇怪，他也是六十岁的人了嘛，又当了这么多年院长。柯尼莉亚，他在什么地方接见你的?”

“楼梯前面的过道里，”柯尼莉亚急忙收住。顿了一下，她才接着说：“您叫我在大门口迎着他嘛。他一进门，我捧着稿本迎上去。他……他就双手接了过去，把……把我带……带进了他的办公室。”

“院长办公室?”老人紧接着问。

“楼上的院长办公室。”除了顺着往下编，柯尼莉亚别无他法。“他让我坐在他那张大公事桌对面。”

“稿本呢?”老人一点不放松。

“放在他的公事桌上。”

“没打开?”

“怎么会不打开。”柯尼莉亚只好接着说。“他翻了上头两册，当然来不及看得很仔细。从他的神色，我看得出……他非常欣赏。”

“看了前面的《例言》没有?”

“看了，……”

“没说什么?”老人着急地问。

“他说，‘喔，你爸爸还坚持进化的观点。’”柯尼莉亚学着居维叶的口气。

“没说别的了?”老人干瘪的嘴唇哆嗦着。“不，不会的，他不会同意的。”

“爸爸，是的。”柯尼莉亚紧紧握住爸爸的手。“是的，他说了，他没说什么不同意的话。他说，材料这样丰富……描述这样确切，还有，插图这样精致……他是怎么说来着?对了，图文并茂，这样图文并茂的动物志，他还从没见过。他答应一定用博物院的名义出版。不过……”

“不过什么?”老人瞪大了看不见的眼睛。

“我看恐怕不可能太快。”柯尼莉亚别转脸来，似乎怕爸爸会看出她的脸色。“这七厚本原稿，他说，他看一遍恐怕得三个月。他是院长嘛，不得不履行职责，要仔细看一遍才好发稿。他说，他并不是信不过爸爸。”

“排校，印刷，装订，”老人扳着指头计算。“算它两个月一卷，七卷就是十四个月，加上他看一遍三个月，要出齐得后年夏天了。小柯尼莉亚，你爸爸三十几年的心血总算没有白费，里边还添上了你的二十几年。”

柯尼莉亚喉咙哽住了。她使劲用手按住嘴，可是她按不住眼泪，眼泪像断线的珠串似的直往下掉。三十几年，二十几年，七大厚册，多少行字，多少幅图，都在大纸包里。那个大纸包，很可能，完全可能，现在还躺在过道里的长木椅上。什么命运在等待着它呢?——真是个教人挂肚牵肠的弃儿!

“柯尼莉亚!”老人微笑着。他好像什么都放心了，用左手抚摸着坐在他身边的女儿的头发。

柯尼莉亚急忙抹掉眼泪。她不敢作声，连肩膀也不敢抽搐。

“人们到底从愚昧中解放出来了。”老人蒙着白翳的眼睛对着窗外，好像向远方瞭望。“塞尔维特不过对肺脏和心脏的生理联系作了些猜测，布鲁诺不过对宇宙的结构提出了自己的见解，他们都被烧死了。十六世纪，十七世纪，到处是偏见，到处是暴力，到处是宗教法庭。真不能想象那时候的人是怎么活过来的。现在可开明得多了，尽管《圣经》上说万物是上帝创造的，《无脊椎动物志》还是可以由博物院出版。我知道，居维叶院长是不会同意我的观点的，但是他知道尊重我的工作。人们变得明智多了。柯尼莉亚，你说这是什么缘故?”

“爸爸，您歇歇吧。”柯尼莉亚轻轻地拍着爸爸的胸口。

“您今天太兴奋了，连声音都发颤了。”

“怎么能不兴奋?”老人还不肯打住。“人们变得明智多了。我想，启蒙运动有不可磨灭的功绩。卢梭和狄德罗他们说得对，人们首先得从愚昧中解放出来。一个人知道的东西多了，就不会那么固执了，你说是不是?当然，一七八九年的大革命，对各种顽固思想都是前所未有的冲击。

你那时候才生下来，什么也不知道，我的小柯尼莉亚!”

“明儿再给我讲吧，好吗?”柯尼莉亚只想打断爸爸的话。“我得准备晚饭了。”

“家里还有些什么?”老人问。

“您想吃些什么?”柯尼莉亚问。

“我什么也吃不多。可是今天，咱们爷儿俩得庆祝一下。我记起来了，你小时候喜欢吃奶酪，喜欢吃小香肠，还有樱桃酱，小甜面包卷。柯尼莉亚，记得街口上的小铺子里就有。你去买点儿回来怎么样?”

“好吧，我这就去。”柯尼莉亚怎么能让她爸爸扫兴呢?她明知道她爸爸这样兴奋，正跟居维叶说他的理论那样，基础建立在云端里。

柯尼莉亚给火炉坐上一锅水。她披上旧外套，照例走到躺椅跟前，给她爸爸掖好盖在胸前的毛毯。

窗口射进来的夕阳正好移到老人的脸上。老人微微皱起眉头，眨了眨眼睛。

“爸爸，要不要给您把窗帘拉上?”

“不，”老人说。“亮一点好，让我脸上感到阳光的暖气，身子也就温和得多。你走吧。”

夕阳把老人的光秃秃的脑袋照得发亮。柯尼莉亚竟然发觉，她从来没有见过爸爸这样恬静，这样安详。为了谛听而经常微微皱起的眉头渐渐舒展开了，为了想看清楚而经常眯着的眼睛渐渐闭上了，又高又挺的鼻梁是他一生正直的象征，干瘪的嘴角上还带着一缕淡淡的微笑——对什么都满意的微笑。

“我很快就回来。”柯尼莉亚给爸爸理了理鬓边的白发，提起篮子，又回头看了一眼爸爸，才出门去了。

拉马克听到门给拉上的声音。时钟管自嘀嗒嘀嗒地响，屋子里显得更静了。拉马克感到自己的心脏在颤动，好像心脏也忍不住高兴，也在格格地笑。他分明听到了这格格的笑声，他觉得全身的各个部分都跟着这格格的笑声颤抖起来。他使劲控制自己，想止住颤抖，脑门上和手掌里都渗出了汗珠。才一会儿，他精疲力尽，全身的骨骼像松散了似的，连早已僵直的两条腿也是这样。

柯尼莉亚还没回来。老人想转过头来朝门口望一眼。他睁开了蒙着白翳的眼睛，可是已经没有力气转过头来了。他觉得前面一片亮光，有谁在亮光中向远处走去。啊，是卢梭他老人家，驼着背，拄着手杖，白发像银丝似的，披着一身夏日的夕阳。快，快跟上去搀他一把！可是拉马克一点力气也没有了，两条腿好像陷在深深的淤泥里。他的心脏给谁攥紧了似的，身子直往下沉。柯尼莉亚呀，你怎么还不回来！

拉马克等不及了，他的心力已经衰竭。从第一次见着卢梭的那个夏日的傍晚起，他一直兴致勃勃，一直用自己的踏实的脚步，在生物的领域里，给后来的人踩出了一条路。现在，要做的都做完了，如果说在这个世界上，他还有什么放心不下，那就只剩一件，就是他那个可怜的小柯尼莉亚。

一九八零年八月初稿
刊于《当代》一九八一年第四期
一九八四年十月修改
一九九七年十二月再修改

乔尔丹诺·布鲁诺（1548—1600）
1600 **年** 12 **月** 17 **日**
意大利·罗马

诀　别

——商人安东尼奥的手记

布鲁诺——我的最好的好朋友，他死了，被烧死在鲜花广场。自古以来就是如此，权势者总把刑场设在闹市上。

一群乌鸦——披着黑道袍的刽子手，点燃了堆在布鲁诺脚下的干柴。火舌卷着浓烟，不一会儿就舔着了裹在布鲁诺腿上的粗麻布囚衣。

“仁慈的上帝呀，恳求您饶恕这个罪孽深重的灵魂吧。”教皇克利门特八世念了一遍又一遍。他故意把调门拉得很长很长：低沉，颤抖，施展着威吓，施展着恐怖……

市民们像往常赶集一个样儿赶来看热闹。多么残酷的热闹！市民们被恐怖压得几乎透不过气来了，只喃喃地跟着教皇念：“仁慈的上帝呀，恳求您……”

残忍！卑劣！鳄鱼的眼泪！罗织罪名虐杀布鲁诺的，不正是教皇你吗？不正是你们这一伙“上帝的仆人”吗？你们点燃了火堆，却装作慈悲为怀；双手沾满鲜血的刽子手，倒成了拯救灵魂的天使！

听听他们说的：“布鲁诺背叛上帝，把灵魂卖给了魔鬼。判他死刑，是他罪有应得。教廷体念上帝的恩德，对他将不采用流血的手段……”宗教裁判所的马特齐尼，八天之前就是这样宣判的。

谁都明白“不采用流血的手段”指的是什么。刽子手们想用烧灼的痛苦来威胁布鲁诺，逼他屈服，逼他放弃他的主张——放弃他设想的那个宇宙模式。

这决不可能。我在米兰听到这个可怕的消息，当时就说这决不可能。我知道布鲁诺。刽子手们可以威胁他，可以用铁链把他锁在刑柱上，却永远没法教他低头。布鲁诺决不会低下他那高傲的脑袋。

现在到了最后的时刻，贪婪的火焰就要把他吞没了，他仍旧挺着胸膛，抬起脑袋，仰望着他永远向往的天空。七年多的严刑拷打把他折磨得形容枯槁，须发苍苍。我还认得出站在火堆上的是他：高高的鼻梁显得更挺了，抿紧的嘴唇仍旧带着轻蔑的笑，两只眼睛仍旧那么明亮，好像春夜悬挂在天顶的双子座的那一对主星。

“仁慈的上帝呀，恳求您饶恕……”克利门特八世拉长了调门，还在不断地反复。教廷需要恐怖，需要用恐怖去威吓匍匐在上帝脚下的信徒们。红衣主教在向恐怖祈求。

干柴越烧越旺。整个意大利有多少这样可耻的火堆在燃烧哇！时间在恐怖中凝固了。

突然一个声音，一个响亮的声音，好像闪电划破了黑云弥漫的长空。声音来自熊熊的火堆顶上，是从布鲁诺的胸膛里爆出来的：

“烧死不等于驳倒，未来会理解我的，会作出公正的裁判！”

我看得清清楚楚，就在市民们被这响亮的声音镇住的一刹那，教皇克利门特八世慌张地往后一闪，似乎他看到一个巨锤，对准了他的脑门正往下砸。

布鲁诺又抿紧了嘴唇。我知道，他最后要说的，要向人们宣告的，已经全部说完了。只剩下回声在广场周围的石墙之间回荡：“烧死不等于，不等于，驳倒，驳倒，未来，未来，未来，公正的裁判，公正的，公正的，裁判……”

火舌直往上蹿，燎着了布鲁诺的蓬蓬松松的胡须。布鲁诺仍旧高傲地抬起脑袋，仍旧仰望着天空——包围在四周石墙之间的一小块狭长的天空。

我的心到底不是铁铸的，我实在耽不住了。布鲁诺，我的好朋友，安东尼奥跟你诀别了，我右手掩住双眼，急忙转过身，像逃脱追捕似的穿过小巷，来到台伯河畔。我耳边还响着布鲁诺最后的声音：

“烧死不等于驳倒！……”

这个悲惨的结局，我八年前就料到了。八年前，在边境上的勃伦纳山口，我应该死拖活拽把他拉住，说什么也不让他踏进意大利一步。可是现在，一切都完了，后悔也没有用了。

侍者推进门来，用盘子托着我要的两大杯阿斯提葡萄酒。他向我鞠了个躬，赔着笑脸问："先生，摆在哪儿？"

我让他把酒摆在桌子上，一边一杯；在壁炉里加几块干柴——我不愿意自己添，看到干柴心里就别扭；再让他把壁炉顶上的蜡烛点燃。

侍者有条不紊地做完了我吩咐的三件事。房间里亮多了。蜡烛的光赶走了阴暗的黄昏，却赶不走压在我心头的阴云。

"先生，还要什么吗？"侍者弯着腰问。

"什么也不用了。"我说。

"等一位朋友？"

"不。"我挥了挥手。"你去吧，要什么，我再唤你。"侍者又鞠了个躬。他瞥了一眼桌上的两杯酒，临出门，又朝我瞥了一眼。他可能起了疑心，以为我要施什么魔法。唉，这个世道，随他怎么想去吧！

我闩上门，把铜烛台移到桌子上，在椅子上坐了下来，桌子对面的那把椅子空着。

就这样，八年前在边境的那家小旅店里，布鲁诺和我就这样相对而坐，映着跳动的烛光，面前各摆着一大杯葡萄酒。

跟布鲁诺会在勃伦纳山口相遇，完全出乎我的意外。十四年没见面了，消息倒不曾断过，忽而听说他在巴黎，忽而听说他到了伦敦，后来又听说他到了布拉格，到了法兰克福，行踪飘忽不定。没想到那天傍晚，我跨进那家熟悉的小旅店——它有个让旅客感到温馨的名字，叫"妈妈的厨房"，忽然听到有人唤我：

"安东尼奥，你怎么也来啦！"

这不是布鲁诺吗？我抬头一看，果真是他，跟我一个样也留了胡子，都是四十出头的人了嘛。

"上来吧！"他使劲向我招手。"还犹豫个什么呀！就跟我住在一起！可惜房间小了点儿，怕装不下咱们俩的友情。"

我张开胳膊跑上楼梯，投进了布鲁诺的张开的胳膊。两个人抱得紧紧的，都用胡子在对方的脸颊上蹭了个够。

他一边把我推进他的房间，一边向楼下喊："玛莉雅！给我们来两大杯葡萄酒，要阿斯提的！"

我才脱下大氅，店主的女儿玛莉雅已经把酒送来了。这个灵活的姑娘给壁炉添了柴，点燃了桌上的蜡烛，然后向我们屈了一下膝，一转身就不见了。

两个人面对面坐了下来，陷入了奇怪的沉默。心里有多少话要说呵，可是都眼睁睁地看着擦得锃亮的锡酒杯，看着浮着泡沫的红艳艳的葡萄酒。

"喝吧，真正的阿斯提葡萄酒！"布鲁诺端起杯子喝了一口波河上的名酒。"一别就是……让我算一算，整整十四年，哈哈，你把我当作中国瓷器送到了日内瓦，十四年来又磕又碰的，我这件瓷器倒经得住磕碰，你看，不是还完整无缺吗？这不能不说是个奇迹。安东尼奥，你呢？"

"还不是劳劳碌碌，到处奔波。"我解嘲地笑了笑。"可是这一回贩运的，倒是地地道道的中国瓷器。莱比锡目前正缺货，恰好威尼斯到了一艘阿拉伯商船……"

"这样说，你是从威尼斯来的？"

"是的，去莱比锡。"

"唉，这真是又巧又不巧。"

"干么叹气呢？"

"两个游子在'妈妈的厨房'里相遇，还能说不巧？可是行程正好相反——我从布拉格来，去威尼斯。"

"去威尼斯？你？"我不由得一怔。

"我为什么不能去？"布鲁诺笑了。"威尼斯不是自由市吗？"

天哪，谁能相信这位名闻欧洲的哲学家，罗马教廷的最狡猾的敌人，竟然会如此天真，天真得教人害怕。

"布鲁诺，"我说，"难道你忘记了，你是怎么离开意大利的？"

"怎么能忘记呢？"布鲁诺还在笑。"装作中国瓷器，用稻草塞得紧紧的，躺在一只大藤箱里。"

"别开玩笑了，我说的正经话。你撕碎了道袍，逃出了修道院，从南方的那波利逃到北部的波河平原，东躲西藏的整整两年，那种日子，你真个忘记啦？”

“忘不了，我的安东尼奥，教皇陛下亲自下令，到处搜捕我这个叛教者，要把我活活地烧死。幸亏遇到了你，你把我这件宝贝偷偷地运出了意大利。没想到一去就是十四年，今天这个国家，明天那个城市，胡子这么一把了，还是东飘西荡的，像断了线的风筝。总该有个了结的时候吧？”他眼睛盯着我，等待我回答。

“对，该了结了。”我没好气地点了点头。“回意大利去吧！罗马教廷巴不得你回去呐，好把你送往天国！到时候，我会赶到你的坟前去向你祝祷的：‘安息吧，我的好朋友，劳顿了半世的布鲁诺，你终于得到了应得的归宿！’”

布鲁诺一点儿不生气，听我说完了他才笑着说：“你想到哪儿去了，我的好朋友，我从没想过什么归宿。我要求的是宁静，决不是回意大利去送死。安东尼奥，你替我想一想，哥白尼在本世纪初就设想太阳是宇宙的中心。他在弗劳恩堡教堂的围墙上，用他自己做的仪器，对着星空测算，校正，足足花了‘四个九年的时间’，直到临死之前才出版他那部巨著——翻天覆地的《天体运行论》。哥白尼的毅力固然令人吃惊，可是他那个宁静的所在，能让他为他的‘日心说’找到足以说服人的根据，而没有谁去干扰他，也实在令人羡慕，至少对我这个流浪汉来说是这样。请你想一想，我的《论无限的宇宙和无数的世界》发表已经八年了……安东尼奥，你见过我那本小册子吗？”

“早拜读了。那一年在莱比锡，一个书贩子偷偷地卖给我的。你是知道的，头一个指摘哥白尼离经叛道的是马丁·路德。在这位新教领袖的家乡德意志，哥白尼都成了异端，何况你呢？在宇宙间，你比哥白尼跑得更远了。”

“这不能怪我，宇宙就是这样的无边无垠。我的思想是没安笼头的野马，是比哥白尼跑得更远了，所以我更需要更多的更确凿的根据，更难以得到的根据，来证实我所设想的宇宙模式。我得赶快结束这无休无歇的漂泊生活，找一个宁静的所在躲藏起来，在最后的岁月里做完我必须做的工作。”

“真是个理想主义者。”我同情地摇了摇头。“在欧洲，如今就没有这样一个你梦想的宁静的所在。要是哥白尼晚生七八十年，命运也不会比你稍好一些。”

“倒也未必。”布鲁诺双眼迷茫地对着烛光。“你听说过第谷吗？——丹麦的第谷。”

“不但听说，那一年去丹麦做买卖，还特地绕道海边，去望了望他那筑在汶岛上的天文堡，规模可真不小。”

“第谷是个幸运儿。听说就在我逃出修道院的那一年，丹麦国王腓特烈二世召见了他，给了他一笔年金和哥本哈根海峡中的一个小岛，供他进行天文研究。第谷在这个岛上建立了一座天文台，进行了大量的天文观测工作。

“真可惜呀，如今在欧洲找不到第二个腓特烈二世了。”

“这也难说，机会还会有的。”布鲁诺越说越像真个似的。“十年前在巴黎，我就差点儿碰上第谷那样的运气。当第二个哥白尼是不可能了，不论是旧教还是新教，所有的教会，对哲学，尤其对天文学，都提高了警惕。当第二个第谷，倒还有可能，有的君主为了维护自己的权力，有时候还得跟教会闹点儿小小的别扭。但是依我看，最有指望的是你们，是你们商人。我不就是受到你的保护，才逃脱了罗马教廷的搜捕吗？”布鲁诺爽朗地大笑起来。

我也笑着说：“我只能让你到处流浪，就因为我没有这么个宁静的所在，可以供你消磨‘四个九年’。”

“你说的是实话。要是你能办到，那该多好呀！因此我不得不去威尼斯。”布鲁诺站起来，从床头的小皮箱里取出一小卷羊皮纸来递给我。“请看看这个。”

羊皮纸卷系着红色的缎带，缎带上还带着火漆印，我认得，是贵族美第奇家的纹章。

我凑近烛光，摊开羊皮纸，原来是写给布鲁诺的一封信，下边的签名是“让瓦尼·美第奇”。他在信上说：他风华正茂，渴望自己能成为闻名欧洲的风流人物，因而收罗了天下名师，教他吟诗修辞，谱曲绘画，可是“自从拜读了先生您的不朽名著《论无限的宇宙和无数的世界》”，他觉得什么文学艺术，都不过是些世俗的玩意儿，不值他耗费他的青春和才华，“只有在广阔无垠的您所描述的宇宙”，他的不受羁绊的思想才能自由翱翔。因而他竭诚欢迎布鲁诺住进他的府邸，好让他朝夕侍奉，聆听教诲。最后，他开列了供给的保证，其中最重要的一项是，他愿意让布鲁诺在他的府邸的箭楼上营建一座观象台，保证布鲁诺跟哥白尼似的，可以不受干扰地观测天象，“使‘无限的宇宙’能够永远地无限地得到发展”。——唉，完全够了。只要这一项诺言，就足以打动布鲁诺的心了。

“这个花花公子又在忽发奇想了!”我轻蔑地一笑，把羊皮纸卷扔在桌上。“布鲁诺，你答应他了？就为了他允诺的那座宁静的箭楼?”

“是的，我答应了。”布鲁诺咬了咬嘴唇。“我考虑，反反复复的考虑……安东尼奥，你说，给我营建一座观象台，这个年轻人会兑现吗?”

“如果他愿意，他会实践诺言的。他是佛罗伦萨美第奇家族的旁支，手上有的是钱，可能比丹麦国王更加富有。光说在威尼斯，城里的买卖几乎一半是美第奇家的。”

“他能保证我不受干扰？——我指的来自罗马教廷的干涉。”

“也有可能。你不会不知道，前两任的教皇都出生于美第奇家族；而教廷，暗地里也做买卖——不是有句老话，同行是冤家吗？关系错综复杂，微妙得很。到时候到底哪个因素起作用，就很难说了。”

“这样说来，我答应小美第奇的邀请是对的？我应该答应他?”

“不，你不应该答应!”我斩钉截铁地说。“你怎么不想一想：这个有钱有势的年轻贵族干嘛要把你请去？他的动机到底是什么？你不觉得信上的那些话，听起来挺恭顺，骨子里却盛气凌人吗?”

“我还不至于这样糊涂。我知道，小美第奇把我请去，无非用我点缀他的门面，把我当作一件什么珍奇的玩意儿——就算是中国的青花大瓷缸吧，供在他那豪华的客厅里。这样的人我见得多了，有国王，有贵族，也有暴发户——那些商人。”

“不止于此。”我紧逼一步。“他要用你来夸耀他的宽宏大度：‘看，这个在国外流浪了十四年的布鲁诺，我把他接回来了，供养在我美第奇的府邸里。’他要用你来夸耀只有他能够兼容并蓄：‘看，这个在宇宙间比哥白尼还跑得更远的哲学家，这个既不容于旧教又不容于新教的异端，如今在我美第奇的保护下，我把他当作上宾。’你没听说吧，有一回他一时高兴，把一个沿街卖唱的叫花子捧成了名角，供养在他的府邸里，来夸耀他如何酷爱音乐，夸耀他独到的艺术鉴赏力。我看哪，你的地位不会比那个叫花子好多少。”

“未免太过分了。”布鲁诺无可奈何地摇了摇头。“我们这样的所谓哲学家，一不会种葡萄，二不会酿酒，三不会开酒铺，除了寄人篱下，还有什么别的办法呢？吹捧也好，奚落也好，实质上是一回事。大家都说米开朗琪罗是一位大师，他唤醒了古希腊的艺术，还给注入了时代的精神。佛罗伦萨的美第奇家把他请了去，说是以上宾相待，实际上成了给他们家族修建墓室的工匠。虽然这样，我还是羡慕米开朗琪罗。美第奇家要是不把他请去，要是不供给他洁白细腻的大理石，他到哪里去施展他的天才？现在人人都夸奖说，美第奇家的墓室里有四座出色的雕像：清晨，正午，黄昏，夜晚。——米开朗琪罗用人的体态和神情表现了时光的消逝，表现了新生和死亡的交替。这样深刻的艺术构思，我相信决不是在一朝一夕之间形成的，一定在米开朗琪罗的头脑里孕育了漫长的岁月，如果没有这几块合适的大理石，他的构思无论怎样精湛，人们也无从知道；最后只好随着他那枯槁的尸体，一同埋进坟墓。”

我听得出来，布鲁诺的声音充满了羡慕，充满了幻想。我不由得同情地叹了口气：“唉，布鲁诺，你忒痴心了，小美第奇的允诺真把你给迷住了。要知道他府上的那座箭楼，跟你向往的自由的天空还离得远着呢。而且你别忘了，米开朗琪罗建造的是美第奇家族的墓室；你将来有什么著作发表，都得冠上让瓦尼·美第奇的名字。我提醒你，美第奇家族一向是做买卖的。”

“这有什么相干呢？哥白尼在他的《天体运行论》的扉页上不是这样写的：‘献给最神圣的教皇保罗三世’。可是谁都知道，保罗三世并没给这部巨著花过一丁点儿力气。就说美第奇家族的墓室，将来必然会成为闻名世界的艺术馆，到佛罗伦萨的游客都会去欣赏米开朗琪罗的那四座石像，可是谁也不会问躺在墓室里的究竟是谁。我尽可以在我的著作的扉页上印上：‘献给可尊敬的让瓦尼·美第奇爵士’，这样做丝毫不会掩蔽真理的光辉。再说那尼罗河畔的人面狮身像，你知道是谁的作品？你知道是为谁而作的？可是你决不能否认，那是足以代表埃及古文明的一件伟大的艺术品。”

既然他什么也不计较，我还有什么可说的呢？我说：“布鲁诺，咱们暂时停止争论吧。夜已经很深了。是不是到厨房去看看，还有什么可以填饱咱们的肚子的。”

旅客都睡了，除了布鲁诺和我。小旅店静悄悄的，只厨房里还有灯光。橡木桌上摆着两副餐具，玛莉雅还面对炉门，坐在矮凳上等候我们使唤。她的爸爸老马季靠着炉房的柱子，早睡着了。

我们才坐下，玛莉雅过来向我们屈了一下膝，先问我：“安东尼奥叔叔，您要些什么?”

我笑着说：“什么都成，小玛莉雅，我相信你一定会把最出色的给我和这位先生留着。”

玛莉雅微笑着点了点头，又问布鲁诺：“先生您呐？也是烤野鸡和意大利面条，好吗?”

“好极了。”布鲁诺高兴地说。“我多少年没吃到有韧劲儿的意大利面条了。还要两大杯葡萄酒，阿斯提的。”

玛莉雅张罗去了。布鲁诺用眼睛把厨房扫了一周，看着我问：“好像你很熟?”

“那当然。”我笑着说。“年来岁去，我总爱在这里歇脚。小玛莉雅是我看着她长大的，他们家早先在米兰开酒店。”

“原来是这样。”布鲁诺搓了搓手。“我总觉得这个‘妈妈的厨房’少了一件最重要的东西，应该说少了个核心：一位慈祥的妈妈。”

“这……”我回头看了一眼正在忙碌的玛莉雅。“可惜这不是一个听了能叫人开胃的故事，让咱们吃完了再谈吧。”

两个人都饿了。玛莉雅端来的两道菜，眨眼之间我们就一扫而光。我们把餐具推到一旁，把葡萄酒移到面前。再回头看，玛莉雅也睡着了，靠在她爸爸的肩膀上。楼上楼下忙碌了一天，真够她受的。这时候她实在无法支撑了。

“你就说吧。”布鲁诺压低了嗓门。“但愿你的故事不至于妨碍消化。”

“很难作这样的保证……”

我讲的故事太悲惨了，因而还没让岁月从我的心上冲刷掉。小旅店的主人马季早先在米兰开酒店。他有个漂亮机灵的妻子，一位能干的老板娘。小玛莉雅的眼色老带着点儿忧郁，可是在她身上还可以看出她妈妈索非亚的影子。索菲亚整天嘻嘻哈哈的，在桌子之间窜来窜去。她说她有个本领，看了浮在葡萄酒上的泡沫能给人预言吉凶。这无非是开个玩笑，招徕顾客的意思，好让顾客多喝她一杯酒。不知怎么的这就触犯了教会，米兰大主教硬说索菲亚是个女巫。居然有人出来作证，说马季的酒店生意这么兴隆，就因为索菲亚在酒里掺进了用死耗子炼成的迷魂药。披着黑道袍的乌鸦于是拥进酒店，死拖活拉把索菲亚押进了宗教裁判所，在那座人间地狱里，一个女人的遭遇更不是外边的人所能知道的。直到索菲亚被押上柴堆，马季才抱着小玛莉雅赶到刑场，让她跟她的妈妈见最后一面。可怜那索菲亚，已经被折磨得不像个人样了……

我一边讲一边努力控制自己的感情。布鲁诺的脸色越来越难看。他突然捶了一下桌子，使的劲儿可不小；亏得桌子是厚橡木的，没发出太大的响声。

“我知道这群嗜血的乌鸦，知道他们的心有多么阴毒，有多么残忍，有多么龌龊。后来呢？”

“后来嘛，酒店在米兰当然开不下去了，马季只好抱着小玛莉雅，搭我的货车来到边境的这一边。我周济了他一点儿钱，他就开起了这家小旅店。名字是马季自己起的，为了让小玛莉雅别忘了她曾经有过一位很好很好的妈妈。”

老马季和玛莉雅爷儿俩互相依偎着，睡得正熟。炉火一闪一闪地映在他们的脸上。要是有索菲亚在，这个厨房就会是另一种样子，至少会让旅客们感到，这里真个是妈妈的厨房。

布鲁诺不再作声，右手撑着脑袋，目光停留在不幸的爷儿俩的脸上。他在想些什么呢？他会不会改变他的主意呢？

布鲁诺告诉我，他在勃伦纳山口已经等了两天，让瓦尼·美第奇跟他约定派人到边境来接他，保护他安全到达威尼斯。因为路上要经过帕多瓦，这个受教廷控制的小城就靠在威尼斯西边。

我决定留下来劝阻布鲁诺。第二天上午，我去关卡完了税，打发我的伙计押着货车先走一程，我随后赶上去。把这些噜苏事儿办完，太阳已经偏西了，我赶快回到“妈妈的厨房”，却找不见布鲁诺。

“那位先生呢？”我问玛莉雅。

“喏！”玛莉雅指着对面的山头。

布鲁诺坐在小山顶上的一块突出的岩石上，脸朝着南方，朝着意大利。他一动不动，像一座雕像，在岩石上生了根似的。

我爬上山口东侧的那座小山，穿过枞树林，绕过灌木丛，攀登上布鲁诺坐着的岩石，站在他身后。

“多好的地方呵!”布鲁诺自言自语。可是我知道，他听见了我的脚步声。他接着说：“北边的群山还戴着雪帽，可是南边，南边的山岭连山尖儿也有点儿绿意了。这南边吹来的风，安东尼奥，你感觉到温暖吗?”

“我可感觉不出来。”我一边说，一边坐下来。

布鲁诺似乎并没听出我是故意跟他唱别调。他转过身来，把手上的一小束紫色的野花对我扬了扬，关切地问：“你来的时候，波河两岸的樱花和杏花都开了吧?”

“都三月初了，当然开了，开得跟往年一样盛。花开花落，年年如此，罗马教廷倒还没横加干涉。”

“你的脾气一点儿没变。”布鲁诺笑着说。“十四年前你跟我说的话，我都还记得，三句里边至少有两句是劝我赶快离开意大利。如今……”

“因为你我之间的友谊一点儿没变。”

“这我相信，我完全相信。”布鲁诺又用眼睛盯着我。“当时你把我送到日内瓦，我放心地住下，你放心地走了，因为那里是新教的天下。可是咱们俩都忘了，西班牙医生塞尔维特就是被烧死在日内瓦的。”

“我可没忘。”我说。“他是值得人们纪念的，因为他活着对人们有益。他秘密解剖尸体是没有罪的，他要弄清楚心脏的功能。”

“你说得对。活人可以任意处死，尸体却受到保护，谁也不能侵犯，即使为了拯救活人。这是什么逻辑！在这个问题上，在类似保护尸体的其他问题上，新教和旧教并无区别，他们争夺的只是由谁来解释《圣经》。塞尔维特被人告发了，在旧教控制的西班牙不能再耽，逃到了新教控制的日内瓦。没想到长老会的头子加尔文，这个以屠杀‘异教徒’为己任的卫道者，早就准备了一大堆干柴在等着他了。”

“加尔文没碰着你一根毫毛。他不是早已去见他的上帝了吗?”

“他死得早，算我走运。”布鲁诺嘴角上挂着苦笑。“可是我差点儿遭到了跟塞尔维特相同的下场。日内瓦大学有位哲学教授，整天胡说八道，欺骗那些不懂事的年轻人。我实在看不过去，写了本小册子，随便揭了他几桩。谁知道这位教授是个碰不得的人物——长老会头子跟前的一条叭儿狗。叭儿狗在他主子面前告了我一状，害得我足足蹲了三个月监牢。日内瓦是不能再耽了，我就跑到了图卢兹，那个法兰西的南方城市。你是知道的：我这个人到哪儿也不肯安分。在图卢兹，我作了好多回演讲，解释哥白尼的《天体运行论》。听众有赞成的，有反对的，吵吵嚷嚷，每一回都像开了锅似的。越吵嚷，我的名声就越大，后来传到了法兰西国王亨利三世的耳朵里，他特地派使者把我请到了巴黎……”

“真可惜，亨利三世不如丹麦的腓特烈二世慷慨。”

“倒说不定。”布鲁诺对那段往事似乎颇有点儿眷念。“亨利三世待我不错。正如我昨天跟你说的，国王和教会并不是完全一致的。我要是能在巴黎长期耽下去，说不定他也会给我一笔钱，让我成为他的第谷。可是没有多少日子，我又捅了个大娄子。我一点儿不后悔，我认为非常值得。面对大庭广众，在戏台上，我狠狠地刺了教会一下。这样一件轰动巴黎的大趣闻，你难道没听说过?”

“有点儿风闻，你快往下说吧。”

布鲁诺全身活跃起来，几乎到了忘我的境界。他问我：“你可记得，我给你看过一个剧本，我写的《方舟》?”

“这我记得。”我笑着说。“你居然把《圣经·创世记》中的故事编排成了闹剧。”

“我让在方舟中避难的飞禽走兽全都上场。洪水滔滔，无边无际，方舟在波涛上东漂西荡。可是那些虫豸还挨挨挤挤地往方舟的最顶上一层爬，争夺那至高无上的宝座。狮子当然是君主，叭儿狗是宠臣，狼和狐狸是那些伪学者，教皇那个角色，我就让毛驴来充当。哈哈哈哈，一头愚不可及的不可一世的毛驴。”

“亨利三世会支持你上演这个剧本?”

“我可不存这样的奢望。”布鲁诺满脸是得意的笑容。“我跟一群流浪艺人交了朋友，是在酒店里偶尔碰见的。我看他们一个个对着喝干了的酒杯愁眉苦脸的，就上前去问他们：‘伙计，生意看来不怎么样吧?’他们的头头回答说：‘是呀。人们的日子已经过得够苦了，谁还愿意花了钱，坐在我们的戏篷子里抹眼泪呢?’我说：‘是呀。人家来看戏，无非找点儿快乐。你们干什么老叫人家伤心呢?’那个头头说：‘有什么办法呢？师傅教的就是希腊三大悲剧。别的我们不会，再说，也没有剧本哪。’我把钱包扔在桌子中央，我说：‘喝吧，喝个痛快。剧本我有，明天就给各位送去。保证你们一上演，你们的戏篷子就会让笑声给撑破。’当天我熬了一个通宵，我从箱子里取出《方舟》的底稿，把意大利语译成法兰西语，为了适合国情，还把教皇改成大主教。我把结尾也重新编排了：虫豸们拥过来挤过去，方舟最后让他们闹得翻了个个儿。大主教——那头不可一世的蠢驴，这时候恰好爬到宝座上。他一手拄着法杖，一手拿着十字架，就这样一本正经地说：‘世界的末日已经来临，每个人都要在上帝的脚下，接受最后的公正的审判。仁慈的万能的上帝呀，我们都是有罪的，恳求您拯救我们的可怜的灵魂！阿门！’”

布鲁诺早就站起来了。他硬忍住笑，装模作样，拿腔拿调，背完了这一段在教堂里经常听到的台词，跟着就爆发出一阵爽朗的笑声，直笑得弯下了腰。我也笑得肚子都痛了。忽听得对面山上也有人在狂笑。那是谁呢？原来是回声，震动山谷的，是出自我们肺腑的狂笑。

太阳已经落到西边的群山背后去了。山谷里升起一阵薄雾。东边那座高耸的大格罗克纳山还映着落照，积雪的山峰好像洒上了玫瑰花瓣的汁水。

我们两个笑了个痛快，才肩并着肩慢慢地往山下走。

我说：“这个剧本拿去上演，还能不捅娄子？”

“娄子捅大了，”布鲁诺微笑着说。“效果可不错。观众都笑出了眼泪，正跟我预料的一个样；可是另一方面的效果，比我预料的严重得多。”

“你指的教会？”

“不光是教会，当然主要来自教会。那还了得：‘你们窜改《圣经》，竟敢让拯救人类的方舟沉没！’‘你们侮辱教会，竟敢把大主教装扮成毛驴！’‘决不能放任这些不信上帝的流氓无法无天！’可怜那群流浪艺人，戏篷子被砸得稀烂，人被打得鼻青脸肿，当夜就被赶出了巴黎。那些乌鸦们还风言风语地说，剧本肯定是我这个叛教者编的。有人向亨利三世告了我的状。亨利三世把我叫了去，对我说：‘你在巴黎是不能耽了。这样吧，暂时到伦敦去避一避风，就住在我的使馆里。’他派人把我送过了英吉利海峡。到了伦敦以后的故事，咱们一边儿吃晚饭一边儿再谈吧。”

我只顾听布鲁诺讲自己的经历，不知不觉已经来到“妈妈的厨房”的招牌下面。天黑了。晚风从南边吹进山口，确实有点儿暖意。明天又是个大晴天，看两山之间的那一绺天空，显得多蓝哪。双子座正好挂在天顶。我发觉，那两颗亮闪闪的主星，真像布鲁诺的一双机灵的眼睛。

厨房里旅客出出进进的，不是个谈话的地方。我们俩聚精会神地吞下了玛莉雅为我们准备的一大盘香菇烧鹅，布鲁诺又要了一份意大利面条。吃完之后，布鲁诺找一个托盘，端着两大杯阿斯提葡萄酒，跟我一同上楼，回到他那间小房间里。跟头一夜一样，两个人在跳动的烛光前相对坐了下来。

“往下说吧。”我催促说。

“让我想一想。”布鲁诺闭了一会儿眼睛。“应该说，在伦敦那两年，我还比较安分。我写了好几本小册子，采用对话的方式。你不是在哪儿见过吗？”

“在莱比锡。”我说。“我当时读着，感到很亲切，好像现在似的，你就坐在我的对面。”

“说实话，我没想到你能看到。”布鲁诺说。“我去伦敦，亨利三世让我带着他给他大使的手谕，要大使把我介绍给英格兰的学术界。大使特地为我举行了招待会，让我对伦敦的知名人士作一次学术演讲。我讲得非常得意，可是效果糟透了，都说我欺世盗名，反对哥白尼的骂，赞成哥白尼的也骂，我竟然成了众矢之的。”

我不由得笑了，我说：“能叫水火不相容的双方联合起来对付你一个，倒也不是件容易的事儿。”

“我就给你说说，那天晚上我是怎么讲的。我说，许多人反对‘日心说’，认定咱们的地球是不动的，认定不动的地球是宇宙的中心，太阳只能绕着地球转。这种看法其实是极其自然的。咱们可以回想一下自己躺在摇篮里的时候，妈妈给咱们喂奶，爸爸逗咱们笑，还有爷爷奶奶哥哥姊姊，咱们只看到他们老围着咱们的摇篮转。要是那时候咱们已经能思考，一定会认为自己的摇篮就是世界的中心。我是意大利人，生在那波利郊外的一个小镇上。在很小的时候我就有个印象，家乡诺拉镇就是世界的中心。每天早上，人们从四面八方到镇上来赶集，傍晚还回到四面八方去，诺拉还不是世界的中心吗？后来稍大了点儿，我又把那波利当作世界的中心，我知道在那波利周围，像诺拉那样的小镇何止二十个。再后来我才知道，在意大利，像那波利那样的城市不知有多少，意大利的中心并不是那波利，而是在那波利西北方的罗马……”

我笑着说：“你好像在给孩子们上课。”

“对了。”布鲁诺得意地笑着。“这是我的第一条罪名，把那些名副其实的傻瓜当成了真正的傻瓜。我接下去说，我们意大利人把罗马当作中心；法兰西人呢，把巴黎当作中心；而你们英格兰人，却把伦敦当作中心……光讲欧洲，中心就有许许多多。可是出过远门见过世面的人都知道，哪个城市都不是欧洲的唯一的中心。还有一种思想是把自己的国家当作世界的中心，这是一种扩大了的乡土观念；再扩大一层，就是把欧洲当作世界的中心，咱们欧洲人总喜欢这么想。看，亚洲在咱们东边，非洲在咱们南边，西边是海洋，北边是冰雪，咱们欧洲不是正好处在世界的中心吗？可是咱们都知道，在很远很远的东方，有个出产丝绸和瓷器的中国，那儿的人也以为他们的国家正好处在天下的中心。”

“你说的倒是实话，人们总爱把自己住的地方当作天下的中心。这是个认识上的问题呢，还是个意识上的问题？”

“难说。”布鲁诺沉思了一会儿。“恐怕兼而有之。当时我说，那些硬把地球当作宇宙中心的人就跟躺在摇篮里的孩子一个样儿，他们只看到太阳月亮星星从东方升起来，越过天顶向西方落下去，天天如此。他们只相信自己的眼睛，认为他们看到的必定是真实的。他们完全不懂得谁要是光凭眼睛，不动脑筋，他就会受到自己的眼睛的欺骗。我那天乘帆船渡过海峡，看到英格兰离我越来越近，难道我就能相信我的眼睛，认为英格兰在向我漂过来吗？如果月球上有人，金星和火星上也有人，他们设想的宇宙模式决不会是‘地心说’，他们都会把各自的星球当作宇宙的中心。所以咱们要认识宇宙，咱们必须先摆脱地球，摆脱这只养育咱们的摇篮。”

“要摆脱可办不到。”我笑着摇了摇头。“咱们从生到死，都只能待在这只大摇篮里。”

“那是当然。身体离不开地球，咱们的思想却可以不受地球的羁绊。哥白尼凭他的精湛的思想，不就摆脱了地球的束缚吗？他飞翔到宇宙之间，回过头来看太阳，看地球，看月亮，看别的行星，就像站在灯塔顶上看港湾里的船只。我刚说到这里，那些反对派又嚷起来：‘简直胡闹！身子在地球上，思想怎么离得开地球！’我说，先生们别发火。哥白尼当然是可以反对的，可是总得先读一读他的《天体运行论》，看一看他是不是在胡闹。《天体运行论》里有许多实测的数据，有许多周密的计算，都证明只有‘日心说’才能把行星的运行轨迹解释清楚。那些反对派的学者，耳朵倒挺机灵，他们听出了我暗地里在讥讽他们，笑他们不学无术，胡搅蛮缠，都吵吵嚷嚷起来。亏得在场的还是赞成哥白尼的居多数，他们硬把反对派给压了下去。可是后来，我把赞成派也给得罪了。”

“这是谁的过失呢？是你还是他们？”

“请你来判断吧，我的安东尼奥。我在评介了哥白尼的《天体运行论》之后，扼要地介绍了我设想的宇宙模式。我说，地球和五个行星都在绕着太阳转，经过哥白尼证明，已经是无可辩驳的了。可是哥白尼把太阳当作宇宙的中心，对于这个重要的假设，他并没有提出证据。会不会跟我初到那波利那样，只知道世界的中心是罗马，而不知罗马仅仅是意大利的中心呢？这很有可能。因为我们住在地球上，而地球仅仅是一个绕着太阳转的行星。既然哥白尼把咱们的思想引到了宇宙之间，咱们为什么不向更加遥远的空间飞去呢？如果咱们这样做，咱们就会发现宇宙间并没有一个所谓的天球，并没有一个像蛋壳似的包在有限空间外面的天球；就会发现每一颗恒星都是一个独立的太阳，而并不是嵌在天球上的宝石；它们跟咱们的太阳一样灿烂，一样辉煌。宇宙没有边际，世界没有穷尽，因为每一颗恒星，也就是每一个太阳，也许都有自己的行星在绕着它们转。我的话还没说完，可不得了，那些赞成派一哄而起，说我明目张胆地背叛了哥白尼，竟敢否认太阳是宇宙的中心。有的还气势汹汹地质问我说：‘没有天球，那么你说，上帝住在哪儿呢？’原来那些自称为哥白尼的信徒的家伙，还在并不存在的天球以外，给上帝保留着一个虚无缥缈的天堂。”

“有意思透了！”我笑着说。“这些家伙把哥白尼当成了教皇，把他的《天体运行论》当成了《圣经》。哥白尼要是还活着，他决不会同意的。”

“也不会承认这伙拣了点儿皮毛就自以为是的家伙是他的信徒。安东尼奥，那天你要是在场该多好哇！也好拔剑相助，助我一臂之力，回敬他们几句。就因为开了这次招待会，我才发愤写我的小册子。我采取对话的方式，好针对各种人物对我的责难，挨个儿进行答辩。可是越写到后来，我越觉得我必须像哥白尼一样，用无可辩驳的证据来使人折服。我必须有一个自己的观象台，必须有很长的时间，十年，二十年，来测算，来核对。我于是赶回巴黎，亨利三世仍旧以礼相待，可是对天文学，他不再感兴趣了。我跑遍了中部欧洲的许多城市，也找不到第二个腓特烈二世。光阴不等人哪，转眼就五十了。你一定能体会我的心情，我的安东尼奥！”

闹了半天，我还没把劝阻他的话说出口，他倒反来说服我了。听他这十多年的遭遇，叫我怎么能不同情他？可是我听说，让瓦尼·美第奇是个性情乖戾的公子哥儿，他可能待布鲁诺好得出奇，也可能一下子翻脸不认人。

“布鲁诺呀，”我叹息说。“你的心情我完全能理解。你必须为你设想的宇宙模式找到根据，就跟饿极了的人必须找到面包一个样，只要看到一线希望，一线非常渺茫的希望，即使熊熊的火堆里只有一粒可以吃的麦子，你也会不顾一切，冒着生命危险，把整个身子扑上去的。”

“你说对了，安东尼奥，就为了这一线渺茫的希望。”布鲁诺的语气变得很沉重。“小美第奇派来的人，明天总该到了。安东尼奥，给我几句临别赠言吧！”

他的决心已经下定，挽回是不可能的了，我还能说些什么呢？即使小美第奇全部实践他的诺言，布鲁诺的处境也比第谷差远了。第谷跟隐士一个样躲在他那汶岛上的天文堡里，可以谁都不见；布鲁诺一定办不到。他住在美第奇的府邸里，那位爵爷会随时把他叫去，尤其在盛大的宴会上，把他叫去给达官贵人开心，跟那些连东西南北也分辨不清的家伙讲什么“地心”、“日心”，这种弄臣一样的生活，布鲁诺怎么受得了。

“布鲁诺，难哪！”我叹了口气说。“你千万得小心，得按捺住你这火暴的脾气。”

布鲁诺闭上眼睛，陷入了沉思。两颗泪珠从他的眼角里渗出来，他自己似乎没有觉察。多晶莹的泪珠哇，映着跳动的烛光，闪闪烁烁的。他的嘴唇越抿越紧。从他的抿紧的嘴唇上，我看出他在轻蔑地笑。这样的一个人，他的思想在无边无际的宇宙间飞翔，可是在地球上，他竟找不到一个安身的所在，这样的事儿还不可笑吗？

好一会儿，布鲁诺才睁开眼睛看着我说，沉重的声音好像宣誓：“我一定管住我自己。请你放心，我的安东尼奥。”

说完这一句，他立刻活跃起来，举起酒杯说：“干吗不喝呢？来吧，让咱们干了这一杯。”

小美第奇派来接布鲁诺的人，第三天早上果然到了：一个管事的，四个仆役，都穿着华丽，坎肩上用金线绣着美第奇家的纹章。管事的一跨进旅店的大门，好像没瞧见人似的，仰着脖子直喊：“有位从德意志来的先生，住在这儿吗？”有什么办法呢？布鲁诺只好迎上去。管事的对布鲁诺倒还恭而敬之，他是按主人的吩咐行事。

怎么办呢？走吧。布鲁诺换上了他们带来的衣裳，装扮得跟管事的一模一样，坎肩上也绣着美第奇家的纹章。他脸上带着苦笑来跟我告别。我紧紧地握住了他的手。

跟历次分别一样地匆匆。在“妈妈的厨房”的招牌下面，我挥着手绢，瞧着布鲁诺被美第奇家的人簇拥着朝南方奔去。六匹骏马奔下山口，眨眼间绕到了小山背后，渐渐地连马蹄声也听不见了。会不会还出现在哪一面山坡上呢？我呆呆地望着，什么也没望见。

三个月后，我从莱比锡回到意大利，就听说布鲁诺给威尼斯市政当局抓了起来。有人说，小美第奇请他去威尼斯，本来就是个骗局；也有人说，小美第奇开头待他不坏，是他自己没高没低的，冒犯了那位尊贵的公子哥儿。不管怎么说，布鲁诺总免不了严刑拷打。我急忙赶到威尼斯，可是想尽了办法也没能见着布鲁诺一面。过了半年，又听说罗马教廷跟威尼斯当局谈妥了，把布鲁诺秘密押解到罗马去了。从此再没听到布鲁诺的消息，我以为他早已死在宗教裁判所的黑牢里，因而打消了跟他见最后一面的希望。

在佛罗伦萨听到布鲁诺被宣判死刑的消息，我倒大吃一惊。多坚强的生命呀，在那人间地狱里，竟挺得住整整七年的折磨。我立刻备一匹快马直奔罗马，过了台伯河上的大桥才听说，布鲁诺就在今天处死，教廷特意把刑场设在鲜花广场这个闹市上。等我赶到鲜花广场，布鲁诺已经被那群乌鸦用铁链锁在柴堆顶上的刑柱上了。

蜡烛挂满了烛泪，微弱的光不停地跳动。罗马的夜晚静得叫人害怕。从台伯河对岸传来丁丁的凿石头的声音，石匠还在连夜赶工。九十多年前动工的圣保罗大教堂听说快要落成。罗马教廷横征暴敛，耗费了数不清的人力财力，在人世间营建这座只属于他们的天堂，用这座看得见的天堂来欺骗愚民。

桌上的两杯葡萄酒还没有动，对面的椅子空着。八年前在勃伦纳山口，在“妈妈的厨房”的那间小房间里，布鲁诺就坐在我的对面。他举起酒杯对我说：“干吗不喝呢？来吧，让咱们干了这一杯！”

我端起酒杯放到唇边，我又听到从布鲁诺的胸膛里爆出来的声音：

“未来会理解我的，会作出公正的裁判！”

一九八一年十月初稿

刊于《智慧树》一九八二年第一期

一九八四年十月修改

一九九七年十二月再修改

路易·巴斯德（1822—1895）
1885 **年** 7 **月** 5 **日**—1887 **年的某天**
法国·巴黎

祈 求

路易·巴斯德抬起头，望着挂在墙上的圣母像。这是一幅小尺寸的复制品，五年前从塞纳河畔的画摊上挑来的，临摹的功夫十分到家，笔触和色调都很柔和，渗透着拉斐尔原作的风格。渐渐转淡的阳光穿过窗棂，射在圣母的慈祥的脸庞上。她怀抱圣婴，从云端里冉冉地走下来，静穆而端庄。巴斯德每对着这幅画，总觉得见过这样一位妇女，也紧紧搂着贴在她胸前的男孩儿，就跟拉斐尔画上的圣母一个样儿。她是谁呢？在哪儿见过呢？想不起来了——不会是在梦里吧？

塞纳河上传来的圣母院的钟声已经停止了，嗡嗡的余音渐渐扩散，像滴进清水的蓝色的硫酸铜溶液似的，消失在无边的朦胧的暮色中。巴斯德作完晚祷转过身来，看到妻子玛丽仍旧虔诚地低着头，嘴唇颤动着，还在不出声地祈祷。一个爱说爱笑的女学生好像还是昨天的事儿，可是今天，她额前已经飘着银丝，而且变得沉默的时候多了，尤其在这一年间。"她在为我祈祷。"巴斯德想。"别打扰她。在她的幻觉中，圣母玛丽亚也许就在她面前，正关注地望着她，倾听她心底的细语。玛丽，说吧，把你所祈求的全对圣母说了，你的心也许可以稍稍平静点儿。"

巴斯德拄着带橡胶头的手杖，拖着半边麻痹的身子，悄悄地离开了沉湎在信仰之中的妻子。他走进自己的工作室，坐在书桌后面的椅子上，双肘靠着把手，尽量把身子往后挺一挺直，舒展一下全身的筋骨。望着桌上的玻璃瓶，望着悬挂在瓶里的那一小片灰色的东西——死于狂犬病的兔子的脊髓，他长长地嘘了口气。整整一年的踌躇彷徨，使他不知添了多少白发。无休无止的劝说，无休无止的争论，跟好朋友儒尔班博士，跟学生冈什尔博士，跟他的两位助手——商伯尔朗和爱米尔·胡，跟他的女儿玛丽·路易丝和女婿瓦勒利·拉多博士，当然，最经常的是跟他的妻子玛丽，还有他——巴斯德自己。由谁出场去跟死神搏斗？半年以前，巴斯德就作了回答：没有人比他自己更合适，生死成败让他一个人担当，即使失败了，即使牺牲了，他也可以正确地记录下亲身的经验——一个死于狂犬病的病人的自我感觉。他把他的想法从正面，从反面，跟大家解释得清清楚楚，可是谁也不支持他下决断，这样磨磨蹭蹭地又白费了几个月的光阴，不是兜圈子就是原地踏步。这能怪谁呢？怪玛丽吗？不能，这不是玛丽的过错。巴斯德完全谅解他的妻子，他懂得妻子的心情。何况他自己也常常陷在困扰之中，忽而觉得自己成了盖世的英雄，可是一转念间，又马上承认不过是个可悲的懦夫。一切困扰现在都烟消云散了——晚祷之前，玛丽突然用手指按住他的嘴，不让他再说下去，那双淡蓝的眼珠闪着泪光，盯住他的眼睛看了好一阵，然后深深地点了一下头。巴斯德正想拉住她的手，可是她一转身就挣脱了，跑到圣母像跟前去默默地祈祷了。“她答应了。”巴斯德在心里说。“她答应了就决不反悔。向她求婚的那天，她就是这样按住我的嘴，盯着我的眼睛，深深地点了一下头，就跑到圣母像跟前去祈祷了。多少年前的事儿啦——还像个钟情的小姑娘。”

实验决定明天开始，明天早上，巴斯德就要亲自出场，去跟死神搏斗。巴斯德还没有看见过那些凶残的对手，虽然是老相识了，跟它们已经打了五年的交道。它们的毒性非常之强，个儿却非常之小，是一种极其微小的有生命的东西，能够繁殖，还能够跑来跑去，如果侵入人体，最后就会跑到大脑里去大量繁殖，使人在恐怖的癫狂中死去。在玻璃瓶里的那一小片死于狂犬病的兔子的脊髓里，就隐藏着数不清的这种致人死命的敌人。现在还无法看见它们，并不是因为它们有什么隐身术，只是个儿太小，现在还没有一架足够敏锐的显微镜能叫它们原形毕露。将来肯定能办到，就像他看到蚕的白僵病孢子、牲口的炭疽病杆菌、鸡的霍乱病杆菌一个样，还有那使伤口化脓的葡萄球菌。自从在变酸了的葡萄酒里找到了短棍儿模样的醋酸杆菌，巴斯德就闯进了一个人类前所未知的世界，对那些光凭眼睛无法看见的敌人逐个发起了进攻。先是单枪匹马，渐渐地聚集了几位同道，很自然地，他成了这支小小的突击队的司令员。战役一次接着一次，他没有害怕过，更没有气馁过。他深信严格的实验决不会捉弄人，决不会让人上当。难道不是这样吗？从严格的实验中，他找到了敌人，摸清了敌人的习性和脾气，最后发现了制服敌人的方法。每次战役的胜利者总是他巴斯德，当然还有他的得力助手。巴斯德从来不把功劳全部归于自己。共和国政府感谢巴斯德遏止了炭疽病，挽救了法兰西的畜牧业，决定授给他一枚荣誉骑士团勋章。巴斯德拒绝接受，他说除非政府把同等的荣誉授给商伯尔朗和爱米尔·胡，因为没有这两位年轻的助手，他一个老头儿是什么也干不成的。政府拖延了许久才同意他的请求。要打破惯例总是阻碍重重，在学术界，荣誉一向只属于实验的设计者，就像胜仗总是司令员一个人打的一个样。

巴斯德把勋章带回家里，这可把玛丽给高兴坏了；她双手捧着金光闪闪的勋章，不知怎么办才好。她先把勋章挂在前厅的壁炉顶上，又觉得似乎太炫耀，于是从这一间跑到那一间，把家里的屋子全相遍了，也没找着一处适宜的地方，最后她把勋章供在了巴斯德的书桌上。在那些日子里，巴斯德一坐在椅子上就面对着这闪着金光的小玩意儿，面对着自己的荣誉。他越来越感到别扭，等玛丽的新鲜劲儿渐渐淡忘了，就把它扔进了壁橱最下层的抽屉，不让它再扰乱自己的思绪。一次新的战役已经开始，对手是极其凶残极其隐蔽的敌人——狂犬病病原，他必须竭尽心力去对付它们。战役旷日持久，牺牲十分惨烈，最多的是兔子，大概有三四百只了吧，亏得这些小东西不像大牲畜那么显眼。选择兔子作实验的对象还有个缘故，它们感染了狂犬病只是迷迷糊糊地昏睡，似乎并不痛苦，到死也不挣扎，巴斯德看着不至于太难受。在战役的最初阶段，没有一只兔子能逃出死神的手掌。过了两年才出现了转折，尽管敌人顽固异常，巴斯德还是摸清了它们的习性，找到了减弱它们的毒性的方法；最最重要的是根据他发现的免疫原理，他制定了一套疗程，用人工减弱了毒性的狂犬病病原，来遏止狂犬病发病的疗程。在兔子身上，在狗身上，最后在猴子身上，严格按照疗程去做就一定能得到预期的效果，使它们逃脱一向认为必然的死亡。可是用到人的身上——在人的身上能不能同样有效呢？问题的性质如此严重，用“大概”“也许”“可能”这类词儿来回答是一概不能容许的，要是万一……太可怕了，决不能出现“万一”。这是人哪，怎么能跟狗和兔子相比。谁也没有权利用人的生命做赌注，去跟死神作这种危险的游戏。

巴斯德气馁了，看着培养着那些小东西的玻璃器皿，他头一回感到恐惧。在发动最后攻击的前夜，他巴斯德——战役的组织者和司令员，难道要临阵脱逃吗？四年的心力——他自己的和商伯尔朗他们的，难道全都白费了吗？已经在望的胜利——遏止狂犬病的一线希望，难道永远是幻影吗？巴斯德不断地问自己，他的耳边又响起了那支忧郁的儿歌，好像是风把歌声从遥远的家乡阿波瓦吹来的。

提防着山猫哇，提防着狼，
求上帝保佑，别叼走了我的羊。
疯狗扑过来，咬得我遍体鳞伤，
求上帝垂怜，别哭坏了我的娘。

儿歌不知是哪一位牧童的创作。在狂犬病流行的那些日子里，阿波瓦笼罩在恐怖的阴霾之中，失去了自古以来的宁静。人们都不敢出门，好像角角落落里都埋伏着吞噬人和牲口的幽灵。开头是不知从哪儿窜来了一条疯狗，没隔几天，村上的狗有好几条跟着也疯了，接连咬伤了十来个人。铁匠彼得于是成了村里的外科大夫，手术室就设在蹿着火苗的打铁炉旁边。被疯狗咬伤的人让人们给抬来了，巴斯德和小伙伴们围在铁匠铺门口，踮着足尖朝里边望。几条汉子把那个倒霉的病人硬按在满是铁屑的钳工桌上。铁匠彼得真个铁了心，从炉子里抽出烧红的铁条，对准病人身上的伤口就烙。伤口嗤嗤地冒着烟，烙一下一声惨叫，吓得人毛骨悚然。谁要是被疯狗咬了，又没有胆量到彼得这里来受酷刑，那么伤口即使平复了，仍然免不了发病死亡。发病的时候吃不下喝不下，死得非常惨非常可怕：有的胆子小得出奇，听不得一点儿声响；有的痴呆癫狂，甚至跟疯狗一样见人就咬。那些经受了彼得的酷刑的，也不一定能逃脱死亡的厄运。村里的人最后对狗发起了总攻击，不管它们疯不疯，见着就打死，一条也不剩下，才最后遏止了这一场恐怖的瘟疫。风暴过去了，乌云消散了，阿波瓦又阳光明朗，人们重新开始了宁静的生活。刻在巴斯德的幼小的心灵中的记忆却永远不会磨灭。半个世纪过去了，通红的铁条，冒烟的伤口，凄厉的叫声，他一想起来还会胆战心惊。那样原始那样野蛮的医疗手术，难道容许它永远保持下去吗？巴斯德自己问自己。可是用语言来回答是不管用的，需要的是行动。

巴斯德不是大夫，虽然他制定的消毒方法已经被不少外科大夫所采用，他自己却没有给人治病的权利，更不用说在人的身上做这样危险的实验了。他连兽医也不是，倒有个“屠夫”的外号，只因为有十来头牛，死在他制服炭疽病的战役中。这些牛，还有不少羊，本来是作对比用的，不曾进行防疫接种。它们的死亡提醒人们，要遏止炭疽病流行就必须给牲畜作防疫接种。有多少牲畜因此而健康地活了下来，那些制造流言的专门家是看不见的，他们只热衷于搜寻诽谤他人的材料。万一巴斯德的实验室里真的死了一个人，那还了得，他们会把巴斯德说成刽子手，说成杀人犯。灾难就将接踵而来，教会会把他驱逐出教，法院会把他抓起来审判，这类事儿不是没有发生过，巴斯德不能没有一点儿顾虑。有人向巴斯德建议，可以公开征求志愿为人类献身的人，供他做实验的对象。有人还一本正经对他说：“判处死刑的囚犯多的是，请求政府拨两名给您不就得了？凭您的地位和名望，还不比替人家要两枚勋章容易得多！”这个话是当真还是讥讽，巴斯德也不去分辨。可是他知道，不管是志愿者还是囚犯，只要稍稍出点儿差错，各种各样的诽谤就会像脏水一般从四面八方朝你脸上泼过来，叫你防不胜防，说不定连实验室都会让那些受鼓动的狂人砸个稀烂。——在研究蚕的白僵病的日子里，不就挨过这么一回吗？唉，青年时代的那股闯劲，那股锐气，如今到哪儿去了呢？是让荣誉给蒙住了眼睛？是让年龄给绊住了双腿？——唉，这条倒霉的左腿，拖在身上简直像一段木头！

身体是越来越不行了，可是面前风急浪高，要到达彼岸就得冒灭顶的危险。巴斯德突然发现世界上有一个人，也只有一个人，还容许他任意支配，这个人就是他巴斯德自己。巴斯德忘不了去年深秋的那个晚上，他在圣母像前做完祈祷，左腿几乎移不了步子。玛丽扶着他回到工作室，让他坐在椅子上，她自己跪在他身旁，给他按摩那条几乎没有感觉的左腿。周围静极了，可以听到窗外悬铃木的枯叶一片又一片地落到地上。

巴斯德提醒自己："我得说了，时机不能错过。"就把几个月来的苦恼和最后的决定全都告诉了玛丽。他努力控制自己的感情，用了十分平静的声调。尽管这样，玛丽还是跟触了电似的痉挛起来。"不，不，"她紧紧抱住巴斯德的两条腿，淡蓝的眼珠几乎让泪水给淹没了。"我不能没有你！这太可怕了，我不允许你这样做。"

玛丽怎么也变了，也变得这样懦怯？巴斯德先是感到惊讶，可又马上承认两个人都上了年纪，真个谁也少不了谁了。没完没了的劝说就从那天晚上开始。巴斯德一遍又一遍地重复曾经用来说服自己的种种理由，还一再逗引玛丽回忆逝去的年轻时代，希望能唤起她当年那种果敢的性格。他谈到结婚之后的第一次离别。为了证明微小的生物来自污浊的空气，他要去阿尔卑斯山搜集反面的证据。玛丽明知道那是雪崩频繁的季节，爬山得冒很大的危险，可是她并不阻拦，还含着笑嘱咐他一定得登上海拔四千八百多米的勃朗峰，因为那儿的空气特别纯净，带回来的证据更有雄辩的力量。他谈到去阿累斯研究蚕的白僵病的日子。在那个南方小镇他才租下住所，玛丽就跟踪而至，夜以继日地帮他喂蚕，当他的助手。有玛丽在身边，工作似乎特别顺利，他用显微镜找到了病原，不久就宣布带孢子的蚕卵是传染白僵病的媒介。没想到一伙不明真相的蚕农受了蚕种商贩的唆使，向他们的实验室扔石块，把他们赶出了阿累斯。夫妇俩狼狈地回到巴黎，他气得半身不遂，瘫在床上不能动弹。玛丽却没有半句怨言，只是细心地护理他，加倍地体贴他。这种坦然的胸襟在以后的研究中给了他难以估计的支持力量。往事说了一桩又一桩，当时都忧虑来着，苦恼来着，过后回头看，都只是人生航道上的一些小小的旋涡，都被远远地抛在后面了。几乎每天都是这样，晚祷过后，在淡黄的电灯光下，他轻轻地说着，玛丽静静地听着，脸上随时露出满足的微笑；可是等他一提到他的决定，玛丽总是闭上眼睛，缓缓地摇摇头。她有种种不能同意的理由，为他的年龄考虑，为他的健康考虑，为他的实验室考虑，为他事业的前途考虑……只要考虑就好，总有一天她会明白过来的，总有一天她会点头同意的，巴斯德有这样的信心。

巴斯德完全没有料到这一天的到来竟会如此突然。傍晚，他跟平日一样从实验室回到家里，看到女儿让娜的相片前面供着一束洁白的香石竹花。日子过得真快，又是让娜的忌辰了。他特地把玛丽从厨房里唤了出来，两个人肩并肩坐在靠窗的长椅上，回忆这个去世已经将近三十年的大女儿，还有她的两个妹妹。多么可爱又多么可怜的小姑娘呵，姊妹三个先后让伤寒给夺去了生命。把一个孩子养大成人可真不容易，伤寒，霍乱，白喉，猩红热……多少种传染病，每年跟定期的风暴似的摧残了无数娇嫩的幼芽。只有天花让人们遏止了，这得感谢琴纳，感谢那位英国的乡村医生。要是九十年前，琴纳没有胆量给一个男孩儿种下第一颗牛痘……听巴斯德说到这里，玛丽就用手指按住了他的嘴，蒙着泪水的淡蓝的眼珠看了他好一阵，然后深深地点了一下头……

“她会同意的。我早就相信，到时候，她会同意的。”巴斯德在心里感激地说。他忽然又想起了拉斐尔的画上的那位抱着男孩儿的圣母。

窗外的悬铃木披满了朝阳，映得工作室里到处是绿色的光。多好的早晨哪，停顿已经结束，又要迈步前进了，巴斯德觉得他那条麻痹的左腿也似乎带劲得多了。趁着清早凉快，他伏在书桌上写完了前一天的日记，又翻过一页，在头上一行记下了这个有意义的日子：“七月六日”——对狂犬病的最后攻击就从今天开始。

各种玻璃器皿都已经消过毒，整整齐齐地放在书桌上。实验的第一步是把放在玻璃瓶里干燥了十四天的那片兔子脊髓取出来，加上适量的无菌水，制成注射剂，用针管注入自己左胳膊的肌肉。以后每天注射一次，用的兔子脊髓一天比一天新鲜，第二天用干燥了十三天的，第三天用干燥了十二天的，……也就是毒性一天比一天增强，好让自己身体里产生的抵抗能力也逐步增强。关键在第十天上，这一天他将注射毒性最强的制剂，如果往后的半个月里没有发病的征兆，他就可以宣布彻底胜利的消息：最后在人身上，他也制服了又顽固又凶残的狂犬病病原。

巴斯德仔细地洗干净手，取下塞住瓶口的棉花，正要用镊子把那片隐藏着无数致命的敌人的东西取出来，忽听得门上有人轻轻地敲了两下。

“可以进来吗，巴斯德先生?”是商伯尔朗的声音。

“快进来吧，年轻人!”巴斯德高兴地喊。“你来得正好。我不想叫玛丽来帮忙。让她给我注射，她那双手免不了要颤抖。”

“可是，先生……”商伯尔朗带着歉意，站在书桌前面。

“怎么?”巴斯德十分警觉。“又是谁想改变我的主意?”

“不是的，谁也没这样想过。是一位太太要见你，带着个不满十岁的孩子——一个被疯狗咬伤的小男孩儿。”

“小男孩儿，让疯狗咬了？”巴斯德重新用棉花塞住瓶口，拿起靠在书桌边上的手杖。“快带我去看看！该不是你从哪儿收罗来的吧？”

“没有的事。”商伯尔朗忍不住笑了。他上前扶住巴斯德。“麦斯特太太才下火车，她是从阿尔萨斯赶来的。说有个魏伯尔大夫告诉她，只有您巴斯德能救她的儿子。”

“魏伯尔？没有见过。可能他读过我的论文。”巴斯德心里嘀咕着。

商伯尔朗扶着巴斯德，穿过洒满阳光的院子，来到前边高等师范的教学楼。他们才踏进会客厅，那位外省来的中年农妇立刻迎了上来，右手牵着躲在她身后的一个怯生生的小男孩儿。

“来打扰您，真对不起。”麦斯特太太仰着脸，用祈求的眼神望着巴斯德。“可怜的小约瑟夫，他让疯狗给咬了。您救救他吧，救了他就是救了我们一家，仁慈的巴斯德大夫。”

“请原谅。”巴斯德苦笑了一下。“我是化学师，不是大夫。”

“真对不起。”麦斯特太太惊慌地行了个屈膝礼。“我……大概我找错了地方，我要找巴斯德大夫。”

“你没有错，亲爱的太太，我就是你要找的巴斯德，可是我还没当上大夫。且不去管它，快跟我去实验室，让我瞧瞧您的宝贝给咬成什么样儿了。”

巴斯德让商伯尔朗扶着，穿过走廊，麦斯特太太牵着她的儿子，跟在后面。爱米尔·胡跟往常一样，已经穿上白大褂在实验室里等着了。巴斯德也披上白大褂，又把手洗了一遍。他在椅子上坐下来，向躲在母亲背后偷眼瞧着他的小家伙招了招手。

小家伙尽量把身子往后缩，看着这位大胡子老公公，他害怕。商伯尔朗帮他母亲哄了他好一阵，才把他拉到巴斯德跟前，让他坐在那张高凳子上。小家伙渐渐安定下来，也许是卡在老公公鼻梁上的那副眼镜引起了他的兴趣。

做母亲的小心地褪下了儿子的左边的衣袖。小胳膊上纱布缠得挺严。爱米尔·胡一边解纱布一边问：“痛吗，我的可怜的小朋友？”

“现在不痛了，有时候有点儿痒痒。”小家伙口齿挺伶俐。“才咬的时候可痛极了，痛得我满头大汗。”

“哪一天咬的？”巴斯德问。

“整整四天啦。”母亲代儿子回答。“上星期五早上，这个倒霉的星期五，约瑟夫跟往日一个样儿，拿起个面包就去上学，谁知道才走到半路上，不知从哪儿蹿出一条疯狗，把他扑倒在地，没命地乱咬。等到保罗大叔把他抱回家来，哎呀，真把我吓慌了，上衣撕得粉碎，到处都是血……”

是咬得挺厉害。巴斯德数了数，小胳臂上竟有十四处伤，最高的一处接近肩膀。伤口都不太深，而且已经愈合，一点儿没有化脓的征兆。按常理说，做母亲的可以不再担心了。可是这位母亲竟如此听信大夫的话，带着儿子老远地赶到巴黎来求他。真叫人不可思议。这位魏伯尔大夫究竟是怎样的一个人呢？医术确实很高明，伤口一点儿没有感染，大概用石炭酸溶液洗过了，纱布看来是蒸过的，都符合他给外科手术规定的杀菌条例。可见魏伯尔虽然远在边境，却并不是一个见闻闭塞的人。可是咬伤小约瑟夫的到底是不是疯狗呢？这是问题的关键。

巴斯德抚摸着披着亚麻色头发的小脑袋，笑着问：“我的小勇士，那条狗咬得你这么凶，你干吗不抵抗？”

“我抵抗来着。”小家伙不服气地说，神态已经自然多了。“我揪住它的耳朵，要不，它会把我的喉咙咬断的。”

“它干么咬你？你惹了它？”

“我可没有惹它。”小家伙急忙辩白。“那条狗难看极了，耷拉着耳朵，眼睛通红的，鼻子贴着地，摇摇晃晃地走过来。冷不防它突然蹿上来，没头没脸地乱咬……”

“真吓人哪！”麦斯特太太说起来还害怕。“幸亏保罗大叔走过，他是个石匠，恰好手里拿着根铁钎，一铁钎就把那条疯狗给打死了。要不，我可怜的儿子……”

“怎么知道那是条疯狗呢？”巴斯德接着问。

“开头有人说是，有人说不是。魏伯尔大夫可是个有心人，他叫人把那条死狗抬进了他的手术室。当天下午，他特地上我们家来跟我说，狗肯定是疯狗，胃里塞满了青草和破布。他叫我马上动身到巴黎来找您，说除了您，没有人能救我的儿子。还警告我说，不要以为伤口长好了就平安无事了，很可能不到一个月……”

“魏伯尔大夫做得对。”巴斯德说。“麦斯特太太，您应该马上赶来。”

‘我……我……”母亲的嘴角抽搐着。“我得把一家老小安排停当，还得张罗一笔钱，乘车要钱，住店要钱。巴斯德先生，难道……”

“别着急，亲爱的太太。”巴斯德给小约瑟夫缠上纱布，尽可能把语气放缓和一些。“看样子还不太严重。咱们待会儿再谈好不好？下了火车没来得及用早餐吧，可不能让小家伙饿坏了。”

巴斯德让商伯尔朗领母子俩去见玛丽，叫玛丽给他们安排早餐。说真的，他心里乱得厉害，必须静下来把思绪理理清楚。实验在昨夜里得到了大家的同意，已经安排得停停当当，就像一出歌剧已经排练纯熟，演员都站在各自的位置上，只等帷幕拉开了。正在这个节骨眼上，突然从后台闯进来一个不速之客——一个被疯狗咬伤的男孩儿，把这出戏搅成了一团糟，说不定这个男孩儿还硬要代替他巴斯德，抢上场去唱主角哩。这可怎么办呢？早一个月也好，晚一个月也好，为什么偏偏在这个当口？……

“爱米尔·胡，你说怎么办好？”巴斯德问他的年轻助手。

“马上开始，给小家伙进行遏止狂犬病的治疗。”爱米尔·胡答得很干脆。

“就把他当成一只供实验用的猴子？”

“怎么能这样说呢，巴斯德先生。您不是准备好了，就要在自己身上这样做了吗？”

“我是自己甘愿的，我不得不冒这个险。”

“他也是不得不冒这个险，可怜的小家伙。可是我认为，咱们有绝对的把握。要不是这样，我也不会同意让您自己去冒这个险的。”

“绝对把握？”巴斯德摇了摇头。“可惜在人的身上，咱们还不能这样说。这正是我必须亲自去冒险的原因。唉，再过一个月就什么都好办了，咱们可以毫不含糊地回答这位可怜的母亲：‘我们能治，请您放心。’或者说：‘真对不起，我们实在无能为力。’可是现在……”

巴斯德一边说，一边走到靠墙的那一排铁丝笼跟前。笼里的兔子都是注射过减弱了毒性的狂犬病病原的。它们竖起了长耳朵，红色的眼珠闪闪发亮，显得挺有精神。“但愿如此吧。”巴斯德在心里说。“可是良好的愿望并不能左右实验的结果。唉，我真有点儿老糊涂了。还是去问问儒尔班吧，让他从医生的立场替我考虑一下，我到底该怎么办。”他吩咐车夫马上套车去科学院。当爱米尔·胡扶他上车的时候，他没有忘记交代给外省来的母子俩安排住房。

儒尔班博士是一向支持巴斯德的。可是这一回，他仔细问清了小约瑟夫的伤势，却摇摇头劝巴斯德说：“你得承认现实。要是真让疯狗给咬了，还咬得那么凶，孩子就不会有希望了。后果可想而知，亲爱的巴斯德，你可得谨慎哪!”

巴斯德告别了儒尔班，走下科学院的台阶，乘上敞篷马车就往回走。“你得谨慎哪!”充满友情的劝告还在他耳边回荡。“我应该怎么办呢？难道冷冰冰地对那位可怜的母亲说：‘您带着孩子回去吧，我帮不了您的忙。’这等于向她宣布她的儿子的死刑，叫做母亲的怎么受得了？这个讨人喜欢的孩子，我怎么忍心……”

巴斯德的思路突然被打断，路旁有人在招呼他，回头一看，原来是他的学生冈什尔博士。他叫马车立刻停住，连忙下车把今天碰到的难题告诉了冈什尔。“我知道，”他说，“从人道的观点说，我必须挺身而出；可是从科学的观点说，我还没有把握。”

“没有把握?”冈什尔先是一愣，接着爽朗地笑了。“老师，您不是开玩笑吧。在兔子身上，在狗身上，在猴子身上，您都做过实验了，一次也没有失败过：在孩子身上怎么就会失败呢？您不给他注射，死亡倒是必然的。”“好冈什尔，”巴斯德紧紧握住学生的手，‘谢谢你提醒了我，不给他注射，死亡是必然的。让小约瑟夫出场吧，他会战胜死神的，我愿意对一切后果承担责任。”他忘了是怎样跟他的学生告别的，也忘了拖着发木的左腿是怎么上车来着，他一个劲儿催车夫快点儿赶，还要快点儿赶，他已经下定了决心。

玛丽和他的两个助手都等候在学校的大门口，马车一停下，都忙不迭扶他下车。玛丽不断地责备自己说：“唉，唉，真应该早一个月就让你……”

“别放在心上了，玛丽，这是上帝的安排。”巴斯德开朗地笑着说。“伙计们，快准备注射液。咱们不能再耽搁了，马上给小约瑟夫进行第一次注射。”

巴斯德挥着手杖，跟司令员一个样，下达了向狂犬病发起最后攻击的命令。

真是庄严的时刻，巴斯德和他的两位助手都穿上了白大褂。小约瑟夫躺在工作台上，他的妈妈守在旁边。巴斯德看着她坚毅的神色，由衷地感谢她的信任。

“好孩子，勇敢点儿，用不着害怕，不怎么痛。”爱米尔·胡对小约瑟夫说，他手里拿着针管。

“叔叔放心吧，我不是个小娃娃。”小约瑟夫真个挺勇敢。

巴斯德注视着爱米尔·胡手里的针管，注视着针管里的牛奶似的液体，嘴里喃喃地说：“上帝呀，请宽恕一个热心肠的科学工作者吧！”他似乎看到数不清的没见过面的敌人，通过这细细的金属针头，涌进了小约瑟夫后腰下的三角肌。敌人的毒性已经大大减弱，不至于损伤孩子的健康，巴斯德有这个把握。可是人能不能跟小动物一样，也因此而产生抵抗狂犬病的能力呢？问题的关键就在这儿，巴斯德还没有得到答案。

巴斯德回过头来，原来他的玛丽就站在他身后。她低着脑袋垂着眼睑，默默地用右手在胸前画了一个“十”字。

“她又在祈求上帝了。”巴斯德在心里说。“为了小约瑟夫，也为了我。”

巴斯德起得特别早，天才蒙蒙亮，他又吃力地拄着手杖，拖着沉重的左腿来到小约瑟夫床前。十四天的忧虑，把巴斯德给折磨得疲惫不堪，他脸色苍白，消瘦得厉害。冈什尔大夫劝他说：“您得承认您的年龄，老师，承认您的健康情况。老这样紧张下去，您会把身体彻底搞垮的。暂时离开这个环境吧，到外地去休息一两个月。那个孩子就交给商伯尔朗他们，我也会经常来看他的。对我们三个，您难道还有什么不放心的？”巴斯德摇了摇头，拒绝了冈什尔的建议。“不，我不能离开。”他固执地说。“我知道我在这儿干不了什么，可是我得守着，守着小约瑟夫，这个没满十岁的孩子。他代替我这个老头儿在跟死神搏斗哩，可是他自己并不知道。我怎么能离开他呢？”

“这个孩子代替了我。”巴斯德心里老在念叨，他摆脱不了沉重的内疚。并且随着注射剂的毒性一天比一天增强，他的心弦一天更比一天绷得紧。开头几天，小家伙一点儿没有反应，玩儿得挺高兴。他管巴斯德叫大胡子公公，老是问："大胡子公公，您干吗老皱着眉头？"跟孩子怎么说得清楚呢？没有反应不一定是好兆头，很可能注射没起作用，没能使孩子获得遏止狂犬病的能力。到第十天上，注射剂的毒性已经增强到最高限度，还是没有反应；第十一天又注射了同样的一针，小家伙却突然发起烧来，体温并不太高，还是照常玩儿。发烧会不会是针口受了感染引起的呢？——那块肌肉有点儿红肿呢。难道注射仍然没有起作用？要是能看清孩子身体里微细的变化，那该多好哇。将来一定能办到的，可是现在还毫无办法。

又过了三天，小约瑟夫退烧了。巴斯德规定的疗程已经全部完毕，效果如何，谁也不能肯定。等到两个月以后，小家伙要是健康如常，巴斯德才可以展开他那皱成了疙瘩的眉头。于是大伙儿又劝他离开巴黎去休息：用不着老守在孩子身边了，反正目前什么力气也使不上，只是等待结果而已。麦斯特太太又急于要回去，她家的奶牛快要下小崽儿了。不让她把儿子带走，她怎么放心得下呢？到了阿尔萨斯，小约瑟夫完全可以托付给魏伯尔大夫。这位乡村医生是极其可靠的，一定会随时给他写信，报告小家伙的健康状况。大伙儿把一切都考虑得这样周详，巴斯德也不好再固执了，他拗不过大伙儿的好意，答应去维斯莱住些日子。他的女婿有一所庄园在那个风景秀丽的地方。

巴斯德问玛丽："你怎么一句话也不说呢？"玛丽淡淡地一笑，仍旧什么也没说。玛丽的心情巴斯德完全理解，正跟玛丽完全理解他一样。到了维斯莱，难道两个人就能静下心来休息吗？除非把小约瑟夫给忘了，这是无论如何办不到的。去是非去不可了，行装总得收拾。玛丽没等天亮就起来了，巴斯德也提早下了床。他跟往日一样，头一件事就是来到宿舍楼探望小约瑟夫。今天是最后一回了，待会儿用过早餐，巴斯德和玛丽就要动身离开巴黎，而三天以后，小约瑟夫也要跟他母亲回阿尔萨斯去了。

小约瑟夫还没醒来，闭上了睫毛长长的眼睑，显得特别安静，鼻孔微微扇动，呼吸均匀；脸颊上浮现着浅浅的笑涡，梦里一定遇见了什么有趣的新鲜事儿了。赤裸的左胳膊搁在白被单外面，伤口上结的痂大多已经脱落，露出嫩红色的新长的皮肤。再过不久，连这些瘢痕也会渐渐隐去的。会不会奇迹已经出现，侵入孩子身体的敌人已经被全部歼灭，小家伙已经逃出了死神的魔掌。也可能完全不是这么回事，遏止狂犬病的治疗在人的身上完全无效，顽强的病原已经大量繁殖，正在争先恐后地涌向孩子的神经中枢。真是可怕极了，小家伙自己却还在梦里，睡得这样安详。巴斯德不忍再看，闭上了湿润的眼睛，扶着床前的椅子坐了下来。

突然传来一阵狗叫。养在后面狗栏里的那些狗可能受了惊，疯的和没疯的一齐叫了起来。听，那含糊不清而又令人恐怖的就是疯狗的叫声。可别吓着了孩子，把窗子给关上吧。巴斯德拄着手杖正要站起来，小约瑟夫已经被惊醒了。

“大胡子公公，”孩子睁大了眼睛，“您还没睡呀?”

“不，我才起床。”巴斯德说。“天早就亮了。”

“您放心吧，我没事了。”孩子坐了起来，他似乎很懂事。“妈妈说，她就要带我回家去了。”“是呵，弟弟妹妹都在想你哩，还有那条大肚子奶牛。到了家里，魏伯尔大夫会照料你的。”

“魏伯尔大夫？他是谁?”孩子眨着眼睛。

“就是给你包扎伤口的那一位。”

“喔，我知道了。”孩子开心地笑了。“就是他叫妈妈来找您的。他也是个大胡子公公。”

“有这么巧?”

“不过他的胡子是金色的。让他照料我，还给我打针?”孩子认真地问。

“不用打了。你害怕打针?”

“我才不怕哩。”孩子笑了笑。“这点儿痛算不了什么，就像给牛虻叮了一口似的。”

“你真勇敢。”

“当然得勇敢。”孩子挺神气地说。“我长大了，还要去打仗哩。”他说着一个翻身从床上跳了下来，光脚丫踏着步，嘴里高声唱：

勇敢的法兰西的儿子们，
光荣的日子终于到来了！
…………

唱得真带劲，巴斯德看着小约瑟夫，觉得眼泪在朝外涌。“勇敢的小家伙，”他在心里对孩子说，“你早就在打仗了，是一场生死搏斗哩，你自己还不知道。可是我相信，玛丽也相信，你即使知道了，也一定会勇往直前，毫不畏惧。法兰西的儿子历来都是勇敢的，光荣的日子终于会到来。”

不出玛丽所料，离开了巴黎，离开了实验室，老夫妇俩的心还是静不下来。在维斯莱，矢车菊的清香代替了刺鼻的石炭酸，夜莺的呖呖的鸣声代替了疯狗的恐怖的叫声。湖水蓝得深沉，清得透明；山坡上满是栗树和橡树，浓绿浅绿，层层叠叠。小教堂粉刷得雪白，像是大理石雕成似的。每当太阳落山，映着夕阳的山坡好像披上了绿色的天鹅绒，而那座白色的小教堂更亮得炫人的眼睛。每天这个时候，巴斯德和玛丽总是肩并肩站在走廊上，遥望着湖边的大道。得得的马蹄声渐渐近来了，老夫妇俩的心情越来越紧张。骑着马的邮差还没有拐到小路上来，玛丽就跑到门口去迎着了。她接过邮差交给她的信，忙不迭地打开来，一边读一边往回走。“小约瑟夫挺好的！”玛丽喊了起来。巴斯德盼望的就是这一声。他接过魏伯尔大夫的报告，从头到尾地仔细阅读。每天都是这样：“小约瑟夫挺好的！”可是每天都在为这小家伙担心。读完报告平安的来信，小教堂的钟声响了，老夫妇俩就开始做晚祷。生活刻板而安静，每天除了等候从遥远的阿尔萨斯寄来的信，再没有别的事儿可做了。日子真不容易打发呀！虽然住在图画里，却没有画中人的那种悠闲。这样闷人的休息但愿它早日结束吧！

不是两个月，而是三个月，小约瑟夫健康如常，魏伯尔大夫在信中还报告说，孩子的体重增加了两公斤。巴斯德现在有充分的把握了，他宣布：狂犬病终于被战胜了，小约瑟夫作了证明，在人身上，狂犬病也是可以遏止的。十月二十六日，巴斯德在科学院宣读了他的报告。人们赞颂巴斯德，羡慕巴斯德，说他这也了不起，那也了不起，说他无往而不胜，说他是上帝的宠儿。

随着这一片喧闹，制服狂犬病的消息传遍了大地，漂过了海洋。跟回声一个样，让疯狗给咬伤的病人从四面八方送到巴黎来了，甚至有来自靠着北极圈的俄罗斯的，有来自大西洋彼岸的美利坚的。高等师范学校转眼间成了狂犬病院，到处摆满了病床，弥漫着刺鼻的石炭酸的气味。还有一排一排的玻璃瓶，每个瓶子里都悬挂着一片正在干燥中的兔子脊髓。巴斯德的助手们忙得连喘气的时间也没有了，从这儿跑到那儿，手也不停脚也不停。巴斯德自己也穿上了白大褂，他戴着夹鼻眼镜，到每一张床跟前去观察病人，检阅病历。治疗结果大多令人满意，让疯狗咬伤的人回去以后没有发病的；只有极少数，或者在来的路上耽搁得太久了，或者伤口离大脑太近了，没等到疗程完毕就结束了生命。遇到这样不幸的事故，巴斯德总觉得还没尽自己的责任。遏止狂犬病的方法应该进一步完善，并且应该尽快介绍到世界各地去，好让凡是被疯狗咬伤的人都能够在当地及时得到治疗。再说，狂犬病是被制服了，还有伤寒、霍乱、白喉、猩红热……这许多微小而凶恶的敌人，也该把它们逐个制服。毫无疑问，必须把它们统统提到工作日程上来。

经过治疗的人回到各地去了，他们没有经过铁匠大夫的烙刑，竟然一个个都活得挺健康，跟没被疯狗咬过完全一个样儿。谁见过这样的连《圣经》上也没有记载的奇迹？对这样一位科学家，一位致力于从死神手里夺回人的生命的科学家，任何感激，任何赞扬，都是远远不够的。于是有人建议给巴斯德建立一所研究院，不但要有宽敞的实验室，还要有最先进的各种器械。人们相信巴斯德说的话，各种病原无时无刻不在对人们进行袭击，人们期望巴斯德为了维护人们的健康，不断地战胜光凭眼睛看不见的敌人，不断地创造出新的奇迹。

为了给巴斯德建立研究院，国内国外都有不少人慷慨解囊：有捐几万法郎的，当然是贵族和富商；难能可贵的却是那些捐一个两个法郎的穷人，他们尽其所能要为征服疾病贡献力量。巴黎有名的表演艺术家们——演奏家、歌唱家、舞蹈家、话剧演员、歌剧演员组织了一场义演，还特地邀请巴斯德夫妇亲自到场观看演出，跟观众和演员见面。

那天晚上，巴斯德和玛丽穿着礼服，坐在剧场楼厅正中的包厢里。巴斯德右边坐着一个深棕色头发的男孩儿，小约瑟夫正好到巴黎来探望大胡子公公。老夫妇俩都记不起上一回进剧场还是哪一年的事了。场子里灯火辉煌，观众熙熙攘攘，女的都穿得五彩缤纷，能把人们的眼睛耀得发花。可不能大意啊，哪儿都有人在向他们点头，向他们招手，他们得一个不漏地报以微笑。

在一阵掌声中，话剧名演员科克朗潇洒地走到舞台中央，向观众深深地行了个鞠躬礼，眼光射向楼厅的包厢。他用深沉和庄严的声调，开始朗诵他自己写的献诗：

据说在苍穹的笼罩之下，
一切都得听从上帝的安排。
但是没有比这样的事业更伟大，
也没有比这样的人物更伟大！
他们凭着自己的毅力和天才，
把死神从人们的身边驱开，
…………

掌声跟潮水似的，好像要把剧场淹没了。科克朗无法再朗诵下去，对包厢正中的巴斯德举起了双臂。“巴斯德！巴斯德！”一群大学生在剧场的最高层齐声高呼。

巴斯德不得不挣扎着站起来，亏得有玛丽在左边扶着他。他双手把住栏杆，向周围的人不断地点头致意，脸涨得通红，埋在灰白色的胡子里的嘴抖动着。“谢谢！谢谢！”他喃喃地说，可是连自己也听不清。他只好向大家挥动他的右臂。

鼓掌声和欢呼声渐渐静下来了，全场的目光都集中在这位须发灰白的老科学家身上。

“谢谢……谢谢诸位，尊敬的女士们先生们。”巴斯德说。“我高兴地倾听了科克朗先生的精湛的朗诵，他热情地歌颂了医学的新的发展。我注意到他在提到人的时候，用的是‘他们’，而不是‘他’。这就是说，他这首诗并不是献给我一个人的，他歌颂的是所有为了拯救人类的生命而献身的人们。谢谢您，科克朗先生，您的诗句使我想起了许多先行者，许多同行，当然还有更多的后来者。他们竭尽心力，有的甚至牺牲了性命；他们可能留下名字，可是更多的不会有人知道，不管怎样，他们都应该同样受到尊敬。现在我只讲两个人：一个是荷兰人列文虎克，是他发明的显微镜，带着我闯进了微生物的世界；一个是英格兰人琴纳，他发明的用接种来预防天花的方法，启发我和我的同事制服了鸡的霍乱和牲口的炭疽病，现在用到了人的身上，又制服了狂犬病。没有他们两位先行者，我和同事的成功是绝对不可能的。我相信，科克朗先生的诗也是献给他们两位的。可能还包括他，约瑟夫·麦斯特——我的实验报告中的主角——亲身跟狂犬病作斗争的小英雄……”

巴斯德说到这里，拍了拍站在他右边的小家伙的肩膀。整个剧场马上又沸腾起来，掌声和欢呼声又过了好一阵才静下来。

“女士们先生们!”巴斯德接着说，“我已经答应了这个孩子，让他长大了到研究院来工作。因为他一定要看一看，让他给打败的狂犬病病原究竟是个什么样子。”

在笑声和掌声中，巴斯德又说了不知多少声“谢谢”。玛丽扶他坐了下来，凑到他耳边说：“真没想到你还有这样的才能，你真是即席演说的天才。”老夫妇俩相对一笑，比起年轻时候来，两个人的神态当然都庄重多了。

舞台上紫红色的丝绒帷幕拉开了。交响乐队的演奏家都在各自的位置上作好准备，后面整齐地站着童声唱诗班，上百个男孩儿都穿着白色的长袍。

首席小提琴手站起来走到台前，鞠躬之后说：“古诺先生让我宣布，他亲自指挥，把这次庄严的演出献给可尊敬的巴斯德先生。第一首，古诺先生改编的巴赫的作品：《圣母颂》。”

巴斯德又颤巍巍地站起来，右手拉着小约瑟夫，对他说：“孩子，向这位音乐大师致敬，他年纪比我还大。”

在掌声中，古诺从后台走出来了，黑色的燕尾服衬着他那银丝一般的头发和胡须。他走到指挥台跟前，向包厢里的巴斯德注视了一小会儿，然后向台下深深的一鞠躬。掌声停下来了。在片刻的静寂中，观众们觉得两位老人是多么相似，为了各自的事业，不，为了人类的事业，他们毫不吝惜自己的力气和精神。

古诺静默了一会儿，然后抬起头来，展开双臂，台上和台下的人全都注视着他手里的那根纤细的指挥棒。指挥棒晃动起来了，好像随着微风在飘。小提琴一声轻轻呼唤，好像仰望着天空开始祈求。有竖琴在伴奏，琤琤琮琮，好像满天闪闪烁烁的星星。接着第二乐句，第三乐句……所有的弦乐器都一齐诉说苦难和不幸，渐渐地化成低沉的叹息，忽然又悲怆地呼唤。呼唤一声高似一声，然后又轻轻地祈求，希望得到怜悯，得到庇护，得到解救。

巴斯德用手帕抹去眼角上的泪水。“是呵，人类的苦难哪儿说得完呢？要得到解救，需要千千万万的人都毫不吝惜地付出自己毕生的精力。可惜呀，我已经老了，身体又这样衰弱。”

古诺仰起头，用双手向后台一挥，男孩儿们随着齐声唱：“懿哉玛丽亚……”听着和谐的童声，巴斯德眼前仿佛出现了拉斐尔的圣母像，出现了依偎在圣母胸前的男孩儿。“世界上所有的孩子都这样惹人爱怜，”他想，“我必须继续为他们工作，为他们制服霍乱，伤寒，白喉，猩红热……”

巴斯德转过头去，见身旁的玛丽闭上了眼睛，眼角上挂着泪珠。她又沉湎在信仰之中了。“玛丽呀，你又在祈求什么呢？”巴斯德在心里说，“如果为我祈求的话，我所要的是时间，只是时间。再赐给我一点儿时间吧。一点儿？不，一点儿，我可不够用呐。时间对于我来说，当然越多越好。”

一九八二年六月初稿
刊于《小说界》一九八三年第二期
一九八四年十月修改
一九九七年十二月再修改

玛丽·斯可罗多夫斯卡·居里（1867—1934）
1906**年**4**月**19**日**—11**月**5**日**
法国·巴黎

权　利

“玛丽该回来了。”老居里在心里对自己说。他把发烫的前额贴在冰凉的玻璃窗上。是儿媳妇每天回来的时候了，他等待着，无可奈何地胆怯地等待着。

窗外的一切都湿漉漉的，树叶上还缀满了水珠，闪烁着落日的余晖。天空里，雨云正被风驱散。

雨过天晴了，老居里长长地嘘了一口气。他的心憋得厉害，那满天的乌云好像都聚集在这间小小的客厅里，压在他的心头。

就像飞快地翻阅一本旧照相册，一幅幅褪了色的画面在老居里的脑海里掠过：出生不久的比埃尔偎在他妻子的胸前，第一次睁开天蓝色的眼睛……提着新书包的小比埃尔踮起脚尖，亲吻他的面颊，在那座乡村小学门口……比埃尔弯着臂肘，挽着穿着礼服的波兰姑娘玛丽·斯可罗多夫斯卡，羞涩地向他走过来……比埃尔在餐桌上，不住手地往汤盘里扯碎面包，喃喃地讲述获得诺贝尔奖金的消息来得那么突然，同事们的祝贺怎样使玛丽受窘……日子好像塞纳河上顺流而下的小艇，穿过了一座桥又穿过一座桥……唉，这座倒霉的诺夫桥！这场倒霉的雷雨！

……狂风挟着雨点，一阵又一阵扫过铺着石块的多菲纳路。比埃尔一定把雨伞打得很低很低，又习惯地一边走路一边陷入沉思。雨伞下面对他来说是那么安静，刺眼的电光，震耳的雷声，都成了另一世界中的事儿。

运货马车在雨雾中从诺夫桥冲下来，惊惶失措的车夫怎么能不叫喊呢！“让开！让开！”……老居里真想伸出手去攀住儿子的双肩，把他从沉思中摇醒：“比埃尔，我的孩子，你在想些什么？你在想些什么呀！……”

比埃尔是不会回答爸爸提之不休的这个问题了，他的脑袋已经被铁箍的车轮碾破。两位客人突然闯进来，向可怜的老父亲报告他儿子惨死的噩耗。老人眼前猛地发黑，止不住浑身颤抖，他强忍住眼泪，用指甲在窗台上划了一道深深的掐痕。他从小厌恶哭泣，何况如今已经须发皆白，碰到的伤心事儿也不是头一遭了。妻子在他的怀里停止呼吸的当儿，他也不曾落泪，或许因为妻子病得太久了，而他自己又是医生的缘故。可是今天，这……这毕竟太突然了！……老居里心都麻木了，跟骤然被雷电击中一个样。

暮色越来越浓，客厅越来越暗。只有桌子上的那块怀表，“滴答，滴答”，不知疲倦地向人们唠叨：别忘了，时间仍旧以不变的速度在向前推移。怀表是比埃尔的遗物，阿佩尔院长从警察局领回来的。比埃尔一向把它揣在胸前的口袋里，贴近自己的心。这颗心现在不再跳动，对比埃尔来说，时间已经完全停顿了。

老居里的目光从桌上的怀表移到两位客人身上。邻居让·佩韩教授坐在扶手椅里，右手蒙住自己的脸。理学院院长保罗·阿佩尔在屋里默默地踱过来又踱过去。只要外面有一点儿声响，他们就不安地谛听着，回过头去盯着门上的黄铜把手。他们不会不知道，暴风雨并未过去，而且可以预料将更加摧人心肝。老居里突然想起挂在他床头的那幅伦勃朗的铜版画：坡地上一并排三棵老橡树，承受着狂风暴雨的袭击，表现出不可战胜的倔强劲儿……在这场现实的暴风雨中，伊伦和艾芙年纪都还小，暂时像紧贴着地面的小草，受到老橡树的庇护；失去父亲在她们心灵上造成的创伤，要在往后的岁月里才会逐渐表露出来。眼下最重要的是玛丽，十多年来，比埃尔跟她已经成为一个整体，工作，生活，勤劳，荣誉……连做爸爸的也分不清他们到底谁是谁了。一个整体，一棵正处在欣欣向荣时期的橡树，突然一个霹雳把它砍倒了半边，剩下的半边还能够撑持下去吗？唉，这个不大作声的波兰女人，身子骨儿又这么单薄……

可怕的时刻终于到来了，老居里分明听得熟悉的脚步声越走越近，最后在门外停住了。阿佩尔院长已经转过身子，佩韩教授也从椅子上站了起来。三位老人眼看着黄铜把手轻轻一旋，门终于推开了。不用说，进来的正是玛丽·斯可罗多夫斯卡，正是他们等待的又害怕见着的玛丽。她跟往日一样，穿着一身深灰色的连衣裙。

“爸爸，屋里这么黑，干吗还不开灯?”玛丽的声音跟往常一样愉快而亲昵。

“是的，该开灯了。”老居里应了一声。上帝呀，她还一点儿不知道哩。老人努力使自己镇定下来，颤抖的手开亮了壁炉两旁的烛形壁灯。

屋子里突然亮起来。玛丽这时候才看清楚还有两位客人在等候她。三位老人都笔挺地站着，低着脑袋，从来没有过的严肃把她吓住了。她的目光从阿佩尔院长的脸上移到佩韩教授脸上，又移到她的老爸爸脸上，灰蓝色的眼睛越瞪越大，疑惑，恐惧，那双眼睛简直像一头误入陷阱的母鹿。发生什么事儿了？她不敢问。

老居里和两位客人都陷入了无边的犹豫：怎么跟她说呢？谁先开口呢？……虽然他们谁都明白，让这样的沉默延长下去是毫无意义的，可是……

“滴答，滴答”，屋子里只剩下怀表的声音，它还在不厌其烦地唠叨。玛丽好像突然被唤醒似的，一眼看见比埃尔的怀表躺在桌子上。她抢前一步把怀表紧紧地攥在手里，紧紧地按在自己胸前……

“他?”玛丽惊惶地望着她公公。

“是的，可怜的孩子，”老居里受不住了，那对灰蓝色的眼睛逼得他那么紧。“咱们的比埃尔，他……他永远……永远离开咱们了。”

语气尽管平静，在这个场合也完全白费。一刹那间，玛丽的没有血色的脸变得更加苍白，她嘴角抽搐着，身子摇晃起来。老居里伸出手去扶她，她轻轻地推开了——她要自己站着。“快把一切都告诉我!”她说，声音很轻，在发颤。

阿佩尔院长不能不开口了。他竭力控制住自己的感情，喃喃地复述发生在大雷雨中的这一场车祸。他低着脑袋，眼睛不敢朝玛丽看，声音断断续续，还越来越轻，简直像一个毫无准备的学生在回答老师的提问。老居里在一旁听着，重温那一个个触目惊心的场景：大雨一阵又一阵，扫过石块铺的路面……比埃尔把雨伞打得低低的，一边走一边沉思……“让开！让开！”马车从诺夫桥冲下来……雨伞扔到了水塘里，血……

“你在想些什么呀，玛丽！”老居里几乎要喊出来。他看到玛丽直挺挺地站着，不呻吟，也不流泪，灰蓝色的眼睛瞪得更大了，茫然地对着前方。加上这一身深灰色的连衣裙，她真个成了一棵被雷火烧焦的橡树。

玛丽抿紧失掉了血色的嘴唇，半晌才抖抖瑟瑟地说：

“爸爸，真是这样吗？”

“孩子，是的，真是这样。”老居里的声音哽咽了。

玛丽突然转过身去，双手把怀表紧按在心口上，一阵风地冲进她和比埃尔的书房，门随即关上了。老居里全身使劲抖擞了一下，如果能办到的话，他真想把压在心头的悲哀像甩掉沾在身上的脏水似的甩个干净。他对两位面面相觑的客人说：

“让她去吧，玛丽会克制自己的，需要时间。尊敬的院长先生教授先生，咱们坐下来商量一下吧，许多事儿还必须安排……”

自从比埃尔结了婚，把这个波兰女人带回了家来，老居里就逐渐地卸掉了自己肩膀上的担子。可是现在，他又得把担子挑起来了。他还没有完全意识到，这副担子到底有多重。

比埃尔的遗体抬回来了，停放在客厅里，蒙上了白布，老居里点燃了银烛台上的三支白蜡烛，从院子里搬来两盆白蔷薇放在儿子的脚边，此外没作什么别的布置。明天，前来吊唁的亲友将络绎不绝。他们将怎样叹息，怎样抹眼泪，说些什么悼念的安慰的话——老居里完全可以想象，并且毫不怀疑他们的真诚。一切都无补于事：对于比埃尔来说，什么都没有意义了，可怜的孩子，他直挺挺地躺在白布下面，什么都不知道了。而玛丽呢？她心头的创伤比刀刻的还深，能经得住这样反反复复的一遍又一遍的扒拉吗？最好而且应该让她避开一下。可是这怎么可以呢？佩韩太太一定想到了这一层，她说伊伦姐妹俩还小呢，留在家里不合适，不如上她家去暂住两天。可是玛丽，她首当其冲，却没法回避。除了叮咛她节哀，佩韩太太还能说些什么呢？真难煞这位好心的邻居了。

老居里决定明儿一早，乘客人还没来到，就把小姐妹俩送到佩韩家去。可怜的孩子，她们真个什么都没有觉察吗？怕不能吧——家里出了这么大的事儿。老居里心里嘀咕着，一步一步走上楼梯。在他的刻板的生活中，上楼去看一看已经上了床的两个孙女儿，吻一吻她们的额角，是他每天的最后一课。今天已经晚多了，唉，没想到两条腿今天那么沉。

老人才推开门进去，就听得伊伦压低了嗓门喊："老爷爷!"

"还没睡着，你妹妹呢?"老人问。

"艾芙早睡着了。没等我给她掖好被子，她就睡着了。"

可不睡着了，透过玻璃窗射进来的月光正映在艾芙的枕头上，她跟往日一样，睡得那么酣，那么甜，圆圆的小脸跟没有风的池塘一样平静。老人走近去，轻轻地吻了吻她的额角。

"爷爷，"伊伦坐了起来，睁大了眼睛问，"爸爸今儿怎么啦，睡得那么沉？——他还没吃晚饭呢!"

"是呀!'老人坐在伊伦的床沿上，抚摸着孙女儿的柔软的长发，轻轻地说："你爸爸不饿，只是太累了。咱们别去打搅他，让他睡吧!"

"让爸爸一个人睡在客厅里?"

"睡在哪儿不都一个样？客厅里挺安静。"

"干吗蒙上白布呢？我害怕。"

"有什么可怕的！蒙上白布，好让你爸爸睡个够。"

"明儿早晨，爸爸就会醒过来吧?"

"那……那是自然，睡够了，自然就醒过来了。好孩子，听话，快躺下吧，掖好被子，别着了凉。"

伊伦真是个好孩子，她马上躺下了，把被子拉到肩头上，可是眼睛才闭上又睁开了。

"爷爷，妈妈干吗不理睬我们呢？她一个人把自己关在书房里。"

"我想，她一定忙着呢。"

"是的，我从钥匙孔望进去，看她不停地写呀写呀，头也不抬。"

"可不是。你妈妈天天这样，白天做了什么事儿，她都要一件一件地记在她的小本本上。"

"今天要记的事儿一定非常非常多。"

"那……那是当然，一定非常非常多。好孩子，别再说话了，闭上眼睛睡吧!"

"妈妈记下来的事儿，都是跟爸爸一同做的吧?"

“嗯……都是他们俩……好孩子，你今晚怎么啦?”

“我在想！我想，等我长大了，我天天跟着爸爸妈妈去做……爷爷，他们做什么来着?”

“做实验……做完了一个，又做另一个，没有完也没有了……”

“干吗尽做实验呢?”

“为了研究……研究……好孩子，你还不懂。”

“不懂，我跟爸爸妈妈学。”

“好，好，等你长大了再说吧，现在你得赶快睡觉。”

“那，那给我讲个故事。”

“好吧，你闭上眼睛。”

伊伦顺从地闭上了眼睛。老居里看着她恬静的小脸，心里忍不住想：“比埃尔不会再去实验室了，如果真有一天，伊伦跟着她的妈妈……唉，干么非等她长大不可呢。比埃尔扔下了接力棒，应该有人捡起来，马上捡起来。从古到今，科学家就是这样一代接一代……”

“爷爷，快讲吧!”

“我讲，我讲……”老人从沉思中被唤醒。“就讲古希腊的阿基米得吧。很久很久以前，在古希腊的叙拉古，有一位老科学家，叫阿基米得，他……”

老居里讲叙拉古人怎样用阿基米得发明的神奇的武器，一次又一次打退了罗马人的进攻。就在叙拉古人欢庆胜利的时候，罗马人偷袭了这座古城……

“……阿基米得在家里一点儿不知道，大街上在厮杀，孩子在哭，老人在喊，他全没听见。他对着画在沙盘里的一个圆圈，聚精会神地在思考。一个罗马士兵闯了进来，拿利剑对准了老人。老人吃了一惊，右手护住沙盘，‘别碰我的圆圈!’他说。可是利剑已经刺进了他的胸膛。阿基米得被杀死了，谁也不知道，他最后在想些什么。”

老居里突然鼻子里一阵酸，“我的比埃尔，你最后在想些什么，又有谁知道呢?”老人转过身子，掏出手绢抹了一下湿润的眼眶，他只怕让孙女儿觉察。幸而伊伦已经睡着了，呼吸缓慢均匀，也不知她听完了故事没有。老人轻轻地吻了吻伊伦的额角，他没有忘记开亮了那盏小小的壁灯，然后关上挂灯，轻轻地走出来，轻轻地拉上了门，走下楼梯。

比埃尔并不像伊伦担心的那样一个人睡在客厅里，有玛丽在陪伴他。玛丽坐在椅子上，靠得他那么近，像守护在病床边的母亲，谛听着自己的孩子的呼吸。烛焰在微微摇晃。玛丽的脸色白得像半透明似的，鼻子更显得狭而且尖了，灰蓝色的眼睛失去了光辉。“她在想些什么呢?”老居里心里嘀咕着。他轻轻地走到墙角里，手扶住椅子的背，悄悄地坐下来。

老居里起先以为他儿子沉湎在自己的研究里，跟有些性情怪僻的老科学家那样，把结婚这一类世俗的事儿全都抛在脑后了。没想到居然有这么一天，儿子带回来一位波兰姑娘，身子瘦弱，又不太漂亮，可是有一种逼人的吸引力，连老居里也分明感觉到了。原来儿子并不怪癖，他腼腆地告诉爸爸，他们俩准备结婚，相同的爱好把他们俩紧紧地系在一起了。这有什么可挑剔的呢?科学工作本来不应该妨碍天赋的作为人的权利，何况比埃尔已经三十六了，玛丽也到了该赶快做新娘的年纪。他们俩的新婚生活跟莫扎特的弦乐曲一般流畅。老人每天站在台阶上等候这一双新人郊游归来。看着两辆插满野花的自行车轻快地穿过抹着斜阳的林荫道，他心里不由得有点儿嫉妒，儿子离自己渐渐远去了，可是想起自己新婚时候的情景，他忍不住微笑了：谁不是这样过来的呢，这不能怪这个波兰女人。

话虽这么说，玛丽的吸引力还是教人难以理解，才度过蜜月，比埃尔竟中止了他的第二个课题——他极感兴趣的晶体压电效应的试验，跟玛丽一同研究起放射性物质来了。他们弄来了成吨的沥青铀矿渣，在那间阴暗潮湿的棚屋里，整天大桶小桶来回地捣腾。晚上回到家里，两个人都那样疲惫，那样困倦，叫做爸爸的看着都心疼：作科学研究哪有如此消耗体力的，还没有一间像个样儿的工作室。

果不其然，比埃尔病倒了，周身关节疼痛，膝盖痛得尤其厉害，看样子是受了风寒。紧跟着，玛丽由于过度劳累，流产了。卧室成了病房，并排的两张床上躺着一双病人。老居里，这位退休已久的老医生，义不容辞地担起了护理的责任，同时又成了牙牙学语的小伊伦的保姆。玛丽的子宫很快就恢复了，可是严重贫血，还应该让她卧床休息，按时提醒她服用铁剂。比埃尔需要热敷，老人亲手把食盐炒得火烫，盛在纱布口袋里，给他按在疼痛的关节上。可是奇怪，两个人都食欲不振，有时候还恶心。关节疼痛是风湿症，不会影响消化系统；至于流产，既然子宫已经恢复正常，就不应该再出现这种症状。到底是什么缘故呢？老居里翻遍了书架上的病理学，翻遍了脑袋里的病例，都找不到答案。在往后的日子里，这种症状在两个人身上还时隐时现，教做爸爸的怎么放得下心，很可能有一种还没有被人们知道的疾病在侵蚀着他们的健康。

对比埃尔来说，一切都成为过去了，他安静地躺在白布下面，再用不着谁为他操心。可是玛丽，她直挺挺地坐在椅子上，双臂靠着扶手，两只手互相紧握着，瘦削的脸庞映着摇曳的烛光，像大理石雕出来似的。她此刻在想些什么呢？也许什么也不想，她在发愣。不，这不可能。涌上心头的回忆是不可阻挡的，而今后的种种又无从预料，教她怎么能不想呢？可是明天，前来吊唁的亲友还不知有多少，得打起精神来应付哩。应该催她去休息，哪怕只是躺一小会儿。老居里反复考虑了几遍，才站起身来，轻轻地走到儿媳妇身后。

“玛丽，”老人胆怯地说，“夜很深了……”

玛丽全身一颤，似乎这时候才觉察屋子里还有一个人——爸爸正站在她的身后。她猛地站起来，悲哀像洪水冲决了堤岸……

“爸爸!”她扑向老人，把自己的脸，带着从心底涌出来的眼泪，埋在老人的肩膀上。

“我知道，可怜的孩子，我知道……”老人轻轻地拍着玛丽的抽搐的背部，“我知道……你，你能挺住。”

日子悲哀而且沉闷，延长下去对玛丽对孩子都没有好处，老居里认为应该尽快为比埃尔举行葬礼。玛丽说她也这样考虑，还说尽可能不要惊动亲友，更不必请学术界的名流致什么墓前悼词。免去这些世俗的礼仪，老居里完全赞同。玛丽主张把比埃尔安葬在他母亲的墓旁，靠着那棵正在扬花的老栗树，好让他安静地躺在树荫下面，永远偎依着他的母亲。老居里想的可没有那么多，人死了，埋在哪儿不一样？既然玛丽觉得这样做能稍许得到安慰，老人就不多说什么了。

墓地远在乡间。第四天清晨，老居里和玛丽坐着马车，护送比埃尔的灵柩出城，等安葬完毕赶回巴黎，已经是黄昏时分了。听着圣母院传来的晚祷的钟声，老居里重温了一遍简单的葬礼：一切都如预想的那样，在老栗树下面，新坟靠着旧坟，比埃尔永远留在他母亲身边了；玛丽采来了一大把毋忘我花，挽成了两个小小的花圈，虔敬地放在两块朴素的墓碑前面……那蓝色的花，多么忧郁的蓝色……唉，尽心就为了安心，对活着的人来说，此外别无他法。

玛丽此刻又在想些什么呢？在回来的路上，她一句话也没有说。老人转过脸去看看靠在他肩膀上的儿媳妇，那对灰蓝色的眼睛，在黑色的面纱下面，茫然地对着塞纳河上的斜阳。

马车驶近诺夫桥，玛丽让赶车的把车停住，她说她想活动一下筋骨，从这儿步行回家。老居里如惯常一样先下了车，然后把玛丽扶下车来，把她的右手挽在自己的左臂肘弯里。玛丽好像久病初愈，举步十分艰难，瘦弱的身子显得特别沉。老人使劲扶着她，一步一步走上诺夫桥，两个人并肩靠在石栏上。桥堍对着多菲纳路的拐角，三天之前，比埃尔就倒在那个地方。车祸的痕迹一点儿没有留下，大雨当时就把血染的路面冲刷干净了。

“就是那个地方……”玛丽望着桥堍对面喃喃地说，左手撩起了黑色的面纱。

“应该是那个地方……”老居里机械地应着，跟回声一个样儿。

“那天夜里我反复地想，”玛丽把臂肘靠在石栏上。“比埃尔猛地一惊，急忙躲闪……他是自己滑倒的呢，还是让马车给撞倒的？……马蹄在空中跃过，车轮朝他脸上碾来，这情景，想着都教人发抖。可是比埃尔，他恐惧吗？他痛苦吗？……在这飞快的一刹那，也许什么都来不及反应；可是也许，他全都感受到了，虽然只有飞快的一刹那……恐惧，没有人慰抚；痛苦，没有人分担。这十多年来，不论遇到什么事儿，我没有离开过比埃尔，欢乐和烦恼，辛劳和荣誉，有他的就有我的。可是这一回，我……我……”

多可怕呀！你想了些什么呀，老居里握住玛丽的胳臂，用温和的口气责怪：“你干吗不说！”

“我说了。我在心里默默地呼唤着比埃尔，跟他说了一遍，又说一遍。在日记上我也写了，——比埃尔每天要读我的日记。还凑在他耳朵边——我不敢揭开白布，怕触痛他的伤口，——我悄悄地告诉他：我要到出事地点，体验他受到的全部恐惧和全部痛苦，让马车……”

“你，你没有这个权利。”老人更紧地攥住玛丽的胳臂。

“是的，比埃尔也这样说，我没有这个权利。那一天夜里，爸爸安慰我，拍着我的背教我挺住。说真话，我那时真挺不住了，我离不开比埃尔，只想跟着他一同去。回到卧室，对着他那张空着的床，我忽然想起比埃尔的话，他跟我说过：我没有这个权利。”

“难道他已经预感到……这，这不可能！”

“要说是预感，也是好久以前了，”玛丽的声音变得很平静。“那一年——爸爸一定记得，比埃尔和我都病倒了……咱们走着说吧，天黑下来哩！”

是很晚了，塞纳河上升起朦胧的薄雾，街灯已经亮了。老居里嘘了一口气：她想说什么呢？这个教人摸不透的波兰女人。他重新把玛丽的右手挽在自己的左臂肘弯里，让她靠着自己。两个人走下诺夫桥，拐过多菲纳路的拐角。

玛丽回忆着，轻轻地说：“……我失血过多，夜里睡不着，听得那边床上比埃尔也老在翻腾。我说，‘比埃尔，你痛得厉害吗？’‘今儿稍好点儿，’他说。我问他干吗不睡。他说他在后悔，——他是后悔不该过早地宣布除了钋之外，还存在着一种新的放射性比钋强得多的元素——他说既然当众宣布了，就得赶快把新元素分离出来，放在讲台的桌面上对大家说：‘你们看，这就是。’可是办不到，在沥青铀矿渣中，新元素的含量实在太少了。这样反反复复地提纯，也许得花上三四年工夫。而现在，两个人都病在床上……

“我听着有点儿不耐烦，我说我们说话是有根有据的，沥青铀矿渣的放射性大大超过了它所含的钋，这个根据难道还不够充分？比埃尔回答说，他毫不怀疑新元素的存在，而且相信总有一天会把它分离出来，可是他怕……我问他怕什么，他说他怕自己从此下不了床，不能再跟我一同去工作室。

“风湿痛不会引起瘫痪，这我知道，爸爸，您不是也这么说吗？我教比埃尔不用担心。可是他说：‘这可难说，看爸爸老皱着眉头，说不定我的病还不轻。要是有一天，我突然……’‘没有的事，别瞎说！’我急忙阻止他。他却故意撩我似的，‘不是没有这种可能，我的玛丽，’他笑着说，‘你不会忘记吧，我大你好几岁哩，……’‘快别说了！’我再次打断他，‘你怎么不想一想，一旦没有了你，剩下我一个人，教我还怎么活下去？我只好，只好尽快结束我自己的生命。’

“爸爸，我真没有想到比埃尔会变得那么严厉，他呵斥我说：‘玛丽，你没有这个权利！’他说，‘咱们是科学工作者，不是那些无所事事的夫人们绅士们。那些人多愁善感，为爱情可以轻生，正因为他们闲得无聊。咱们相爱，爱得那么深，甚至片刻不能分离，跟他们可不是一回事儿。可怕的日子总要到来的，用不着讳言，留下的也许是你，也许是我。悲痛会跟山崩似的压下来。可是咱们俩共同的探索还必须由留下的一个人担负起来，因为咱们相爱过，又爱得那么深。’”

“这是爱的义务，不，应该说是不容许剥夺的权利！”老居里轻轻地拍着挽在臂肘弯里的玛丽的手，“我知道比埃尔，他想得比咱们两个都远。要是我没有猜错的话，那天夜里，你已经对比埃尔作了承诺，答应一定振作起来，继续研究你们的共同的课题。我听见你又轻轻地下楼，推开了客厅的门。那时候天都快亮了。”

“爸爸，您真是好爸爸。”玛丽激动得声音都颤了。“有您爸爸在，我永远不会孤独。”

“再大的风雨，咱们也得挺住。”

在老居里眼前，又出现了伦勃朗画的那三棵老橡树。

丧事就这样结束了，颇有些人在背后议论说过于草率。老居里认为要是让比埃尔自己办，也就是这么个格局，所以不去细辨那些说闲话的人到底出于什么动机。玛丽早出晚归，可以说只有在晚餐桌上才能跟她相遇。这时候，她絮絮叨叨地讲她一天的工作，老居里坐在对面静静地听着。不管有所突破还是遇上困难，其中都有比埃尔的一半，如今却落在玛丽一个人的肩膀上，老人不能不关切，而且隐隐地带着歉意。

生活恢复了正常，尤其在白天，玛丽上实验室去了，伊伦上学校去了，家里就剩下老居里和艾芙两个，跟过去没有什么两样。爷爷忙着家务事的时候，小孙女总是紧紧地跟在他身后，像有根带子拴着似的。等爷爷忙完了，小孙女就成了任性的公主，爷爷百依百顺地陪着她，跟她玩各种游戏，给她讲有趣的故事。那本插图精美的拉封丹的寓言诗，艾芙看不够也听不厌，老居里给她念了这一首又念那一首。《狼和小羊》啦，《乌鸦和狐狸》啦，那些和谐流畅的诗篇，小艾芙几乎都能哩哩啦啦地背下来了。

那天午后，天气有点儿闷热。小艾芙听着《兔子和乌龟赛跑》，伏在爷爷膝盖上打起呼噜来。“兔子还没打瞌睡哩，你倒先睡着了。”老居里爱抚地嘀咕着，把小孙女抱到床上。忽听得门铃响了两下。“谁呀？请进来吧！”原来是保罗·阿佩尔院长。

阿佩尔院长代表理学院全体师生，向老居里——这位可尊敬的父亲致慰问来了。正因为身份是代表，话比较一般，无非是深表哀悼、务请节哀那一套，接下来是同事们失去了一位益友，同学们失去了一位良师，对于理学院来说，更是不可弥补的损失。“直到如今，”阿佩尔说，“放射学这门课程还只好停着，因为找不着跟比埃尔相当的一位好教员……”

“为什么不让玛丽去呢？”老居里忍不住，他打断了客人的话，“我知道她能胜任。”

“那是当然。”阿佩尔认真地点头。“某些方面，恕我实说，玛丽还胜过你的比埃尔，比如口才。他们俩先后听过我的课，我知道他们。”

“既然这样，还有什么可犹豫的呢？让放射学老停着，总说不过去吧？不少学生就是冲着这门课程来考你们的理学院的。”

“您说得对，所以我着急着呢。可惜玛丽是个女的……”

“玛丽的性别，这谁都清楚；同时谁都清楚，她和比埃尔一同找到了钋，又一同找到了镭，因而一同获得了诺贝尔奖金。这样的一个女人，我想该不会辱没巴黎大学理学院的讲台吧？”

“按正常的逻辑推理，应该是这样。可是偏偏有人说，在法兰西的高等学府里，从来没有让女人当过教授。”

“所以巴黎大学不能开这个先例。真是少见多怪，不想象二十多年前，斯德哥尔摩大学早就开创了先例，让柯瓦列夫斯卡娅走上了讲台。瑞典到底是个开明的国家，在她的祖国俄罗斯，柯瓦列夫斯卡娅就没有这个权利，虽然她的数学才能博得了全欧洲的赞誉，可是是个女的。没想到咱们这个标榜自由平等的法兰西，跟沙皇专制统治下的俄罗斯没有什么差别。”

“说的痛快，我也这样抱怨。在巴黎就有这么一些先生们，人数不多，可是地位显要，他们以为女人只能上舞台，只能唱个什么跳个什么；至于上讲台，讲科学，他们没有见过，连听也不愿意听，听着感到恐惧。要改变他们的成见可不容易呀。可是我想，学生们不会反对。”

“您放心，不会反对。放射学讲义本来是玛丽和比埃尔一同编写的；每次讲课之前，他们俩还要一同备课，查这个翻那个，常常弄到半夜一两点钟。这些都只有我知道。上讲台的是比埃尔，实际上从开这门课起，就是他们两人在教，玛丽只是不曾跟学生见面罢了。院长先生，把放射学接着往下讲是玛丽的义务，也是玛丽的权利。请相信我，我这样说绝不因为我是他们俩的父亲。”

“我毫不怀疑，居里大夫。”阿佩尔对着这位老父亲的含满泪水的眼睛，“他们对科学负责，对学生负责，学院需要的正是他们这样的教师。可是阻碍重重呵，看来问题不可能很快解决。”

阿佩尔走了，老居里送他到门前的台阶上才握手告别。胸口怎么憋得厉害？会不会快要下雨了？老居里抬起头来看看天空，天空里一片云也没有。太阳已经打斜了，是伊伦该放学的时候了。老人望着布满树影的林荫道，心里在想：“玛丽什么也没有说，难道她一点儿不知道？不会的，一定是瞒着我，她知道我的脾气。”

阿佩尔院长的来访，把老居里已经平静下来的情绪又搅得稀乱。玛丽在想些什么呢？她能无动于衷吗？老居里反复琢磨。玛丽总是紧张匆忙，劲头十足，从她的神色找不出可供诊断的症候。憋了几天，老居里忍不住了，他想试探一下。

“那放射学还停着？”吃过晚饭，老居里问。

“听说还停着。”玛丽知道老人还有话说，跟他面对面坐了下来。

“没有人接下去讲？”

“总会有的吧，理学院有这么多教授先生。”

“有合适的人选吗？”

“这……院长先生会考虑的，总不会没有吧？”

“你真的这样想？”老居里看着玛丽的灰蓝色的眼睛。

“我……”玛丽看着地面，下意识地理了理裙子的下摆。“我什么也没有想过。”

“这不可能。这门课也是比埃尔留下的，跟实验室里的课题完全一个样，其中也有你的一半。玛丽，你说是吗？”

“不，不，”玛丽猜着老人的用意了，“我已经满足了，在实验室里，我已经挑起了两个人的担子。我不能把比埃尔留下的职位也当作我的权利，非由我来继承不可。”

“继承的是比埃尔想做而没有做完的工作，你有这个权利，跟职位什么的毫不相干。难道有人在这样说？”

“没……没有，”玛丽看了一眼声色俱厉的老人。“真的没有，爸爸，况且我不曾提出过这样的要求，真的，我连想也没有想过。”

不管她说的是不是实情，乌云已经在玛丽的头顶上积聚，暴风雨跟着就来了。那一天，老居里戴上老花镜，翻开才送来的报纸，一篇攻击阿佩尔院长的文章映入他的眼底。作者气势汹汹地责问：“理学院这么多位名教授，难道就没有一个比得上那个波兰女人？”论据当然是冠冕堂皇的：“法兰西的自由的学术界决不能容许封建的承袭制度存在。”老居里一边看一边嘴里喃喃地骂：“好哇，你们这伙小丑终于跳出来啦！女人怎么样？波兰人又怎么样？什么‘封建承袭制度’？无耻的侮蔑！玛丽勇敢地担起了比埃尔留下的工作，这能叫‘封建承袭’吗？她有这个权利！‘封建’这个词儿正好套在你们自己的脖子上。言不由衷，教授的空缺让你们瞧着眼睛都红啦！……”老人“刷刷”几下，把报纸撕了个粉碎。他马上想到这不能让玛丽瞧见，就把地上的碎纸都拣了起来，一股脑儿放进壁炉，点火烧了个干净。

过后不久，老人就明白了，要让玛丽一点儿不知道是绝对不可能的。报纸上的攻击接连不断，玛丽不瞎也不聋，她即使忙于工作，没工夫看这些无聊的报纸，也免不了会听到点儿什么。她近来越发沉默，不就表明她强按捺下性子，在故作镇静吗？站在玛丽一边为她辩护的文章不是没有，作者对那些诽谤造谣逐条作了批驳。诽谤造谣本来没有什么可批驳的，你去逐条批驳，不就落进了他们的圈套？应该揭露问题的实质，把那些丑角的肮脏的灵魂公布于众，应该马上回击。唉，你们这些书呆子，连这样简单的道理都不明白。看报纸上无耻的煽动还是层出不穷，老居里心里越来越着急。

可是奇怪，那伙小丑在报纸上吵吵嚷嚷了一阵，忽然全都销声匿迹了。真教人猜不透，难道一场更猛的风雨正在酝酿之中？那天午后，把艾芙哄着了，老居里又一个人坐在门口的台阶上，闭上了眼睛揣摩。

“爸爸，您怎么坐在这儿?”

老居里抬头一看，玛丽已经站在他面前。这个时候回家，在她是多少年来没有的事儿了，老人不由得一惊，他问：

“回来得这样早……”

“保罗·阿佩尔院长要来看我，还有让·佩韩教授。”

“这可得准备一下。”老人和玛丽一同走进屋里。玛丽准备点心，老人把咖啡壶放在煤气灶上，该是喝茶的时候了。

两位客人如约来到，宾主四个围着桌子坐定，客厅里弥漫着咖啡的诱人的香味。老居里发现阿佩尔今天穿得特别整齐，简直像赴宴似的；可是神色严肃得有点儿尴尬，眼睛老盯着桌上的那一盘饼干，教人看他不透。

“我特地来向两位主人宣布，”阿佩尔憋了半天，终于说话了，“鉴于比埃尔·居里教授在物理学研究方面的卓越成就，共和国政府和巴黎大学决定赠予他的遗孀玛丽·斯可罗多夫斯卡特等抚恤金，金额为……”

“请别往下说了。”玛丽打断了院长的话。“谢谢了，我还不需要怜悯。我的一双手跟比埃尔的一个样，能养活他留下的这一家四口！我，我的两个女儿，还有我的女儿们的老祖父。”

玛丽把自己的两只手摊开在桌子上，长期受药剂腐蚀的手掌和指头都伤痕斑斑。多么像伦勃朗画上的老橡树的丫枝呀——老居里心里想。

阿佩尔看了佩韩一眼，两人交换着会心的微笑。

“好吧，”阿佩尔对玛丽说，“我一定向政府和大学转达您的意见。在来这儿之前，佩韩就跟我说，自愿放弃提取镭的专利权的玛丽，怎么会接受抚恤金。我说没有法子，明知是钉子还得去碰。现在碰过了，心里就轻松了。接下来，我宣布的是一项使人十分愉快的决定，共和国政府和巴黎大学的另一项决定。请听着：任命物理学博士，玛丽·斯可罗多夫斯卡·居里任巴黎大学理学院教授，兼任实验室主任。”

阿佩尔院长从皮包里取出皮面烫金的聘书，郑重地交到玛丽手里，还特地补了一句，“学院请你把放射学继续教下去。”

“可不容易呀！”佩韩教授一边摇头一边笑着说，“女人上讲台，真比骆驼穿过针孔还难。”

玛丽却没有笑。她站了起来，灰蓝色的眼睛包满泪水。“我知道，谢谢。”她说。“我试一试吧。——我一定试一试。”

放射学继续开课的那一天，老居里天还没大亮就来到了客厅里，兴奋和担心搅得他一夜没合上眼。听玛丽备完课上楼，老人看了看时钟，两点只差十分了。“快点儿睡吧！”老人在心里叮咛，“走上讲台可得精神饱满，尤其是第一回。”可是没隔多大一会儿，又听得楼上玛丽在走动，是看她的孩子去了。孩子们这时候睡得正酣，干吗去打扰她们呢？老居里知道自己再也睡不着了，干脆下床准备好出门穿的衣服，一个人坐在客厅里等天亮。

玛丽下楼来了，老居里听得声响就迎了出来。

“早上好，爸爸。”玛丽穿的仍旧是那身深灰色的连衣裙，肩膀上披了一条墨绿的围巾。

“怎么，你这就去学校？”老人吃惊地问。

“不，”玛丽说。“我先到比埃尔墓前去看看。马车已经约好了，在路口等我。”

“唉，”老人无可奈何地叹了口气。“我想，你不会忘记今天……”

“那是当然。”玛丽笑了笑。“爸爸放心，我来得及赶到。”

看玛丽出了门，老人又摇了摇头，一夜没好好儿睡，老远的跑去干什么呢？她一定心里有什么话，非要向比埃尔倾诉不可。这个波兰女人，她只要作了决定，任谁也拗她不过。但愿这毫无意义的举动能使她得到勇气和力量。

把早晨的事儿料理完毕，老人打发伊伦上了学校，又把艾芙托给了邻居佩韩太太，他一个人提起手杖，急急忙忙向巴黎大学理学院赶去。街上的落叶还没有扫去，踩在上面沙沙作响。秋风染黄了的悬铃木，染红了的枫树，红叶黄叶映着朝阳都好像透明似的，色彩鲜艳，层次分明。

理学院的教学楼的大门才打开，老居里杂在年轻的男学生女学生中间，走进了阶梯教室。他在最后一排，也就是最高一层，找了一个座位坐下。这最后两排是旁听席，椅子前面没有课桌。

学生差不多到齐了，有的在交头接耳地谈话，有的在翻弄讲义和笔记本。三十多年前，比埃尔曾在这儿听阿佩尔讲课，他坐在哪个位置上呢？还有玛丽，二十多年前也在这儿听课，还晕倒过哩，由于过度的疲劳和饥饿。今天，她要登上讲台了，就是这个讲台，比埃尔讲过课的讲台。真是不可思议，这个瘦小的波兰女人。

旁听席上的人越来越多了，见了熟人互相招呼，有的大声谈笑，好像走进了剧场似的。他们都是些什么人呢？那边一位衣着朴素的女人大概是位中学教员，也可能是实验室的技术员。她旁边的一对是波兰侨民，从衣着的式样就可以看出来。两个人脸上都带着按捺不住的扬眉吐气的喜悦。

新闻记者也来了，坐在右边的角落里，有一大帮哩。一个小胡子嬉皮笑脸地回答他的同行说："我哪能不来呢？待会儿看热闹吧，这个寡妇今儿非大哭一场不可。""干吗要哭呢？"有人故意逗他。"得了丈夫的遗产，激动得哭；想起自己的身世，伤心得哭；课程讲不下去，着急得哭；还有……""这样说来，你早把报道写得了？""那还用说，"小胡子更得意了，"我写的是一篇特写，待会儿再添上几笔细节描写就非常出色了。"

老居里憋着一肚子气，别过头，不愿意再往下听。

忽然有谁拍了拍他的肩膀，他转过头一看，原来是个头发花白的陌生人，看模样是个小官僚。"唉，我真不明白，"陌生人把须发皆白的老居里当作同道，"干吗非让女人讲课不可？这个巴黎大学，我看是越办越糟。"

亏得这时候，上课的铃声响了。阿佩尔院长引着玛丽，从讲台右边的小门走进教室。学生们热烈地鼓起掌来，这掌声压倒了一切在暗地里叽叽喳喳的讥讽和中伤。

阿佩尔站在讲台中央，用手势让掌声停下来。他宣布："从今天起，放射学请玛丽·斯可罗多夫斯卡教授继续教下去。为了尊重教授的意愿，理学院决定不举行授职仪式，并取消了照例的对她的前任——她的丈夫、可尊敬的比埃尔·居里教授的颂扬。"阿佩尔向玛丽摆了摆右手，说了声"请吧"，就走下讲台，坐在给他保留的那个座位上。

掌声更猛烈地爆发了。玛丽腋下挟着讲义，安详地走上讲台。她把讲义放在桌子上，又摸出怀表来，放在讲义旁边。这是比埃尔的怀表呐，老居里认识它，阿佩尔认识它，学生们也认识它。掌声立刻停住了。玛丽的目光向教室里扫了一周，灰蓝色的眼睛像两潭明净的水。

她翻开讲义，轻轻地抚摩着，似乎还能感到比埃尔留在上面的体温。这个波兰女人，她正在想些什么呢？这么多人都在等你开口，听你的第一句话呐。

教室里静极了，都能听见桌子上那块怀表的响声：“滴答，滴答……”比埃尔的怀表没有停，它还在走，它还在走着哩！

玛丽向学生们点了一下头，她终于开口了，声调平静得好像在跟谁倾诉：“咱们接着上一堂课讲，‘当人们考察十几年来物理学所取得的进展时，人们会对有关电和物质的认识的演变感到吃惊。’这就是说……”

学生们听着都愣了。他们分明记得，六个多月以前，就在这讲台上，比埃尔·居里教授念完了这一句，没来得及解释，下课铃就响了；当时谁也没有想到，这一句话会是老师的最后遗言。如今他的夫人来接替他，翻开讲义就从这句话讲起，别的什么也不提，叫人在感情上真有点儿受不了。两个女学生哭了，坐在后面最高一排的老居里看得很清楚，她们的双肩在抽搐。玛丽没有把目光投向她们，她跟汩汩的流水似的一直往下讲，别的什么也没觉察。

老居里第一次感觉到玛丽的波兰口音有那么重。他忽然想起，在玛丽宣布放弃镭的提炼专利的那个时候，有个记者曾着意描写过她，说她额角开阔，跟十五世纪某个画家笔下的圣母简直一模一样。“不，完全不对。”老人摇摇头，微笑着对自己说。“玛丽的相貌极其平凡。她走进拥挤的人群，就像一粒沙子落在沙滩上，你再也无法找到她。但是看品质，看性格，即使在成千上万的女人中间，你只消看一眼就能把她辨认出来。这个波兰女人，她才是比埃尔的妻子，我的儿子的妻子。”

一九八三年九月初稿
刊于《智慧树》一九八四年第一期
一九八四年十月修改
一九九七年十二月再修改

小说两篇

蜘蛛呀，请赐给我力量！

——待发现的马克·吐温佚稿

我拿起钢笔，习惯地又插进墨水瓶蘸了一下，可是笔尖仍旧没有落在稿子上。我一直在发愣，对着稿纸发愣。

雪白的稿纸摊在我面前，稿纸上还只有一行字。我的最新杰作就从这一行字开始：

“你不能这样对待他！”玛丽说

我一遍又一遍地诵读这句不平凡的开头。“玛丽说”，“玛丽说”，这个玛丽是谁呢？她说的那个“他”，跟她是什么关系呢？这一行字明明是我写在稿纸上的，不是才隔了一个来钟头吗，我竟什么也想不起来了！混混沌沌，迷迷茫茫，犹如深秋的早晨航行在浓雾弥漫的密西西比河上——我现在的精神状态就是这样！

……玛丽不是个女孩儿，这倒是可以肯定的。如果是女孩儿，我决不会吝惜在她的名字前面加上个“小”字，来向自己笔下的姑娘表示亲昵，也决不会把她的口气写得这样老气横秋，像个专爱训人的老太婆。玛丽不是老太婆，这也是显而易见的，我不曾在她的名字前面加上“太太”这个称呼。不过也难说，她要是还没有出嫁，还是一位老小姐呢？不会，也不会。如果是个老小姐，我怎么能忘了用“小姐”来称呼她呢？我知道老小姐们的脾气，越是耽搁，越是找不到男人，对这个名誉攸关的称呼，她们越是看得比安第斯山还要重，可不能有丝毫怠慢。我的玛丽姑妈不就……嗨，想到哪儿去了！我对上帝发誓：这个玛丽跟我的那位老姑妈毫不相干，从清晨到现在，玛丽姑妈还是头一回闯进我的意识领域。再说，我也不敢请她老人家在我的讽刺小说中充当英雄。要是我胆大妄为真的这么干了，让她老人家——我的忠实的读者兼严格的批评家看到了，那还了得，我面临的将是一场灭顶之灾，少说也得淹个半死不可。

这个秃头秃脑的“玛丽”究竟是谁呢？她确实在我跟前出现过，曾经是个有形的活生生的女性。她的年龄、相貌、身段、举止、谈吐、表情、性格……简而言之一切的一切，我都设想得全面而又细致，具体而又周到。丝毫也不夸张，我至多花了一刻钟，就……用文学的术语来讲吧，就用我的新颖的构思和独特的风格，塑造成功了一个完整的生动的站得住的，能令人信服的有典型性有现实意义的艺术形象，哎哟哟，这就是我的这个玛丽。我得赶紧把她抓住，就像带镁光的快速照相机所能做到的那样把她抓住。机不可失，时不再来。我马上又换了一张新的稿纸，拿起钢笔蘸了一下墨水，就飞快地在稿纸上写：

“你不能这样对待他！”玛丽说

倒霉就倒霉在这个时候，才写完“玛丽说”，我就听得“笃——笃笃”，门上很有节奏地敲了三下，接着，一个满怀希冀的声音在门外问：

“我可以进来吗，马克·吐温先生？”

我不能否认，那语调十分优雅，十分柔和，可是尽管如此，我的反应还是像触了电一样，浑身的神经都震了一下，从椅子上跳将起来，以至于忘了把“玛丽说”后面的句号标上。客人不问我在不在家，直截了当地问“可以进来吗”，他分明拿准了我非在家不可。在脚底下无地洞可钻的情况下，我还能躲到哪儿去呢？唉，我的可怜的玛丽……

我心慌意乱地应了一声“请”，急忙蘸了一下墨水，想赶紧在稿纸的右下角给我心上的玛丽勾一幅速写像——我失掉的已经不少，我不能再失掉我的玛丽。可是晚了，来不及了，门已经被轻轻推开，我已经听到了不急不缓的极其检点的脚步声。

暂别了，我的可怜的玛丽。我放下钢笔，茫然若失地站起来，客人已经来到我的桌子跟前。他拿着呢帽的右手按在胸口，温文尔雅地鞠了一个躬，诚惶诚恐地说：

“哎呀，您正忙着，尊敬的马克·吐温先生，不打扰您吧？”

我应该抓住这个时机，老老实实跟他说：“是的，先生，我正忙着，请不要打扰我。我文思潮涌，不能把笔停下来。要是不及时把我的灵感——我的可怜的玛丽紧紧抓住，她就会像小鸟一样，一霎时飞得无影无踪。您看，我已经开了个头，已经写下了我的新作的第一行。”

懊悔也不管用了，谁叫我那时拉不下这张脸来，我只好自作自受。不过也不能完全怪我。他那充满了歉意的声调，即使是铁石心肠也会被感动的，也会被感化的，何况我是个作家，我不仅有职业的敏感，还富于人道主义的同情心。我不能——说实话我也不会——粗暴地把来访者拒之于千里之外。尽管心里有说不出的别扭，我还是控制着我的情绪，和悦地说：

“没有的事，我的大门向来不上闩，任何时候都欢迎您光临。干嘛还站着呢？快请坐。”

我合乎礼节地跟他握了手，请他坐在我对面的椅子上。我不能让客人看出我心神不定，我得进一步稳定自己的情绪，于是转过身去倒了一杯水。我注意到半打玻璃杯就剩下这最后的一只了。那五只用过的排成一行，正靠着墙壁休息——今天已经送走了五位客人，五只玻璃杯里都有喝剩的水，还来不及倒掉。

“请喝水！”

我把杯子放在第六个来访者面前。这时候才看清楚，他是一位有教养的中年男子，谦逊的微笑好像用刀刻在脸上似的，此外并无显著特征。他找我干吗呢？难道又是约稿？

“谢谢！”

来访者把杯子向身边移近了一英寸。他熟练地从上衣口袋里抽出一张名片递给我，好像同时奉献上他的那颗赤诚的心。

我捡起红铅笔，在名片背后编了个号——“6”，再翻过来看正面：“乔治·爱德华特先生”，这一行字是用花体排的；左上角两行小字：“文学硕士，芝加哥每日论坛报星期增刊家庭生活版副总编。”

还好，是搞《家庭生活》的——我如释重负地想。《家庭生活》嘛，刊登的无非是食谱、时装、开支分配、医药顾问之类。跟我马克·吐温——一位专写讽刺小说的作家可以说毫无瓜葛。总不会为了推销哪个牌子的去污粉，硬要我胡诌一首可以配上曲谱的抒情诗吧。可是也难说，在咱们这个光怪陆离的美利坚合众国，什么奇怪的事没有发生过呢？人们不是经常被弄得目瞪口呆，手足无措么？我没有理由过于自信。反正《家庭生活》的副总编已经坐在我的对面了，且听他怎么吩咐吧。

乔治·爱德华特先生的开场白并不出色，跟今天我送走的那五位中的四位差不多，也犯了公式化概念化的毛病。这也难怪，初次见面嘛，叫人家说些什么好呢？无非是能见着我感到非常荣幸；无非是从小就喜欢我的作品，受到了极深的教益；无非是我使他爱上了文学，决定了他一生的奋斗道路；……可是再往下听，我对他的敬意不禁油然而生。不愧是一位“文学硕士”，他不但知道我写过一部长篇小说，书名叫做《汤姆·沙耶》，还熟悉我写在各篇作品里的许多细节。他记得我编过《农业报》，记得我参加过州长竞选，甚至记得我去意大利旅行的时候，在古罗马竞技场看台的石缝里，捡到过一张暴君尼禄时代的节目单……成千上万的人自称是我的忠实读者，可是像他这样一位认真得令人吃惊的，我还是头一回碰见。

他真挚而诚恳地说，我摆脱《农业报》，做了自由撰稿人，是个极有见地的决定；要还是在当什么报刊的主编，那肯定和他一样，至今还默默无闻，被压在堆得比山还高的信件和稿子底下透不过气来。

我微笑着表示同意，不管怎么说，他从一个侧面反映了编辑的可悲处境，同时如实地表达了他改变自己的命运的强烈愿望。

他问我，我参加州长竞选是哪一年的事儿。他不无愤慨地说，他要为我查明事实的真相，写一篇考据文章，把我的那位政敌的不可告人的丑恶灵魂公诸光天化日之下。他不能容许像我这样一位光明磊落的作家，蒙受如此的不白之冤，而且久久没有人给我昭雪。

对这样一位爱打抱不平的好汉，我还能说些什么呢？只好含糊其辞的回答：二三十年以前的事了，还提它作甚；何况我那可怜的政敌，愿上帝宽恕他的灵魂，他寂寞地躺在坟墓里已经好多年了。可是话一出口，我后悔也来不及了。副总编先生已经摸出笔记本，把我说的话一句不漏地作了记录。我知道，我现编的谎言，愿上帝也宽恕我的灵魂，很可能马上成为轰动全国的新闻，大字标题很可能是：“大作家马克·吐温胸怀宽广，不念旧恶。”

事态的发展正方兴未艾。副总编先生合上他的笔记本，仍旧真挚而诚恳地说：他对古代文物有特殊的爱好，要是方便的话，让他见识一下我在古代罗马竞技场捡到的那张节目单，那将是他一生中最大的幸福。他还关切地提醒我说，这可是一件价值连城的稀世之珍，一定要好好保藏。

好吧，索性让你去满足你的发表欲吧，反正人家也闹不清楚说谎的到底是谁——是你乔治·爱德华特，还是我马克·吐温。于是我横下了心说，那张宝贝一直珍藏在美利坚国家银行的地下金库里，我还在联邦保险公司为它保了两亿美元的险；为了增进美意两国之间的传统友谊，我打算把这件珍贵文物送还给意大利国家历史博物馆。

他轻轻地叫了一声“哎呀”，极有分寸地表示了他的惊讶和赞赏。当他笔走如飞地在小本上记完了我的最后一句话，我的《汤姆·沙耶》就提到了副总编先生的议程上。他说这部伟大的作品不但在美国家喻户晓，就连欧洲也受到了不可估量的影响；他很想知道汤姆·沙耶本人如今在哪儿，想起来一定找到了很好的工作，并且已经成家了。他要找汤姆谈谈，主要想了解汤姆婚后的生活怎么样；只要有只言片语，他就可以写一篇专访，刊登在他主编的《芝加哥每日论坛报》的《家庭生活》上，那肯定会受到广大读者的热烈欢迎。

看来我非采用断然措施不可了。既然我已经意识到自己成了他将要发表的那篇专访的当事人，那就不该嫁祸于人，把别人也推进这位副总编布下的陷阱，尤其是汤姆·沙耶，这个我用自己的心血塑造起来的人物，我对他更不能忘情。我将尽我的一切力量来拯救他。我当时不动声色，仍旧带着礼貌的微笑说：

“真叫人惋惜。您的盛意，汤姆·沙耶今生今世也无法领情了。他在货轮上当了一名水手，一年到头漂洋过海的，今天直布罗陀，明天布宜诺斯艾利斯，行踪飘忽不定。他至今没成家。他太腼腆，又太出名，到哪儿都有成群的姑娘追他，吓得他没处藏身，只好选上了水手这个职业。可是在海上保不定会碰上美人鱼，他只好躲在甲板的机舱里成天不敢出来。”

可是我的上帝，这场智力搏斗我到底还是输了，而且输定了。副总编先生把我的话像录口供似的又一句不漏地记在了他的小本本上。他用胜利者的眼光看着我，当然，仍旧不失分寸。

“马克·吐温先生，您听说了吗，伦敦股票交易所又掀起了一场大风暴？”

这是什么意思？他为什么突然扭转了话题？我得警惕，不能再上他的圈套，于是极其谨慎地回答：

“一点儿没听说。我没有实业界的朋友，再说，也从来不看《华尔街日报》。”

“事情是这样的。上个星期六收盘之前，股票行情突然猛跌，几乎跌停了板。谁知到星期一上午一开盘，行情又大幅度回涨。像这样的大起大落，背后肯定有文章。”

没想到一位“文学硕士”对股票的行情会有这么大的兴趣，我只好继续探试：

“那么你看呢?”

“我看，很可能那张百万英镑的大票又在起什么作用。”

我不由得浑身颤抖，像又触了一下电。真叫人无从招架，后悔莫及，谁能料到我那篇《百万英镑》在二十年后的今天还会闯这样大的祸。只听他继续真挚诚恳地往下说：

“这完全可能，马克·吐温先生，您可以写一篇《百万英镑》的续篇。写吧，一定写，我帮您收集材料。您只要写出来，一定能轰动整个地球。就在我的《家庭生活》上发表。您知道，我做过调查，家庭主妇没有一个没读过您的《百万英镑》，还没有一个不同情您的那位多情的女主角的，都说这样的姑娘才称得上妇女界的榜样，称得上爱情至上的典范。写吧，咱们就算说定了。我把篇幅给您留着，专候您的大作。”

他简直不让我有说话的余地。除了把双手举在头顶上向他投降，我还有什么别的办法呢？我用叹息的口气说：

“好吧，好吧，只要有材料，总可以写出一些什么来的。”

“真是非常非常感激。”

副总编先生得意地站起来。完全可以理解，采访和约稿，两者都如愿以偿，使他怎么也掩盖不住内心的喜悦。他把笔记本揣进胸前的口袋，端起玻璃杯一口气把水喝干。使我惊讶的是他一直口若悬河，究竟也有感到源头干涸的时候。

“真是对不起，亲爱的马克·吐温先生，打扰您大半天了，请允许我告辞。”

巴之不得，我暗自庆幸，迫不及待地伸出手去跟他握了一下，维持应有的礼节把他送出门外。我长长地嘘了口气，回转身来把他喝干的那只玻璃杯移到茶几上，让它归队休息。一二三四五六，今天可创造了新纪录，整整半打——请原谅我，我指的是用过的玻璃杯。要不要把它们洗一洗呢？不洗也罢。说实话，我不能再接待第七位来访者了，我已经筋疲力尽。

我回到椅子上坐下来，发现面前摊着一张稿纸，上面只有一行字：

“你不能这样对待他!”玛丽说

读完“玛丽说”，我习惯地添上一个句号。这是谁的作品呢？头开得不错：玛丽是谁？她在跟谁说话？那个“他”又是谁？玛丽干吗要这样说？这个“你”又怎样亏待了那个“他”了？开头才第一句，就一连串造成了五个悬念，迫使读者非读下去不可。这位作者真有他的一手，懂得怎么能抓住读者的诀窍。可是下文呢？怎么不赶紧写下去呢？好眼熟，这花里胡哨的草字到底是谁的笔迹呢？哎，有点儿像……跟分辨不清，像小孩儿画的飞鸟，这……这不是我的笔迹吗？对了，我记起来了，正是我写的，我脑子里确实出现过玛丽这个名字。

对着稿纸，我愣住了。这样说来，我钦佩得五体投地的那一大串悬念，一个个都得由我自己去解决了。脑子里空空如也，一无所有，可怜的玛丽——我的灵感呀，你真像小鸟一样不肯飞回来了吗？我也知道，这种倒霉事儿，哪一位作家都碰得上。要不是这样，世界上的作品还要多上不知多少倍；并且可以肯定，真正的不朽名著就在这批永远不可能问世的作品之中。可是我马克·吐温的霉也未免倒得过了点儿分。一天又一天，光看着灵感像秋天的大雁似的，一队跟着一队在晴朗的长空里飞过，一只也不肯留下来。作废的稿纸却一张又一张，在我的左手边渐渐叠成了摞，似乎专为供我凭吊似的。唉，今天的一摞又不少了。

我取过这摞废纸顶上的一页，上面只写了一个题目：

我与《汤姆·沙耶》

看了这个题目，那位能说会道的《时与潮》周刊的文艺编辑又出现在我面前。题目就是那位“交际家”出给我的。他说《时与潮》要开一个《作家与作品》专栏，请作家们都来谈谈自己的作品，譬如怎么选择主题啦，怎么组织材料啦，怎么塑造人物啦，怎么怎么怎么啦，包括读者反应，社会影响，什么都可以谈，怎么谈都可以。他说辟这个专栏是为了满足广大读者的迫切要求，尤其是青年读者。现代的青年没有不爱好文艺的，都巴不得自己能当上作家。老作家有责任给他们指点，向他们传授成功的秘诀。他说文章已经不少了，某某某某都已经交稿，现在就缺我的了。大家公认，这样一个专栏，非得请一位有世界名望的大作家来打头一炮不可，所以他们要等着了我的稿子，才敢把《作家与作品》的牌子亮出去，否则宁可……

他有个带着弹簧的舌头，翻来覆去，逼得我不得不作出最大的牺牲。因为我似乎感到，他们开辟《作家与作品》这个专栏，主意就是我出的：我要是不写文章，等于临阵脱逃，甚至成了捣乱分子，故意拆《时与潮》的台。写就写吧，当了作家活该受这份罪。他听见我终于答应了，喜出望外地马上表扬我说：他知道只要有益于读者的事儿，我一向是见义勇为，有求必应的。他接着给我定题目，说就写“我与《汤姆·沙耶》”，用这部妇孺皆知的巨著来为《作家与作品》开张，那是再合适不过的了，一定能使《时与潮》的销量猛增。

我到底上了几岁年纪，没让这位能把死鱼说活的“交际家”捧得头脑发晕，还能在送走他之后，在稿纸上写下“我与《汤姆·沙耶》”这个题目。可是怎么开头呢？我还来不及往下想，思路就被今天的第五号来访者打断了。

第五号是爱丽丝小姐。她两个月前才从大学毕业，在好莱坞《星光灿烂》当编辑。我估计她还在试用期，因为她谨慎得过了头，显得有点儿胆怯。这也难怪，在经济衰退的美利坚合众国，找个职业确实不是一件容易的事。

爱丽丝小姐是奉命约稿，是他们的总经理兼主编先生吩咐她来找我的。她恳求说：她第一次担任这个差事，请我务必多多关照；至于写些什么，主编先生交代了，请我自己决定，反正什么都行。要是换上方才那位“交际家”，他一定会说，《星光灿烂》只要亮出我这个金光闪闪的名字：“马克·吐温”，就像天外飞来一颗光芒万丈的彗星，马上普照全球。可惜这一套约稿的专用词令，才出大学校门的爱丽丝小姐还没有学会。

我经常提醒各个报刊的编辑部，约稿让女编辑出马必定马到成功，因为作家至少得有点儿绅士风度，不会拒绝任何一位太太小姐的请求。我就是个标准的例子，今天当然也不例外。说实话，看着怯生生的小爱丽丝，就像得了一个布娃娃似的，最后看她用轻快的脚步走出门去，我的心里充满了愉快。就让我的《汤姆·沙耶》和那位“交际家”都见鬼去吧，我已经答应了小爱丽丝，让她三天后来取稿。我不能失约，尤其看在小姐们的面上。

可是如今难说了，要不失约得看运气，靠碰运气又难免失约。失去的玛丽是无论如何追不回来了，她真的成了个典型的艺术形象，还是再在那摞废纸中找找。如果能找到什么还能起死回生的东西，也好让爱丽丝小姐放下压在她心上的石头。反正他们的主编先生说了，我写什么都行。我索性把废纸稿一张一张摊开在面前，对它们作一次认真的检阅。

第一张笔迹清晰，引的一首我家乡的民歌，还有第一句：

纺织姑娘您真个早！

第二张是准备写小说的，也只写了题目：

堂叔陶拉·吐温其人其事

第三张好像是一篇散文的开头：

亲爱的朋友，您到过密西西比河吗？

第四张也是一个题目：

恋爱与义务——人间喜剧

请上帝饶恕我，这个题目是抄来的，前一半是一部道德论文集，后半截剽窃了我的法国同行巴尔扎克。我用破折号把两者连在一起，打算写一篇"内容正经、形式俏皮的幽默小说。今天的第三号——《妇女问题》的主笔先生，向我提出了这么个别出心裁的要求。

主笔先生请我无论如何要帮这个忙。他说《妇女问题》马上要改刊，刊名改为《摩登女性》。他发现，所有的妇女杂志，读者的绝大多数是男的，都是老爷们少爷们。如果他的刊物老是板着个脸儿谈什么妇女的职业问题、妇女在家庭中的地位问题，肯定只好关门大吉。为了适应老爷读者少爷读者的口味，他不但把刊名改了，还决定选用影星、舞星、歌星的照片，当然是女的，五彩精印，里面的文章务必亦庄亦谐，雅俗共赏，有一种非常微妙的幽默感。他说，我这位幽默大师理应当仁不让，带头写一篇小说发表在他们的改刊号上，作为表明他们的革新姿态的形象化的宣言。

我当然知道他是在捧我，也就不跟他分辨，只说我从来没有研究过妇女问题。他马上满脸堆笑，说我未免太谦虚了，我写了那么多篇小说，哪一篇没有女主角，哪一篇不涉及妇女问题；而且挖掘得深极了，当代的妇女问题专家，哪一个也无法跟我相比……我越听越浑身不自在，还不如趁早答应，图个耳根子清净。可是一答应就像毛驴套上了磨，文章是非写不可了，当时灵机一动，用嫁接法凑成了这个符合主笔先生的约稿意图的题目。正要搜索枯肠拼凑故事，就进来了第四号——那位“交际家”。也是冤冤相报，那二号来访者约的稿子，不就是给这位主笔先生打断的吗？

今天的第二号来自我的密西西比河畔的故乡，遥远的密苏里州的佛罗里达镇。他告诉我镇上的绅士合股创办了一种日报，要求我给写一篇发刊词，因为我是出生在佛罗里达镇的唯一的名震全球的大人物。我本来想说，发刊词应该由创刊人自己写，可是这是家乡的事儿，我义不容辞，只好权充大人物，神气而又爽快地允诺了。送走了这位比朝圣者还虔诚的约稿者，我决定不再考虑我那并不存在的堂叔陶拉·吐温，写下了那句“亲爱的朋友，您到过密西西比河吗？”我决定把这篇发刊词写得别开生面，像一篇优美的散文诗。可是一切都白费，命里早就注定了，即使没有主编先生来打断它，还有跟在后面的文艺编辑、“文学硕士”等等等等。

最有个性的是今天的第一号，就是硬要把堂叔陶拉·吐温塞给我的那一位。他一进门就张开两支臂膀，热烈的向我扑过来：

“好呀，马克·吐温，跟你堂叔长得真是一模一样。”

这倒很有可能，密苏里州的克列门斯是大家族，我至少有两打堂叔。我伸出右手去跟他握了一下，以打消他的拥抱，然后问：

“您说的哪一位堂叔？”

“陶拉·吐温，我的最最亲密的朋友。……”

“且让我想一想。”

谁都知道“吐温”这个姓是我自己的创造，虽然没向联邦政府申请专利，也不会有任何人——包括我的二十四位堂叔在内——企图侵犯我的发明权。就说我自己吧，也只能在有限的范围内使用这个属于我自己的权利，譬如允许人家管我的太太叫吐温夫人，为了讨个吉利，给我的儿子取名法郎·吐温，给我的女儿取名芬尼·吐温。因而我看着他问：

“您是在哪儿见着他老人家的？”

“天天见面。”——他一点儿不脸红——“临来的那天，陶拉还到车站上送我来着。他听说我要找你约稿，就拍拍我的肩膀说：‘去吧，见了我的小马克，你就说是我让你去找他的。他不能不答应，保证马上给你动笔。’马克·吐温，你……”

我才想起来，要是我不问，这位一见如故的陌生人很可能忘了作自我介绍。于是我说：

“可不可以请教……”

“我是‘花花公子’……”

“啊？”

“《花花公子》社会秘闻版笑话栏主编，麦……”

上帝啊，真是莫大的侮辱！要全世界闻名的大作家马克·吐温像个丑角似的去给花花公子们说笑话解闷儿？没门！我也不想知道他姓甚名谁了，马上截住他说：

“你找错人了，我从来不说笑话。难道我的堂叔没跟你讲过吗？你给我走！”

我站起来，手指着门。笑话主编还有点儿羞耻之心，绷着个脸走了，丢下了他胡诌的那位堂叔——陶拉·吐温。我想起我那二十四位堂叔，其中够得上上《独行传》的颇不乏其人。可惜没有哪一位在我的作品中露过脸。我怕他们指摘，说我贪图稿费把老家的长辈也廉价拍卖了。这位《花花公子》的笑话主编倒给了我启发，我何不把二十四位堂叔综合在一起，塑造一个堂叔的典型，就管他叫陶拉·吐温呢？这个主意不错，于是把题目写了下来。可是对着稿纸看了看，我马上动摇了：会不会有哪一位堂叔从我这篇尚未动手的杰作中，看出了点儿消息，怀疑我借题发挥故意奚落他呢？要是惹得二十四位堂叔一个个火冒三丈，哪怕把我烧成灰，我也难以表白了。

回想一天的经历，真叫人不寒而栗。清早起床的时候，我的创作情绪曾经十分饱满，还考虑过我那尚没起名字的长篇该怎么往下写。现在已经到了第十三章的开头。“纺织姑娘您真个早”是《蜘蛛》的头一句，我在小时候常常唱的。我怎么会突然想起这首民歌来的呢？对了，当时我在窗口对着满天的朝霞作深呼吸，正好看到一只小蜘蛛在屋檐下面织网，看它忙得不可开交，爬过来又爬过去，好像有了八只脚还不够使唤似的。它的网这时候织完了没有呢？我得去看看。

我走到窗前，嗨，大功已经告成，小蜘蛛稳稳当当地停在它新织好的网中央，洋洋得意地等候它的猎物——断黑之后飞进窗来的蛾子了。它躲在静静的屋檐下，谁也不去干扰它，它可以一门心思地织自己的网。我这个作家怎么能跟它相比呢？要是它跟我一样，来访者接二连三，从清早折腾到黄昏，看吧，它能把它的网织完吗？不过……不过也难说。蜘蛛的毅力非凡是见于史册的，连小学课本上也有记载：不知是这只小蜘蛛的几百代远祖，它曾经扭转了英国的历史。我记得这个寓意极深的故事：

很久很久以前，英王阿尔弗列德跟他的敌人打仗，结果六战六败，被赶下了王位。他没处安身，又碰上狂风暴雨，只好躲在一个山洞里。这时候阿尔弗列德饥寒交迫，万念俱灰。忽然他看见有一只小蜘蛛在洞口织网，好容易才绷上一根细丝，立刻被一阵风吹断了。小蜘蛛毫不气馁，勇敢地绷上第二根细丝，这第二根又被吹断了。小蜘蛛不知疲倦地又绷上第三根……阿尔弗列德一边看一边数：结果第六根细丝也被吹断了；可是在第七根上，小蜘蛛得到了成功，终于结完了它的网。阿尔弗列德从小蜘蛛身上受到了启发和鼓舞。他忘记了饥饿寒冷和疲倦，登高一呼，把被打得七零八落的队伍召集在一起，重振旗鼓，跟敌人进行第七次决战。结果他大获全胜，夺回了宝座，成为英国历史上的一代名王。

我还没有落到阿尔弗列德那个地步，虽然也疲惫不堪，身子还是暖和的，肚子还是饱饱的，我有什么理由不振作起来，用小蜘蛛的那种锲而不舍的精神，继续我那被来访者打断了一次又一次的创作呢？我得使我的创作热情重新燃烧起来，就从今天清晨的第一个意念开始，接下去写我那部长篇新作的第十三章。

主意打定，我把桌子上的废纸叠成一摞，仍旧放在左手边，单把今天的第一张摊在面前。我拿起钢笔蘸了一下墨水，正要把那首民歌的第二句写下来，我那因屡受刺激而过度的听觉神经又在起作用了：

“笃——笃笃！”

“马克·吐温先生在家吗？”

我心惊肉跳。我失魂落魄。我一时竟把上帝都给忘了，嘴里喃喃地说：

“蜘蛛啊，请赐给我力量！”

一九八一年十月

情急智生

——待发现的马克·吐温佚稿

任何人都免不了受命运作弄——随您安排得怎样周到，怎样妥帖，到了儿难免出点儿岔子，出点儿意想不到的小岔子，把您弄得个狼狈不堪，没有地缝可钻。

这一回真叫我受够了，也得怪我自己，我把时间抠的太紧，不肯留下一丝儿空隙。可是开头，当我收到德沃夏克的请柬的那个时候，说真的，我的这颗心呀就像埋头拉着磨盘转的毛驴，突然发现仁慈的上帝来到了我的身旁，正给我取下套在脖子上的套包，我至少可以躺在地上，痛痛快快地打上几个滚了。

德沃夏克，多么仁慈的一位上帝呀，我从没见过他的面，没想到这位捷克的作曲家居然知道我马克·吐温，居然给我马克·吐温送来了请柬——他自己的作品演奏会的请柬。近几个月来，感谢新闻记者的殷勤，各种日报几乎天天刊登着他的行踪报道和专题采访：说他不远千里横渡大西洋，到咱们美国来搞什么旅行创作；说他昨天到了密西西比，今天又到了科罗拉多，还配上一幅幅模糊不清的旅途生活照片；说他特别同情黑人兄弟所说的悲惨境遇，黑人的忧伤的歌谣使他流下了数不清的眼泪，化成了他无法抑止的创作的源泉；说他用“音乐形象”刻画了黑人兄弟的痛苦生活，用“音乐语言”替黑人兄弟诉说了发自灵魂的哀怨和悲愤；说他特地给自己的新作取名为《新世界交响曲》——把咱们这个乱七八糟的美国称之为“新世界”，真教人忍俊不禁。

这回演奏的正是他的新作《新世界交响曲》。请柬上印的明明白白，鼎鼎大名的芝加哥交响乐团，由作曲家本人德沃夏克亲自指挥。时间：

星期六晚上七点；座席：贵宾包厢——在百老汇大剧院。嘿，百老汇大剧院的贵宾席哩，下边还有德沃夏克的亲笔签名。教我怎么能不去呢？当然得去。这个星期我忙着呐：《美国佬》的约稿，《纽约客》的约稿，《摩登女郎》的约稿，还得去这个那个俱乐部，作三次插科打诨的即兴演说。星期六晚上嘛，该休息休息了，我也得喘一口气儿了，跟毛驴似的在草地上打他几个滚儿。

我注意到，请柬的左下角印着“R. S. V. P.”四个大写的花题字，德沃夏克等候着我的回音哩。我拿起笔来给他写了封热情洋溢的短信，我说“尊敬的德沃夏克阁下：您的邀请使我感到十二万分的荣幸，我决不会错过如此难得的美的享受。”写到“美的享受”，我不由得打了个楞，近来读到的那些不太艺术的“艺术评论”，经常用这个短语作为对作品的最高评价，我莫非也给传染上了。再一想就算了，这封短信反正不会公开发表，我即使敷衍塞责，也决无换取稿费的嫌疑。随手签上了：“崇拜您的忠实听众马克·吐温。”“忠实听众”，这简直是扯谎，我从没听过这位捷克名家的大作，也难得去听音乐会。管他哩，别只管咬文嚼字浪费时间了，我套上个信封让仆人杰克按地址送去，又埋头继续写我的稿子——《美国佬》限时限刻，马上就要来取了。

手上一忙，时间就像映在小溪上的阳光，闪闪烁烁无声无息地流走了。转眼就到了星期六下午，一个星期的工作全部按我的时间表完成，浑身的细胞没有一个不感到舒坦。我从头至尾把才完稿的《献给摩登女郎》又重读了一遍，壁上的时钟恰好打完六下。剩下的唯一的一件事儿，就是去百老汇听德沃夏克的《新世界交响曲》了。一张新的时间表立刻出现在我的脑际：上盥洗室，两分钟；换上礼服，十分钟；六点十五分出门，路上算他走半个小时，六点四十五到剧院，七点开场，正合适。为了郑重，我翻开请柬再核对一下，整七点，没错，于是站起身来，拿起手边的一杯水，咕嘟咕嘟，一口气喝了个精光。

我从来不把喝水当作一回事儿，这个在无意中养成的坏习惯这一回可把我害苦了。当时却完全没意识到，这一大杯水将给我增添多大的压力和痛苦。正在我按着时间表去盥洗室的那个当口，猛不防杰克给我引进来一位陌生的客人。

来的准是新闻记者，我一眼就认出来了：头发梳得溜光，脸上堆满了极有分寸的微笑，脚步又轻又快，像一阵风似的。见着空子就钻，是职业对他们的要求。他们不愿意打扰你，又不得不打扰你。他们需要你谅解，谅解他们这一不可调和的矛盾。因而他们一言一笑一举一动，都渗透着记者固有的那种谦恭和谨慎。

“马克·吐温先生，”不速之客摸出他的名片，“在下是《论坛报》星期增刊文学艺术版特访专栏的采访部主任，今儿……”

“亲自出马啦，主任先生。”我不得不打断他的话，我有我自己的时间表呐。“真对不起，请改日再来吧。我已经答应了人家，得去百老汇听交响乐。”

“这个我知道，去百老汇听德沃夏克指挥的‘新世界’。”客人没法掩饰他内心的矜夸。“一得到信息，我马上就赶来啦。可不，您的马车已经等候在大门口了。一位是美国的幽默大师，一位是捷克的著名作曲家，‘新世界’把你们俩结合在一块儿啦。这样具有历史意义的会见，文学艺术史上罕见的头等大事，要是不留下点儿文献纪录，我对不住作为一个新闻工作者的良心。不用花费您的时间，请允许我搭乘您的马车一同去百老汇，在车上给我随便谈谈就成啦。”

不花费我的时间，真教我感激不尽。到底是采访部的主任，不但信息灵通，空子也钻得绝妙，我有责任成人之美。抬头一看时钟，六点已经过了十分。我说：“主任先生，您的主意好极啦。请您稍等一等。杰克，快帮我把礼服换上。”

去音乐会非得穿礼服不可，不知道是谁定下的这么个啰嗦的规矩：又是坎肩，又是硬领，又是领带，又是袖口，裤子也得换，皮鞋也得换，最后套上黑甲壳虫似的外套，还得在胸前的口袋里插上一方小手绢儿。真亏这位采访主任挺内行，他帮助杰克摆弄，有条有理地把我打扮得舒舒齐齐。在着衣镜里，不修边幅的马克·吐温竟成了一位风度翩翩的绅士。可是再抬头一看，长针已经落在二十分上，比我的时间表已经整整晚了五分钟。

“咱们快走吧！”我心慌意乱地戴上礼帽，拿起桌上的请柬。

“尽管放心，耽误不了。”采访主任笑容可掬。他可称心如意了，事态正按着他的时间表在顺利发展。

他跟着我匆匆出了门，匆匆地上了车。“快，快，”我吩咐车夫，“去百老汇!”

马蹄子一响，我才从这一阵忙乱中清醒过来。一检查我的时间表，糟糕，我竟把表上的头一件大事给忘了个一干二净，怪不得小肚子里有点儿晃荡。赶紧让马车停下来，说我得回去解个溲？这成何体统，采访主任就坐在我身旁哩。看见路上有公厕就让车停一停？那就更不成体统了，我还穿着一身冠冕堂皇的礼服呐。只能到了百老汇再说了，看来还憋得住。这样华丽的大剧院，总该有个盥洗室吧。我一下车就直奔盥洗室，至多两分钟，还不至于误事。可是盥洗室在哪个旮旯里呢？……

“马克·吐温先生，”采访主任已经摸出了他的铅笔和小本本。“咱们现在就谈一谈吧。”

“谈一谈，好，就谈一谈。让我谈些什么呢？”说实话，我还在调整我那已经被打乱的时间表，要我谈，我需要启发。

“您跟德沃夏克是老朋友了，那一回您去欧洲……”

“不，不，真可惜，我没有机会跟他见面。”

“哦，原来这样。”主任像修改稿子似的，用铅笔在小本本上划去一些什么，又做了个记号。“这样说来，您一定非常喜欢德沃夏克的粗狂的旋律。”

“我……”教我怎么说呢？六天以前，在那封短短的感谢信上，我已经成了德沃夏克的“忠实听众”。这个谎，看来还得撒下去。

“‘粗狂’，还是改‘奔放’好。”主任自言自语，让我摆脱了困境。他继续修改他的小本本：“‘喜欢’这个词儿不够味儿，改成‘欣赏’？也不好？嗯……这儿得用‘赞赏’；对就用‘赞赏’。那么马克吐温先生，为什么德沃夏克不邀请别人，单单邀请您呢？”

真教我没法回答。——我心说：为什么单单邀请我呢？这你得问德沃夏克。

“他一定读过您的大作。”原来采访主任早就有了现成的答案。“对您的幽默的笔调，讽刺的深度，他不能不拍案叫绝。马克·吐温先生，您说呢？”

“我想也许……大概可能是这么回事儿吧。”除了接他的话茬儿，我简直想不出别的话来。

“文学家和艺术家的心灵是息息相通的，”主任好像在继续往下念，

“尽管远隔重洋，尽管从未见过面，尽管运用的艺术形式各不相同，这种心灵相通的‘第六感’，实为文学家艺术家们所特有……”

我总算明白了，所谓的“第六感”原来是这么回事儿。可惜我摆脱不了第五感的困扰，只觉着小肚子越来越胀。

“马克·吐温先生，听说您从小生长在密西西比？”采访主任突然转换了话头。

这个问题好回答，我说：“是的，在小城汉尼拔。”

“您跟黑人兄弟有着很深的情谊？”

“可以这样说吧。小时候在一块儿玩，不大在意皮肤的颜色。”

“可是您的一部什么小说，主人公是个黑人。”

“那是《哈克贝利费恩历险记》。”

“那就对了。”采访主任在他的小本本上添了几个字，“记得有一位评论家指出，您特别熟悉黑人的土话。在您的那部什么历险记里，您特意采用了大量黑人的土话。”

“也不是特意。他们的话就是那么说的，我不过照实写下来罢了。”

“德沃夏克可特意去了密西西比，去了您的家乡。黑人的歌谣，那种乡土气息极为浓厚的旋律，在这位异国的作曲家的心弦引起了极大的共鸣。音乐语言，文学语言，都是人们的心声嘛。可见音乐家和文学家的心灵是息息相通的。”

“这就证实了‘第六感’的存在？”

“可不，你们两位从黑人兄弟那儿得到了灵感！您写成了您的什么历险记，他写成了他的《新世界交响曲》。”

原来采访主任并未离开他那小本上的采访稿的主题，他不过兜了个小小的圈子。

“德沃夏克的指挥棒，”采访主任好像又在往下念，“将把您带到您的家乡密西西比，您会回忆起您的童年时代，您会怀念起您的黑人兄弟，您会陶醉于……您会……”

采访主任一连说了十七八个“您会”，我实在记不住我将会怎么怎么了，我的小肚子搅的心绪不宁。

“那是肯定的。”采访主任满有把握，不由得提高了声音。“毫无疑问，您会激动得忍不住流下眼泪。……咱们到了。”

总算到了，真是谢天谢地。百老汇门前灯火辉煌，人头攒动。我跳下马车直往里奔，只听得采访主任在我背后大声喊：“我的采访稿明儿就见报。谢谢您，马克·吐温先生。”

这一喊不打紧，一大群人立刻朝我涌过来。我一眼就认出来了，抢在前头的都是新闻记者，男的，女的，留着小胡子的，披着长头发的，手里都拿着铅笔和小本本。他们很快就围成一圈，我成了这个圈子的圆心。“马克·吐温先生!”“马克·吐温先生!”男声女声高音低音，组成了一支《马克·吐温大合唱》。数不清的问题就像无数支箭，从四面八方向我射过来。

“您是不是特别欣赏德沃夏克?”

“您听过德沃夏克的指挥吗?”

“请告诉我，您最近在写什么？今后有什么打算?”

“您跟德沃夏克头一次是在哪儿见的面?”

“听说您要去中国旅行，有这回事吗?”

“请谈一谈您对德沃夏克的评价。”

“长命百岁俱乐部的讲演，您一准去吗?”

“您的《汤姆·沙耶》印了多少版啦?”

“您好像头一回来百老汇，请谈谈您的观感，您此时此刻的心情。”

“请您对演奏会的听众说几句话。”

这一阵子乱箭，我记不得当时是怎么招架过来的。我一边答话，一边朝里挤，带着这一大圈没完没了提问的记者。好容易望见了那扇我渴望已久的毛玻璃门，写着“GENTLEMEN”的毛玻璃门，催听众进场的铃声已经响了。一位侍者挤进圈子来给我解围，他彬彬有礼地张开右臂：“马克·吐温先生，这边请。”随即他排开众人，把我带上了曲曲折折的楼梯，拉开了丝绒门帘。

糟糕，丝绒门帘里并非是我渴望已久的盥洗室，而是高高在上的贴近舞台的包厢。该死的侍者怎么径直把我引到这儿来了。我发现包厢里只有孤零零一把椅子，真是祸不单行，我马克·吐温岂不是又成了众矢之的。场子里的听众，包括那些新闻记者，都抬起头看着我哩。退路是没有了，侍者已经把我背后的门帘给拉上了。我只好脱下礼帽，用微笑掩饰内心的急迫，向场子里频频点头致意；然后借栏杆作屏障，双手按着膨胀的小肚子，若无其事地坐了下来。

德沃夏克已经上场了，时间表给打得零乱，我总算赶上了，还没有失礼。场子里掌声雷动，我只好暂时放弃隐隐作痛的小肚子，双手搁在栏杆上，不紧不慢地拍着。只见德沃夏克慢吞吞地踱到舞台前沿，向台下深深地鞠了个躬，又抬起头来朝我的包厢望了一眼。我急忙弯着腰踮起身子，脸上又堆起微笑，朝我的仁慈的上帝德沃夏克点了点头，表示我衷心的感谢和敬意。

又过了足足两分钟，场子里才静下来。德沃夏克慢吞吞地转过身去，站上他的指挥台，举起了指挥棒。偌大的场子鸦雀无声，台上的演奏家们和台下的听众们，包括高高在上的我，眼光都集中在他的指挥棒上。怎么还不动弹呢？连时间也听从他的指挥，停止了它的脚步，不再匆匆忙忙地往前赶了。该死的是我的小肚子，只有它还在不断地发展。

指挥棒总算动了，轻轻地，好像舍不得划破场子里的静止的空气。“新世界”总算开场了，声音那么纤细，那么柔和，使我想起了飘忽在晴空中的浮云，也使我忘记了我那隐隐作痛的小肚子。可是才一会儿，指挥棒突然划了一个圈，所有的弦乐器都用尽力气拉，所有的管乐器都用尽力气吹，打定音鼓的那一位特别卖劲，一下接着一下，好像直打在我的紧绷的小肚子上。这才是开头呢，我翻开手边的节目单数了数，一，二，三，四，传统的交响曲格式，四个乐章一个不少。只怕我没法坚持到底了，临出门的那一大杯水已经全流进了我的小肚子，作用真不可低估。我这样爱喝水，爱上盥洗室，不会是得了糖尿病吧。完全可能，不折不扣是糖尿病的症候。该去医院检查一下，可是哪一天才能抽得出空来呢？……

正在我安排新的时间表的那一刹那，“新世界”变得悠扬而且婉转了。也许受了那位来采访主任的提示，黑人歌谣的旋律把我带到了家乡密西西比。多好的小伙伴呀，白的，黑的，都脱得光光的，泡在微波荡漾的河水里。大伙儿打打闹闹，有时免不了喝几口水，我的小肚子可从来没胀过，稍有点儿感觉随时可以解决，谁也不会在意。多么自由自在的童年呀，真的一去不复返了，现在得穿上礼服，一本正经地坐在百老汇的高高在上的包厢里。也难说，我的坏习惯就是在小时候养成的；我的那个容器长得特别小，可能因为小时候自在惯了。现在可自食其果了，小肚子胀得像立刻要爆炸了，我只好把左手插进裤子袋，捏住那个肌肉的阀门。

大概我的局促不安已经现于形色了，场子里的听众都抬起头朝我看呐！在这众目睽睽之下，我怎好站起身来抬屁股就走。马克·吐温中场退席，这还成什么话说。让新闻记者传播出去，一位美国作家竟不能欣赏，甚至说竟不能容忍一位捷克作曲家描写美国的作品，将会造成多么恶劣的影响。我决不能这样对待德沃夏克，对待这位特地给我发出邀请的仁慈的上帝。

“新世界”还在不断地再现它那充满哀怨的主题。要不是小肚子咄咄逼人，闹得我心神不定，那如泣如诉的旋律一定会使我忍不住流下眼泪。对了，我为什么不流眼泪？现在到了我流眼泪的节骨眼儿上了。这是完全可信的，采访主任早就做成了合乎情理的预测。我右手抽出胸前口袋里的小手绢儿，掩着脸，低下头，突然悲不可抑，然后一转身，撩开门帘，跑下楼梯，直奔“GENTLEMEN”，推开门找到了那个救命的所在，打开了我的肌肉阀门……

我当时的那个痛快真是难以描摹。好像尼加拉瓜直泻的瀑布？像密西西比奔流的河水？不对，都不对。我本人就是尼加拉瓜，就是密西西比。只两分钟，我的小肚子就轻松极了，就因为疏忽了这两分钟，我付出了多大的代价呀！下一步该怎么办呐？我一边洗手一边想：得把小手绢沾湿，得把眼圈擦红，胡子上该沾上几颗水珠儿。对着镜子我十分满意，完全可以回到包厢里去了，没想到我马克·吐温还真有点儿演戏的天才。

出乎意料的还在后头哩。我拉开门才跨出盥洗室，眼前刷的一亮，又听扑哧一声，接着冒起一阵白烟。定了定神我才明白过来，是摄影的镁光。一大群拿着铅笔和小本本的记者又把我给围住了。“马克·吐温先生，请告诉我，今天您为什么这样激动？”“马克·吐温先生。‘新世界’把您引到了什么样的精神境界？”“马克·吐温先生，使您悲不可抑的是第一主题还是第二主题？”“马克·吐温先生，您……”“马克·吐温先生，请……”“马克·吐温先生，哎！”这一阵突如其来的乱箭，教我如何招架得住。那高高在上的包厢，我是回不去了。德沃夏克呀，请宽恕我这个有罪的人吧。我只好用沾湿的小手绢掩住脸，一个劲朝大门外挤。

我说不清当时是怎么冲出这“马克·吐温主题大合唱”的。我像逃亡者似的跳上我的马车，一个劲儿地催我的车夫：“快，快，看在上帝的份儿上。”后边还有人追上来哩：“马克·吐温先生，请等一等，等一等。”那个人一纵身跳上了踏板，幸而是那位侍者，不是采访主任——侍者给我送来了我忘在包厢栏杆上的那顶礼帽。

第二天吃早餐的时候，跟每个星期日一个样，杰克给我抱进来一大叠当天的日报。嘿，每份日报的头一版都印上了我的照片，就是手绢掩着脸的狼狈相，背后清清楚楚九个大写字母：“GENTLEMEN”。看那大字标题：《“小手绢”震撼百老汇，德沃夏克征服马克·吐温》，《感情大暴露，马克·吐温悲不自禁》，《昔日幽默安在哉，马克吐温落荒而逃》，《德沃夏克用指挥棒撩开了马克·吐温的幽默的面纱》……没想到一夜间我马克·吐温又成了轰动世界的头号新闻人物。标题全是大字通栏，下边的报道只有短短的几行，就像给吓人的标题作注解似的，无非是捷克著名作曲家德沃夏克的新作《新世界交响曲》感人至深，马克·吐温悲从中来，涕泪双流，不待终场就掩面悄然离去。唯独《论坛报》与众不同，在报道下边附着一行黑体字：“欲知其详，请读本日星期增刊文学艺术版特访专栏。”还有专门写我的特访哩，叫我怎么能不关心，我得看看把我马克·吐温又编排成什么样子了。好容易翻到第一百零八页，我才找到了那个“特访专栏”。

标题是《心灵的共鸣》，下边还有副题：《百老汇现场目睹记》。是昨儿那位采访主任的手笔，一开头就引人入胜。什么“文学艺术家们的‘第六感’”啦；什么“从未谋面，远隔重洋，尽管艺术表现形式不同，心灵却息息相通”啦；什么“马克·吐温赞赏德沃夏克”，“德沃夏克对马克·吐温非常倾倒”啦；什么“两位大师都从黑人兄弟那儿得到了灵感，一位写下了著名小说《哈克贝利费恩历险记》，一位写下了访美观感《新世界交响曲》啦；还有哩，我马克·吐温如何怀念家乡密西西比，而德沃夏克到了密西西比又如何流连忘返……总之昨天在马车上说的，采访主任一句不落全给写上了，而且只多不少。

这一番渲染本是题中应有之意，下面就转入了实质性的报道，说德沃夏克如何作出了亲自指挥他的“新世界“的决定，如何选中了誉满全球的芝加哥交响乐团，如何选中了我这个幽默大师，专给我马克·吐温发出了邀请——说我马克·吐温既然有尖利的目光能参透美国的现实，他相信我一定也有敏锐的耳朵，能够鉴赏他的描写美国的《新世界交响曲》。

接下来才是纪实，才是真正的“现场目睹”，说我马克·吐温愉快地接受了邀请，如何兴致勃勃地乘着马车来到百老汇，容光焕发地步入休息大厅；等候在大厅里的观众如何热烈鼓掌，竭诚欢迎我这位幽默大师的到来，迫不及待地向我提出了无数饶有风趣的问题，我又如何不假思索地一一作了妙语惊人的发人深思而又意味深长的回答，直到铃声响起，我如何在听众的依依不舍的目送之下健步走上楼梯；当我出现在华丽的包厢里的时候，场子里如何又一次轰动起来，我又如何对听众一一报以充满幽默感的微笑……糟糕，完全没想到我马克·吐温竟喧宾夺主，成了这一场“新世界”演奏会的主角。

我相信，采访主任的眼睛一直没离开过我马克·吐温。他写我如何向走上场来的德沃夏克点头致意——虽然从未见面却一见如故；写引子才开始，我如何凝神谛听；当第一主题出现，我如何动容，由于雷击般的音符震撼着我的心灵；等过渡到第二主题，我如何不安，由于忧伤的主旋律触动了我灵魂深处的悲哀；两个主题一再交替再现，我如何忍受不住，默默淌下了眼泪；正当演奏到第三乐章第十三小节的时候，我悲不可抑，不忍再听，终于用小手绢掩住脸，悄悄地离开了包厢，离开了百老汇。

细致的观察加上合理的想象，完全无可非议。何况“用小手绢掩住脸”，这一句完全属实。采访主任的“现场目睹”写到这儿戛然而止，感谢他总算没把我冲进盥洗室的狼狈相公之于众。可是也无补于事了，头版上的那张大照片上的“GENTLEMEN”早就露了馅儿，关心我的广大读者早就观若洞火了。

最让我惶恐不安的是采访主任的那个结尾：“音乐的艺术魅力对任何人来说都是无法抗拒的，在有教养的伟大人物身上，反应尤其表现得特别突出。如众周知，当年亨德尔的大合唱《弥撒亚》使英王乔治二世听出了神。合唱队唱到‘万王之王，万王之王’，乔治二世不由得站起身来，仰天肃然起敬，似乎天主冉冉自空而降。在场的贵族们和大臣们看到皇帝如此虔敬，也纷纷起立，都沉浸在和谐肃穆的至高无上赞歌声中。

这一感人的场景不仅载入了史册，还成为后世不可更改的不成文的规定。直到如今，每年圣诞节演唱《弥撒亚》，无论何人听到‘万王之王，万王之王’不得不肃立起敬。幽默大师马克·吐温亦复如此，被德沃夏克的‘新世界’感动得涕泪滂沱，甚至于不忍终场，亦足以证明音乐魅力无法抗拒。”

德沃夏克将来盖棺定论，也许跟亨德尔齐名；“新世界”是交响曲，《弥撒亚》是赞美诗，尽管一个没词儿，一个有词儿，都是写在五线谱上的。我马克·吐温算哪一出呢？尊敬的德沃夏克呀，您还算是幸运的。如果我马克·吐温也是个什么国王，今后您的“新世界”每演奏到第三乐章第十三小节，全体听众都掩面退场，这局面可教您如何收拾。虽然我非常非常对不起您，总算还没给您造成永世的无妄之灾。

可是我马克·吐温的灾难还只开了个头。《美国佬》，《纽约客》，还有《摩登女郎》，他们一读到《论坛报》文学艺术版上的这位采访主任的《现场目睹记》，一定会一同找上门来。这个说“请您写一篇评论，对《新世界交响曲》的评论。”那个说：“要不就写点儿听后感，或者写一篇《德沃夏克风格赞》。”这些题目都好应付。如果有谁说：“您把昨儿晚上在百老汇的心情如实写下来就成了。”那才糟呢！

我不得不当机立断，取消下个星期全部的时间表，把杰克叫了来吩咐他说：“快把我的盥洗用品和替换衣服收拾一下，塞在那个小提箱里。叫车夫立刻套车，咱们马上去火车站。我的神经受不了啦，得去外地休养个把星期。”

一九八一年十二月

编后记

《叶至善集》的科普卷，分为“科普杂拌儿”“梦魇”和“小说两篇”三部分。

“科普杂拌儿”部分收入作者的科普小品六十三篇。作者说：“给孩子们写科普文章，我是一九四五年开的头儿。”那一年作者开始当编辑，给孩子们编辑综合性期刊《开明少年》。一九五一年年底，《开明少年》停办。一九五二年，作者开始主编《中学生》，仍然是一本服务青少年读者的综合性期刊。一九六〇年，我国的第一本少儿科普读物《我们爱科学》创刊，作者又为这本期刊写过一些科普短文。因为编辑综合性期刊，编辑常常要自己动手写稿子，写得最多的就是科普文章，长的短的算起来总有几百篇。“科普杂拌儿”部分中收入的六十三篇科普小品，主要是从上面提到的三个刊物中选出来的，都是作者在编辑科普作品自选集的时候，自己筛选和修改过的。

“梦魇”部分收入作者的科学文艺作品和科学小说共计十二篇。其中科学幻想小说五篇，科学相声两篇，写科学家的小说五篇。作者写科学幻想小说是在上世纪五十年代中后期。作为编辑，哪个方面、哪种形式的东西他都要自己先写一写、试一试。为了提倡科幻小说，他写了几个短篇和中篇，确实起到了很好的示范作用。一九七九年，作者尝试以短篇小说的形式介绍科学家，四年间一共写了五篇。原来有过一个宏大的计划，至少要写二三十位，其中还有几位中国古代的科学家，但是因为各种缘由，这个计划被耽搁下来了。《梦魇》这本短篇小说抓住科学家的一段特定时间，来表现他们的高尚品质和思想感情，出版后颇受好评，获得了出版界的好几个奖项。

作者没有专门学过哪个学科，在编辑杂志和写科普文章的时候，天、地、生、数、理、化，哪一门科学知识都会涉及到。作者要求自己在给孩子们写科普文章的时候，要结合书本知识和生活经验，把要说的知识弄清楚了再下笔。他特别注意孩子的理解能力和阅读兴趣，尽可能写得让孩子喜欢读，读得懂；想方设法引导孩子跟着他一起思考；尽可能用文学笔调来写科普文章，还尝试采用孩子们喜闻乐见的种种文学形式；尽可能运用插图，因为跟孩子们讲科学知识，一幅精心设计的插图所表达的效果往往胜过大段的文字。正因为如此，他写的科普文章有趣、易懂、顺畅、亲切，就像是在和孩子们说话、讲故事，孩子们喜欢读。

二〇〇八年，中国科协在全国开展评选“十位传播科技的优秀人物”的活动，作者和袁隆平、钱学森、华罗庚、茅以升等科学家一起当选。在十位当选人中，只有作者是为青少年写过和编辑过大量科普读物的科普作家和科普编辑。

还有一点要说明的是，因为科普卷的文字相对较少，在这卷的最后，附上了作者的两篇小说。这两篇小说从构思和文字来看，都非常有特点，很值得一读。

二〇一四年六月四日